기독교문서선교회(Christian Literature Center: 약칭 CLC)는 1941년 영국 콜체스터에서 켄 아담스에 의해 시작되었으며 국제 본부는 미국 필라델피아에 있습니다.
국제 CLC는 59개 나라에서 180개의 본부를 두고, 약 650여 명의 선교사들이 이동 도서차량 40대를 이용하여 문서 보급에 힘쓰고 있으며 이메일 주문을 통해 130여 국으로 책을 공급하고 있습니다. 한국 CLC는 청교도적 복음주의 신학과 신앙서적을 출판하는 문서선교기관으로서, 한 영혼이라도 구원되길 소망하면서 주님이 오시는 그날까지 최선을 다할 것입니다.

칭의론 시리즈 7

이신칭의

값싼은혜가
아 닙 니 다

이경섭 지음

CLC

기독교문서선교회(Christian Literature Center: 약칭 CLC)는 1941년 영국 콜체스터에서 켄 아담스에 의해 시작되었으며 국제 본부는 미국의 필라델피아에 있습니다.

국제 CLC는 59개 나라에서 180개의 본부를 두고, 약 650여 명의 선교사들이 이동도서차량 40대를 이용하여 문서 보급에 힘쓰고 있으며 이메일 주문을 통해 130여 국으로 책을 공급하고 있습니다.

한국 CLC는 청교도적 복음주의 신학과 신앙서적을 출판하는 문서선교 기관으로서, 한 영혼이라도 구원되길 소망하면서 주님이 오시는 그날까지 최선을 다할 것입니다.

Justification by faith, No cheap Grace

Written by
Kyoung-Seob Lee

Korean Edition
Copyright © 2018 by Christian Literature Center
Seoul, Korea

추천사 1

최덕성 박사
미국 에모리대학교(Ph.D.), 브니엘신학교 총장, 전 고려신학대학원 교수

김세윤 교수의 이른바 유보적 칭의론이 촉발한 칭의 논쟁은 2016년과 2017년에 한국 교회를 달구었습니다. 더욱이 그것은 종교개혁 5백년과 맞물려 뜨거운 감자가 됐습니다. 특히 김세윤 교수는 『칭의와 성화』(2013)를 출간한 뒤 이곳저곳에서 전통적 이신칭의 교리를 부정하는 자기주장을 펼쳐 왔습니다.

저는 "김세윤의 유보적 칭의론 유감"이라는 글을 어느 언론사에 기고하는 것으로 칭의론 논의에 가담했습니다. '한국복음주의역사신학회'에서 김세윤 교수의 유보적 칭의론이 로마 가톨릭교회의 칭의론과 일치한다는 논지의 논문을 발표했습니다. 기독교사상연구원 '리포르만다' 학술모임에서는 그의 주장이 트랜트공의회(1547)와 다르지 않음을 밝혔습니다. 이 과정에서 이 책의 저자 이경섭 목사님이 이신칭의 교리의 정당성을 설파하는 일에 함께 동역해 주었습니다.

저자는 학술회에서 김세윤 교수의 유보적 칭의론의 핵심인 칭의의 점진성과 가변성을 비판하는 논문 "칭의의 즉각성"을 발표했습니다. 이어서 모 언론사에 최갑종 박사의 "윤리적 칭의론"을 반박하는 글을 기고하여 흥미로

운 반향을 일으켰습니다. 칭의론 논쟁은 현재도 진행되고 있습니다. 이 마당에 이경섭 목사님께 이 책을 출간함을 축하하면서 독자들의 일독을 적극 권하는 바입니다. 저자는 그동안 칼럼 형태의 글을 지속적으로 언론사에 연재하여 이른바 칭의적 유보론의 허구를 지적하고 전통적 이신칭의 교리의 정당성을 변호해 왔습니다. 이 글을 모아 『이신칭의, 값싼 은혜가 아닙니다』라는 책을 펴낸 것입니다. 진리의 파수꾼다운 노고를 치하하는 바입니다.

저자는 공격자들이 성경의 핵심 교리이며 종교개혁자들이 물려 준 보배로운 유산인 이신칭의 교리를 '타락한 시대의 면죄부' 또는 '값싼 구원' 운운하며 매도하는 것은, 죄인들에게 베푸신 하나님의 은혜를 모독하는 것이라고 질타합니다.

유보적 칭의론자들은 이신칭의를 종교개혁 시대의 산물이거나 기껏해야 바울을 그 창작자로 봅니다. 그러나 저자는 칭의의 기원이 루터, 바울, 아브라함을 거슬러 올라가 영원 전의 성부와 어린 양 그리스도의 언약에 있음을 지적합니다. 이신칭의 구조 안에서만 성령의 열매가 있고, 믿음을 부정하는 유보적 칭의론자들에게는 성령이 유보된다고 지적하는 것도 흥미롭습니다.

유보적 칭의론자들이 한국 교회가 이신칭의 교리 때문에 구원파적 구원론으로 흐르며, 하나님의 은혜를 남용하고 있다고 하는 주장에 대해서도 반박합니다. 시대를 불문하고 복음을 남용한 자들이 없었던 때가 없었기 때문입니다. "구더기 무서워 장 못 담근다"는 속담이 있습니다. 구원파 교리가 두려워 이신칭의 진리를 부정하는 것은 그와 같습니다. 익사하기 직전의 사람을 건지려고 던져 준 구명줄로 그 사람이 목을 맸다 하여, 그 책임을 구명줄을 던져 준 사람에게 돌릴 수 없다는 저자의 지적과 비유 역시 인상적입니다.

저자는 칭의의 열매를 윤리에만 맞추는 데 대해서도 일침을 가합니다.

도덕의 기준은 민족, 사회, 개인마다 차이가 있습니다. 모든 사람들의 도덕성을 재단할 수 있는 천편일률적인 기준이란 없습니다. 식인종들이 인육을 먹지 않는 것도 성화의 열매이며, 이슬람 교도들이 일부다처제도를 따르지 않는 것도 윤리적인 열매라는 지적도 흥미롭습니다. 동시에 윤리적 행동이라고 하여 다 칭의의 열매일 수 없다는 주장도 내 놓습니다. 스코틀랜드의 어떤 목사가 자기 교회의 술주정뱅이 집사에게 성경의 권면이 아닌 자존심에 호소하여 단주하게 한 예를 든 것도 재미있습니다.

저자는 일부 개신교인들이 주지주의적인 경향을 보이거나 불건전한 신비주의에 빠지는 현상이 있음을 안타까워합니다. 또 이신칭의 안에 건전하고 바람직한 신비 체험들이 다 있다고 강변합니다. 날마다 자기 허물을 직면하는 죄인이 믿음으로 말미암아 자신이 의롭다 함을 받았다는 확신을 갖고, 믿음으로 성령충만을 경험하고 하나님의 임재를 경험하는 것은 모두 다 놀라운 신비 체험이라고 말합니다.

특히 김세윤 교수가 유보적 칭의론의 신학적 근간으로 삼은 "이미와 아직"에 대한 저자의 비판은 주목할 만합니다. 칭의의 가변성과 미완성을 함의한 "이미와 아직" 개념은 칭의를 유한된 물질 개념과 시간 개념 안에 가둔 결과에서 나온 것이라 지적합니다. 우리가 그리스도 안에서 받은 칭의는 초물질적이고 초시간적인 영원 속에서 체결된 언약이며, "이미와 아직" 같은 가변적이고 미완료형의 개념으로는 담을 수가 없다고 지적합니다.

저자의 서술 방식은 대중적입니다. 설정된 소주제들은 독자들의 시선을 끌 만한 관심 테마들이며, 독자들의 흥미를 유발하기에 충분해 보입니다. 이신칭의 교리가 어려운 주제이지만, 저자는 유보적 칭의론을 비판하는 구도에서 서술합니다. 두 견해의 극적인 대비효과는 이신칭의 개념을 독자들에게 더욱 선명하게 이해되도록 하리라 생각합니다. 다시 한 번 저자의 노고를 치하합니다.

추천사 2

최더함 박사
바로선개혁교회 담임목사, 캐나다 Christian College(Th.D.)
개혁신학포럼 책임전문위원

'이신칭의'는 기독교 신학의 심장입니다.

인체에 있어서 심장은 생명의 근원입니다. 심장이 멎는다는 것은 생명이 끝난다는 의미입니다. 기독교, 우리가 말하는 개신교 신학에 이신칭의가 없다면 개신교는 존립 자체가 불가능합니다. 그러므로 이신칭의는 기독교 신학의 모든 출발이요 중심이며 완성입니다.

그런데 기독교 역사 안에서 이신칭의 교리에 대한 시비와 도전이 늘 활약해 왔습니다. 가톨릭교회는 소위 반종교개혁회의라고 하는 트랜트공의회를 통해 "믿음으로만 구원을 받는다"고 주장하는 세력을 저주했습니다. 그들이 이렇게 말한 까닭은 그들만의 공로주의가 근저에 깔려 있기 때문입니다. 그들은 선행이 구원의 공로가 되어 하나님의 은총을 이끌어낸다고 하였습니다.

그들은 하나님의 은총을 조력 은총과 주입된 은총이라 하는 성화 은총 등으로 나누어 설명합니다. 다시 말해 그들은 인간의 구원은 인간이 쌓는 스스로의 공로에 의존하는 것으로 결론지었습니다. 만약 이들의 주장이 옳다면 인간의 구원은 하나님의 주권적 은혜에 기인한 것이 아니라 인간의 행위에 달려 있게 됩니다. 펠라기우수주의나 알미니안들도 마찬가지로 이런 주장에 동조합니다. 그러나 개혁주의 신학은 전적으로 타락한 인간에게는 그러한 능력이 없다고 분명히 천명합니다.

조엘 비키는 전적 타락을 다섯 가지 방면에서 논합니다.

첫째, 표준에서 이탈한 죄악이며,

둘째, 근본적인 영적 타락이며,

셋째, 비극적인 전체 타락이며,

넷째, 노예적인 무능력이며,

다섯째, 죽음에 이른 치명적인 타락이 그것입니다.

한 마디로 전적 타락은 인간에게는 자력 구원의 가능성이 조금도 남아 있지 않다는 것입니다. 인간은 오직 하나님이 은혜의 선물로 주신 믿음으로 의롭게 되어 구원에 이르게 됨은 만고불변의 구원 진리입니다.

그런데 요즘에도 한국 교회 안에서 이신칭의에 대해 딴지를 걸어오는 악한 세력들이 있습니다. 칭의가 마지막 때까지 유보되었다거나 아예 이 교리는 비성경적이라고 주장하는 무리가 있습니다. 이러한 사태에 대해 모두가 침묵하고 있을 때에 이경섭 목사님이 입을 열었습니다. 그리고 단호하게 이신칭의 교리를 반대하는 자들을 향해 만일 누가 믿음으로만 의롭게 되지 못하고, 자신의 의(義)가 첨가돼야 한다고 강변한다면, 그리스도의 희생이 완전하지 못하다는 것과, 그리스도의 희생을 평가절하한다는 증거라고 경고했습니다.

특별히 저자는 이신칭의야 말로 하나님의 영광을 위한 교리 중의 교리라고 설파하여 우리의 눈길을 끕니다. 이신칭의는 단지 내 구원의 문제가 아니며, 하나님의 영광의 문제라는 것입니다. 왜냐하면 죄로 인해 우리 모두가 하나님의 영광에 이르지 못하였으며, 하나님께서 성령께서 주신 믿음을 통하여 예수님을 믿는 죄인을 의롭다고 하실 때, 하나님께서는 그분의 영광을 다시 찾으신다는 것입니다. 백 번 옳으신 말씀입니다.

    요즘 이경섭 목사님은 개혁신학포럼의 대표를 맡아 이제 전면에 서서 나쁜 교리를 주창하는 무리를 향해 일전을 선언했습니다. 저자의 목소리는 연일 신문의 칼럼이나 학회활동을 통해 발표되고 있습니다. 이 책은 그런 활동들을 하나로 모은 것입니다. 저자의 집념의 수고에 찬사를 보냅니다.

추천사 3

배병권 목사
바른교회 담임목사

배는 동산만큼 볼록 나오고, 울퉁불퉁했던 근육은 이제는 힘을 잃어버렸으나 젊었을 때 갖지 못했던 여유와 포근함을 가진 옆집 아저씨와 같은 분이 있습니다. 그분은 고민거리가 있으면, 말 상대가 필요하면 언제든지 쪼르르 달려가도록 만드는 분입니다. 밥 사달라고 해서 밥 먹고, 차 사달라고 해서 차도 마시고, 그렇게 웃고 떠들어도, 허무해지는 것이 아니라 오히려 은혜의 깊이를 깨닫게 해 주어서 마음에 편함을 전해 주는 그런 분입니다.

무슨 일이 있으면 제일 먼저 생각나는 사람이기도 하지만, 고민거리와 걱정거리도 별거 아닌 것으로 만들어 버리는 분입니다. 수많은 역경 속에서 나오는 자기부인이 없었다면 어쩌면 포근한 인상을 주지도 못했을 것이고, 삶을 한 발자국 뒤에서 바라보는 경지에도 이르지 못했을 것입니다. 그리고 알 만한 사람들은 다 아는데, 볼록 나온 배는 평생을 하루 종일 앉아서 공부했기에 나온 배라는 것과, 그 여유는 우리 주님을 만나고 자신이 누군지 깨닫게 됨으로 나온 것입니다.

그런 분에게서 나온 글을 읽어보셨는지요?

글은 그 사람이 가진 성품의 맛을 냅니다. 그 사람의 글에서는 때로는 인생을 달관한 모습이 보이고, 때로는 온 세상을 몸으로 저항해 본 사람만이 갖는 격렬한 흔적도 보입니다. 때로는 냉철하고, 때로는 푸근하여 모든 것을 감싸주고, 때로는 분명하고 선명한 길을 제시해 주며, 이것이 가야 할 길이라면 모든 것을 헤쳐갈 수 있고 모든 것을 포용할 수 있는 담대함도 보입니다. 어떤 시험과 환난 앞에서의 평정심은 물론이고, 하나님을 경외함으로 두려워 떠는 것과 그럼에도 불구하고 하나님을 향한 애정의 열렬함도 보입니다.

평생 공부하는 목사님을 보셨나요?

아침에 도시락 싸가지고 도서관에 하루 종일 앉아있는 목사님을 보셨나요?

밥 사달라는 후배 목사님이 있으면 그때서야 오늘은 쉬는 날이라며 인천 바닷가 회 먹으러 가자면서 그런 날이어야 도서관에 가지 않는 목사님입니다. 그러면서도 인천에서 목회하니 횟값이 많이 든다면서 털털 웃음을 짓는 목사님이십니다.

학문적으로 돌아와 볼까요?

목사라는 사람은 평생 공부하는 사람입니다. 그런 분이니 쉬지 않고 공부하시는데, 공부는 기도 위에 쌓이는 거라면서 '기도연구소'라는 요상한 것을 차려서 기도도 훈련이 되어야 한다는 분이십니다. 만날 때마다, 기도를 그렇게 내뱉는 데로 하는 것이 아니라 개혁신학을 가지고 바르게 해야 한다면서 그리도 열변을 토해 내십니다. 기도를 배워서 하는 것이기에 공부해야 한다는 것과 기도에 그 사람이 가진 신앙의 요체가 다 담겨 있다는 것이 목사님의 주장이십니다. 어느 누구 하나 기도를 그렇게 생각해 본 적이 없는데, 아마 칼빈의 후예라 기도를 그리도 강조하시나 봅니다. 마치 『기독교 강요』에 기도의 분량이 제일 많은 것처럼 말입니다.

그럼 이 책은 어떨까요?

옆집 아저씨같이 푸근한데, 불의와 비진리에는 흥분을 잘하시는 분이라 그런지, 누가 시키지도 않았는데 칭의에 관한 글을 쓰시더니, 그것으로 일 년 정도 연재했으면, 이제 그 정도면 되었으니 너무나 오래 우려먹지 말라고 사람들이 그렇게도 말하는데도, 고집스럽게 지금까지도 매주일 신문에 기고하고 계십니다. 이제 칭의 논쟁은 케케묵은 주제라 여겨지는 시기인데도, 그것은 그렇지 않다면서, 후대에 우리가 부끄럽지 않게 하려면 바른 것을 전해 주어야 하는데, 그것이 무엇이냐면서 오히려 역정을 내십니다.

칭의는 칭의로만 보지 않으시고, 성화도 성화로만 보지 않으시고, 칭의와 성화를 연결하시더니, 거기서만 그치는 것이 아니라 영원 전의 예정부터 종말에 이르기까지, 칭의를 통합적인 시각으로 엮어 버리셨습니다. 칭의는 기독론으로 보는 것은 편협한 시각이요, 신론에서부터 종말론까지 전체를 연결해서 그 안에서 함께 봐야 한다는 것이 그분의 요지입니다. 하나님의 영광됨을 찬양하고 싶으나 자신은 너무나 무지해서 그것을 담아낼 수 없다고 고통스러워하시는 분을 대할 때마다 후배들은 너무나 부끄러워집니다.

철저한 개혁신학자요, 개혁신학으로 바른 목회를 하려는 의지가 여기서도 드러납니다. 자유했으나 스스로 얽매였으며, 자원하여 얽매였으나 자유롭게 하시는 목회자이십니다. 에세이가 주는 맛은 편안함에 있습니다. 이 글은 정말 목사님의 성품과 잘 어우러져 있습니다. 한 번 읽어서 될 책이 아니라 씹고 씹으면 그 맛이 날 것입니다. 마치 칡뿌리와 같이 그리고 우리 선조의 지혜가 담긴 속담과 같이 말입니다.

아울러 하나님의 지혜도, 사람의 말주변도, 사람이 가진 그 무엇도 다 가리어지고, 오직 하나님의 영광만이 드러나기를 간절히 소망하는 목사님의 애절한 기도가 이루어지기를 바랍니다!

추천사 4

고경태 박사
주님의교회 담임목사, 총신대학교(Ph.D.)

이경섭 목사님의 저서 『이신칭의, 값싼 은혜가 아닙니다』의 추천에 참여하게 되어 영광의 영광으로 생각합니다. 제가 추천을 받고 지도를 받아야 하는데, 미말의 종에게 추천을 말씀하셔서 순종함으로 임합니다. 저도 김세윤 교수의 칭의 이해를 비평할 때(『현대 칭의론 논쟁』, CLC, 2017) 이경섭 목사님의 지지와 격려가 큰 힘이 되었습니다. 이 책은 그동안 목사님이 이신칭의에 대해 「크리스천투데이」에 꾸준히 기고하신 글들을 엮어서 출판하게 된 것입니다.

처음 목사님이 신문에 글을 올리실 때는, 단순히 평소의 관심사에 대해 몇 편의 에세이를 올리시는가 보다라고 생각했는데, 계속 이어지시는 것을 보고는 한 권의 저술로 엮어지겠구나 하는 생각이 들었습니다. 그리고 일 년여 시간을 지내오면서 예상대로 이렇게 한 권의 저술로 묶어 발표되니, 좋은 선배님의 발길을 보는 것 같아 기쁩니다.

이경섭 목사님은 신학대학원 시절부터 번역과 저술 작업을 진행하는 좋은 실력자입니다. 은퇴를 앞둔 시기에도 가끔 전화를 하면 도서관에 있다는 말씀을 들을 때 놀라기도 했습니다. 이경섭 목사님께서 개혁신학포럼에서 기도에 관해서 발제할 때 놀라기도 했습니다. 실천적인 기도와 이론적인 기도를 겸전한 것으로 느껴졌기 때문입니다. 그런데 이번에 이신칭의에 대한 탐구를 한국 교회에 소개합니다.

하나님 앞에서 진술하게 정진하는 목회자의 신학 진술은 매우 유익한 내용입니다. 하지만, 이신칭의 교리를 쉽게 이해하는 것은 쉽지 않습니다. 그런데 저자는 하나님께서 이루신 구원의 도식, 이신칭의를 한국 교회에 쉽게 소개하고 있습니다. 16세기 이신칭의 교리가 여전히 교회의 서고 넘어짐의 교리임을 확실히 세워주는 매우 유익한 내용입니다.

한국 교회와 세계 교회는 16세기 이신칭의 교리를 폐기하려는 움직임이 많이 있습니다. 그러나 한국 교회에서 16세기 이신칭의 교리를 지키려는 학자와 목사들이 많이 있는 것도 하나님의 경이로운 섭리입니다. 이신칭의 교리는 구원 교리를 상실한 로마 교회를 개혁한 핵심 교리입니다. 이경섭 목사님은 이신칭의 교리에 대해서 매우 풍요롭게 설명해 주셨습니다. 그리고 이를 통해 교리의 가르침이 단지 교리로 그치지 않고 얼마나 풍성한 이해력을 줄 수 있는지도 보여주셨습니다. 그리고 책의 종반부의 "유보적 칭의"에 대한 비평은 독자들에게 전통적인 이신칭의에 대한 이해력을 넓혀주는 동시에, 비성경적인 칭의론에 대한 분별력을 제시해 줍니다.

바른 교리는 죄인을 구원할 복음의 핵심을 유지해야 합니다. 좋은 책은 구원의 핵심을 잘 보존하며 복음을 증진시킬 것입니다. 이경섭 목사님의 『이신칭의, 값싼 은혜가 아닙니다』는 16세기 종교개혁의 이신칭의를 사모하는 독자에게 단비와 같은 유익을 선사했습니다. 이 책을 통해서 구원의 도리를 풍성하게 누릴 수 있기를 기대합니다.

저자 서문

이경섭 목사
인천 반석교회 담임목사

　이신칭의(以信稱義)는 "기독교의 심장이요, 기독교를 일으켜 세우기도 하고 넘어지게도 하는 교리"라고 한 루터(Martin Luther)의 말을 빌리지 않더라도, 우리는 신앙생활을 해 오면서 이신칭의 교리의 중요성을 체험적으로 압니다. 우리 신앙의 요체인 구원, 영생, 양자 됨, 천국, 성령의 부어짐 등이 모두 이신칭의에 기반하며, 이신칭의 없이는 이 모든 것이 근거를 가질 수 없습니다.

　그러나 최근 2-3년 어간 일부 신학자나 목회자들이 역사적인 이신칭의 교리에 대해 망령되게도 '이 시대의 면죄부'니 '값싼 은혜'라고 폄하하며 칭의는 종말 때까지 유보됐다는, 소위 '유보적 칭의론'을 들고 나와 한국 교회를 혼란케 했습니다. 그 본격적인 시발점은 아마 2015년 김세윤 교수가 연동교회에서 소위 '유보적 칭의론'을 발표함으로서가 아닌가 합니다. 그 파장은 목회자들뿐만 아니라 특별히 평신도들에게 컸습니다.

　그렇잖아도 그 동안 "크리스천도 지옥 갈 수 있다"는 왜곡된 가르침이 한국 교회 안에 알음알음 스며있던 차에, 김세윤 교수의 유보적 칭의는 불에 휘발유를 붓는 격이었습니다. 이는 필자에게 직간접으로 전해진 성도들의 반응에서도 확인할 수 있었습니다. "예수 믿어도 구원받는 보장이 없다면 뭐 하러 예수 믿겠는가?"로 시작하여, "구원에 대한 불안이 삶의 의욕까지 꺾어놓았다"고 하는데 이르기까지 다양했습니다.

그러나 감사하게도 김세윤 교수의 발표 이후, 〈기독교사상연구원〉 최덕성 박사를 중심으로 한 일련의 즉각적인 대응들이 있었습니다. 유보적 칭의론의 오류와 이신칭의의 정당성을 변호하는 수회의 학술회가 개최됐고, 이어 필자가 몸담고 있는 〈개혁신학포럼〉도 수회의 세미나를 개최했습니다. 그 결실로 2016년도에는, 『현대 칭의론 논쟁』(CLC, 7인 공저)이 출간되기도 했습니다.

본인도 김세윤 교수의 여파를 통해, 종교개혁자들의 귀한 유산인 이신칭의 교리를 수호하는 일에 동참하겠다는 결의를 다지는 계기를 갖게 됐습니다. 그리고 이 일에는 일과성(一過性)의 거창한 세미나도 필요하지만, 언론 매체를 통해 지속적인 변증을 하므로서 '가랑비에 옷 젖는' 효과를 낼 수 있다는 생각을 했습니다.

그 결의의 일단으로 「크리스천 투데이」에 매주 "이경섭 칼럼"을 통해, 일여 년간 이신칭의를 변호하는 칼럼을 기고해 왔습니다. 이 책은 그간의 노력의 결실들을 엮은 것입니다. 칼럼을 연재하는 동안 독자들로부터 많은 응원과 격려를 받았으며, 이는 글을 쓰는 데 큰 힘이 됐습니다. 물론 때론 '나대지 말라'는 과격한 반응도 있었지만 그런 위협이(?) 필자의 열심을 막지 못했으며, 오히려 그들도 칼럼을 읽는 중 생각이 바뀌리라는 기대감으로 일로 더 매진하게 했습니다.

동일한 주제로 일여 년간 한 주도 거르지 않고 칼럼을 연재한다는 것은 쉬운 일이 아니었습니다다만, 쉼없이 부어진 하나님의 은혜가 이를 가능하게 했습니다. 글을 쓰며 방점을 둔 것은, 이신칭의라는 딱딱한 신학 주제를 어떻게 하면 독자들이 쉽게 이해하도록 할까 하는 것이었습니다. 그런 배려의 일환으로 단원별 주제와 소제목들을 독자들의 호기심을 자아낼 만한 테마들로 장식했습니다.

혹 독자들 중에는, 통전적 서술 방식이 아닌 칼럼 형식이라서 책의 완성도가 떨어질 것이라는 우려가 있을지 모릅니다. 그러나 이신칭의에 대한 다양한 쟁점들 40여 개를 선별하여 변증 형식으로 담아냈기에, 오히려 책의 내용을 더 풍성하게 하고 완성도를 더 높여줄 것으로 보입니다. 그리고 칼럼의 특성상, 순서에 상관없이 어느 장을 펼칠지라도 선지식 없이 읽을 수 있다는 장점도 있습니다. 관심 가는 대로 한 장 한 장 읽다보면, 어느새 독자들의 뇌리에 이신칭의에 대한 큰 그림이 그려질 것으로 사료됩니다.

기독교문서선교회(CLC)와는 필자의 풋풋한 30대, 반틸(C. Van till), 벌코프(Louis Berkhof) 박사의 『개혁주의 교육학』을 번역 출간하는 일을 통해 처음 관계를 맺었고, 지금껏 여러 권의 서적을 출간하며 우호적인 관계를 지속해 오고 있습니다. 2016년도에는 『개혁주의 신학과 신앙』, 『현대 칭의론 논쟁(공저)』을 발간했고, 이번에 또 이 책를 발간하게 됐습니다.

출판계의 불황에도 불구하고, '좋은 책은 출판돼야 한다'는 사명감과 필자에 대한 믿음으로 필자의 책들을 계속 출판해 주신 박영호 박사님께 감사를 드립니다.

무엇보다 이 책을 쓰도록 동기와 책무를 제공한 반석교회 성도들에게 감사드리며, 불철주야 내조해 준 아내에게 감사를 표합니다. 그리고 늘 기쁨을 주는 사랑하는 네 딸들과 사위들. 2년 전에 선물로 보내 주신 첫 외손자 규현이, 그리고 작년에 두 번째 선물로 보내 주신 외손녀 가현이. 올 봄에 태어난 세 번째 선물 외손자 도현이, 또 올 겨울 성탄시즌에 태어날 네 번째 외손주 사랑이에게 이 책이 외할아버지의 좋은 선물이 되기를 기대합니다.

존경하는 최덕성 박사님을 비롯해, 추천서를 써주신 훌륭한 개혁주의 교사들이신 최더함 박사님, 배병권 목사님, 고경태 박사님께 감사드립니다. 이 책의 출간을 위해 땀흘려 주신 출판사 직원들, 그리고 교정에 참여해 주신 본교회 한예림 집사님께도 감사를 드립니다. 마지막으로 이 책을 쓸 수 있도록 말씀, 기도, 신학의 훈련을 시키시고 성령을 부어 주신, 구주 예수 그리스도와 하나님 아버지께 모든 감사와 영광을 돌립니다.

차례

추천사 1 (최덕성 박사, 브니엘신학교 총장) / 5

추천사 2 (최더함 박사, 개혁신학포럼 책임전문위원) / 8

추천사 3 (배병권 목사, 바른교회 담임목사) / 11

추천사 4 (고경태 박사, 주님의교회 담임목사) / 14

저자 서문 / 16

서론: 이신칭의 개요   26

제1부
하나님의 교리 이신칭의

제1장 완전하고 원(原)기원적인 의   29

제2장 하나님을 위한 하나님의 교리   38

제3장 완전한 하나님의 의   46

제4장 하나님의 분노를 풀어 주는 유일한 의   54

제5장 하나님의 영광   61

제2부
은혜와 축복의 이신칭의

제1장 전적 무능자에게 내리신 은혜	70
제2장 '값싼 은혜'인가? '값없는 은혜'인가?	77
제3장 선물로 내리신 복	85
제4장 사랑의 교리	93

제3부
이신칭의와 구원

제1장 의롭다 함은 받고 구원은 못 받는다구요?	102
제2장 영원히 취소되지 않는 은혜언약	110
제3장 처음부터 완전하지 않은 칭의는 종말에도 완전할 수 없다	120
제4장 이신칭의와 구원의 확신	127
제5장 이신칭의는 '예수천당'	143

제4부
인간의 무능과 이신칭의

제1장 부패한 인간은 칭의에 기여할 것이 없다	**151**
제2장 칭의는 공략의 대상이 아니다	**160**
제3장 겸손한 자만이 먹고 배부르는 교리	**168**
제4장 성령의 교리	**176**
제5장 르네상스와 이신칭의	**184**

제5부
이신칭의와 신비

제1장 진정한 신비 이신칭의	**192**
제2장 하나님의 임재, 이신칭의에만 있다	**199**
제3장 하나님의 사랑의 계시	**206**
제4장 숙성이 불필요한 즉각적인 칭의	**213**

제6부
칭의와 성화

제1장 칭의적 경고와 성화적 경고	231
제2장 선행은 칭의의 열매	240
제3장 교회 부패의 원인은 안주하려는 인간의 본성 탓	247
제4장 이신칭의에 성령의 인(印)침이 있는가?	255

제7부
이신칭의와 방종

제1장 이신칭의는 방종을 부추기지 않는다	263
제2장 이신칭의 남용자들을 두려워하지 말자	271
제3장 성경의 모든 경계는 이신칭의론자들을 위한 것	277
제4장 구원받은 자의 넘어짐은, 지옥행 아닌 은혜의 기회	286

제8부
이신칭의를 부정하는 자들

제1장 이신칭의를 부정하는 배후에는 어둠이 자리한다   297
제2장 이신칭의의 변종, 의의 주입의 사생아들   305
제3장 가장 큰 죄는 불신   313
제4장 왜 칭의에서 '믿음'이 아닌 '윤리'를 찾는가?   320
제5장 가변적인 인간의 의와 불변의 하나님의 의   331

제9부
유보적 칭의

제1장 유보적 칭의론자들에게는 구원의 상실을 막을 특단의 조치가 있는가?   337
제2장 중생, 아들됨, 성령이 유보된 자들   345
제3장 상급, 기도, 기쁨, 평안이 유보된 자들   354
제4장 세월호와 유보적 칭의론   365

참고 문헌 / 371

이신칭의

값싼 은혜가 아닙니다

서론: 이신칭의 개요

이신칭의(以信稱義)는 죄인은 오직 믿음으로만 의롭다 칭함을 받는다는 뜻입니다. 이는 로마 가톨릭의 신인협력주의에 반기를 든 마틴 루터(Martin Luther)의 종교개혁의 요체였습니다. 로마 가톨릭이 지배한 중세 천 년 동안을 암흑기라고 한 것은 구원의 빛인 이신칭의 복음이 가려졌기 때문입니다. 이신칭의 복음이 가려졌을 때 하나님의 은혜가 실종됐고, 따라서 구원을 받기 위해선 인간의 협력이 요구됐습니다.

그리고 그 요구를 맞추려다 보니 온갖 인위적인 수단과 미신들이 고안됐습니다. 루터의 지적대로, 이신칭의가 실종된 중세 로마 가톨릭교회가 미신과 신비주의로 흐른 것은 당연한 귀결이었습니다. 루터의 종교개혁의 근간은 그가 시편 22편을 통해 깨달았던 소위 '탑 경험'(Tower Experience)인 "그리스도의 대속"과 로마서 1장 17절의 "이신칭의 복음의 재발견"입니다. 그는 칭의는 인간의 행위가 개입될 수 없는 오직 하나님의 은혜의 선물이며, 오직 믿음만을 보고 의롭다 해 주시는 법정적인(forensic) 선언임을 천명했습니다.

루터의 이신칭의 개념을 가장 잘 축약시켜 놓은 것이, 소위 "의인이면서 동시에 죄인"(*simul iustus et peccator*)론입니다. 예수 그리스도를 믿음으로 법적으로는 의인으로 칭함을 받지만 여전히 죄인이라는 뜻입니다. 그럼에도 이 칭의는 즉각적이고 단회적(a once and for all)이고 완전합니다. 믿는 즉시 의롭다함을 받고, 일단 한 번 의롭다함을 받으면 다시는 번복되거나 취소되지 않습니다.

그런데 근자에 개신교회 안에서 이신칭의를 부정하고 한국 교회를 종교개혁 이전으로 돌리려는 시도들이 일고 있습니다. 그 중심에 유보적 칭의론자들이 있습니다. 그들은 말로는 자신들은 이신칭의를 부정하지 않는다고 강변합니다. 다만 작금의 기독교가 이신칭의만 강조하여 교회의 타락을 불러왔기에 균형을 이루려고 행위도 강조한다는 것입니다. 일견 일리가 있어 보이나 그 저의를 들여다보면, 그들이 주장하는 행위란 믿음의 보충, 곧 칭의의 조건을 뜻합니다.

또한 그들은 "성화 없인 칭의가 없다"는 칼빈(John Calvin)의 말을, "성화가 칭의의 조건"이다는 말로 비틀어, "칭의에는 반드시 성화가 따른다"는 본의를 왜곡시켰습니다. 그리고는 적반하장으로 이신칭의론자들이 칼빈을 왜곡시켰다고 비난합니다. 결정적으로는, 그들은 종말론적인 칭의는 성화가 충족됐을 때만 가능하며, 만일 그 조건이 충족되지 못하면 믿음으로 얻어놓은 법정적 칭의가 취소된다고 주장하므로서 칭의 유보(reservation of justification)의 논거를 구축했습니다. 성화를 구원의 조건으로 놓은 이들의 논거는 "행위 구원론"의 전형입니다.

제1부
하나님의 교리 이신칭의

제1장 완전하고 원(原)기원적인 의

제2장 하나님을 위한 하나님의 교리

제3장 완전한 하나님의 의

제4장 하나님의 분노를 풀어 주는 유일한 의

제5장 하나님의 영광

제1장

완전하고 원(原)기원적인 의

사람들은 노골적인 율법주의에 대해선 경계심을 품지만 신율주의(theonomy)[1] 같은 위장된 복음주의에 대해선 비교적 관대합니다. 엄격한 율법주의와는 달리 복음으로 치장됐기에 최소한의 율법적 의만을 요구하는 것처럼 보이기 때문입니다. 다음은 신율주의자들의 흔한 어법입니다.

> 자신의 힘으로 율법을 다 이루라는 것도 아니고, 99를 하나님이 은혜로 해 주시고 1정도만 보태라는 것이니, 감지덕지 해야지.[2]

그럴듯해 보이지만 속내를 자세히 드러다 보면 율법주의와 신율주의는

---

[1] 주후 1세기 순수 복음적 기독교가 팔레스틴에 정착되기 전, 유대교와 기독교가 혼재된 과도기적 상황에서 일부에서 차용했던 일종의 도덕주의 기독교입니다. 이들은 칭의와 성화(윤리)를 구원의 도식으로 제시합니다. 신율주의(theonomy)의 대표적 주창자는 E.P. 샌더스(Sanders)입니다. 유보적 칭의론자들은 바로 이 신율주의에로의 회귀를 꿈꾸는 자들입니다. 부연적인 설명은 이 장 뒷부분에 나옵니다.

[2] 신학적 표현을 빌리면, 수동적 의는 그리스도가 이루어 주셨으니 능동적 의는 인간이 이루어야 한다는 것입니다.

다르지 않습니다.

결론부터 말하면, 1이 모자라는 것이나, 99가 모자라는 것이나 비등점(the boiling point)에 도달하지 못하는 것은 일반입니다. 대한민국 공무원 시험은 대개 0.1점 차이로 당락이 갈린다고 합니다. 0.1이 부족한 사람도 50점이 부족한 사람도 합격 점수에 모자라기는 매 일반이며, 모두 불합격자로 일괄 처리됩니다. 마찬가지로 칭의에 있어 99가 은혜로 되고 율법적 의무 1만을 요구받는다고 해도, 그 1에 0.1만 부족해도 탈락이니 0.1 부족한 것이나 99.9가 부족한 것이나 다 똑같이 부족한 것입니다.

성경이 "누구든지 온 율법을 지키다가 그 하나에 거치면 모두 범한 자가 되나니"(약 2:10)라고 한 것도 같은 의미입니다. 아흔 아홉 개를 지키다가 마지막 하나를 못 지키면 단지 하나를 못 지킨 것이 아니라 100개를 다 못 지킨 것이 됩니다. 작은 율법 하나를 거스려도 전체를 다 거스린 것이기에, 100을 요구받는 것이나 하나를 요구받는 것이나 다를 바가 없습니다. 세상 법에는 사사오입, 반올림 같은 정상 참작이 있지만, 공의의 법 율법은 조금의 결핍만 있어도 탈락입니다.

너무 냉정하다고 할지 모르나 이것이 율법의 엄위함입니다. 그리고 율법 100에 0.1이 부족하다는 것은 조금만 더 힘을 쓰면 율법을 채울 수 있다는 가능성을 말하는 것이 아닙니다. 0.1의 결핍은 율법의 요구에 영원히 미치지 못하는, 인간 의(義)의 본성적 결핍성을 상징합니다. "음부와 아이 배지 못하는 태와 물로 채울 수 없는 땅과 족하다 하지 아니하는 불"(잠 30:16)같이 영원히 채워지지 않는 인간 의(義)의 태생적 결핍성입니다.

율법주의와 신율주의의 차이는, 바로(Pharaoh)가 이스라엘 사람들에게 짚을 주어 벽돌을 찧게 한 것과 짚 없이 벽돌을 찧게 한 정도의 차이에 지나지 않습니다(출 5:7).³ 전자나 후자나 다 종 된 신세에서 하는 고역입니다. 둘 다 아무리 벽돌을 열심히 찧었어도 그것이 종의 신세를 못면하게 했고, 오직 어린 양의 피로 됐습니다(출 12:23).⁴ 마찬가지로 율법은 사람이 아무리 힘써 지켜도 항상 모자라기에 그로 율법에서 놓여나게 못합니다. 외형적으로 율법이 살리는 것을 말할 때까지도 사실은 죽음을 말하고 있습니다.

의를 행하는 사람은 그 의로 살리라(will live) (롬 10:5).

이 말씀은, 겉으로는 사는 것을 말하지만 사실은 죽음을 뜻합니다. 이는 '살'(to live) 만큼 율법을 완전히 지킬 수 있는 자는 없기 때문입니다. "행하면 살리라"(롬 10:5)는 말씀의 이면에는 "율법 책에 기록 된 대로 온갖 일을 항상 행하지 아니하는 자는 저주 아래 있다"(갈 3:10)는 정죄가 도사리고 있습니다.

율법주의자들은 "의를 행하는 사람은 그 의로 살리라"는 것만 보고, 이면의 "율법 책에 기록된 대로 온 갖 일을 항상 행하지 아니하는 자는 저주 아래 있는 자"라는 말씀은 보지 못하기에, 율법이 생명의 법인 양 오해합니다. 그리고 그러한 오해가 그로 하여금 겁 없이 율법으로 구원 얻겠다고 덤비게 합니다. "율법 행위에 속한 자들은 저주 아래 있나니"(갈 3:10)라는 말씀은, "율법의 행위로 그의 앞에 의롭다 하심을 얻을 육체가 없다"(롬 3:20)는 말씀과 동의어입니다.

---

3   너희는 백성에게 다시는 벽돌 소용의 짚을 전과 같이 주지 말고 그들로 가서 스스로 줍게 하라(출 5:7).

4   여호와께서 애굽 사람을 치러 두루 다니실 때에 문 인방과 좌우 설주의 피를 보시면 그 문을 넘으시고 멸하는 자로 너희 집에 들어가서 너희를 치지 못하게 하실 것임이니라(출 12:23).

다량의 복음에 소량의 율법이 가미된 신율주의가 복음일 수 없음은, 죄인의 연약성이 소량의 율법도 지킬 수 없게 하기 때문입니다. 개혁자들이 '오직 믿음,' '오직 은혜'로만 의롭다 함을 받아야 한다고 열렬히 외친 이유도 이 때문입니다. 율법 준수의 광대한 요구는 우리로 절망케 하기에 충분합니다. '하지마라'는 소극적인 명령으로부터, '하라'는 적극적인 명령에 이르기까지 그 요구가 끝 간 데 없으며, '하지마라'는 소극적 요구 하나도 감히 해내겠다고 덤벼들지 못하게 합니다.

> 형제에게 노하는 자마다 심판을 받게 되고… 미련한 놈이라 하는 자는 지옥 불에 들어가게 되리라(마 5:22).
>
> 형제를 미워하는 자마다 살인하는 자니(요일 3:15).

이 말씀들 앞에서 주눅 들지 않을 자 누가 있겠습니까?

또 '행하라'는 율법의 적극적 요구는 어떻습니까?

성문법인 10계명 외에, 양심의 소리로부터 선인줄 아는 모든 불문법까지 죄다 행하라고 명령합니다. 그리고 거기에 결격되는 모든 것을 다 죄라고 규정합니다(약 4:17). "죄란 하나님의 법을 순종함에 부족한 것이나 혹은 어기는 것이다"라고 규정한 웨스트민스터 소요리문답(제14문)의 내용 그대로입니다. 영생을 주제로 부자와 예수님이 나눈 대화도 율법의 범위가 얼마나 광대한가를 보여줍니다(막 10:19-21).[5]

"무엇을 행하여야 영생을 얻겠습니까?"라는 부자의 물음에 예수님이

---

[5] 네가 계명을 아나니 살인하지 말라, 간음하지 말라, 도적질하지 말라, 거짓 증거하지 말라, 속여 취하지 말라, 네 부모를 공경하라 하였느니라 여짜오되 선생님이여 이것은 내가 어려서부터 다 지키었나이다 예수께서 그를 보시고 사랑하사 가라사대 네게 오히려 한 가지 부족한 것이 있으니 가서 네 있는 것을 다 팔아 가난한 자들을 주라 그리하면 하늘에서 보화가 네게 있으리라 그리고 와서 나를 좇으라 하시니 (막 10:19-21).

"계명을 다 지켰느냐"고 물으신 것은, 율법을 지켜 영생을 얻겠다는 부자의 말에 동의해 준 것이 아니라, 율법을 지켜 영생을 얻으려는 부자의 잘못된 생각을 깨우치기 위한 반어법(反語法)이었습니다. "네가 행위로 영생을 얻겠다고? 그래 어디 한번 해 보자"는 속내의 표현이었습니다.

그리고 율법을 다 지켰다고 장담하는 부자에게 "그러면 네 재산을 팔아 가난한 자들에게 다 나누어 주고 나를 좇으라"는, 보다 고강도의 요구를 했습니다. 이 역시 영생 얻는 율법의 2단계 지침을 내리신 것이 아니라 풍자 섞인 반어법이었습니다. "네가 율법을 다 지켰다고? 그래 네가 언제까지 그런 말을 할 수 있는지 두고 보겠다"는 의중이 담겨 있습니다.

그러나 부자는 거기서 더 나아가지 못하고 무릎을 꿇었습니다. "근심하며 갔다"는 말은 율법 행위로 영생을 얻겠다는 의도를 포기했다는 뜻입니다.

만일 그 부자가 "예"라고 했다면, 주님이 "됐다 합격이다"라고 했겠습니까?

끝 간 데 없는 율법은 그 다음에는 "원수를 축복하고 원수가 주리거든 먹이고 목마르거든 마시우라"는 요구를 했을 것입니다. 그리고 그 요구에 "예"라고 했다면, 그 다음에는 "원수를 위해 네 목숨을 내어 놓으라"고 주문했을 것입니다.

이는 율법의 요구는 하나님만큼이나 무한하다는 것과, 동시에 율법 준수를 통해서는 영생을 얻을 수 없다는 뜻입니다. 흔히 율법의 표준이 하나님 수준의 의(義)라는 말들을 하는데, 인간이 도달할 수 없는 의(義)의 수준이라는 뜻입니다. 예수님이 제자들에게 천국에 들어가려면 바리새인과 서기관들의 의보다 나은 의(義)를 가져야 한다(마 5:20)고 한 말의 의미이기도 합니다. 바리새인 서기관이 상정하는 바, 인간이 도달할 수 있는 최고 수준의 의(義)보다 항상 윗 단계의 의(義), 곧 그리스도를 믿음으로 말미암는 하나님의 의(義)여야만 천국에 들어간다는 뜻입니다.

그리고 우리의 의(義)가 율법의 의(義)가 아닌 믿음의 의여야 할 또 하나의 이유는, 믿음의 의가 율법적 의보다 더 근원적이라는 점 때문입니다. 율법이 범법함을 인해 후에 더해진(to be added) 것이라면, 이신칭의(以信稱義)는 율법 이전 아브라함과 맺은 언약에 기초합니다. 주지하듯이 "더해진"(to be added, 갈 3:19) 것이란 근원적인 것이 아닌, 필요에 의해 후에 첨가된 것이라는 뜻입니다.

율법은 인간이 범죄 후 그들로 하여금 죄를 깨닫도록 하기 위해(롬 3:20; 7:7), 말 그대로 더해진(to be added) 것입니다. 지켜 행하여 구원 얻도록 하기 위함이 아니라 죄로 심히 죄 되게 하기 위함입니다(롬 7:13; 5:20).[6] 아브라함에게 주신 "믿음으로 의롭다 함을 받는" 이신칭의 언약이, 430년 후에 가입한 율법에 의해 폐해질 수 없는[7] 이유입니다.

사도 바울은 사람 사이의 언약도 한 번 맺어지면 폐할 수가 없고, 또 뒤의 언약이 앞선 언약을 무효화 할 수 없다(갈 3:15)[8]는 일반의 상식에 호소하며 이신칭의의 기원성을 주장합니다. 그러나 성경은 여기서 그치지 않고 아브라함 언약보다 훨씬 앞선 원기원(original beginning)적인 언약을 말합니다. 택자를 이신칭의 해 주려고 창세 전부터 죽기로 예정된 어린 양 그리스도의 언약입니다(요 1:29-30; 벧전 1:18-20; 계 13:8).[9] 곧 어린 양의 대속의

---

[6] 그런즉 선한 것이 내게 사망이 되었느뇨 그럴 수 없느니라 오직 죄가 죄로 드러나기 위하여 선한 그것으로 말미암아 나를 죽게 만들었으니 이는 계명으로 말미암아 죄가 심히 죄 되게 하려 함이니라(롬 7:13). 율법이 가입한 것은 범죄를 더하게 하려 함이라 그러나 죄가 더한 곳에 은혜가 더욱 넘쳤나니(롬 5:20).

[7] 내가 이것을 말하노니 하나님의 미리 정하신 언약을 사백삼십년 후에 생긴 율법이 없이 하지 못하여 그 약속을 헛되게 하지 못하리라(갈 3:17).

[8] 형제들아 사람의 예대로 말하노니 사람의 언약이라도 정한 후에는 아무나 폐하거나 더하거나 하지 못하느니라(갈 3:15).

[9] 이튿날 요한이 예수께서 자기에게 나아오심을 보고 가로되 보라 세상 죄를 지고 가는 하나님의 어린 양이로다 내가 전에 말하기를 내 뒤에 오는 사람이 있는데 나보다 앞선 것은 그가 나보다 먼저 계심이라 한 것이 이 사람을 가리킴이라(요 1:29-30). 너희가 알거니와 너희 조

죽음에 근거하여 믿는 자를 의롭다 해 주신다는 언약입니다.

필립 입슨(Philip H. Eveson)은 『칭의론 논쟁』(The Great Exchange)에서 이 신칭의의 원기원이 하나님 자신임을 언급합니다.

> 예수 그리스도의 칭의 사상은 새로운 것이 아닌, 태초부터 하나님의 심중에 있었던 사상이며(엡 1:4-5), 실제로 아브라함과 다윗 같은 인물들은 다 바울이 로마서 4장에서 설명하고 있는 방법으로 의롭다 함을 받은 인물들이다.[10]

그리고 율법의 완성이시고 마침이신 예수님이(롬 10:4)[11] 이신칭의를 가르치셨다는 사실 역시, 이신칭의가 율법의 영향을 받을 수 없으며(갈 3:17)[12] 구원의 원기원(original beginning)적 경륜임을 강력히 시사합니다. 예수님을 이신칭의 교사로 주장하는 존 맥아더(John MacArthur)의 말에서도 그런 뉘앙스를 느낄 수 있습니다.

> 예수님의 가르치신 복음에 이신칭의가 있었다. 바울이 그러했듯 '칭의 교리'라는 형식적인 표현을 사용하시지는 않았지만, 이신칭의는 주님

상의 유전한 망령된 행실에서 구속된 것은 은이나 금같이 없어질 것으로 한 것이 아니요 오직 흠 없고 점 없는 어린 양 같은 그리스도의 보배로운 피로 한 것이니라 그는 창세 전부터 미리 알리신바 된 자나 이 말세에 너희를 위하여 나타내신바 되었으니(벧전 1:18-20). 죽임을 당한 어린 양의 생명책에 창세 이후로 녹명되지 못하고 이 땅에 사는 자들은 다 짐승에게 경배하리라(계 13:8).

10　Philip H. Eveson, *Justification by Faith Alone*, 『칭의론 논쟁』, 석기신 역 (서울: CLC, 2001), p. 26.
11　그리스도는 모든 믿는 자에게 의를 이루기 위하여 율법의 마침이 되시니라(롬 10:4).
12　내가 이것을 말하노니 하나님의 미리 정하신 언약을 사백 삼십년 후에 생긴 율법이 없이 하지 못하여 그 약속을 헛되게 하지 못하리라(갈 3:17).

의 복음 설교와 모든 가르침에 충만하게 스며 있는 기본 원리(요 5:24; 눅 23:43; 마 9:22; 막 5:34; 10:52; 눅 8:48; 17:19; 18:42)이다. 예수님은 칭의가 오직 믿음으로 말미암는다는 것을 가르치셨으며, 추상적인 신학을 제시하시지 않았고, 우리를 위해 비유를 들어 이 요점을 분명하고도 쉽게 가르쳐 주셨다.[13]

이런 이신칭의(以信稱義)의 원기원성이 이신칭의가 훼손당해서는 안 되는 가장 중요한 이유입니다.

반면에 신율주의자들은 주후 1세기 순수 복음적 기독교가 팔레스틴에 정착되기 전, 유대교와 기독교가 혼재된 과도기적 상황에서 일부에 의해 한시적으로 착안된 도덕주의 기독교에로의 회귀를 꿈꿉니다. 이는 초대교회가 유대인 전도를 위해 믿음 외에 한시적으로 첨가했던 "우상제물, 피, 목매어 죽인 것, 음행 금지"(행 15:5, 20, 29; 21:25), "할례"(행 15:5; 16:3),[14] "주일 · 안식일의 공동준수" 등을 오늘날에도 계속 지속해야 한다는 주장 같아 보입니다.

그러나 이후 사도행전의 전개 과정에서 보듯이, 비복음적인 것들은 점차 떨어져나가고 머지않아 순수 이신칭의 신앙이 자리를 잡습니다. 그런데 신율

---

[13] John MacArthur 외 공저, *Justification by faith alone*, 『솔라 피데』, 조계광 역 (서울: 생명의 말씀사, 2001), pp. 27-28.

[14] 바리새파 중에 믿는 어떤 사람들이 일어나 말하되 이방인에게 할례 주고 모세의 율법을 지키라 명하는 것이 마땅하다 하니라(행 15:5). 다만 우상의 더러운 것과 음행과 목매어 죽인 것과 피를 멀리 하라고 편지하는 것이 가하니(행 15:20). 우상의 제물과 피와 목매어 죽인 것과 음행을 멀리 할찌니라 이에 스스로 삼가면 잘 되리라 평안함을 원하노라 하였더라(행 15:29). 주를 믿는 이방인에게는 우리가 우상의 제물과 피와 목매어 죽인 것과 음행을 피할 것을 결의하고 편지하였느니라 하니(행 21:2). 바리새파 중에 믿는 어떤 사람들이 일어나 말하되 이방인에게 할례 주고 모세의 율법을 지키라 명하는 것이 마땅하다 하니라(행 15:5). 바울이 그를 데리고 떠나고자 할쌔 그 지경에 있는 유대인을 인하여 그를 데려다가 할례를 행하니 이는 그 사람들이 그의 부친은 헬라인인줄 다 앎이러라(행 16:3).

주의자들(theonomists)은 기독교의 정체성이 확립되기 전, 과도기에 차용된 도덕주의 기독교를 마치 기독교의 원기원(original beginning)인 것처럼 여겨, 믿음 외에 윤리를 구원의 필수조건으로 제시합니다.

다시 말하지만, 이신칭의는 특정한 시대에 특정 필요에 의해 생성되었다가 또 필요에 의해 변개, 폐기될 수 있는 임기응변적인 교리가 아닙니다. 일부 신학자들의 비난처럼, 중세 로마 가톨릭을 대항하기 위해 종교개혁자들에 의해 급조된 시대의 아들(a creature of the age)이 아닙니다. 제임스 뷰캐넌(James Buchanan, 1804-1870)은 그런 터무니없는 비난에 대해 다음과 같이 변호합니다.

> 칭의 교리는 1,400년 동안 알려지지 않았다가, 루터와 칼빈에 의해 처음으로 소개된 전혀 새로운 교훈이라는 로마 가톨릭의 주장은 전혀 잘못된 것이다. 칭의 교리는 사도들의 기록들에서 완전히 논의된 사실이며, 그들의 직접적인 계승자들도 역시 이 문제를 결정되지 않은 것으로 여길 아무런 이유가 없었다. 그들은 이것이 잘 수립된 공통된 믿음에 관한 의심의 여지가 없는 조항으로 여겼으며 그 어떤 공식적 설명이나 증명의 작업이 필요 없는 공인되고 적용된 진리로 생각했다.[15]

이신칭의는 하나님의 영원한 사랑과 창세 전 그리스도의 언약에 기초되었고, 만세와 만대로부터 비밀히 전수되고(골 1:26), 천사들도 살펴보길 원하는(벧전 1:12) 영원한 구원 경륜입니다. 따라서 율법이나 세속사(worldly things)에 영향 받지 않습니다. 우리가 이신칭의를 사수하는 이유도 이렇게 영원에 기초한 이신칭의의 원기원성 때문입니다.

---

15 Philip H. Eveson, 『칭의론 논쟁』, p. 103.

제2장

하나님을 위한 하나님의 교리

앞 장에서도 언급했듯이, 대개 사람들은 이신칭의(以信稱義)의 기원을 루터, 바울에서 찾거나 아니면 더 거슬러 올라가 아브라함에서 찾습니다. 아니면 좀 더 거슬러 올라가 하나님이 아담과 하와에게 지어 입히신 가죽옷에서 찾습니다. 이는 이신칭의에 대한 구원론적인 접근입니다. 그러나 성경 전체의 조망은 이신칭의를 구원론적으로만 아니라 신론적(神論的)으로도 접근하여 그 기원을 하나님으로까지 추적합니다. 이는 이신칭의가 하나님의 핵심적 속성인 의(義)와 연관되기 때문입니다. 이 점에서 이신칭의는 하나님의 교리입니다.

이신칭의의 대표 구절인 "경건치 아니한 자를 의롭다 하시는 이를 믿는 자에게는 그의 믿음을 의로 여기시나니"(롬 4:5)라는 말씀은, "경건한 자를 의롭다 하시는" 기존의 율법적 의(義) 외에, 새로운 하나님 의(義)를 천명한 것입니다. 다음은 그 매치되는 구절입니다.

> 이제는 율법 외에 하나님의 한 의(義)가 나타났으니 율법과 선지자들에게 증거를 받은 것이라 곧 예수 그리스도를 믿음으로 말미암아 모든 믿

> 는 자에게 미치는 하나님의 의(義)니 차별이 없느니라(롬 3:21-22).

여기서, 율법 외의 새로운 하나님의 한 의(義)의 출현을 알립니다. 앞의 '율법적 의'가 "경건한 자를 의롭다 하시는" 통전적 의를 말했다면, 뒤의 '율법 외에 하나님의 한 의'는 전혀 새로운 "그리스도를 믿음으로 말미암은 의"를 말합니다. 이는 율법적 의의 요구와 그것을 이루는 인간의 의가 서로 다름을 말합니다. 하나님이 요구하신 "율법적 의"를 "그리스도를 믿음으로 말미암은 의"로 이룬다 는 뜻입니다.

이신칭의가 새로운 하나님의 의임을 천명해 주는 또 하나의 구절입니다.

> 이 예수를 하나님이 그의 피로 인하여 믿음으로 말미암는 화목 제물로 세우셨으니 이는 하나님께서 길이 참으시는 중에 전에 지은 죄를 간과하심으로 자기의 의로우심을 나타내려 하심이니 곧 이 때에 자기의 의로우심을 나타내사 자기도 의로우시며 또한 예수 믿는 자를 의롭다 하려 하심이니라(롬 3:25-26).

하나님은 그리스도의 화목 제물을 토대로 믿는 자를 의롭다 해 주시며, 이것을 통해 하나님 자신의 의(義)를 천명하십니다. 이는 두 가지 근거에서입니다.

첫째, 하나님이 인간을 율법적 행위로 의롭다 하면, 화목 제물로 세우신 아들의 죽음을 헛되게 만들기 때문입니다(갈 2:21).[1]

---

[1] 내가 하나님의 은혜를 폐하지 아니하노니 만일 의롭게 되는 것이 율법으로 말미암으면 그리스도께서 헛되이 죽으셨느니라(갈 2:21).

둘째, 그리스도의 화목 제물 위에 인간의 의가 첨가되면 이중과세가 되기 때문입니다.

다시 말하지만, "율법"은 하나님 편에서의 의(義)의 요구이고, "이신칭의"는 인간 편에서 의(義)의 요구를 이루는 길입니다. 이는 하나님의 공의가 손상되지 않고 율법을 이루는 유일한 길입니다. 예수 믿는 자를 의롭게 하심은 하나님 자신을 의롭게 하시는 일이라고 말한, 케빈 반후저(Kevin J. Vanhoozer)의 말은 아주 적절합니다.

> 그러므로 하나님께서는 복음을 통해 당신 자신도 의롭게 하시는 것이다. 구약 시대에는 하나님께서 상징적인 희생 제도를 통해, 그분의 용서를 단순하게 믿는 사람들의 죄를 짐짓 모르는 체 하시는 것처럼 보였기 때문이다(롬 3:25).
> 이제는 십자가의 그림자를 통해 예수님께서 근거가 되어, 하나님께서 아브라함과 다윗에게 하셨던 것처럼(롬 4:1-8 참조) 당신의 온전함을 손상시키지 않고도 불경건한 자들을 의롭게 하실 수 있다는 사실을 알 수 있다 … 예수님의 죽으심은 최종적으로 하나님의 '의로우심을 나타내사 자기도 의로우시며 또한 예수 믿는 자를 의롭다 하려 하심(롬 3:26)이다'.[2]

율법적 의와는 전혀 다른 차원의, "믿음으로 말미암는 의"의 출현은 하나님에 대한 인식을 새롭게 했습니다. 특히 바울에겐 더욱 그러했습니다. 인간의 의를 율법의 성취요건으로 삼았던, 과거의 유대교적인 하나님 인식

---

[2] Kevin J. Vanhoozer, *This we believe*, 『생명으로의 초대』, 김재덕 역 (서울: 좋은씨앗, 2002), pp. 122-123.

과는 전혀 다른 하나님 인식을 그에게 갖다 주었습니다. 그에게 하나님은 더 이상 경건한 자만을 의롭다고 해 주시는 엄위한 하나님이 아니시고, 경건치 않은 자를 의롭다 하시는 자비의 하나님이셨습니다.

루터(Martin Luther) 역시 바울과 유사한 하나님 인식의 전이(transition)를 경험했습니다. 그는 회심 후, 하나님의 의(義)에는 죄인을 정죄하는 "율법적 의"와 믿음으로 의롭다 함을 받는 "복음적 의" 두 가지가 있음을 알게 됐습니다. 그는 율법의 의를 통해서는 자신의 죄악 됨과 의로우신 하나님께 자신이 용납될 수 없다는 절망감을 직면했고, 믿음의 의(롬 3:30; 1:17)를 통해서는 하나님의 자비를 깨달았습니다. 바울은 이 두 의(義)를, "몽학 선생으로서의 율법적 의"와 "믿음으로 말미암은 의"로 표현했습니다(갈 3:24).

그러나 역사적으로, "경건치 아니한 자를 의롭다 하시는" 이신칭의 교리가 모든 사람에게 환영받은 것이 아니었습니다. 불순한 의도를 가진 자들에 의해 끊임없이 공격받고 오도되어 왔습니다. 특히 계몽주의자들에게는 기독교의 윤리성 논란의 불씨를 지피게 했습니다. 180여 년 전 스펄전(C. H. Spurgeon, 1834-1892) 시대에도 이 구절은 십자가의 도를 경멸하는 자들이, "하나님은 악인을 구원하시고 극히 사악한 자를 영접하신다"는 악담의 빌미로 사용했습니다.

그리고 오늘날 신율주의자들(theonomists)에게서는 기독교 타락의 주범으로 지목됐고, "사람이 행함으로 의롭다 하심을 받고 믿음으로만 아니니라"(약 2:24)는 구절의 오용(誤用)을 낳았습니다.[3] 신율주의자들은 율법과 이에 응답하는 믿음의 의(義)의 상관관계를 알지 못하고, 율법에 오직 율법의 의로만 대응했습니다. 신율주의자들의 이런 율법주의적인 의(義) 개념은 왜곡된 하나님 관념을 형성했고, 나아가 구원론, 성화론, 종말론, 상급론

---

[3] 주지하듯이 이 구절은 의(義)의 조건이 아닌 의(義)의 증거로 말한 것입니다..

같은 교리들에 영향을 미쳤습니다.

또한 경건치 않은 자가 의롭다 함을 받는 이신칭의는, 불치병자가 치유되는 것처럼 초자연적인 이적입니다. 베데스다 연못가의 38년 된 중풍병자가 예수님의 치유를 받은 것은(요 5:2-9), 자기 의를 위해 아무것도 할 수 없는 죄인이 예수님의 이적으로 의롭다 함을 받는 것을 상징합니다. 하나님은 이적을 통해 자신의 하나님 됨을 계시하시듯이, 경건치 않은 자를 의롭다 해 주시는 것을 통해 그의 전능하심과 자비를 계시합니다. 이런 점에서 이신칭의는 하나님을 위한 교리입니다.

이신칭의를 하나님의 이적과 자비로 정의한 아더 핑크(A. W. Pink)의 관점도 같은 맥락입니다.

> 로마서 4:5 (일을 아니할찌라도 경건치 아니한 자를 의롭다 하시는 이를 믿는 자에게는 그의 믿음을 의로 여기시나니)은 신성한 이적을 알려 주고 오직 하나님이 해 낼 수 있었던 이적을 선언한다. 복음이 선언하는 이적은, 하나님은 경건치 않은 자들에게 의로운 자비를 가지고 다가가시며 경건치 않은 자들이 그 부패와 반역에도 불구하고(그리스도의 의를 근거하여) 믿음을 통하여 새롭고 복된 관계를 하나님과 맺을 수 있게 하신다는 것이다.[4]

스펄전(C. H. Spurgeon) 역시 이신칭의를 동일한 관점으로 이해했습니다.

---

[4] Arthur W Pink, *Justification by faith*, 『이신칭의 : 우리에게 거저 주신 하나님과 구주 예수 그리스도!』, 임원주 역 (서울 : 누가, 2013), pp.113-114.

> 죄 있는 사람을 의롭게 하는 것은 사람의 힘으로 되지 않고 오직 하나님의 능력으로만 가능한 것이다. 이 일은 오직 주님께만 속한 이적이다 … 하나님은 신성의 무한한 주권과 이루 말로 다할 수 없는 사랑으로 의로운 자가 아니라 경건치 못한 자를 의롭게 하시는 일을 맡으셨다 … 불의한 자를 의롭다 하는 것은 무한한 사랑과 자비로만 되어진다.[5]

참된 그리스도인은 죽은 자를 일으키시는 예수님의 이적을 의심 없이 믿듯이, 경건치 않은 자를 의롭다 해 주시는 하나님을 믿는 데 어려움이 없습니다. 그리고 그는 자신의 믿음을 통해 하나님의 의(義)의 경륜을 드러냅니다. 그러나 이신칭의를 부인하는 신율주의자들은 하나님의 이적을 부인하는 자유주의자들과 유사합니다. 자유주의자들이 그들의 불신으로 하나님의 역사를 가로막듯이, 신율주의자들은 이신칭의를 통해 드러나는 복음의 위대한 경륜을 방해합니다.

그리고 이신칭의 교리는 하나님의 영광을 위한 교리라는 점에서 하나님을 위한 교리입니다. 네덜란드의 개혁주의자 헤르만 윗시우스(Herman Witsius, 1636-1708)가, 이신칭의를 "나 곧 나는 나를 위하여 네 허물을 도말하는 자니 네 죄를 기억지 아니하리라"(사 43:25)라는 말씀과 연계하며, "죄인을 값없이 의롭다 해 주시는 이신칭의 교리에서처럼 하나님의 선하심, 공의, 지혜, 은혜가 나타나 하나님께 영광 돌리게 하는 것은 없다"고 했습니다.

조엘 비키(Joel R. Beeke) 역시 "구원의 기초"(*Basics of Salvation*)라는 설교에서, 이신칭의를 하나님의 영광을 위한 교리라고 했습니다. 필립 입슨

---

[5] C. H. Spurgeon, *ALL OF GRACE*, 『은혜의 모든것』, 보이스사편집부 譯 (서울:보이스사, 1779), p.23.

(Philip H. Eveson) 역시 동일한 관점을 피력합니다.

> 죄인을 의롭다 하시는 하나님의 이 행위는 결코 측량할 수 없는 신비한 하나님의 방법과 비밀로 우리를 인도한다. 우리는 이 일로 인해 놀라며 겸손해지고, 영원까지 경이와 사랑과 찬양으로 충만해 질것이다.[6]

이신칭의의 은혜를 입은 자는 구약의 자원하는(귀뚫린) 종처럼(출 21:6),[7] 평생 그 은혜에 감읍하며 하나님께 빚진 자로 살게 됩니다(엡 1:6). 그리스도의 사랑의 강권이 그로 하여금 살든지 죽든지 그리스도만을 위해 살게 하는 것입니다(고후 5:14). 지혜로우신 하나님은 인간을 정복하고 소유하실 때, 바로(Pharaoh) 왕처럼 구둣발과 채찍으로가 아닌 은혜와 사랑으로 하십니다. 하나님과 성도의 관계가 부자, 부부관계 외에 주종(主從)관계로 묘사된 것도 하나님의 사랑이 그로 하나님께 종이 되게 하기 때문입니다.

이런 점에서 "경건치 아니한 자를 믿음으로 의롭다 해 주시는" 이신칭의는 하나님이 자신의 영광을 위해 세우신 경륜임이 틀림없으며, 하나님 영광에 불타는 개혁주의자들이 이신칭의를 고수하는 것은 당연합니다. 반면에 이신칭의를 거부하고 자신의 행위로 의롭다 함을 받으려는 신율주의자들은, 자신들의 구원을 전적인 하나님 은혜에 의존시키지 않기에, 하나님께 영광 돌릴 이유도 없고 영광을 돌리지도 않습니다.

그리고 마지막으로, 이신칭의가 하나님을 위한 교리임은 이신칭의가 하나님 자신의 희생 위에 세운 대속의 공로를 드러내기 때문입니다. 예수님이 자신의 죽음으로 대속을 완성하신 것은 "믿음으로 의롭다 함을 받는" 이

---

[6] Philip H. Eveson, 『칭의론 논쟁』, p. 26.
[7] 상전이 그를 데리고 재판장에게로 갈 것이요 또 그를 문이나 문설주 앞으로 데리고 가서 그 것에다가 송곳으로 그 귀를 뚫을 것이라 그가 영영히 그 상전을 섬기리라(출 21:6).

신칭의의 경륜을 이루기 위함입니다(롬 3:24-25).[8] 예수님이 십자가상에서 "다 이루었다"(요 19:30)고 하신 것은, "너희가 믿음으로 의롭다 함을 받을 수 있도록 율법을 다 이루었다"(롬 10:4)[9]는 뜻이었습니다. 성자 하나님이 우리를 대신해 율법의 수종자가 되어 주심으로 우리가 믿음으로 의롭다 함을 받을 수 있게 했습니다(롬 15:8).[10]

아브라함에게 독자 이삭을 요구하신 하나님이, 친히 자신의 손으로 수양을 준비하신 "여호와이레"(창 22:14)는, 하나님이 율법의 요구자인 동시에 율법의 완성자임을 보여 주는 하나의 상징입니다. 마찬가지로, 이신칭의는 율법의 요구자 하나님이 친히 율법의 완성자가 되어 이룬 의를 우리에게 전가시킨 것입니다. 따라서 이신칭의를 거부하는 것은 죄인을 향한 하나님의 의(義)의 경륜을 훼방하는 것이고, 나아가 이신칭의를 이루기 위해 흘리신 독생자의 피를 짓밟고 은혜의 성령을 모독하는 일입니다(히 10:29).[11]

---

8 그리스도 예수 안에 있는 구속으로 말미암아 하나님의 은혜로 값없이 의롭다 하심을 얻은 자 되었느니라(롬 3:24-25).
9 그리스도는 모든 믿는 자에게 의를 이루기 위하여 율법의 마침이 되시니라(롬 10:4).
10 내가 말하노니 그리스도께서 하나님의 진실하심을 위하여 할례의 수종자가 되셨으니 이는 조상들에게 주신 약속들을 견고케 하시고(롬 15:8).
11 하물며 하나님 아들을 밟고 자기를 거룩하게 한 언약의 피를 부정한 것으로 여기고 은혜의 성령을 욕되게 하는 자의 당연히 받을 형벌이 얼마나 더 중하겠느냐 너희는 생각하라(히 10:29).

제3장

완전한 하나님의 의

　이신칭의(以信稱義)는 죄인을 위한 하나님의 은총이기 이전에 하나님 자신을 위한 것입니다. 이는 하나님이 예수 믿는 자를 의롭다 해 주시므로 하나님 자신의 의로우심을 드러내기 때문입니다(롬 3:26).[1] 그러나 이신칭의를 공격하는 사람들은, 하나님이 단지 예수 믿는다고 누구를 의롭다 해 주시는 것은 자신의 공의를 손상시키는 자해(自害) 행위이며, 자기 영광과는 거리가 멀다고 주장합니다.

　기독교가 아무리 은혜의 종교라지만 믿음으로만 의롭다 해 주는 것은 종교적 통념으로도, 일반의 상식과도 맞지 않는다는 것입니다. 물론 그들의 지적이 전혀 일리가 없지만은 않습니다. 성경도 믿는 자를 의롭다 해 주는 것은 사람 마음으로 생각할 수 없는 일이라고 했기 때문입니다(고전 2:9)[2]. 그러나 동시에 바로 이 점이 기독교가 세상 종교와 구분되는, 기독교

1　곧 이 때에 자기의 의로우심을 나타내사 자기도 의로우시며 또한 예수 믿는 자를 의롭다 하려 하심이니라(롬 3:26).
2　하나님이 자기를 사랑하는 자들을 위하여 예비하신 모든 것은 눈으로 보지 못하고 귀로도 듣지 못하고 사람의 마음으로도 생각지 못하였다 함과 같으니라(고전 2:9).

만의 독특한 구원 경륜이기도 합니다.

이신칭의가 하나님의 공의를 손상할 수 없음은 이신칭의를 위해 그리스도가 피를 흘려주신 사실 때문이며, 이렇게 그리스도의 피로 세운 칭의언약은(고전 11:25) 이신칭의를 합법적으로 만듭니다. 만일 그리스도의 피로 세운 칭의언약 위에 인간의 의가 더해진다면 오히려, 이중과세가 되어 불법이 됩니다(롬 3:25).[3]

그리스도의 대속의 죽음으로 하나님이 죄인을 받아주시는 일이 가능했고, 죄인을 이신칭의 해 주는 것이 하나님께는 의로운 일이 됐습니다. 청교도 설교자 호라티우스 보나르(Horatius Bonar, 1808-1887)는 『내게는 영원한 의가 있다』(The Everlasting Righteousness)는 저서로 한국에 널리 알려져 있는데, 그 역시 같은 논조로 말합니다.

> 그리스도는 죄인의 죄책을 용서하고 영원한 사망의 형벌을 취소하는 것이 하나님 안에서 의로운 일이 되도록 하기 위해 죽으셨습니다 … 만일 그리스도의 대속적인 죽음이 없었더라면 하나님께서 죄인을 받아주시는 것은 의롭지 못했을 것이며, 죄인이 하나님께로 나아가는 것은 안전하지 못했을 것입니다 … 이 사실은 불의하고 전혀 사랑스럽지 않은 자들을 향한 하나님의 공의로운 사랑을 보여 줌으로써 죄인의 양심을 만족시킵니다.[4]

---

[3] 이 예수를 하나님이 그의 피로 인하여 믿음으로 말미암는 화목 제물로 세우셨으니 이는 하나님께서 길이 참으시는 중에 전에 지은 죄를 간과하심으로 자기의 의로우심을 나타내려 하심이니(롬 3:25).

[4] Horatius Bonar, God's way of peace, 『복음의 진수로 나아가라』, 이태복 역 (서울: 지평서원, 2002), p. 64.

바울은 더욱 강경한 어조로 오직 복음에만 하나님의 의가 나타나고(롬 1:17), 예수 믿는 자를 의롭다 해 주실 때만 하나님의 의가 나타난다(롬 3:26)고 말씀했습니다. 케빈 반후저(Kevin J. Vanhoozer)는 『생명으로의 초대』(This we believe)라는 저서로 잘 알려져 있는데, 그는 바울의 이 말을 더욱 구체적으로 풀이했습니다.

> 그러므로 하나님께서는 복음을 통해 당신 자신도 의롭게 하시는 것이다 … 십자가의 그림자를 통해 예수님께서 근거가 되어, 하나님께서 아브라함과 다윗에게 하셨던 것처럼(롬 4:1-8) 당신의 온전함을 손상시키지 않고도 불경건한 자들을 의롭게 하실 수 있다는 사실을 알 수 있다 … 예수님의 죽으심은 최종적으로 하나님의 "의로우심을 나타내사 자기도 의로우시며 또한 예수 믿는 자를 의롭다 하려 하심"(롬 3:26)이다.[5]

믿음의 의가 완전한 의(義)가 된다는 사실도 말하고자 합니다. 이는 믿음이 그리스도의 완전한 의를 우리 것으로 만들어 줌으로써 입니다. 하나님이 우리의 믿음을 받으시고 의롭다 해 주신다는 것은, 정확히 말하면 우리의 믿음에 약속돼 있는 그리스도의 의(義)를 받으시고 의롭다 해 주신다는 뜻입니다. 하나님은 우리의 믿음을 통해 그리스도의 의(義)를 수납하시고, 그 의(義)의 수납으로 만족하시고 우리에 대한 분노를 푸십니다.

호라티우스 보나르가 믿음이 그리스도와 우리 사이에 유대관계를 맺어 주고, 믿음에 약속돼 있는 그리스도의 완전한 의에 우리를 참여시킨다고 말한 것은 '믿음과 칭의'의 관계에 대한 진일보된 해석으로 보입니다.

---

5 Kevin J. Vanhoozer, 『생명으로의 초대』, pp. 122-123.

> 그가 비록 어떠한 행위도 하지 않았다고 할지라도, 그리고 그의 믿음이 비록 의롭지 못한 것이라고 할지라도 하나님께서는 믿는 자를 의를 행한 자로 여긴다 … 믿음은 일로서, 도덕적인 행위로서, 하나의 선행으로서 혹은 성령의 은사로서 우리를 의롭게 하는 것이 아니라 그것은 단순히 우리와 대속자 사이의 유대관계로 인하여 우리를 의롭게 한다 … 믿음이 결코 우리의 의는 아니다. 그것은 단지 우리를 의로우신 분과 하나로 엮어 줄 뿐이다. 그리고 우리를 그분의 의의 동참자로 만들어 준다.[6]

이처럼 믿음의 의가 율법을 성취하는 유일한 길이기에 우리는 믿음의 의(義)를 고집하고, 오히려 유대인들처럼 행위에 의지하여 걸려 넘어지므로(롬 9:32) 저주에 빠뜨려질까(갈 3:10) 노심초사합니다. 바울이 과거 유대교인이었을 때, 자신이 그렇게 소중히 여겼던 율법적 의(義)를 그리스도를 믿은 후 배설물로 여긴 이유도, 율법을 의지하다가 "믿음으로 난 하나님의 의"를 놓칠까 해서였습니다(빌 3:8-9).[7]

그리스도의 피 위에 세워진 의(義)의 언약은(고전 11:25) 인간의 행위로 의롭게 되려는 순간, 파기되고 그리스도와 그의 은혜에서 끊어집니다(갈 5:4).[8] 그것은 예수님의 말씀대로, 생베 조각을 낡은 옷에 덧대는 것처럼(마 9:16) 하나님의 의를 무산시킵니다. 누구든지 율법적 행위를 의지하는 순

---

[6] Horatius Bonar, 『복음의 진수로 나아가라』, pp. 115-116.
[7] 또한 모든 것을 해로 여김은 내 주 그리스도 예수를 아는 지식이 가장 고상함을 인함이라 내가 그를 위하여 모든 것을 잃어버리고 배설물로 여김은 그리스도를 얻고 그 안에서 발견되려 함이니 내가 가진 의는 율법에서 난 것이 아니요 오직 그리스도를 믿음으로 말미암은 것이니 곧 믿음으로 하나님께로서 난 의라(빌 3:8-9).
[8] 율법 안에서 의롭다 함을 얻으려 하는 너희는 그리스도에게서 끊어지고 은혜에서 떨어진 자로다(갈 5:4).

간 율법 전체를 준수할 의무가 그에게 지워지기 때문입니다(갈 5:3).[9] 그리고 율법을 완전히 지킬 수 있는 자가 없기에 그는 곧 바로 정죄에 빠뜨려집니다.

유보적 칭의론자들은 이신칭의를 버리고, 윤리를 칭의의 조건으로 내걸므로 스스로 율법의 정죄 아래 들어갔습니다. 500년 전 루터가, 로마 가톨릭교회가 인위적인 경건을 만들어 낸 이유를 이신칭의를 버린 때문이라고 책망했는데, 이는 오늘 유보적 칭의론자들에게도 그대로 적용될 듯합니다.

> 만일 가톨릭교회가 이신칭의를 없애버리지만 않았다면, 교회는 수사단이니, 성지순례니, 미사의식이니, 성인에게 드리는 기도니 하는 것들을 만들어 내지 않아도 되었을 것이다. 이제 교회가 다시 한 번 본분을 잃어버린다면(그러지 않기를 하나님께 기도한다) 그런 우상들은 또 다시 찾아올 것이다.[10]

물론 500년 전 로마 가톨릭교회가 행위와 의식(ceremony)을 첨가했다면, 오늘 그들은 윤리를 첨가했습니다.

믿음의 의(義)는 유보적 칭의론자들의 주장대로 우리에게 단지 의(義)의 기초만 제공해 준 것이 아니라, 루터의 말처럼 우리를 하나님처럼 만들어 주는 완전한 의(義)를 준 것입니다. 만일 우리가 받은 의(義)가 완성된 의가 아닌, 나머지는 우리 손으로 완성시켜야 할 기초적(basic) 의에 지나지

---

[9] 내가 할례를 받는 각 사람에게 다시 증거하노니 그는 율법 전체를 행할 의무를 가진 자라 (갈 5:3).
[10] Donald Demaray, *Listen to Luther*, 『루터에게 듣는다』, 윤종석 역 (서울: 두란노, 1992), p. 78.

않는다면, 사실은 의를 받은 것이 아닌 심판을 떠안는 것입니다.[11] 이는 율법을 완성할 육체가 없기에(롬 3:20), 그가 율법 아래 들어가는 순간 정죄에 떨어지기 때문입니다.

바울이 의(義)를 말할 때 '율법적(행위적) 의'와 '믿음의 의'로 구분 짓고, '율법적(행위적) 의'를 "심판의 의"로, '믿음의 의'를 "하나님의 의"로 지칭한 것은(갈 3:21-22)[12] 율법은 정죄를 낳고 믿음은 하나님의 의를 갖다 주기 때문입니다. 따라서 '믿음의 의'를 거부하고 '율법적(행위적) 의'를 주장하는 자는 의롭게 되려는 그의 의도와는 달리, 소가 푸줏간으로 들어가듯이 어리석게 스스로 형벌의 자리로 들어간 것입니다.

또한 이신칭의는 그리스도의 희생이 완전하다는 것을 증거합니다. 믿는 자가 의롭다 함을 받을 때보다, 그리스도가 율법의 완성자라는 사실을 확증해 주는 일은 없기 때문입니다. 바울도 그것을 역설했습니다.

> 그리스도는 모든 믿는 자에게 의를 이루기 위하여 율법의 마침이 되시니라(롬 10:4).

바울은 여기서 이신칭의와 율법의 완성을 연결짓습니다. 우리가 이신칭의를 강조하는 것은 유보적 칭의론자들의 공격처럼 구원을 값싸게 만들기 위해서가 아니라, 우리 구원을 위해 더 이상 그 어떤 첨가 사항이 필요 없도록 그리스도께서 율법의 완전한 성취를 이루셨음을 강조하기 위해서

---

[11] 자기의 윤리적 행위로 칭의를 완성시켜야 하는 유보적 칭의론자들에게는 칭의가 그들에게 구원의 길이 아닌, 심판의 길을 열어 주었습니다.

[12] 그러면 율법이 하나님의 약속들을 거스르느냐 결코 그럴 수 없느니라 만일 능히 살게하는 율법을 주셨더면 의가 반드시 율법으로 말미암았으리라 그러나 성경이 모든 것을 죄 아래 가두었으니 이는 예수 그리스도를 믿음으로 말미암은 약속을 믿는 자들에게 주려 함이니라(갈 3:21-22).

입니다.

루터는 종교개혁 당시, 믿음으로 의롭다 함을 받는다는 자신의 "이신칭의" 교리가 믿음이 사람을 의롭게 만든다는 것으로 자주 곡해되는 것을 보고, '그리스도로 말미암아'라는 말을 덧붙여 "그리스도로 말미암아 믿음으로 의롭다 함을 받았다"라고 말하게 했습니다. 이는 믿음이 칭의의 공로가 되지 못하도록 하기 위함이었고, 나아가 그리스도께 이신칭의의 촛점을 맞추어 그만을 높이기 위함이었습니다.

오늘도 우리가 이신칭의를 강조하는 것은, 그리스도의 대속의 완전함을 높이려는 마음에서 나온 것입니다. 만일 누가 믿음으로만 의롭게 되지 못하고 자신의 의(義)가 첨가돼야 한다고 강변한다면, 이는 그리스도의 희생이 완전하지 못하다는 것, 곧 그리스도의 희생을 평가 절하 한다는 증거입니다. 실제로 그런 사람의 마음에는 그리스도의 희생을 높이려는 마음이 없습니다. 바울도 율법의 행위를 의지하는 자들을 향해 그리스도의 죽음을 헛되게 하는 자들이라고 비난했습니다(갈 2:21).

그리스도가 대속자라고 말하면서 인간의 의를 첨가해야 한다고 말하는 것은, 실상은 그리스도의 대속의 완전성을 부인하는 표리부동입니다.

조엘 비키(Joel R. Beeke)는 같은 어조로 말합니다.

> 만약 내가 심판 날에 값없이 주신 예수님의 피로 의롭다 함을 얻지 않는다면, 친구들이여 나는 영원히 잃어버린 자가 될 것입니다. 하지만 내가 그분의 피로 값없이 의롭다 함을 얻었으면 나는 영원히 구원받은 것입니다.[13]

---

[13] Joel R. Beeke, 'The Basics of Salvation'(MP3 Series), Lecture Series of Monergism

그는 종말의 의(義)의 심판의 기준이 오직 그리스도의 피에 있음을 말한 것입니다.

마지막으로, 하나님은 믿음으로 말미암은 그리스도의 완전한 의를 취하실 때만 영광을 받으신다는 것을 말하고자 합니다. 우리 죄인의 의는 "더러운 옷"(사 64:6)[14] 같아서, 그것에서는 하나님이 취할 영광이 없습니다. 우리가 하나님께 우리 자신의 의(義)가 아닌 오직 믿음의 의(義)만을 드리는 이유가 여기 있습니다. 인간의 의가 사람들 보기에는 대단할지 모르나 하나님 앞에서는 민망할 것뿐이니, 믿음으로 말미암은 그리스도의 의(義)만을 내어놓습니다.

하나님이 믿음의 의(義)만을 취하시는 이유를 하나님 자신의 영광을 위해서라고 한 조엘 비키의 말은 매우 적절합니다.

> 이신칭의는 단지 내 구원의 문제가 아니며, 하나님의 영광의 문제입니다. 왜냐하면 죄로 인해 우리 모두가 하나님의 영광에 이르지 못하였으며, 하나님께서 성령께서 주신 믿음을 통하여 예수님을 믿는 죄인을 의롭다고 하실 때, 하나님께서는 그분의 영광을 다시 찾으십니다. 따라서 종교개혁의 위대한 특징은 오직 은혜로, 오직 그리스도 안에서, 오직 믿음을 통해서 뿐만이 아니라 오직 하나님의 영광을 위해서 입니다. 이것이 우리의 네 번째이자 마지막 주제입니다.[15]

---

14 대저 우리는 다 부정한 자 같아서 우리의 의는 다 더러운 옷 같으며 우리는 다 쇠패함이 잎사귀 같으므로 우리의 죄악이 바람 같이 우리를 몰아 가나이다(사 64:6).

15 Joel R. Beeke, 'The Basics of Salvation'(MP3 Series), Lecture Series of Monergism.

제4장

하나님의 분노를 풀어 주는 유일한 의

> 하나님은 의로우신 재판장이심이여 매일 분노하시는 하나님이시로다 (시 7:11).

이 말씀은 하나님에 대해 조금도 과장됨 없이, 사실 그대로를 말한 것입니다. 하나님은 인간의 죄 때문에 날마다 분노하십니다. 이러한 하나님의 분노는 인격을 가지신 공의로우신 하나님의 성품에서 기인합니다. 의인 곧 그의 자녀에 대해서는 기쁨을 이기지 못하시지만(습 3:17), 죄인을 향해서는 분노의 감정을 억제하지 못하십니다.

종말의 심판은 더 이상 분노를 억제하실 수 없어 터져 나오는 하나님의 분노의 폭발입니다. 이 하나님의 분노에 죄인이 멸절되고 날아가 버립니다(시 1:4-5; 습 1:18)[1] 죄 값이 지불되지 않는 한 죄인을 향한 분노는 그치

---

[1] 악인은 그렇지 않음이여 오직 바람에 나는 겨와 같도다 그러므로 악인이 심판을 견디지 못하며(시 1:4-5). 그들의 은과 금이 여호와의 분노의 날에 능히 그들을 건지지 못할 것이며 이 온 땅이 여호와의 질투의 불에 삼키우리니 이는 여호와가 이 땅 모든 거민을 멸절하되 놀랍게 멸절할 것임이니라(습 1:18).

지 않으며, 그 분노로 인해 하나님이 고통을 당하십니다(사 43:24; 말 2:17).[2]

그런데 더 큰 하나님의 딜레마가 있습니다. 당신의 진노를 멈추게 할 의(義)를 연약한 인간에게서는(롬 8:3)[3] 찾을 수가 없으며, 오직 하나님 자신의 의로서만 풀 수 있다는 사실 때문입니다. 그러나 감사하게도 하나님의 분노의 고통을 아시면서 그 분노를 풀어드릴 수 있는 유일자(The One) 그리스도가 계셨고, 그가 세상에 오셔서 우리를 대신해 율법의 수종자가 되어 주셨습니다(롬 15:8).[4]

그러나 정작 진노의 대상인 인간은 그 사실을 몰랐습니다. 생득적인 소경이 자기의 소경 됨을 모르는 것처럼, 영적 소경인 죄인은 하나님의 진노 아래 놓였으면서도 그러한 자신의 비참을 몰랐고, 진노에서 벗어나는 길도 알지 못했습니다.

아담이 타락한 후 무화과 잎으로 자신의 수치를 가리려고 한 것은(창 3:7), 죄로 소경 된 인간이 자기의 행위로 의롭게 되려는 어리석음을 드러낸 것입니다. 그는 의(義)가 하나님께만 있다는 것을 알지 못했기에, 자신의 율법적 의로 하나님의 진노를 피하려고 했습니다. 그러나 그것은 실패했고(창 3:7), 하나님에 의해 그에게 양의 가죽옷이 입혀졌을 때(창 3:21),[5] 비로소 죄의 수치가 가려졌고 하나님의 진노도 멈췄습니다.

고통하시는 하나님을 말하면, 하나님의 전능하심을 경직되게 이해하는 이들은 전능하신 창조주이시며 피조물의 영향을 받지 아니하시는 자존적

---

2 네 죄 짐으로 나를 수고롭게 하며 네 죄악으로 나를 괴롭게 하였느니라(사 43:24).너희가 말로 여호와를 괴로우시게 하고도 이르기를 우리가 어떻게 여호와를 괴로우시게 하였나 하는도다(말 2:17).
3 율법이 육신으로 말미암아 연약하여 할 수 없는 그것을 하나님은 하시나니 곧 죄를 인하여 자기 아들을 죄 있는 육신의 모양으로 보내어 육신에 죄를 정하사(롬 8:3).
4 내가 말하노니 그리스도께서 하나님의 진실하심을 위하여 할례의 수종자가 되셨으니 이는 조상들에게 주신 약속들을 견고케 하시고(롬 15:8).
5 여호와 하나님이 아담과 그 아내를 위하여 가죽옷을 지어 입히시니라(창 3:21).

인 하나님(aseity of God)이 어떻게 피조물로 말미암아 속을 끓이시고, 심지어 고통당하기까지 할 수 있느냐고 반문합니다. 이는 단지 문학적인 수사라고 치부합니다. 한편 낭만주의의 영향을 받았거나 공감지수가 높은 사람들은 동정심 많으신 하나님은 인간이 범죄하거나 고통당할 때, 함께 애닮아하신다는 공감의 의미로 받아들입니다.

예컨대 제2차 세계대전을 무대로 쓴 소설, 엘리위젤(Eliezer Wiesel, 1928~2016)의 『그 밤』('The Night)에 나오는 한 유대인 소년이 교수형을 당하는 현장에서 주고받은 이야기와 유사합니다. 곧, 불쌍한 그 어린 소년이 교수형을 당하는 것을 본 유대인들이 "하나님은 어디 계시는가?"라고 부르짖을 때 누군가가 "하나님은 지금 저 소년과 함께 교수형을 받고 계시다"라고 말한 것의 의미입니다.

그러나 성경은 인간의 죄로 고통하시는 하나님을 직설법적으로 말씀합니다.

> 네 죄 짐으로 나를 수고롭게 하며 네 죄악으로 나를 괴롭게 하였느니라
> (사 43:24).

실제로 하나님은 죄인과, 그들이 행하는 죄로 인해 고통하십니다(이는 결코 하나님의 자존성[aseity of God]이 손상을 입는다는 뜻은 아닙니다). 마치 우리가 썩은 오물이나 분뇨에서 나는 악취로 고통을 느끼듯이, 하나님은 오염된 죄인을 보는 것 자체가 고통이십니다.

하나님의 2위이신 거룩하신 성자께서 분뇨통 같은 세상에 오신 것 역시, 그 자체만으로 고통이었습니다. 그가 자신에 대해 "인자는 머리 둘 곳이 없다"(마 8:20)라고 탄식하셨던 것은 다만 세상 사람들의 냉대를 의미하는 것만이 아닌, 죄 된 세상 자체가 성자에게는 고통이었음을 말한 것입

니다. 성자 하나님은 이러한 경험을 통해 죄인에 대한 성부의 분노의 고통을 더욱 이해하게 되셨고, 그 고통을 풀어드리기 위해 기꺼이 화목 제물 어린 양이 되셨습니다(요 1:29).[6]

이처럼 그리스도의 대속은 그의 백성을 구원하기 위한 것이기도 하지만, 인간의 죄에 진노하시는 하나님의 고통을 풀어드리기 위함이었습니다. 칭의를 단지 인간의 구원을 목표로 하는 인간 중심적인 것으로 이해하는 사람들은, 의(義)의 기준을 느슨하게 만들어 인간이 자기 구원을 위해 의(義)를 보탤 수 있다는 생각을 합니다.

그러나 '구원'을 하나님의 진노가 풀어질 때 따라오는 결과물로 보는 곧, 칭의를 하나님 중심적으로 생각하는 사람들은 칭의하면, 먼저 하나님의 진노 해소를 떠올립니다. 그리고 그 진노를 풀어드릴 유일한 의(義)는 하나님의 공의를 만족시키는 그리스도의 의뿐이며, 인간의 의(義) 같은 것으로는 안된다고 생각합니다. 그들에게 '구원'은 하나님의 진노가 풀어질 때 따라오는 결과물이 뿐입니다.

칭의를 하나님의 공의를 만족시켜 그의 진노를 풀어드리는 것으로 이해할 때, 당연히 의의 요건은 엄중해지고 우리로 하여금 불완전한 인간의 의 따위는 들이댈 엄두를 못내게 합니다. 이렇게 성경이 믿음의 의를 완전한 하나님의 의로 규정하는 것은(롬 3:22) 그것이 믿음의 의가 하나님의 공의를 유일하게 만족시키는 그리스도의 피에 뿌리박고 있기 때문입니다.

이를 확증해 주는 성경 구절이 "이 예수를 하나님이 그의 '피'로 인하여 '믿음'으로 말미암는 '화목' 제물로 세우셨으니"(롬 3:25)입니다. "피, 믿음, 화목(義)"으로 구성된 이 구절은, 그리스도의 피 공로를 믿어 의롭게 되므

---

[6] 이튿날 요한이 예수께서 자기에게 나아오심을 보고 가로되 보라 세상 죄를 지고 가는 하나님의 어린 양이로다(요 1:29).

로 하나님과 화목한다(하나님의 진노를 풀어드린다)는 뜻입니다. 하나님과의 화목(義)을 이루는 데는, 그리스도의 피와 그 피를 믿는 믿음 외에는 어떤 첨가 사항도 없습니다.

하나님이 믿는 자를 심판하지 않는 이유는, 그가 믿음으로 자신을 그리스도의 의(義)에 근착(根着)시켰기 때문입니다.

> 저를 믿는 자는 심판을 받지 아니하는 것이요(요 3:18).
> 내 말을 듣고 또 나 보내신 이를 믿는 자는 영생을 얻었고 심판에 이르지 아니하나니 사망에서 생명으로 옮겼느니라(요 5:24).

이처럼 성자의 대속(代贖), 대행(代行)을 공로로 값없이 시여되는 칭의는 인간의 공로가 첨가될 어떠한 가능성도 배제하고, 오직 믿음으로 얻는 선물이 되게 하셨습니다(엡 2:8; 롬 5:17).[7] 그 결과, 인간으로 하여금 의롭다 함을 받은 것에 대해 자랑할 것이 없게 만들었고(엡 2:9; 고전 1:29),[8] 영원토록 하나님의 은혜의 영광을 칭송토록 만들었습니다(엡 1:6).[9]

그런데 만약 값없이 주어지는 선물로서의 칭의가(롬 5:17) 부정되고 인간의 공로가 첨가될 때, 위의 내용들을 비롯해 다음의 성경 가르침들도 모두 부정됩니다.

첫째, 인간의 전적무능 교리가 부정되고 나아가 그리스도의 대속의 필

---

[7] 너희가 그 은혜를 인하여 믿음으로 말미암아 구원을 얻었나니 이것이 너희에게서 난 것이 아니요 하나님의 선물이라(엡 2:8). 한 사람의 범죄를 인하여 사망이 그 한 사람으로 말미암아 왕노릇 하였은즉 더욱 은혜와 의의 선물을 넘치게 받는 자들이 한 분 예수 그리스도로 말미암아 생명 안에서 왕노릇 하리로다(롬 5:17).

[8] 행위에서 난 것이 아니니 이는 누구든지 자랑치 못하게 함이니라(엡 2:9). 이는 아무 육체라도 하나님 앞에서 자랑하지 못하게 하려 하심이라(고전 1:29).

[9] 이는 그의 사랑하시는 자 안에서 우리에게 거저 주시는 바 그의 은혜의 영광을 찬미하게 하려는 것이라(엡 1:6).

요성도 부정됩니다.

둘째, 인간의 무능 때문에 세워진 '믿음으로 의롭다 함을 받는' 은혜의 경륜이 부정됩니다.

셋째, 인간의 공로가 인정되므로, 온전히 하나님께 영광을 돌릴 수 없게 됩니다.

넷째, 오고 오는 세대를 통해 칭의언약을 견고케 하려는 하나님의 경륜이(롬 15:8; 4:16)[10] 무너집니다. 곧, 칭의 요구에 완벽히 응답할 수 없는 인간의 연약성이(롬 8:3)[11] 언약된 칭의 경륜의 성공을 담보받지 못하게 합니다.

끝으로 믿음의 의(義)가 하나님께는 완전한 의가 되어(롬 3:21) 하나님의 분노를 풀어드리고, 자기 의의 부재를 인정하는 자들에게 역시 가뭄의 단비 처럼 환영을 받지만, 반면에 그리스도를 대적하는 불신자들에게는 오히려 분노를 일으킨다는 것을 말하고자 합니다. 믿음의 의(義)가 이렇게 서로 상반된 반응을 낳는 것이 의아해 보이지만, 그 배후에는 믿음의 뿌리인 그리스도에 대한 호불호(好不好)가 자리합니다.

가인이 믿음으로 피의 제사를 드린 아벨을 죽인 것이나, 유대인들이 믿음의 의(義)를 설파한 스데반을 죽인 것은 모두 그리스도에 대한 적대감 때문이었습니다. 그리고 유대인들이 예수 그리스도를 죽인 것에서 그에 대

---

10 내가 말하노니 그리스도께서 하나님의 진실하심을 위하여 할례의 수종자가 되셨으니 이는 조상들에게 주신 약속들을 견고케 하시고(롬 15:8). 그러므로 후사가 되는 이것이 은혜에 속하기 위하여 믿음으로 되나니 이는 그 약속을 그 모든 후손에게 굳게 하려 하심이라 율법에 속한 자에게 뿐 아니라 아브라함의 믿음에 속한 자에게도니 아브라함은 하나님 앞에서 우리 모든 사람의 조상이라(롬 4:16).

11 율법이 육신으로 말미암아 연약하여 할 수 없는 그것을 하나님은 하시나니 곧 죄를 인하여 자기 아들을 죄 있는 육신의 모양으로 보내어 육신에 죄를 정하사(롬 8:3).

한 적대감의 절정을 봅니다.

그러나 악을 선으로 바꾸시는 하나님은 유대인들로 하여금 그리스도를 십자가에 못 박게 하므로써 믿음의 의를 일으켰고(롬 10:4),[12] 그 믿음의 의를 통해 예수 그리스도를 주로 높이셨습니다(빌 2:8-11).[13] 탁월한 반전이 아닐 수 없습니다.

> 그런즉 이스라엘 온 집이 정녕 알찌니 너희가 십자가에 못 박은 이 예수를 하나님이 주와 그리스도가 되게 하셨느니라 하니라(행 2:36).

---

[12] 그리스도는 모든 믿는 자에게 의를 이루기 위하여 율법의 마침이 되시니라(롬 10:4).

[13] 사람의 모양으로 나타나셨으매 자기를 낮추시고 죽기까지 복종하셨으니 곧 십자가에 죽으심이라(빌 2:8-11).

제5장

하나님의 영광

　이신칭의(以信稱義)가 하나님께 영광됨은 그것이 그리스도로부터 전가받은, 인간 자긍심(pride)이 묻지 않은 순전한 하나님의 의(롬 3:22)이기 때문입니다. 인간 자력의 신뢰에서 나온 자긍심은 반(反)하나님적인 것으로, 하나님 의존적 인간에게는 합당치 않은 세상으로 좇아 나온 것입니다(요일 2:16).[1] 자긍심의 유혹은 아담으로 하여금 자력으로 삶을 일구도록 꾀었던 마귀로부터 시발되었으며(창 3:5),[2] 그 역사가 인류역사만큼이나 오래입니다.

　또 타락 후, 이 자긍심은 죄인이 자기 행위로 율법을 이룰 수 있다는 교만으로 나타났습니다. 타락 전이나 후나 이 자긍심은 인간에게 극복하기 어려운 주제입니다. 자긍심하면 떠오르는 사람들이 예수님 당시의 바리새인

---

[1] 이는 세상에 있는 모든 것이 육신의 정욕과 안목의 정욕과 이생의 자랑이니 다 아버지께로 좇아 온 것이 아니요 세상으로 좇아 온 것이라(요일 2:16).

[2] 너희가 그것을 먹는 날에는 너희 눈이 밝아 하나님과 같이 되어 선악을 알 줄을 하나님이 아심이니라(창 3:5). 여기서 특별히 자긍심을 언급한 것은 그것이 인간 근본, 곧 피조물로서의 지위를 망각하게 하는 원초적인 죄이기 때문입니다.

들입니다. 예수님이 그들을 외식자라고 책망한 것도 그들의 율법적 의(義)의 자긍심에 대한 것이었습니다. 그들은 자기의 힘으로 율법의 의(義)를 일굴 수 있고, 그들이 일군 그 의(義)가 하나님께 영광될 것이라는 무모한 상상을 했습니다.

이 자긍심(pride)이 바울이 지적한, '하나님의 의를 모르고 자기 의를 힘써 세우는 것'이었고, '하나님 의(義)에 대한 불복'이었습니다(롬 10:2-3).[3] 바리새주의(Pharisaism) 같은 본격적인 율법주의를 위시해서 유보적 칭의론자들, 알미니안(Arminian) 같은 유사 율법주의 신앙에는 모두 이 죄된 자긍심이 깃들어 있으며, 이 죄된 자긍심이 깃든 순종으로는 율법을 이룰 수 없습니다.

자긍심이 배제된 순종은 오직 무죄하신 그리스도의 완전한 순종뿐이며, 이 순종만이 하나님께 영광이 됩니다. 따라서 죄인이 무흠한 순종에 이르는 길은, 믿음으로 그리스도의 순종을 전가 받는 것뿐입니다. 이신칭의론자들은 이 그리스도의 순종을 전가 받은 자들입니다. 개혁주의자들이 '이신칭의'와 '하나님 영광'을 결부시킨 것도, 이신칭의가 자긍심이 배제된 순전한 하나님의 의(義)이기 때문입니다.

루터(Martin Luther)가 5 Sola의 마지막을 "하나님 영광"으로 장식할 수 있었던 것도, 앞의 네 가지, 곧 "오직 성경, 오직 그리스도, 오직 은혜, 오직 믿음"이 인간의 자긍심이 배제된 것들이기 때문입니다. 조엘 비키(Joel R. Beeke) 역시 이신칭의를 "오직 하나님 영광을 위한 칭의"로 결론지었습니다. 이는 그가 이신칭의의 속성을 인간의 자긍심이 깃들 수 없는, "오직 은혜로 인한 칭의, 오직 그리스도 안에서의 칭의, 오직 믿음을 통한 칭의"

---

[3] 저희가 하나님께 열심이 있으나 지식을 좇은 것이 아니라 하나님의 의를 모르고 자기 의를 세우려고 힘써 하나님의 의를 복종치 아니하였느니라(롬 10:2-3).

로 본 때문입니다.

은혜의 교리 이신칭의가 하나님 영광의 교리인 또 하나의 이유는, 은혜 시여(施與)를 통해 영광을 취하시는 하나님의 속성 때문입니다. '지성이면 감천'이라는 한국 속담에서도 볼 수 있듯이, 종교의 보편적 속성은 치성(致誠, devotions)입니다. 정성이 많이 들어갈수록 신이 크게 감동한다는 종교 관념입니다. 기독교인들 중에도 이런 신(神)개념을 가진 사람이 많습니다. 인간 공로가 클수록 하나님을 크게 감동시켜 은혜도 많이 이끌어낸다고 생각합니다.

그러나 하나님은 "모든 은혜의 하나님"(벧전 5:10), "사랑이신 하나님"(요일 4:8)이라는 그의 호칭에 걸맞게, 값없이 베풀기를 즐기시는 하나님이십니다. 하나님은 받기보다는 시여하기를 좋아하시며, 당신을 위해 우리가 무엇을 해야 하는 것보다 당신이 우리를 위해 해 주신 것들을 더 많이 말씀합니다. 이는 전적 무능한 인간이 하나님을 위해 할 수 있는 일이 없어서이기도 하지만, 본래 하나님의 속성이 그러합니다. 성경의 핵심 구절에 해당하는 다음의 말씀들도 그런 하나님의 속성을 반영합니다.

> 사랑은 여기 있으니 우리가 하나님을 사랑한 것이 아니요 오직 하나님이 '우리를 사랑하사' 우리 죄를 위하여 화목제로 '그 아들을 보내셨음이니라'(요일 4:10).
> 하나님이 '세상을 이처럼 사랑하사' '독생자를 주셨으니' 이는 저를 믿는 자마다 멸망치 않고 영생을 얻게 하려 하심이니라(요 3:16).

하나님의 영광에 불탔던 루터는, "우리를 위하시는 하나님"이라는 말을 즐겨했습니다. 일견 하나님 영광과 배치되는 말 같지만 하나님의 속성을 정확히 간파한 것이고, 피상적인 하나님 영광에 대한 이해를 뛰어 넘은 표현입니다. 하나님은 우리를 위하시는 자체로 만족하시며, 우리가 "하나님의 위하심"(God be for us)을 받아들일 때 영광을 받으십니다.

하나님의 마음은 자식에 대한 부모의 심정과 같습니다. 부모는 자식들로부터 무엇을 받을 때보다 뭔가를 해 줄 때 더 기쁘듯이, 하나님도 받을 때보다 우리에게 베푸실 때 더 기쁩니다. 자식들에 대한 부모의 가장 행복한 기억은, 그들이 어려 스스로의 힘으로는 아무것도 할 수 없었을 때 그들을 위해 모든 것을 해 주었을 때입니다. 힘은 들었지만 부모에게는 그때가 제일 행복한 추억으로 남아있습니다. 자식들이 장성한 후 그들의 봉양을 받을 때도 부모는 그때만큼 기쁘지 않습니다.

하나님도 그러하십니다. 우리에게서 무엇을 받을 때보다 우리에게 시여하실 때 기뻐하십니다.

> 허물을 용서하는 것이 자기의 영광이니라(잠 19:11).
> 주 예수의 친히 말씀하신 바 주는 것이 받는 것보다 복이 있다
> (행 20:35).

이 말씀들은, 먼저 하나님 자신에게 해당되는 말씀입니다. 하나님은 우리의 허물을 용서하시므로 복되고, 우리에게 베푸심으로 복됩니다. 만물을 친히 우리에게 주셨고(행 17:25),[4] 마지막엔 독생자까지 내어 주신 하나님은(롬 8:32)[5] 사실 우리에게 기대하실 것이 없습니다.

다음 구절은 그런 하나님의 심정을 잘 드러냅니다.

---

4 또 무엇이 부족한 것처럼 사람의 손으로 섬김을 받으시는 것이 아니니 이는 만민에게 생명과 호흡과 만물을 친히 주시는 자이심이라(행 17:25).
5 자기 아들을 아끼지 아니하시고 우리 모든 사람을 위하여 내어 주신 이가 어찌 그 아들과 함께 모든 것을 우리에게 은사로 주지 아니하시겠느뇨(롬 8:32).

> 하늘은 나의 보좌요 땅은 나의 발등상이니 너희가 나를 위하여 무슨 집을 짓겠으며 나의 안식할 처소가 어디뇨 이 모든 것이 다 내 손으로 지은 것이 아니냐(행 7:49-50).
>
> 주는 선하사 사유하기를 즐기시며 주께 부르짖는 자에게 인자함이 후하심이니이다(시 86:5).

설사 우리가 하나님께 대단한(?) 무엇을 바친 경우에도, 상상하는 만큼 하나님을 만족시켜드리지 못합니다. 다윗의 고백대로 "주의 손에서 받은 것으로 주께 드린 것뿐입니다"(대상 29:14)라는 겸비한 마음만 하나님께 올려드릴 뿐, 하나님이 우리에게 베푸실 때의 기쁨에는 미치게 하지 못합니다.

무엇보다 하나님은 전적무능하여 스스로의 힘으로 구원할 수 없는 죄인들에게, 이신칭의의 은혜를 베푸시므로 영광을 취하셨습니다. 루터가 십자가를 '영광'으로 표현한 것도, 아들을 내어 주신 희생에서 하나님이 가장 많이 영광을 취하셨다고 본 때문입니다. 그리스도 탄생 시 천군천사들의 찬송 주제가 "지극히 높은 곳에서는 하나님께 영광"(눅 2:14)이었던 것은, 아들을 내어 주신 희생에서 하나님이 영광을 취하셨다는 뜻입니다. 하나님이 자신의 영광을 위해 '값없이'(priceless) 베푸는 이신칭의의 은혜를 '값싼'(valueless) 구원으로 매도하는 유보적 칭의론자들은 하나님의 영광을 모독하는 자들입니다.

이신칭의의 은혜가 하나님 영광을 위한 교리인 또 하나의 이유는, 그것이 심연(深淵)의 감읍함을 일으켜 하나님께 자발적인 봉헌을 하도록 만들기 때문입니다. 우리의 봉헌에 있어 자원함은 하나님 영광의 핵심 요소입니다. 그리스도의 희생이 하나님이 받으실 만한 향기로운 생축이 되심도(엡 5:2), 그의 희생이 자원함으로 드려졌기 때문입니다. 그리스도는 자기의 목숨을 누구에게 강탈당한 것이 아니라 스스로 하나님 제단에 바치셨습니다.

> 이를 내게서 빼앗는 자가 있는 것이 아니라 내가 스스로 버리노라 나는
> 버릴 권세도 있고 다시 얻을 권세도 있으니(요 10:18).
> 오히려 자기의 모든 특권을 버리시고 종의 모습으로 사람들과 같이 되
> 어(빌 2:7).

이러한 그리스도의 자발적 순종이 하나님이 받으심직한 영광스러운 제사가 되게 했습니다. 우리의 봉헌에 자발성이 요구되는 이유도 그것이 하나님 영광의 핵심 가치가 되기 때문입니다.

> 각각 그 마음에 정한대로 할 것이요 인색함으로나 억지로 하지 말찌니
> 하나님은 즐겨 내는 자를 사랑하시느니라(고후 9:7).
> 너희 중에 있는 하나님의 양 무리를 치되 부득이함으로 하지 말고 오직
> 하나님의 뜻을 좇아 자원함으로 하며 더러운 이를 위하여 하지 말고 오
> 직 즐거운 뜻으로 하며(벧전 5:2).

그런데 이 봉헌의 자발성은 오직 은혜를 받은 자에게서만 나옵니다.

> 은혜를 무엇으로 보답할꼬?(시 116:12)

이는 참된 봉헌자들의 한결같은 신앙고백이었습니다. 따라서 하나님께서 어떤 사람에게서 영광을 받기 위해 먼저 하시는 경륜은 그에게 은혜를 입혀 하나님께 빚진 자로 만드는 것입니다. 이 빚진 자 의식이 그의 심연으로부터 감사와 찬양을 이끌어 내고 하나님을 위해 살게 합니다. 하나님이

"자신의 이름의 영광을 위해 우리를 구원하신다"(시 79:9)[6]는 것이 바로 이 뜻입니다.

이 점에서 이신칭의는 하나님의 사랑의 경륜일뿐더러, 하나님의 영광을 위한 경륜입니다. 그런데 많은 사람들이 대가 없이 주어지는 이신칭의는 사람들로 하여금 구원의 가치를 모르게 할뿐더러, 무율법적인 방종자로 만들어 하나님의 영광을 가리우게 한다고 말합니다. 그러나 이신칭의 만큼 자발적인 순종과 하나님께 영광 돌리게 하는 경륜은 없습니다. 이는 사회심리학적으로도 공감됩니다. 얼마 전 '은혜 경영'이라는 경영기법을 한 방송 매체에서 소개한 적이 있습니다.

간단히 요약하면, 그 회사에서는 사원이 단순한 월급쟁이가 아니라 공동경영자였습니다. 그 회사의 모토는 소위 '전 사원의 사장화(社長化)'였습니다. 그리고 그 모토를 구현하는 하나의 상징적 행위로, 회사의 주식을 전 사원이 공유하도록 했습니다. 그 결과 사원들의 애사심과 업무 능률이 폭발적으로 성장했습니다. 물론 이것을 일반화시킬 수는 없습니다. 더구나 하나님의 초자연적인 구속의 은혜를 회사 경영과 결부시키는 것 자체가 적절해 보이지 않습니다. 그러나 은혜는 반드시 방종을 낳는다는 반대자들의 논리가 옳은 것만은 아님을 증명해 준 적절한 사례입니다.

성경의 모든 참된 헌신 자들에게서는 하나님의 은혜 경륜이 발견됩니다. 모세로 하여금 애굽의 왕자 지위를 버리고 그리스도의 백성과 함께 고난 받기를 즐겨하게 했던 것도(히 11:25-26), 바울로 하여금 자신의 모든 지위를 배설물처럼 여기고(빌 3:8) 그리스도께 충성을 다하게 한 것도 하나님으로부터 값없이 받은 은혜의 감읍 때문이었습니다(고후 5:15; 고전 15:10). 다시 말하지만, 하나님이 이신칭의의 은혜로 우리를 구원하신 것

---

[6] 우리 구원의 하나님이여 주의 이름의 영광을 위하여 우리를 도우시며 주의 이름을 위하여 우리를 건지시며 우리 죄를 사하소서(시 79:9).

은, 우리를 영원히 하나님께 빚진 자로 만들어 그의 영광만을 위해 살도록 하려는 고도의 전략(?)입니다.

신약성경에는 "경륜"(*oikonomia*)이라는 단어가 여러 번 등장하는데(엡 1:9; 3:2)[7] 경제(economy)라는 단어의 어근입니다. 이를 구속 경륜과 결부 지으면 구속의 은혜는 "하나님이 영광 받으시는데" 가장 효율적(경제적)이다는 뜻으로 받을 수 있습니다. 성경은 우리의 구원이 은혜로 되게 하신 이유를 우리로 하여금 영원히 하나님께 찬송과 영광을 돌리게 하기 위해서라고 말합니다.

> 이는 그의 사랑하시는 자 안에서 우리에게 거저 주시는 바 그의 은혜의 영광을 찬미하게 하려는 것이라(엡 1:6).
>
> 너희가 그 은혜를 인하여 믿음으로 말미암아 구원을 얻었나니 이것이 너희에게서 난 것이 아니요 하나님의 선물이라 행위에서 난 것이 아니니 이는 누구든지 자랑치 못하게 함이니라(엡 2:8-9).
>
> 그러나 사유하심이 주께 있음은 주를 경외케 하심이니이다(시 130:4).

필립 입슨(Philip H. Eveson) 역시 이신칭의의 놀라운 은혜는 우리로 하여금 영원까지 경이와 사랑과 찬양으로 충만케 한다고 했습니다.

> 죄인을 의롭다 하시는 하나님의 이 행위는 결코 측량할 수 없는 신비한 하나님의 방법과 비밀로 우리를 인도한다. 우리는 이 일로 인해 놀라며 겸손해지고, 영원까지 경이와 사랑과 찬양으로 충만해 질것이다.[8]

---

[7] 그 뜻의 비밀을 우리에게 알리셨으니 곧 그 기쁘심을 따라 그리스도 안에서 때가 찬 경륜을 위하여 예정하신 것이니(엡 1:9). 너희를 위하여 내게 주신 하나님의 그 은혜의 경륜을 너희가 들었을 터이라(엡 3:2).

[8] Philip H. Eveson, 『칭의론 논쟁』, p. 26.

제2부

은혜와 축복의 이신칭의

제1장 **전적 무능자에게 내리신 은혜**

제2장 **'값싼 은혜'인가, '값없는 은혜'인가?**

제3장 **선물로 내리신 복**

제4장 **사랑의 교리**

제1장

전적 무능자에게 내리신 은혜

　이신칭의(以信稱義)는 자기 의(義)를 위해 아무것도 할 수 없는 무능한 죄인들을 위해 마련하신 하나님의 선물입니다. 인간이 자기 의(義)를 위해 뭔가를 할 수 있었다면 하나님은 이신칭의를 내지 않았을 것입니다. 이신칭의는 유보적 칭의론자들의 공격처럼 바울, 루터 시대에 비로소 등장한 '시대의 아들'(a creature of the age)이 아닙니다. 시대를 불문한, 무능한 죄인들을 위한 자비의 선물이었고(롬 5:17)[1] 처음부터 모세와 선지자들에 의해 가르쳐졌습니다.

> 율법의 행위로 그의 앞에 의롭다 하심을 얻을 육체가 없나니 율법으로는 죄를 깨달음이라 이제는 율법 외에 하나님의 한 의가 나타났으니 율법과 선지자들에게 증거를 받은 것이라 곧 예수 그리스도를 믿음으로 말미암아 모든 믿는 자에게 미치는 하나님의 의니 차별이 없느니라 (롬 3:20-22).

---

[1] 한 사람의 범죄를 인하여 사망이 그 한 사람으로 말미암아 왕노릇 하였은즉 더욱 은혜와 의의 선물을 넘치게 받는 자들이 한 분 예수 그리스도로 말미암아 생명 안에서 왕노릇 하리로다(롬 5:17).

이신칭의는 자기의 무능을 인정한 자들에게는 그야말로 복음 그 자체였습니다. 그러나 유대인들이 그랬듯이, 자기 의(義)를 주장하는 자들에게는 "부딪히는 돌과 거치는 반석"이었습니다(롬 9:30-33).[2]

인간의 전적 무능을 가르치는 성경 내용들이 많지만 대표적인 두 사례가 있습니다. 하나가 베데스다 연못가의 38년 된 중풍병자입니다(요 5:2-8). 천사가 물을 동하는 시간에 연못에 들어가기만 하면 고침을 받을 수 있는데, 연못을 지척에 두고도 언감생심 헛물만 들이켰습니다. 인간이 자기 구원을 위해 할 수 있는 일이 전무하다는 것을 보여준 상징적인 예입니다.

인간의 전적 무능에 대한 또 하나의 예가 태어날 때부터 보지 못하는 선천성 소경입니다. 이들은 한 번도 눈을 뜬 적이 없기에 본다는 말의 의미를 모릅니다. 그들에게는 보지 못하는 것이 정상이고, 본다는 것이 비정상입니다. 그런데 더욱 비참한 것은 그들이 자신의 소경 됨을 알지 못하기에, 눈을 떠야겠다는 꿈도 안 꾼다는 사실입니다. 죄로 인한 인간의 생득적이고도 절망적인 무능을 상징합니다.

공동 저자 코넬리우스 반틸(Cornelius Van Til) 박사가 『개혁주의 교육학』에서, 절망적인 인간의 무능을 빗댄 선천적인 소경에 대한 우화는 공감을 불러일으킵니다. 어느 날 정상인이 선천적인 소경들만 사는 동네에 들어가서 "나는 눈을 떠서 태양을 봅니다"라는 말을 했다가, 소경들로부터 "그것은 당신이 눈꺼풀을 깜빡이다가 일어난 착각일 뿐 결코 그런 일은 일어날 수 없어"[3]라고 비웃음을 샀다는 내용입니다. 오늘날 영적 소경인 불신

2　그런즉 우리가 무슨 말을 하리요 의를 좇지 아니한 이방인들이 의를 얻었으니 곧 믿음에서 난 의요 의의 법을 좇아간 이스라엘은 법에 이르지 못하였으니 어찌 그러하뇨 이는 저희가 믿음에 의지하지 않고 행위에 의지함이라 부딪힐 돌에 부딪혔느니라 기록된바 보라 내가 부딪히는 돌과 거치는 반석을 시온에 두노니 저를 믿는 자는 부끄러움을 당치 아니하리라 함과 같으니라(롬 9:30-33).
3　Louis Berkhof, Conelius Van Til, *Foundation of Christian Education*, 『개혁주의 교육학』,

자들이 눈 뜬 기독교인들에 대해 보이는 조소와 흡사합니다.

예수님이 유대인들을 향해 "너희가 소경 되었더면 죄가 없으려니와 본다고 하니 너희 죄가 그저 있느니라"(요 9:41)고 하신 말씀도 영적 소경 된 유대인들의 비참을 두고 한 말이었습니다.

그들뿐이겠습니까?

죄로 영적 무지에 빠진 모든 인간은 다 선천적인 소경입니다. 만일 평생 그의 영안이 열리지 않는다면, 그는 영원히 영적 세계를 못 볼뿐더러 자신이 영적 소경이라는 사실도 알지 못한 채 생을 마감하게 됩니다.

우리는 "당신은 죄로 죽었다"라고 말해 주는 이들에게 "무슨 귀신 씨나락 까먹는 소리야!"라고 쏘아붙이는 사람들의 태도에서 그러한 절망을 봅니다. 그가 자신의 비참함을 깨닫는 때는, 눈이 열려 영적인 세계를 볼 때 뿐입니다. 중생(重生)이 바로 죄로 죽은 자가 하나님에 대해 눈을 뜨는 것입니다. 이 중생을 통해 비로소 전에 자신이 영적으로 죽었다는 사실을 알게 됩니다.

예수 그리스도가 "내가 전에 죽었었노라"(계 1:18)고 말한 것은 죽었다가 살아난 그만이 할 수 있었던 말이었듯이, 죄의 죽음에서 중생한(엡 2:1) 그리스도인만이 과거 자신이 죄로 죽었다는 사실을 반추할 수 있습니다.

'중생'과 동시적 사건인 '칭의'도 마찬가집니다. 믿음으로 의롭다 함을 받기 전까지는 자신이 불의하다는 것을 알 수 없습니다. 종말까지 칭의가 유보되어 있는 유보적 칭의론자들이 자신의 종말의 칭의를 준비한다고 말하는 것은, 한 번도 무엇을 본 적이 없는 선천적 소경이 자신의 소경 됨을 알고 눈뜨기를 준비한다는 것처럼, 혹은 죽은 자가 자기의 죽은 것을 알고 살아나기를 도모한다는 것처럼 황당해 보입니다.

이경섭 역 (서울: P&R, 1994), pp. 212-213.

그리고 전적 무능에 대한 자각과 칭의의 확신이 정비례한다는 점도 말하고자 합니다. 곧 자신이 전적 무능자라는 확신이 강할수록 칭의의 확신이 강하다는 말입니다. 이는 자신이 스스로를 무능하다고 여기는 자는 그의 믿음을 신빙성 없는 "자기 의"(self-righteousness) 위에 세우지 않고, 실패가능성 제로인 "믿음의 의(義)" 위에 세우기 때문입니다. 곧 자기 무능을 인정하고 그리스도의 의를 전심으로 의뢰하니, 성령으로 말미암은 하나님의 임재와(사 57:15) 사랑의 부어짐이 확신을 갖다 줍니다(롬 5:5).[4]

사람들은 구원의 확신을 가진 이들을 볼 때, 대개 "저들의 확신 배후에는 남다른 특별한 뭔가가 있겠지?"라는 추정들을 하는데, 이는 사실 정반대입니다. 오히려 그들 안에 전혀 의지할 것이 없어 "믿음의 의(義)"만을 붙든 결과라 함이 옳습니다.

반면에 자기에게서 "의(義)의 가능성"과 "의(義)의 불안정성"을 동시에 보는 사람들이 있습니다. 율법주의자들이 그들입니다. 그들은 자기 의를 유지하고 극대화하기 위해 행위적 의에 집착하며 그로 인해 점점 바리새화(Pharisizer)되어 갑니다. 바울이 과거 유대교인이었을 때, "율법의 의로는 흠이 없는 자"(빌 3:5-6)라는 칭호를 받을 만큼 율법에 몰두했던 것이나, 루터가 하나님께 의롭다는 인정을 받으려고 거의 정신병에 걸릴 정도로 자기 의(義)에 몰입했던 것도 의의 가능성과 불안정성 사이의 간극을 메꾸려는 몸부림이었습니다.

이 원리대로라면, 자기의 가능성을 볼수록 구원의 확신은 줄어든다는 논리가 성립되며, 확률이 높을수록 확신도 커진다 는 통계학적 원리와는

---

4 지존무상하며 영원히 거하며 거룩하다 이름하는 자가 이같이 말씀하시되 내가 높고 거룩한 곳에 거하며 또한 통회하고 마음이 겸손한 자와 함께 거하나니 이는 겸손한 자의 영을 소성케 하며 통회하는 자의 마음을 소성케 하려 함이라(사 57:15). 소망이 부끄럽게 아니함은 우리에게 주신 성령으로 말미암아 하나님의 사랑이 우리 마음에 부은바 됨이니(롬 5:5).

정면으로 배치됩니다. 이는 불안정하고 불확실한 인간의 가능성에 대한 불신의 결과입니다.

"인간의 가능성"과 "의의 확신"의 상관관계를 이해하도록, 세 부류의 사람들을 등장시켜 이야기를 풀어가는 어느 신학자의 글이 도움이 될 만합니다. 전방 10km의 목적지까지 완주를 계획하는 세 부류의 사람이 있습니다.

첫 번째 부류는 아주 건강한 사람입니다.

그는 자신의 건강을 믿고 '그 정도 쯤이야'라고 자신만만해 합니다. 이들은 인간을 완전하다고 믿는 원죄 부정론자들로서, 자신의 노력으로 의(義)의 완전에 도달할 수 있다고 믿는 이들입니다.

그들은 누가 잘못됐다면 그것은 자신의 부패성 때문이 아니라 잘못된 교육과 주위의 오염된 환경 때문이라고 생각합니다. 그들이 교육에서 가장 중시하는 것이 환경이며 사람에게 해 줄 특별한 교육은 따로 없다고 생각합니다. 사람들에게 제공할 수 있는 최상의 교육 서비스는 그들을 간섭하지 않고 자연 그대로 두는 것입니다. 오히려 사람을 가르쳐보겠다고 덤비는 순간 교육은 망쳐지기 시작한다고 봅니다. 루소(Jean Jacques Rousseau, 1712-1778)의 "자연으로 돌아가라"(Return to nature), 맹자의 "맹모삼천지교"(孟母三遷之敎)의 '자연주의 교육론'이 그것입니다.

두 번째 부류는 아주 건강한 편도 아니며, 그렇다고 전동 휠체어를 의존해야 할 만큼 중증 환자도 아닌, 무릎관절통을 가진 사람입니다.

겉으론 멀쩡해 보이는데, 정작 그 자신은 염려와 불안에 휩싸여있습니다. 과연 자신이 통증을 감내하며 목적지까지 완주할 수 있을까 회의가 가득합니다. 이들은 인간이 비록 타락하기는 했지만 완전히는 아니고, 그들에게는 여전히 의(義)를 이룰 능력이 있다고 믿는 자들입니다.

계몽주의를 비롯해 로마 가톨릭교도, 유보적 칭의론자들이 그들입니다. 이들은 자기 안에 남아 있는 선한 것으로 의롭게 될 수 있다고 믿지만, 동시에 그 노력이 구원을 보장해 주리라는 확신도 없습니다. 이는 그들의 능력이 불안정하고 불연속적이어서, 성공을 장담할 수 없기 때문입니다. 오늘날 유보적 칭의론자들의 두려움은 바로 이러한 류입니다.

세 번째 부류는 전혀 거동이 불가능하여 자기 힘으로는 단 1m도 걸을 수 없는 사람입니다.

그런데 그에게는 염려의 기색이 조금도 없습니다. 이는 일찌감치 자력으로 완주하기를 단념하고 전동 휠체어의 힘을 빌리기로 했기 때문입니다. 이들은 자신의 힘으로는 의에 도달할 수 없다고 믿는 이신칭의론자들입니다. 그들은 자신이 전적으로 무능하며, 의에 이르는 데는 자신의 능력이 전혀 도움이 안 된다는 것을 알고 믿음만 의지합니다.

이상의 비유는 "인간의 무능"과 "의의 확신"과의 상관관계를 잘 설명해 준 것으로 보입니다.

마지막으로 "의의 확신"은 "의의 전가"(imputatio) 교리에서 나온다는 것을 말하고자 합니다. '의인 됨'의 출처가 우리 자신이 아닌, 외부로부터 전가됐다는 사실을 알 때 의의 확신이 생겨난다는 뜻입니다. 루터가 가졌던 '의의 확신'에 대한 근거 역시, "죄의 시작도 '나 밖에서(extra nos),' 의의 시작도 '나 밖에서(extra nos)' 된 것"임을 아는 것에서였습니다. '나의 죄인 됨'도 나와 상관없이 조상 아담으로부터 유전받아 됐고, '나의 의인 됨'도 나와 상관없이 그리스도의 의를 전가 받아 됐습니다.

그러나 우리의 의(義)가 그리스도로부터 왔다는 것을 아는 것만으로는 부족합니다. 내게 온 의(義)가 주입(infusio)된 것이 아닌, 전가(imputatio)된 것임을 알 때만 의(義)의 확신이 견고할 수 있습니다. 오늘 개신교회 안에서 이신칭의를 믿는 이들 중에도 '의의 전가' 교리보다는 '의의 주입' 교리에 가까운 사람들이 많습니다. 그들은 의(義)가 그리스도로부터 온 것임을 믿는다면서도 의의 확신이 결여돼 있습니다.

이는 완전한 그리스도의 의(義)가 내 안에 주입(infusio)되지만, 그 의가 내 죄성으로부터 오염과 손상을 입거나, 혹은 그 주입된 의를 내가 잘 관리하지 못해 의를 완성하지 못할까 하는 불안 때문입니다. 로마 가톨릭이 의의 확신을 부정할 뿐더러, 심지어 확신을 마귀적이라고 까지 하는 것도 바로 이 '의의 주입' 교리 때문입니다. 마리아 무죄론도 '의의 주입' 교리와 맞물려 있습니다. 죄인 마리아의 몸에 무죄하신 그리스도가 잉태되면 필시 그리스도가 죄로 오염될 것이기에, 마리아 무죄 교리의 제정이 필요했던 것입니다.

반대로 의(義)를 옷 입는 것으로 이해하는 '의의 전가' 신봉자들은, 죄인 안에 그리스도의 의(義)가 전가돼도 그의 죄성에 의해 의(義)가 손상 없이 보존된다고 믿기에, 자신의 의가 완전하다는 확신을 갖습니다. 그리고 이 확신은 그리스도가 죄인 마리아의 몸에 잉태됐으면서도 죄에 오염되지 않았다는 확신의 단초가 됐고, 마리아 무죄론을 반박하는 훌륭한 공격무기가 됐습니다.

제2장

'값싼 은혜'인가? '값없는 은혜'인가?

　근자에 들어 한국 교회 안에서 "값싼 구원(은혜)"이라는 말이 많이 회자되고 있습니다. 주로 "믿기만 하면 구원받는다"고 주장하는 이신칭의론자들을 공격하기 위한 용도로 사용되는 듯합니다. 원래 이 용어의 출처는 히틀러를 암살하려는 단체에 속했다가 발각돼 교수형을 당한, 독일 신학자 본회퍼(Dietrich, Bonhoeffer, 1906-1945) 목사의 무기력한 조국 교회에 대한 좌절과 분노에서 나온 질타였습니다.

　그러나 이 용어를 오늘날 전혀 정황이 다른 한국 교회에 적용하여 남발하는 것은 적절치 못합니다. 당시 독일은 제국주의 이데올로기에 매몰된 침략 국가였지만, 역사적으로 강대국의 지배만을 받아온 약소국에 그 용어를 대등하게 적용하는 것은 부당합니다. 그리고 지금 같은 평안의 시대에는 더더욱 그러합니다.

　그리고 본회퍼 목사를 비롯해 이 용어 사용자들이 어떤 용도로 쓰던, 은혜에 '값싼'(valueless)이라는 용어를 붙이는 자체가 언어 모순이라는 점도 지적하고자 합니다. '값싼'이라는 용어는 싼값으로 무엇을 구입한다는 뜻으로, 값없이 주어지는 은혜에는 붙일 수 없는 수식어입니다. 성경이 말하는 은혜란 본디 "값을 치를 수 없을 정도로"(priceless) 귀한 구원을 아무 대가 없이 받는다는 뜻입니다.

만일 은혜에 대가를 지불하는 순간, 은혜는 더 이상 은혜되지 못하고 싸구려로 전락됩니다(롬 11:6; 갈 2:21).[1] 꼭 은혜에 수식어를 붙이고 싶다면, 성경의 표현대로 "거저 주시는 바"(엡 1:6)라고 해야 합니다.

그리고 이신칭의를 싸구려 구원이라고 비난하는 공격자들의 비정당성에 대해 일침을 가하고자 합니다. 그들은 교회를 세속화하고 가라지들을 양산하는데 일등공신이 이신칭의 교리라고 주장합니다. 그러나 이는 막연한 억측일 뿐 어떠한 근거도 없습니다. 세상 물건들이야 덤핑이나 공짜로 준다면 사람들의 환호를 받지만, 신앙 세계는 그렇지 않습니다. 값없이 은혜로 되는 구원을 외치면 '웬 떡이냐'고 환호받는 것이 아니라 오히려 더 배척당합니다.

보편적 종교관념만을 가진 세상 사람들에게는, 율법적 개념이 들어간 종교라야 뭔가 있어 보이기 때문입니다.

예수님 당시 유대 사회에 은혜의 복음을 전했을 때 소수의 기층민들 외에 누가 환영했습니까?

그나마도 예수가 누구인지도 확실히 모른 채, 떡 만들어주고 병고쳐 주는 이적에 매료된 이들이 대부분이었습니다(요 6:26).

바울이 이신칭의를 말했을 때 환영받았습니까?

교회 밖의 사람들로부터는 나사렛 이단 괴수라고 핍박받았으며(행 24:5), 교회 안의 성도들부터는 헌신적인 그의 가르침에도 불구하고 곧잘 율법주의로 회귀해버리는, 마이동풍식 반응만 볼 뿐이었습니다(갈 5:1-12;

---

[1] 만일 은혜로 된 것이면 행위로 말미암지 않음이니 그렇지 않으면 은혜가 은혜되지 못하느니라(롬 11:6). 내가 하나님의 은혜를 폐하지 아니하노니 만일 의롭게 되는 것이 율법으로 말미암으면 그리스도께서 헛되이 죽으셨느니라(갈 2:21).

4:8-11).[2] 중세 때 루터(Martin Luther)가 이신칭의를 말했을 때도 그의 말에 귀 기울인 사람은 거의 없었고, 로마 가톨릭교회로부터 정신병자 취급을 받고 파문당했습니다. 오늘도, 한 때 복음에 호의를 보였던 많은 이들이 은혜의 복음을 부인하거나 방종거리로 만들어버리는(유 1:4)[3] 가라지 속성을 드러냅니다. 시대를 불문하고 은혜의 복음에 제대로 응답할 수 있는 이들은 그리스도 안에서 영생 얻기로 작정된 자들뿐입니다(행 13:48).[4]

이렇게 이신칭의가 교회 밖으로부터는 핍박을, 교회 안으로부터는 싸구려 구원이라는 모함을 받으면서도 신실한 그리스도인들에 의해 수호돼 왔음은, 그것만이 구원을 주는 유일한 능력으로 인식됐기 때문입니다. 은혜의 사도 스펄전(C. H. Spurgeon)의 말을 다시 한 번 소개합니다.

> 물에 빠져 죽어가는 자에게 구명줄을 던져주었더니 그것으로 그가 목을 맸다고, 익사 직전의 사람에게 구명줄을 안 던져 줄 수 있겠는가. 은혜를 남용하는 자들은 그대로 둬라. 그들 때문에 구원받아야 할 사람이 복음을 듣지 못한다면 이는 더 큰 손실이다.[5]

---

2 그러나 너희가 그때에는 하나님을 알지 못하여 본질상 하나님이 아닌 자들에게 종노릇 하였더니 이제는 너희가 하나님을 알뿐더러 하나님의 아신바 되었거늘 어찌하여 다시 약하고 천한 초등학문으로 돌아가서 다시 저희에게 종노릇 하려 하느냐 너희가 날과 달과 절기와 해를 삼가 지키니 내가 너희를 위하여 수고한 것이 헛될까 두려워 하노라(갈 4:8-11).

3 그들은 경건하지 못한 자들로서, 우리 하나님의 은혜를 방종거리로 만들고, 오직 한 분이신 지배자요 우리의 주님이신 예수 그리스도를 부인하는 자들입니다(유 1:4).

4 이방인들이 듣고 기뻐하여 하나님의 말씀을 찬송하며 영생을 주시기로 작정된 자는 다 믿더라(행 13:48).

5 Charles H. Spurgeon, *Grace Abounding in a Believer's Life*, 『믿는 자의 삶에 나타난 넘치는 은혜』, 랜스 C. 우벨스 편저 (서울 : 예수전도단, 1997), p.128.

실제로 교회사에서 은혜로 구원받고, 그 은혜의 능력을 간증한 이들이 부지기수입니다. '무가치한 죄인에게 베푸신 은혜'를 칭송한 조지 휫필드(George Whitefield, 1714-1770), 은혜가 너무 커서 '남용이 따르는 은혜'라고 노래한 스펄전(C. H. Spurgeon, 1834-1892), '죄인에게 내리신 놀라운 은혜'를 칭송한 존 뉴톤(John Newton, 1725-1807), '죄악을 용서하시는 하나님 사랑'에 매료된 청교도 존 코튼(John Cotton, 1585-1652) 등은 모두 위대한 은혜의 간증자들입니다.

이러한 숱한 간증자들은 묵과한 채, 공격자들이 은혜의 남용자들만을 부각시켜 복음의 확산에 제동을 거는 것은 구원사역을 방해하는 심대한 죄악입니다. 특히 최근 들어 한국에서 은혜의 구원을 강조하면 구원파(salvation sect)라고 매도되는 것은, 심히 우려할 만합니다. 만일 은혜를 남용한 구원파 때문에 은혜의 구원을 말하지 말아야 한다면, 예정론(predestination)을 숙명론(fatalism)으로 왜곡시킨 이슬람 때문에 예정론을 말하지 말아야 합니다.

또한 다신론(polytheism)자들로 오해받을까봐 삼위일체 하나님을 선포하지 말아야 하며, 단일신론(Monarchianism)자들로 오해받을까봐 유일신 하나님을 말하지 말아야 합니다.

우리가 말하는 은혜의 복음은 구원파의 가르침과는 본질적으로 다릅니다. 그들은 한 번 믿고 구원받은 사람은 더 이상 죄인이 아니기에, 회개할 필요도 없다고 말합니다. 그러나 개혁주의자들은 예수 믿고 구원받은 자라도, 루터의 말대로 "의인인 동시에 죄인"(*simul iustus et peccator*)이기에, 여전히 회개가 필요하다는 것을 인정합니다.

또 공격자들은, 성화가 칭의의 원인이 아닌 결과라고 하는 우리의 주장을 두고, 개혁주의는 "성화 없이 칭의 없다"고 한 칼빈(John Calvin)의 말을 부정한다고 억측합니다. 개혁주의는 결코 성화를 부정하지 않으며, 다만 순서상 성화를 칭의 다음에 두자는 것입니다. 믿음으로 의롭다 함을 받은 자에게는 반드시 성화가 수반되며, 성도를 칭의받은 자답게 만드는 필수 과정으로 성화를 이해합니다.

칼빈이 "성화 없이 칭의 없다"고 한 것은, 성화는 칭의와 불가분리라서 칭의받은 자에게는 반드시 성화가 수반된다는 의미입니다. 이는 '성화를 칭의의 열매'라고 한 루터나 개혁주의자들의 주장과 배치되지 않습니다. 아브라함의 칭의와 순종의 관계를 추적할 때(약 2:21)[6] 순종을 칭의의 결과로 보듯이, "성화없이 칭의 없다"는 칼빈의 말 역시, "칭의는 반드시 성화를 수반한다"는 결과론적인 의미입니다.

이어서, 성화를 칭의의 '결과'로 규정하면 성화에 소극적이 되기에, 긴박감있게 성화에 매진하게 하려면 성화를 칭의의 '조건'으로 규정해야한다는 이들에게 일침을 가하고자 합니다. 먼저 칭의처럼 성화도 전적인 하나님의 일 – 곧 성도를 칭의받은 자답게 만드시는 사후(事後)의 담금질(quenching) – 이기에 사람에 의해 좌지우지될 수 없다는 점을 지적하고자 합니다.

하나님에 의해 주도되는 칭의의 사후적(事後的) 담금질인 성화는, 유보적 칭의론자들의 소위, 칭의의 조건으로서의 인간 주도적 성화 노력에 비길 바가 아닙니다. 물론 사람에 따라 다르지만, 어떤 사람에게는 그 담금질이 너무 혹독하여 하나님의 자비가 의심될 정도입니다. 성경에 나오는 욥, 다윗, 야곱, 바울 등은 다 그런 혹독한 담금질을 통과한 이들이며, 오늘날도 동일하게 발견됩니다.

칭의받은 성도를 거룩하게 만드는 이 성화의 담금질은, 때론 풀무불

---

6 우리 조상 아브라함이 그 아들 이삭을 제단에 드릴 때에 행함으로 의롭다 하심을 받은 것이 아니냐(약 2:21).

(벧전 4:12)[7]을 연상시키며 '값싼 구원' 운운하는 것을 입에 올릴 수 없게 합니다. 정도의 차이야 있겠지만, 이 사후적 담금질은 모든 성도에게 일반이며 이것을 통해 통해 그를 칭의받은 자답게 만듭니다.

마지막으로 은혜의 강조가 갖다 주는 구원파적 부작용은 즐겨 거론하면서도, 율법주의 신앙이 갖다 주는 파괴적 결과를 도외시하는 이들에게 따져 묻고 싶습니다. 여기선 율법주의(갈 2:21)[8]의 신학적 문제 같은 것은 차치하고, 상담학적인 차원에서만 접근하고자 합니다. 먼저 우울증을 가졌거나 쉽게 패배주의에 빠지는 의지박약자들에게는, 율법주의 신앙이 불에 휘발유를 붓는 것처럼 그들의 증상을 급격히 악화시킬 수 있다는 점을 환기시키고자 합니다.

교회사적으로 엄격한 청교도들 중에, 자신의 성화적 노력으로 칭의에 이를 수 없다는 절망감 때문에 정신병에 걸린 이들이 있었습니다. 오늘날도 정신과를 찾는 환자들 중 다수가 그리스도인이라는 사실도 같은 맥락입니다. 그리고 실제로 우리 주위에서도 그런 사람들을 심심찮게 목도합니다. 매사에 의기소침하고 죄의식과 절망에 쉽게 빠져드는 심신 미약자들이 그들입니다. 그들은 성경을 읽을 때 그리스도 안에 약속된 구원, 위로, 평안 같은 은혜의 말씀들은 눈에 들어오지 않습니다.

그들에게 클로즈업 되는 내용들은, 주로 스스로를 자책과 절망의 늪으로 빠뜨리는 율법주의적인 가르침들입니다.

---

[7] 사랑하는 자들아 너희를 시련하려고 오는 불시험을 이상한 일 당하는 것같이 이상히 여기지 말고(벧전 4:12).

[8] 내가 하나님의 은혜를 폐하지 아니하노니 만일 의롭게 되는 것이 율법으로 말미암으면 그리스도께서 헛되이 죽으셨느니라(갈 2:21).

범죄하는 그 영혼은 죽을찌라(겔 18:20).

형제에 대하여... 미련한 놈이라 하는 자는 지옥 불에 들어가게 되리라(마 5:22).

누구든지 네 오른편 뺨을 치거든 왼편도 돌려 대며... 속옷을 가지고자 하는 자에게 겉옷까지도 가지게 하며... 너희 원수를 사랑하며 너희를 핍박하는 자를 위하여 기도하라... 이같이 한즉 하늘에 계신 너희 아버지의 아들이 되리니(마 5:39-45).

그리고 자신은 이 말씀들을 지키지 못했으므로 하나님 아들의 반열에 들 수 없으며, 반드시 지옥 불에 떨어질 것이라는 절망감에 사로잡힙니다. 실제로 성경을 그렇게 읽었던 심신 미약자인 한 집사를 필자가 알고 있었는데, 결국 그는 몇 년 후 불행하게도 자살로 생을 마감했습니다. 물론 그것이 자살의 직접적인 원인인지는 정확히 확인하진 못했지만, 그가 생전에 산상수훈을 내게 내보이며 심각한 절망감을 토로했던 것을 생각하면 그런 추정이 가능합니다.

이처럼 가만히 두어도 스스로 쉽게 죄의식와 절망의 나락에 떨어지는 이들에게 '구원받은 자도 지옥에 갈 수 있고 자기의 성화적 노력에 따라 구원과 버림을 받을 수도 있다'고 가르치는 것은, 그들의 절망을 극대화시키는 잔인한 일입니다.

그리고 이는 무능하고 절망적인 인간 실상을 아시는 하나님이 그들을 위해 마련하신 은혜의 구원 경륜을 훼방하는 일입니다.

구원론, 인간론을 위시해서 제반 신학 영역들을 접근함에 있어, '하나님 중심'의 신학적인 접근과 더불어, '인간 중심'(Human-centered)의 상담학적인 접근이 필요한 이유가 여기 있습니다. '인본주의적'(secular humanistic)인 상담학적 접근은 배제돼야 하지만, 인간의 실상이 도외시된 오직 신학적인 접근법 역시 인본주의만큼이나 위험합니다.

루터가 "우리를 위하시는 하나님"을 말하고, 코넬리우스 반틸 박사가 "인간 중심의 교육커리큘럼"9을 말한 것은 '인간의 사정을 알아주시는 하나님' 이해에서 나온 것입니다.

오늘날 인간에 대한 인문학적 이해가 결핍된 채, 오직 신학에만 매몰되어 인간의 사정은 아랑곳하지 않는 온기 없는 신학은, 하나님을 단순히 종교 교주나 전제 군주로 전락시킵니다. 인간의 분수를 넘은 신인협동론, 유보적 칭의론은 물론 경직된 하나님 중심주의는 모두 인간 이해의 결핍에서 나온 결과물들로서, 모두 인간을 절망으로 이끕니다. 반면에 전적 무능한 인간 자신의 분수를 아는 겸손자들은 자신의 결핍 때문에 절망하는 법이 없으며, 은혜로 구원받은 '이신칭의'를 당연시하며 무한한 감읍함으로 받습니다.

---

9 Louis Berkhof, Cornelius Van Til, 『개혁주의 교육학』, p. 50.

제3장

선물로 내리신 복

성경이 말하는 최고의 지복(至福)은 이신칭의(以信稱義)입니다. 하나님이 아브라함과 그 후손들에게 약속한 복도 바로 이신칭의의 복이었습니다. 하나님은 이신칭의를 신조나 교리 이전에 복으로 주셨습니다. 실제로 성경은 로마서 4장에서 이신칭의를 세 번씩이나 복으로 지칭했습니다.

> 일한 것이 없이 하나님께 의로 여기심을 받는 사람의 행복에 대하여 다윗의 말한바 그 불법을 사하심을 받고 그 죄를 가리우심을 받는 자는 복이 있고 주께서 그 죄를 인정치 아니하실 사람은 복이 있도다 함과 같으니라(롬 4:6-8).

따라서 신율주의자들(theonomists)이 '이신칭의'를 폐기, 수정하려는 것은 인간에게 내리신 하나님의 복을 탈취하는 일입니다. 누구도 하나님이 명령하신 복을 폐기할 권리가 없습니다. 이를 도모하는 것은 참으로 무모하고 망령된 짓입니다. 칭의가 복임은, 아더 핑크(A. W. Pink)의 말대로 칭의가 내는 열매, 곧 죄인이 자신의 조물주와 화평을 누리고 영원한 생명을 향유하게 해 주는 것 때문이기도 하지만, 그것이 "값없이 주어지는 은혜의 선물"이라는 점 때문입니다. 성경에서 '이신칭의'는 "은혜로 의롭다 함을 받는다"는 '이은칭의'(以恩稱義)와 동일시되며(딛 3:7; 롬 3:24),[1] 이러한 칭의의 은혜적 속성이 칭의를 복으로 만듭니다.

필립 입슨(Philip H. Eveson) 역시 칭의를 복으로 서술합니다.

> 성경은 죄인이 하나님의 은혜로 의롭게 된 사실과 그 결과와 법적 위치에 따른 함축적 의미를 제시할 뿐 아니라, 죄인이 어떻게 하나님에 의해 의롭다고 선언된 결과인 이 행복한 상황에 속할 수 있는지를 설명해 준다. 로마서 5장은 칭의의 성경적 사실 제시로부터 시작하며, 즉시 그 결과적 축복들에 대하여 설명하고 있다.[2]

그는 계속하여 말합니다.

> 바울은 또한 3장에서 의로우신 하나님이 어떻게 불의한 사람을 의롭다고 선언하는 동시에 여전히 의로우실 수 있는지를 설명하고 있다고 했으나, 사실 성경은 하나님이 불의한 자를 의롭다 함으로서 그의 의로우심을 나타냈다.[3]

'이은칭의'(以恩稱義)의 대표적인 구절이 앞서 언급한 로마서 4:6로서, "은혜(일한 것이 없이) - 칭의(하나님께 의로 여기심을 받는 사람의) - 복(행복)"

---

[1] 저의 은혜를 힘입어 의롭다 하심을 얻어(딛 3:7). 하나님의 은혜로 값없이 의롭다 하심을 얻은 자 되었느니라(롬 3:24).

[2] Philip H. Eveson, 『칭의론 논쟁』, p. 27.

[3] Ibid.

이 함께 연결되어 있습니다. 칭의뿐만 아니라 "하늘에 속한 모든 신령한 복들"도 "그의 사랑하는 자 안에서 거저 주시는 바 그의 은혜"(엡 1:3-6)에 의존되어 있습니다. 이스라엘 백성이 광야 여정에서 하늘의 만나를 먹고 반석에서 샘물을 마신 것, 가나안 입성 후 건축하지 아니한 성읍, 아름다운 물건이 가득한 집, 파지 아니한 우물, 심지 아니한 포도원 감람나무를 얻게 하신 것은(신 6:10-12) 값없이 은혜로 받는 칭의의 복을 예표합니다.

칭의가 은혜로 주어져야 함은, 칭의가 율법 행위의 대가가 될 때 '칭의'가 아닌 '정죄'(저주)를 불러오기 때문입니다. 인간은 하나님으로부터 의롭다는 인정을 받아낼 만큼의 완전한 율법적 순종이 불가능하기에, 율법 아래로 들어가는 순간 그는 저주에 떨어지고 맙니다. 사도 바울이 "무릇 율법 행위에 속한 자들은 저주 아래 있나니"(갈 3:10)라고 단정한 이유는, 율법의 요구를 완벽하게 행할 수 있는 자가 없기 때문입니다.

복음으로 치장한 변종 율법주의인 '신율주의'(theonomy)도 사실은 칭의의 법이 아닌 정죄의 법입니다. 다량의 은혜에 소량의 율법이 가미됐지만 "적은 누룩이 온 덩이에 퍼지듯이"(갈 5:9), 소량의 율법이 다량의 복음을 변질시켜 율법의 저주를 불러옵니다. 99.9%의 은혜에 단 0.1%의 율법만 섞여도 "생베 조각을 낡은 옷에 붙이는 것"처럼 99.9%의 은혜까지 다 못쓰게 만듭니다(마 9:16). 우리가 신율주의를 경계하는 이유가 바로 이 점 때문입니다.

16세기 트랜트공의회(Council of Trent)에 기초된 로마 가톨릭교회의 칭의 교리가 "복음"이라는 말들을 쓰고 신적 은혜로 구원받는 사실을 말하지만, 행위를 의롭게 되는 데 반드시 필요한 부분으로 제시하므로서, 그들의 칭의 교리는 사실상 정죄의 교리가 됐습니다. 칭의에 인간의 선행을 의무화한 신율주의의 칭의 교리는 로마 가톨릭의 칭의 교리와 다를 바 없습니다.

성경이 아브라함의 칭의를 복이라 명명하며, 율법적 의와 상관없는 오직 믿음으로 된 것임을 강조하는 것도, 율법의 행위가 가미될 때 복이 아닌 저주가 되기 때문입니다. 아브라함의 칭의는 의식법(儀式法)인 할례와 무관했을 뿐더러(롬 4:11),[4] 그의 삶의 의로움과도 무관했습니다(롬 4:5).[5]

> 일을 아니할찌라도 경건치 아니한 자를 의롭다 하시는 이를 믿는 자에게는 그의 믿음을 의로 여기시나니(롬 4:5).

이 말씀은 크게 두 가지로 요약됩니다. 하나는 "경건치 않은 자"요, 또 하나는 "일을 아니한 자"입니다. 아브라함은 경건치 않은 자였으며, 경건치 않은 그가 "의롭게 될 만한 어떤 공로도 없이 믿음으로" 의롭다 함을 받았습니다.

사람에 따라 아브라함의 삶에 대해 각기 다른 평가를 내릴 수 있지만, 성경은 일관되게 아브라함을 경건치 않은 자요, 의롭다고 인정받을 만한 공로가 없는 자로 규정했습니다. 아브라함의 삶에는 위대한 점들이 있었지만 우리와 별반 다르지 않았습니다. 이렇게 아브라함의 삶이 불완전한 것으로 전제될 때, 그의 칭의가 믿음으로 말미암았을 것이라는 추정은 당연해집니다.

실제로 아브라함의 삶의 족적은 굴곡진 것이었습니다. 한 때는 갈 바를 알지 못한 채 말씀을 쫓아 고향을 떠날 만큼(창 12:4), 그리고 독자를 바치라는 명령에 일말의 주저함도 없이 복종할 만큼 대단한 믿음을 보였지만

---

[4] 저가 할례의 표를 받은 것은 무할례시에 믿음으로 된 의를 인친 것이니 이는 무할례자로서 믿는 모든 자의 조상이 되어 저희로 의로 여기심을 얻게 하려 하심이라(롬 4:11).

[5] 일을 아니할찌라도 경건치 아니한 자를 의롭다 하시는 이를 믿는 자에게는 그의 믿음을 의로 여기시나니(롬 4:5).

(창 22:9-12) 그의 믿음이 시종여일하지는 못했습니다. 도움을 구하러 애굽으로 내려가지 말라는 말씀(사 31:1)을 거역했고, 그로 인해 야기된 아비멜렉의 위협과 그 위협에 자신의 아내를 버리는 큰 잘못을 저질렀습니다(창 12:10-15).[6]

어디 아브라함뿐이었겠습니까?

자신을 제물로 드릴만큼 완벽한 예수님의 모형이었고, 이웃이 자신의 우물을 번번이 탈취할 때도 "원수가 주리거든 먹이고 목마르거든 마시우라"(롬 12:20)는 예수님의 말씀에 일치하기라도 하려는 듯 우물을 기꺼이 내주었던 이삭도, 부친 아브라함이 했던 것과 같은 동일한 실수를 저질렀습니다(창 26:6-10).[7] 당대 완전한 자요 의인이었던 노아(창 6:9), 성군이라 일컬어졌던 다윗을 비롯해 엘리야, 솔로몬, 요나, 삼손, 베드로도 다 대동소이했습니다.

아브라함을 완전하다고 전제한 경우에도, 그의 완전함이 의롭다 함을 받는 데 전혀 고려되지 않았다는 것이 성경의 가르침입니다. 독자를 바친 아브라함의 탁월한 순종이 있었음에도(약 2:21, 24), 성경은 "만일 아브라함

---

[6] 그 땅에 기근이 있으므로 아브람이 애굽에 우거하려 하여 그리로 내려갔으니 이는 그 땅에 기근이 심하였음이라 그가 애굽에 가까이 이를 때에 그 아내 사래더러 말하되 나 알기에 그대는 아리따운 여인이라 애굽 사람이 그대를 볼 때에 이르기를 이는 그의 아내라 하고 나는 죽이고 그대는 살리리니 원컨대 그대는 나의 누이라 하라 그리하면 내가 그대로 인하여 안전하고 내 목숨이 그대로 인하여 보존하겠노라 하니라 아브람이 애굽에 이르렀을 때에 애굽 사람들이 그 여인의 심히 아리따움을 보았고 바로의 대신들도 그를 보고 바로 앞에 칭찬하므로 그 여인을 바로의 궁으로 취하여 들인지라(창 12:10-15).

[7] 이삭이 그랄에 거하였더니 그곳 사람들이 그 아내를 물으매 그가 말하기를 그는 나의 누이라 하였으니 리브가는 보기에 아리따우므로 그곳 백성이 리브가로 인하여 자기를 죽일까 하여 그는 나의 아내라 하기를 두려워함이었더라 이삭이 거기 오래 거하였더니 이삭이 그 아내 리브가를 껴안은 것을 블레셋 왕 아비멜렉이 창으로 내다본지라 이에 아비멜렉이 이삭을 불러 이르되 그가 정녕 네 아내여늘 어찌 네 누이라 하였느냐 이삭이 그에게 대답하되 내 생각에 그를 인하여 내가 죽게 될까 두려워하였음이로라 아비멜렉이 가로되 네가 어찌 우리에게 이렇게 행하였느냐 백성 중 하나가 네 아내와 동침하기 쉬웠을뻔 하였은즉 네가 죄를 우리에게 입혔으리라(창 26:6-10).

이 행위로써 의롭다 하심을 얻었으면 자랑할 것이 있으려니와 하나님 앞에서는 없느니라"(롬 4:2)고 말할 만큼, 그것이 그의 칭의에 전혀 고려되지 않았습니다. 그러나 신율주의자들은 자신들의 '이신행칭의'(以信行稱義)를 뒷받침하려고 금과옥조처럼 들고 나오는 구절이 아브라함의 외아들 봉헌입니다(약 2:21).

영국의 저명한 목사 아브라함 부스(Abraham Booth, 1734-1806)는 아브라함이 완전하다는 전제를 하더라도, 그의 완전함이 그의 칭의와 무관했음을 천명합니다.

> 아브라함 같은 승리의 믿음, 고결한 경건, 경이로운 순종의 사람도 자신의 행위로 인해서가 아니라 전가된 의에 의해 하나님께 받아들여졌다면, 도대체 어떤 사람이 자신의 진정한 노력 혹은 경건한 실체에 의해 하늘의 축복을 누릴 것인가?
> 여호와의 친구라고 불릴 정도의 성품과 행위를 갖춘 사람들에 비하면, 거론할 만한 실천은 없다.[8]

성경이 일관되게 아브라함의 칭의가 그의 삶과 무관하다고 주장하는 것은(롬 4:2-3)[9] "율법적 행위로는 의롭다 함을 받을 수 없다"(롬 3:20; 갈 3:11)[10]는 칭의의 대전제와 일치합니다. 정죄를 불러오는 율법으로 의롭다 함

---

[8] Arthur W. Pink, *Justification by faith*, 『이신칭의 : 우리에게 거저 주신 하나님과 구주 예수 그리스도!』, 임원주 역 (서울 : 누가, 2013), p.112.

[9] 만일 아브라함이 행위로써 의롭다 하심을 얻었으면 자랑할 것이 있으려니와 하나님 앞에서는 없느니라 성경이 무엇을 말하느뇨 아브라함이 하나님을 믿으매 이것이 저에게 의로 여기신바 되었느니라(롬 4:2-3).

[10] 그러므로 율법의 행위로 그의 앞에 의롭다 하심을 얻을 육체가 없나니 율법으로는 죄를 깨달음이니라(롬 3:20). 또 하나님 앞에서 아무나 율법으로 말미암아 의롭게 되지 못할 것이 분명하니 이는 의인이 믿음으로 살리라 하였음이니라(갈 3:11).

을 받으려고 하는 것은 그 자체가 언어모순입니다. 다시 말하건대, 율법적 행위에 의존해 의롭다 함을 받으려는 것은 의롭게 되려고 범법자가 되는 것과 같고(롬 4:15),[11] 자유롭게 되고자 감옥으로 들어가는 것과 같으며(갈 5:1),[12] 복을 받으려고 저주를 택하는 것과 같이 언어모순입니다.

만일 인간의 행위적 의(義)가 의롭다 함을 받는 데 기여한다는 신율주의자들의 주장을 용인한다면, 다음의 질문이 불가피해집니다.

> ① 사람이 어느 정도까지 의로워야 의롭다는 인정을 받을 것이며, 설사 지금 의롭다는 인정을 받는다 하더라도 그것을 종말까지 유지해 갈 수 있겠는가?
>
> ② 당신들은 율법이 요구하는바 마음 뜻 목숨을 다해 하나님을 사랑하고 있는가?
>
> 당신들이 의의 표상으로 들고 나오는, 아브라함의 외아들 봉헌 같은 그런 순종을 당신들도 할 수 있는가?
>
> ③ 당신들은 이웃을 내 몸처럼 사랑하고 원수를 위해 복을 빌며, 오른편 뺨을 때리면 왼편 뺨을 돌려대며, 원수가 주리거든 먹이고 목마르거든 마시우는가?
>
> ④ 형제에게 노하는 자마다 심판을 받게 되고 형제를 대하여… 미련한 놈이라 하는 자는 지옥 불에 들어가게 되고(마 5:22), 형제를 미워하는 자마다 살인하는 자요(요일 3:15), 여자를 보고 음욕을 품는 자마다 마음에 이미 간음하였고(마 5:28)라는 계명 앞에서 당신들은 양심의 가책 없이 떳떳할 수 있겠는가?

---

11   율법은 진노를 이루게 하나니 율법이 없는 곳에는 범함도 없느니라(롬 4:15).
12   그리스도께서 우리로 자유케 하려고 자유를 주셨으니 그러므로 굳세게 서서 다시는 종의 멍에를 메지 말라(갈 5:1).

그리고 이들 질문 앞에서는, 완벽하지는 못해도 성심성의껏 율법을 지키면 정상참작된다는 것과 같은 어물쩍한 태도는 용인되지 않습니다. 칭의의 율법에 관한 한 정상참작이나 타협이 없기 때문입니다. 칭의의 율법은 "호리라도 남김이 없이 다 갚기 전에는 결단코 정죄의 감옥에서 나올 수 없게" 합니다(마 5:26).

그러나 이와 달리, 믿음으로 의롭다 함을 받은 이들은 더 이상 율법의 요구에 직면해 있지 않습니다. 루터의 말을 빌리면, 그들은 하나님과 칭의적 거래가 끝났기에 율법의 의무로부터 자유로우며, 성화적 의(義)와 상급에만 온통 마음을 뺏깁니다. 그들은 자신들이 행하는 선행마다 머지않아 소담스런 복으로 돌아올 것을 기대하며, 근면한 농부처럼 부지런히 선을 파종합니다.

이제 그들을 정죄할 율법은 어디에도 없으며 오직 자유의 율법, "긍휼"만이 그들을 제어할 뿐이며(약 2:12-13; 골 3:12-14),[13] 오직 성령만이 그들을 움직이는 메카니즘이 됩니다(빌 3:3).[14] 이신칭의의 은혜가 그들을 이렇게 자유롭고 복되게 만들었습니다. 할렐루야!

---

[13] 너희는 자유의 율법대로 심판 받을 자처럼 말도 하고 행하기도 하라 긍휼을 행하지 아니하는 자에게는 긍휼 없는 심판이 있으리라 긍휼은 심판을 이기고 자랑하느니(약 2:12-13). 그러므로 너희는 하나님의 택하신 거룩하고 사랑하신 자처럼 긍휼과 자비와 겸손과 온유와 오래 참음을 옷입고 누가 뉘게 혐의가 있거든 서로 용납하여 피차 용서하되 주께서 너희를 용서하신 것과 같이 너희도 그리하고 이 모든 것 위에 사랑을 더하라 이는 온전하게 매는 띠니라(골 3:12-14).

[14] 하나님의 성령으로 봉사하며 그리스도 예수로 자랑하고 육체를 신뢰하지 아니하는 우리가 곧 할례당이라(빌 3:3).

제4장

사랑의 교리

　　이신칭의(以信稱義)는 사랑의 교리입니다. 하나님의 사랑을 경험한 자가 성령으로 하는 사랑고백입니다. 하나님 사랑의 이해가 결여된 이신칭의는 화석같이 죽은 교리가 되거나 사변적 논쟁 대상으로 전락됩니다. 이신칭의를 사랑의 교리라 함은, 스스로 의롭게 될 수 없는 절망적인 인간에게 하나님이 자기희생적 사랑으로 마련해 주신 은혜이기 때문입니다. 성경은 하나님이 우리를 거룩하고 흠이 없게 하심은, 창세 전 그리스도 안에 있는 '하나님의 사랑'에서 기원됐다고 말씀했습니다.

> 곧 창세 전에 그리스도 안에서 우리를 택하사 우리로 사랑 안에서 그 앞에 거룩하고 흠이 없게 하시려고(엡 1:4).
> 그 사랑과 그 긍휼로 그들을 구속하시고(사 63:9).

　　이신칭의에서 하나님의 사랑을 발견한 자는 그것을 논쟁거리로 전락시키지 않습니다. 부모의 사랑을 듬뿍 받은 자녀가 그를 향한 부모의 모든 행동거지에서 애정과 온기를 느끼듯이, 하나님 사랑에 부요한 성도는 이신칭의에서 스스로는 의롭게 될 수 없는 인간을 살리려는 하나님의 고육지책(苦肉之策)적 사랑을 느낍니다. 결코 "믿기만 하면 된다고?"라는 식의 냉소적인 태도를 취하지 못합니다.

사실 이신칭의를 못 믿는 것은 유보적 칭의론자들이 주장하듯 그것이 지닌 논리적 모순(?) 때문이 아니라, 하나님 사랑을 알지 못한 데서 기인합니다. 우리의 신앙 내용은 모두 하나님의 사랑에 관한 것이기에, 하나님 사랑의 원만한 이해 없이는 어떤 교리도 온전히 이해할 수 없습니다. 루터(Martin Luther)가 성경의 심장이요 복음의 축소판이라고 불렀던, "하나님이 세상을 이처럼 사랑하사 독생자를 주셨으니 이는 저를 믿는 자마다 멸망치 않고 영생을 얻게 하려 하심이니라"(요 3:16)는 말씀도 한 마디로 "신앙은 하나님 사랑을 믿는 것이다"로 요약됩니다.

그 내용을 찬찬히 뜯어보면, 먼저 하나님이 세상을 극진히 사랑하셨다는 것과 그 사랑 때문에 그의 독생자가 세상에 보내졌으며, 죄인으로 하여금 그 독생자를 믿어 영생 얻게 했다는 뜻입니다. 이신칭의 역시 별반 다르지 않습니다. "율법의 행위로는 의롭다 함을 얻을 수 없는"(롬 3:20) 절망적인 인간에게는 이신칭의 외에는 그들을 구원할 어떤 대안도 없기에, 하나님이 고육지책으로 내신 사랑의 경륜입니다. '예수 믿고 영생 얻는'(요 3:16) 도리나, '믿음으로 의롭다 함을 받는'(롬 5:1) 도리나 다 하나님의 사랑에 기반합니다.

따라서 만약 누가 이신칭의에 대해 의구심을 품는다면, 논리로 그를 설복시키기 전에 먼저 그 안에 함의된 하나님의 사랑을 들려주어야 합니다. 하나님의 사랑을 모르는 불택자에게 예수 믿으면 영생 얻는다는 것이 황당해 보이듯이, 하나님의 사랑을 모르는 명목상의 교인들에게는 믿기만 하면 의롭다 함을 받는다는 이신칭의는 황당해 보일 뿐입니다. 유보적 칭의론자들이 나름의 신학 논리를 펴며 이신칭의를 거부하지만, 그 속내를 들여다보면 사실은 하나님의 사랑을 알지 못하는 황폐한 마음에서 나온 거부입니다.

모든 기독교 진리를 논함에 있어 이 점이 간과되서는 안 되며, 이 점을 인식할 때 불필요한 많은 논쟁을 줄일 수 있습니다. 성경을 인간에 대한 하나님의 사랑의 산물로 규정한 존 파이퍼(John Piper)의 말대로, 하나님의 사랑을 모르고 이해될 수 있는 성경 내용이나 교리는 없습니다. 기독교가 공의, 자비 등 다양한 덕목을 말하지만 사실 사랑이 그 뿌리입니다.

이는 "하나님은 사랑이시라"(요일 4:8)는 '정의'(定義)와도 맞닿아 있습니다. 여기서 '사랑'은 하나님을 설명하는 수식어나 형용사가 아닙니다. 예컨대, '사랑의 하나님'이라든지, '하나님은 사랑이 많으시다'는 뜻이 아니라, '하나님과 치환'(置換, substitution)할 정도로 둘이 동일시 됐습니다. 그리고 그 사랑의 내용은, "화목제로 그 아들을 보내신 것"으로 한정됩니다. 곧 화목제로 아들을 보내신 것 외는 하나님 사랑이 없다는 뜻입니다.

이신칭의 역시 독생자를 내어 주신 하나님 사랑을 기반으로 합니다.

> 곧 창세 전에 그리스도 안에서 우리를 택하사 우리로 사랑 안에서 그 앞에 거룩하고 흠이 없게(의롭게) 하시려고(엡 1:44).
>
> 그리스도 예수 안에 있는 구속으로 말미암아 하나님의 은혜로 값없이 의롭다 하심을 얻은 자 되었느니라(롬 3:24).

아들을 내어 주신 하나님의 사랑이 없었다면 이신칭의의 경륜은 불가능했습니다. 하나님은 그리스도의 희생을 바탕으로 이신칭의를 고안하셨습니다.

사도 바울은 이신칭의에서 그것을 보았습니다. 그는 그의 모년(暮年)에 남은 여생을 이신칭의의 경륜에 의지해 살아야겠다는 결의를 다졌는데,

이는 이신칭의가 하나님의 아들의 희생에서 나온 것임을 알았기 때문입니다.

> 이제 내가 육체 가운데 사는 것은 나를 사랑하사 나를 위하여 자기 몸을 버리신 하나님의 아들을 믿는 믿음 안에서 사는 것이라 내가 하나님의 은혜를 폐하지 아니하노니 만일 의롭게 되는 것이 율법으로 말미암으면 그리스도께서 헛되이 죽으셨느니라(갈 2:20-21).

사도 바울은 이신칭의의 삶을 사는 것이 하나님 아들의 죽음을 존귀하게 하는 것이고, 그것을 거부하는 것은 하나님 아들의 죽음을 헛되게 하는 것임을 알았습니다. 그는 이신칭의가 그리스도의 희생 위에 세워진 하나님 사랑의 본질임을 간파했습니다. 그는 하나님의 사랑을 간과한 채 이신칭의를 논할 수 없었습니다. 하나님의 사랑은 이신칭의를 비롯해 그의 모든 신학의 전제(presupposition)였습니다.

전통적으로 종교개혁자들은 이신칭의를 접근함에 있어, 그것의 의미규정에만 급급하여 지나치게 칭의의 은혜적 측면만 강조해 왔음을 부인할 수 없습니다. 이는 중세 로마 가톨릭의 인간 공로주의에 대한 변증이 무엇보다 시급했기 때문입니다. 그러나 이신칭의를 바로 이해하기 위해서는 '이은칭의'(以恩稱義)의 개념을 넘어, 그것의 뿌리인 하나님 사랑으로까지 추적해 '이애칭의'(以愛稱義)에로 나아가야 합니다.

물론 은혜가 사랑의 중요한 속성이고 때로는 은혜가 사랑으로 대치되기도 하나, 사랑이 은혜의 상위 개념이고 은혜는 사랑에 종속됩니다. 단지 은혜의 개념만으로 사랑을 커버하기에 부족합니다. 그리스도가 "사랑"의 지위를 하나님께 내어 드리고 자신은 겸손히 "은혜"의 지위를 점하신 것도(고후 13:13)¹ 사랑을 최고로 여긴 때문입니다. 누군가가 기독교는 사랑으로까지 나아갈 때 온전하게 나아간 것이라고 한 말은 옳습니다. 이신칭의는 자기 의(義)를 위해 아무것도 할 수 없는 인간을 위한 하나님 사랑에서 나왔기에, 사도들의 서술 방식처럼 이신칭의는 하나님의 사랑과 함께 언급돼야 합니다.

긍휼에 풍성하신 하나님이 우리를 사랑하신 그 큰 사랑을 인하여 허물로 죽은 우리를 그리스도와 함께 살리셨고(너희가 은혜로 구원을 얻은 것이라)... 너희가 그 은혜를 인하여 믿음으로 말미암아 구원을 얻었나니 이것이 너희에게서 난 것이 아니요 하나님의 선물이라 행위에서 난 것이 아니니 이는 누구든지 자랑치 못하게 함이니라(엡 2:4-5, 8-9).

의(義)를 쫓은 이스라엘은 의에 이르지 못하고 의(義)를 쫓지 아니한 이방인이 믿음으로 의롭다 함을 받은 사실은, 이신칭의의 뿌리가 오직 하나님의 긍휼(사랑)임을 더욱 확실히 해 주었습니다.

모세에게 이르시되 내가 긍휼히 여길 자를 긍휼히 여기고 불쌍히 여길 자를 불쌍히 여기리라 하셨으니 그런즉 원하는 자로 말미암음도 아니요 달음박질하는 자로 말미암음도 아니요 오직 긍휼히 여기시는 하나님으로 말미암음이니라(롬 9:15-16).
그런즉 우리가 무슨 말 하리요 의를 쫓지 아니한 이방인들이 의를 얻었으니 곧 믿음에서 난 의요 의의 법을 쫓아간 이스라엘은 법에 이르지

---

1 주 예수 그리스도의 은혜와 하나님의 사랑과 성령의 교통하심이 너희 무리와 함께 있을찌어다(고후 13:13).

못하였으니(롬 9:30-31).

스펄전(C. H. Spurgeon) 역시 이신칭의를 하나님의 사랑에서 비롯된 이적이라고 표현했습니다. 택자를 살리려는 하나님의 사랑이 이신칭의 이적을 고안하게 했다는 것입니다.

> 죄 있는 사람을 의롭게 하는 것은 사람의 힘으로 되지 않고 오직 하나님의 능력으로만 가능한 것이다. 이 일은 오직 주님께만 속한 이적이다… 하나님은 신성의 무한한 주권과 이루 말로 다할 수 없는 사랑으로 의로운 자가 아니라 경건치 못한 자를 의롭게 하시는 일을 맡으셨다… 불의한 자를 의롭다 하는 것은 무한한 사랑과 자비로만 되어진다.[2]

알리스터 맥그래스(Alister McGrath) 역시 이싱칭의를 하나님이 우리를 사랑하사 주신 값진 보물이라고 했습니다.

> 은혜롭게도 복음은 죄 된 인간을 의롭다 하시는 살아 계신 사랑의 하나님이 우리에게 맡아서 관리하라고 주신 엄청나게 값진 진주다.[3]

이어서 이신칭의의 사랑을 받아들이도록 하는 성령에 대해 말하고자 합니다. 아무리 이신칭의를 하나님의 사랑이라고 설명해 주어도 다 그것을

---

[2] C. H. Spurgeon, *ALL OF GRACE*, 『은혜의 모든 것』, 보이스사편집부 譯 (서울:보이스사, 1779), p.23.

[3] Alister McGrath, *Justification by faith : what it means for us today*, 『알리스터 맥그래스의 이신칭의』, 김성웅 역 (서울 : 생명의말씀사, 2015).

받아들이는 것은 아닙니다. 성령이 아니고서는 예수를 주라 할 수 없듯이 (고전 12:3) 성령이 아니고서는 이신칭의를 하나님의 사랑으로 받아들일 수 없습니다.

사람들의 신앙 수준과 가치관에 따라 하나님의 사랑의 기준도 천차만별입니다. 신비주의자들은 신비 체험의 유무를 하나님 사랑의 기준으로 삼고 기복주의 신자들은 현세적 축복을 하나님 사랑의 기준으로 삼아, 그것들이 없으면 하나님 사랑을 받지 못한 것으로 치부합니다.

그러나 성령이 오셔서 진정한 하나님 사랑을 계시해 주면, 그런 잡다한 관념에서 벗어나 십자가 희생 위에 세워진 이신칭의가 하나님의 진정한 사랑임을 깨닫게 됩니다. 사실 성령이 오신 목적도 이 일을 위해서였습니다(요 15:26)[4]. 아더 핑크(A. W. Pink)는 성령이 그리스도의 무한한 사랑과 그의 대속으로 백성이 영원히 의롭게 되었다는 것을 증거 해 주신다고 했습니다.

> 성령은... 그의 백성에게 그리스도의 무한하신 사랑과 그가 이루신 일의 효력에 대해 증거 하시는 분이다(요 15:26)... 성령은 그에 관하여 성경에 계시되어진 모든 것으로 주 예수를 위해 증거 하는 증거자이시다. 그는 그리스도의 대속이 지니는 영원히 변치 않는 효력에 대해 증거 하신다. 즉 그로 말미암아 죄가 효력있게 제거되었다는 것, 아버지께서 그것을 받으셨다는 것, 선택된 자들은 그로 인해 영원토록 온전케(의롭게) 되었다는 것, 그의 죄 사함은 그리스도의 희생의 열매라는 것을 증거 하신다.[5]

---

4 내가 아버지께로서 너희에게 보낼 보혜사 곧 아버지께로서 나오시는 진리의 성령이 오실 때에 그가 나를 증거하실 것이요.(요 15:26).

5 A. W. Pink, *Holy sprit*,『성령론』, 배정웅 역 (서울: 풍만, 1984), p. 231.

이 반대적인 측면도 있는데, 곧 이신칭의받은 자로 하여금 하나님 사랑에 사로잡히게 합니다(롬 5:8-10). 이는 사랑의 영 성령이 이신칭의에 역사하기 때문이며, 성령 안에서 '이신칭의'와 '하나님 사랑'이 상호교호(interactive)합니다. 루터는 "이신칭의를 덧입는 덧입은 신자는 하나님의 사랑에 사로잡힌 자이다"라고 했습니다. 그는 '크벨레 리베'(*Quelle Liebe, Spring of Love*)라는 말을 즐겨 썼는데, 이는 "하나님의 복음으로 의롭다 함을 받은 죄인의 마음속에 솟아나는 하나님의 충만한 사랑"(롬 5:8-10)을 의미했습니다. 웨스트민스터 소요리문답(The Westminster Shorter Catechism)도 칭의를 하나님 사랑을 확신하는 통로로 말했습니다.

> 금생에서 칭의, 양자, 성화 됨을 깨닫고 그것들을 바라봄으로써 얻어지는 유익 중의 하나가 하나님의 사랑을 확신하는 것이다.[6]

---

[6] Thomas Vincent, *Shorter Catechism Explained from Scripture*, 『성경소요리문답해설』, 홍병창 역 (서울: 여수룬, 1988), p. 177.

제3부

이신칭의와 구원

제1장 **의롭다 함은 받고 구원은 못 받는다구요?**
제2장 **영원히 취소되지 않는 은혜언약**
제3장 **처음부터 완전하지 않은 칭의는 종말에도 완전할 수 없다**
제4장 **이신칭의와 구원의 확신**
제5장 **이신칭의는 '예수천당'**

제1장

의롭다 함은 받고 구원은 못 받는다구요?

상당수의 사람들이 '칭의'와 '구원'에 대해 오해하고 있는 듯합니다. 특히 '칭의'와 '구원'을 양분하여, 의롭다 함은 받지만 구원은 못 받을 수 있다는 생각을 합니다. 이에 대한 논거로 그들이 즐겨 들고 나오는 구절 중 하나가 이 말씀입니다.

> 우리가 그 피를 인하여 의롭다 하심을 얻었은즉 더욱 그로 말미암아 진노하심에서 구원을 얻을 것이니 곧 우리가 원수 되었을 때에 그 아들의 죽으심으로 말미암아 하나님으로 더불어 화목 되었은즉 화목 된 자로서는 더욱 그의 살으심을 인하여 구원을 얻을 것이니라(롬 5:9-10).

그들은 여기서 '칭의'와 '구원'이 구분지어진 것은 둘 사이에 뭔가 채워져야 할 간격이 있기 때문이며, 그 간격이 채워지지 않을 때 칭의받은 자는 구원에서 탈락될 수 있다는 주장을 폅니다. 종말론적인 구원은 성도가 죽는 날 혹은 그리스도 재림 때에 받을 것이기에, 칭의받은 자가 종말에 어떻게 될지는 장담할 수 없다는 것입니다. 이들에겐 로마 가톨릭 교도들이나 기독교 실존주의자들처럼 구원의 확신이 불가능합니다.

그러나 그 본문이 '칭의'와 '구원'을 구분지은 것은, 둘의 본질적인 차이를 말하려는 것이 아니고 "구원의 서정"(order Salvation)상 칭의가 구원의 전제임을 말한 것입니다. 칭의와 구원은 연속선상에 있으며 칭의가 법적 선언이라면, 구원은 칭의에서 천국 입성까지 아우른 유기적이고 종합적이고 종말론적인 개념입니다. 최종적인 구원에까지 영향을 미치는 칭의의 법적인 효력은 오히려 구원을 칭의에 빚지게 했습니다.

구원이 예정과 3위 하나님의 유기적이고 종합적인 역사지만, 협의적으로는 칭의(죄 사함)의 결과 곧 심판에서의 건짐이라고 할 때, 칭의와 구원은 그 무게에서 차이가 없습니다. 사도 바울이 로마서에서 구원의 서정을 말하면서 '칭의'를 언급한 후 구원의 정점인 '영화'에 막 바로 진입한 것은 (롬 8:30)[1] 칭의와 구원을 동일시 한 때문입니다. 예수 그리스도가 자신을 처음 믿은 사마리아 문둥병자에게 "네 믿음이 너를 구원하였다"(눅 17:19)고 선언하신 것은, 최초의 믿음으로 '칭의'를 넘어 완전하고도 최종적인 '구원'에 이르렀다는 뜻입니다.

예수 믿으면 완전하고 최종적인 칭의(구원)를 받는다는 이신칭의 교리는, "칭의는 다만 현재의 법적인 선언일 뿐 구원이(최종적 칭의가) 아니라"는 유보적 칭의론자들의 주장을 뒤집습니다. "칭의"는 법적으로 사면(赦免)을 받는 것이고 "구원"은 사면을 집행하여 심판에서 벗어나는 것이기에 둘은 결코 나뉠 수가 없습니다. 사면의 선언인 "칭의"가 있다면, 반드시 사면의 집행인 "구원"이 따릅니다.

만일 의롭다 함을 받고 구원을 얻지 못한다면, 법적으로 사면을 받아 놓

---

1 또 미리 정하신 그들을 또한 부르시고 부르신 그들을 또한 의롭다 하시고 의롭다 하신 그들을 또한 영화롭게 하셨느니라(롬 8:30).

고 감옥에 계속 구금돼 있는 것처럼 불법이 됩니다. 방면(放免)하지 않을 것이면 사면을 하지 않듯이, 구원하지 않을 것이면 아예 의롭다하지 않습니다. 칭의만 받고 구원받지 못하는 경우는 결코 없습니다. 따라서 칭의와 구원의 본질적인 차이는 없으며, 칭의받은 자에게는 구원의 현재완료적 확신이 가능해집니다.

그런데 많은 사람들이 구원의 전제인 '칭의'를 제쳐놓고 하나님의 진노에서 벗어나는 '구원'에만 관심을 기울입니다. 그러다보니 '칭의'를 비롯해 '칭의와 구원의 관계'에 대한 이해가 결핍되고, 그 결과 구원의 확신을 갖는 데 어려움을 느낍니다. 자신이 믿음으로 의롭다 함을 받아 하나님과 화목해졌다는 것을 알면, 당연히 자신이 하나님의 진노에서 벗어났다는 구원의 확신도 갖습니다. 따라서 예수 믿으면 구원받는다는 '이신득구'(以信得救)의 지식 이전에, 믿음으로 의롭다 함을 받는다는 '이신칭의'(以信稱義)의 지식이 먼저 요구됩니다.

루터가 유기적이고 종합적이고 종말론적인 "구원" 교리를 제쳐두고 "칭의" 교리에 자신을 올인시킨 이유도, 구원이 칭의에 전적으로 의존돼 있음을 알았기 때문입니다. 바울의 옥중 간수가 "선생들아 내가 어떻게 하여야 구원을 얻으리이까"(행 16:30)라고 물었을 때, 바울이 "주 예수를 믿으라 그리하면 너와 네 집이 구원을 얻으리라"(행 16:31)고 한 말씀에는, 기독교의 핵심교리가 나타나 있습니다. 이를 이신칭의와 결부지어 정확하게 풀이하면, "주 예수를 믿어 의롭다 함을 입으라 그리하면 구원을 받으리라"는 뜻입니다.

그런데 칭의와 구원을 본질상 다른 것으로 주장하며, 칭의를 받는다고 다 구원받는 것은 아니라고 주장하는 이들은 '성화'를 '칭의'와 '구원' 사이에 집어넣어 성화를 구원의 조건으로 삼았습니다. 그리고 이러한 자신들의 주장을 변호하기 위해 곧잘 들고 나오는 구도가, 이스라엘 백성의 유월절 해방 - 광야 40년 여정 - 가나안 입성입니다. 그들은 유월절 애굽 해방은 '칭의'와, 광야 40년 여정은 '성화'와, 가나안 입성은 '구원'과 연결지웁니다.

그들은 어린 양의 피로 '칭의'를 받았어도, 광야의 '성화'를 성공적으로 일궈내지 못하면 가나안 입성, 곧 '구원'을 받지 못한다고 합니다. 그 증거로 애굽에서 나온 다수가 가나안에 들어가지 못하고 광야에서 죽은 사실을 말합니다. 만일 그들의 주장대로라면, 가나안 입성을 목전에 두고 죽은 모세를 비롯해 많은 하나님의 백성들이 구원받지 못한 것이 됩니다. 가나안 입성의 불발을 구원 실패와 동일시하는 것은 신학적 근거가 없습니다.

물론 개혁주의자들도 출애굽 후의 광야 여정을 성화의 상징으로 봅니다. 그러나 그것은 천국 입성의 조건이 아닌, 천국 백성에 걸맞게 하는 담금질(quenching) 과정으로 봅니다. 이는 성도가 고난을 통해 천국에 걸맞는 자가 된다는 성경 가르침과 맥을 같이 합니다. 사도 바울이 안디옥에서 제자들에게 "우리가 하나님 나라에 들어가려면 많은 환난을 겪어야 할 것이라"(행 14:22)고 한 그 의미, 곧 환난이 성도를 하나님 나라에 합당한 자가 되게 한다는 뜻입니다.

데살로니가서에서는 보다 직접적으로 표현됐습니다.

> 너희의 참는 모든 핍박과 환난 중에서 너희 인내와 믿음을 인하여... 너희로 하여금 하나님 나라에 '합당한 자로 여기심'을 얻게 하려 함이니
> (살후 4:5-6).

만일 유보적 칭의론자들의 주장대로 성화나 환난이 천국 입성의 조건이 된다면, "거듭남"(요 3:5; 고전 15:50)[2] 과 "은혜"(갈 3:18)[3] 로 하나님 나라에 들

---

2 예수께서 대답하시되 진실로 진실로 네게 이르노니 사람이 물과 성령으로 나지 아니하면

어간다는 성경 가르침은 부정돼야 합니다.

> 만일 우리가 받을 하늘 나라의 축복이 율법에 의존한다면 그것은 더 이상 약속에 의존하지 않게 됩니다. 그러나 하나님은 약속을 통해서 아브라함에게 '은혜'로 그런 축복을 주신 것입니다(갈 3:18, 현대인의 성경).

성도들을 천국 백성답게 만드는 성화는 비유컨대, 기업가들이 자기 자녀들에게 가업을 물려줄 때, 밑바닥 평사원에서부터 혹독한 수련 과정을 거치게 하는 것과 같습니다. 자식은 상속자의 자격과 권리를 갖고 있지만, 가업을 성공적으로 관리하려면 수련 과정이 필수적이기 때문입니다. 혹독한 수련 과정은 상속자의 자격을 획득하기 위한 것이 아니라 상속자답게 되기 위해섭니다. 마찬가지로 그리스도를 믿는 성도는 이미 거듭나 천국민의 자격을 가졌지만, 천국민답기 위해 성화의 과정이 필요합니다.

오늘 많은 사람들이 이 둘을 구분하지 못하므로 성경 해석에 난항을 겪습니다. "자격을 갖추 것"(be qualification)과 "자격에 걸맞게 되는 것"(be counted worthy of qualification)은 전혀 다릅니다. 이신칭의 논쟁의 중심에 서 있는 야고보서의 "칭의와 행함" 역시 이 둘의 혼란에서 비롯됐습니다. 행함은 '칭의의 자격'이 아닌, '칭의에 걸맞음'을 말하는 것이었습니다(약 2:20-26).[4]

하나님 나라에 들어갈 수 없느니라(요 3:5). 형제들아 내가 이것을 말하노니 혈과 육은 하나님 나라를 유업으로 받을 수 없고 또한 썩은 것은 썩지 아니한 것을 유업으로 받지 못하느니라(고전 15:50).

[3] 만일 그 유업이 율법에서 난 것이면 약속에서 난 것이 아니리라 그러나 하나님이 약속으로 말미암아 아브라함에게 은혜로 주신 것이라(갈 3:18).

[4] 아아 허탄한 사람아 행함이 없는 믿음이 헛것인줄 알고자 하느냐 우리 조상 아브라함이 그 아들 이삭을 제단에 드릴 때에 행함으로 의롭다 하심을 받은 것이 아니냐 네가 보거니와 믿음이 그의 행함과 함께 일하고 행함으로 믿음이 온전케 되었느니라 이에 경에 이른바 아브라함이 하나님을 믿으니 이것을 의로 여기셨다는 말씀이 응하였고 그는 하나님의 벗이라 칭함을 받았나니 이로 보건대 사람이 행함으로 의롭다 하심을 받고 믿음으로만 아니니라 또 이와

"하나님의 아들 됨"(갈 3:26)[5]과 "하나님 아들에 걸맞음"(마 5:39-45)[6] 역시 같은 맥락입니다. "이같이 행하면"(마 5:45) 하나님 아들의 "자격 획득"(be qualification)을 한다는 뜻이 아닌, 하나님 아들에 "걸맞게 된다"(be counted worthy of qualification)는 뜻입니다. '됨'과 '걸맞음'의 차이를 이해하지 못하는 한 영원히 칭의, 성화, 구원의 관계를 이해할 수 없습니다. 이스라엘 백성이 40일이면 당도할 수 있는 가나안을 40년 이상 빙빙 돌아 도달한 것은, 400년간 종살이로 몸에 배인 구습을 떨어 내고 가나안 백성에 걸맞으려는 수련 과정이었지, 가나안 입성을 위한 자격 시험이 아니었습니다.

유보적 칭의론자들이 '법적 칭의'와 '종말론적 칭의'를 분리하기 위해 전가의 보도처럼 들고 나오는 또 하나가 시제(時制)입니다. 그중 "이미와 아직"(already but not yet)은 그 백미에 해당됩니다. 본래 이것은 하나님 나라의 현재적 실현과 종말론적 실현을 설명하기 위해 게할더스 보스(Geerhardus Vos)가, 그의 저서 『바울의 종말론』(The Pauline Eschatology)에서 도입한 것입니다. 그런데 그들은 현재적 칭의와 종말적 칭의를 구분 짓고 현재에 칭의받은 자라도 미래에 구원의 탈락이 가능하다는 논거를 세우는 데 무리하게 차용했습니다.

칭의에 있어 "현재완료냐 현재냐"의 시제 구분 요청 역시, 유보적 칭의론자들이 '법적 칭의'와 '종말론적 칭의'를 구분 짓기 위해 자주 애용되는 메

같이 기생 라합이 사자를 접대하여 다른 길로 나가게 할 때에 행함으로 의롭다 하심을 받은 것이 아니냐 영혼 없는 몸이 죽은것 같이 행함이 없는 믿음은 죽은 것이니라(약 2:20-26).

5   너희가 다 믿음으로 말미암아 그리스도 예수 안에서 하나님의 아들이 되었으니(갈 3:26).
6   나는 너희에게 이르노니 악한 자를 대적지 말라 누구든지 네 오른편 뺨을 치거든 왼편도 돌려 대며 또 너를 송사하여 속옷을 가지고자 하는 자에게 겉옷까지도 가지게 하며 또 누구든지 너로 억지로 오리를 가게 하거든 그 사람과 십리를 동행하고 네게 구하는 자에게 주며 네게 꾸고자 하는 자에게 거절하지 말라 또 네 이웃을 사랑하며 네 원수를 미워하라 하였다는 것을 너희가 들었으나 나는 너희에게 이르노니 너희 원수를 사랑하며 너희를 핍박하는 자를 위하여 기도하라 이같이 한즉 하늘에 계신 너희 아버지의 아들이 되리니(마 5:39-45).

뉴입니다. 그들이 시제의 오역이라고 공격하는 두 구절이, "너희가 그 은혜로 인하여 믿음으로 말미암아 구원을 받았으니"(엡 2:8)와 "내 말을 듣고 또 나 보내신 이를 믿는 자는 영생을 얻었고"(요 5:24)입니다. 그들은 두 본문의 '구원'과 '영생 얻음'이 헬라어 원문에서는 '현재형'으로 서술됐는데, 한역(韓譯)과 영역(英譯)이 현재완료형으로 서술하므로써 종말론적 칭의 개념을 훼손했다고 주장합니다.

그러나 이는 설득력이 없습니다. 대부분의 언어들이 불변의 진리나 자연 법칙을 말할 때는 시제를 담지 않고 단순 현재형으로 쓰듯이, 구원과 영생의 도리 역시 불변의 진리이기에 단순 현재형으로 쓰는 것이 당연합니다. 예컨대 "사람은 반드시 죽는다," "해는 동쪽에서 떠서 서쪽으로 진다"는 불변적인 자연 법칙은, 시제의 구분없이 항상 현재형을 씁니다.

"너희가 그 은혜로 인하여 믿음으로 말미암아 구원을 받았으니"(엡 2:8)는 구원을 현재완료적으로 받았느냐 현재적으로 받았느냐가 관건이 아니라, 구원은 오직 "은혜로 인하여 믿음으로 받는다"는 불변의 진리를 말한 것입니다.

또 "내 말을 듣고 또 나 보내신 이를 믿는 자는 영생을 얻었고 심판에 이르지 아니하나니"(요 5:24) 역시, 영생을 현재완료적으로 얻었느냐 현재적으로 얻었느냐가 관건이 아니고, "그리스도의 말을 듣고 그를 보내신 이를 믿는 자는 영생을 얻는다"는 불변의 진리를 말한 것입니다. 따라서 헬라어 원문이 구원과 영생을 현재형 시제로 표기한 것은 그것의 미완료성을 나타내기 위해서가 아니라, 구원 도리의 영원불변성을 나타내기 위한 것이 분명합니다.

한역, 영역자들은 원문의 이런 의도를 파악했고, 구원과 영생의 최종 확정성을 강조하고자 현재완료형으로 번역한 것입니다. 그러므로 이 구절들을 현재완료형으로 해석한 한역(韓譯) 영역(英譯)을 오역이라고 비판하기보다는, 오히려 구원과 영생의 최종 확정성을 잘 표현해 준 좋은 번역으로 칭송해야 할 것입니다. 전문적인 성경 언어학자들이 그런 기초적인 시제 구분을 못하고 오역했을리도 만무합니다.

제2장

영원히 취소되지 않는 은혜언약

아브라함과 하나님이 맺은 언약이 은혜언약이었는가, 행위언약이었는가?

다시 말하면, 아브라함은 율법을 신실히 준수해서 의롭다함을 받았는가, 믿음으로 의롭다 함을 받았는가?

여기에 대해 신율주의자들은 "아브라함이 아들 이삭을 제단에 드릴 때에 행함으로 의롭다 하심을 받은 것이 아니냐"(약 2:21)는 야고보의 말을 인용하며, 아브라함의 언약을 행위언약이라 규정합니다. 그러나 아브라함이 하나님과 맺은 언약은 시내 산의 율법언약보다 430년 앞선 은혜언약으로(창 15:6)[1] 율법언약이 소급하여 영향을 미칠 수 없는 것이었습니다(갈 3:17).[2]

아브라함이 맺은 언약이 은혜언약이라는 증거는 성경 곳곳에 나타납니다. 먼저 아브라함이 언약 대상자로 지목된 것이, 그에게 남다른 의로움

---

[1] 아브람이 여호와를 믿으니 여호와께서 이를 그의 의로 여기시고(창 15:6).
[2] 하나님의 미리 정하신 언약을 사백 삼십년 후에 생긴 율법이 없이 하지 못하여 그 약속을 헛되게 하지 못하리라(갈 3:17).

이 있어서가 아니었다는 사실에서 확인됩니다. 아시다시피 그는 하나님의 진노를 일으키는 우상 제작을 업으로 삼던 사람인데, 어느날 하나님이 불쑥 찾아와 그를 언약당사자로 지목하셨습니다.

혹은 예지예정론(Doctrine of preknowledge-predestination)자들의 주장처럼, 그에게서 언약의 당사자가 될 만한 싹수가 예견되서도 아니었습니다. 물론 그가 하나님과 언약을 맺은 후 그의 나이 75세때 아들을 주시겠다는 하나님의 약속을 믿었고(창 15:6), 나이 100세에 이르러서도 믿음이 약하여지지 아니하여 하나님께 영광을 돌렸고(롬 4:19-22), 독자 이삭을 하나님께 바치는 놀라운 순종이 있었던 것도 사실입니다(창 22:16).

그러나 아브라함은 자신의 행위로 의롭다함을 받을 수 있을 만큼 그 행위가 시종여일하지를 못했습니다. 주지하듯이 하나님으로부터 아들을 주신다는 약속을 받은 지 10년 후인 85세 때, 인내의 한계를 드러내며 사라의 종용으로 여종 하갈의 몸에서 이스마엘을 보았습니다(창 16:2-4).[3] 또 그랄(Gerar) 왕 아비멜렉이 자기 아내 사라를 뺏으려고 하자 자기 혼자 살겠다고 아내를 자매라며 유기(遺棄)했습니다(창 20:2-3).[4] 이 아비멜렉 사건은 단지 자기 목숨 부지를 위해 아내를 버린 비겁한 남자로 낙인찍히는 것을 넘어, 구속사에 영향을 미칠 수 있는 중대한 사건이었습니다.

만일 하나님이 아비멜렉의 만행을 막지 않았다면 사라에게서 메시아의 조상(이삭)이 나는 언약 성취가 불가능해졌을 것이고, 구속사의 맥도 끊겼

---

[3] 사래가 아브람에게 이르되 여호와께서 나의 생산을 허락지 아니하셨으니 원컨대 나의 여종과 동침하라 내가 혹 그로 말미암아 자녀를 얻을까 하노라 하매 아브람이 사래의 말을 들으니라 아브람의 아내 사래가 그 여종 애굽 사람 하갈을 가져 그 남편 아브람에게 첩으로 준 때는 아브람이 가나안 땅에 거한지 십년 후이었더라 아브람이 하갈과 동침하였더니 하갈이 잉태하매 그가 자기의 잉태함을 깨닫고 그 여주인을 멸시한지라(창 16:2-4).

[4] 그 아내 사라를 자기 누이라 하였으므로 그랄 왕 아비멜렉이 보내어 사라를 취하였더니 그 밤에 하나님이 아비멜렉에게 현몽하시고 그에게 이르시되 네가 취한 이 여인을 인하여 네가 죽으리니 그가 남의 아내임이니라(창 20:2-3).

을 것입니다. 그의 행동은 신·불신을 떠나 범부의 기준에도 미치지 못하는 졸렬한 것이었을 뿐더러, 메시아의 계대를 잇고자 목숨 걸고(창 38:24) 시부(유다)의 씨를 품었던 일개 여성(다말)의 믿음에도 미치지 못하는 것이었습니다. 가히 그의 실수는 이제껏 그의 믿음의 업적(?)들을 상쇄하고도 남을 만한 것이었습니다.

유보적 칭의론자들의 논리대로라면, 아브라함이 종말에 칭의를 받았을까라는 의구심을 들게 할 정도입니다. 그야말로 아브라함에게는 의롭다고 인정받을 만한 행위가 없었으며, 그가 칭의를 받은 것은 순전히 하나님의 은혜였습니다.

> 만일 아브라함이 행위로써 의롭다 하심을 얻었으면 자랑할 것이 있으려니와 하나님 앞에서는 없느니라 성경이 무엇을 말하느뇨 아브라함이 하나님을 믿으매 이것이 저에게 의로 여기신바 되었느니라(롬 4:2-3).

아브라함뿐만 아니라 아브라함 할애비라도, 행위의 완전함으로 의롭다 함을 받을 육체는 없다는 결언입니다. 성경은 곳곳에서 율법 아래서는 의롭다 함을 얻을 육체가 없다고 단언합니다.

> 사람이 의롭게 되는 것은 율법의 행위에서 난 것이 아니요 오직 예수 그리스도를 믿음으로 말미암는 줄 아는 고로 우리도 그리스도 예수를 믿나니 이는 우리가 율법의 행위에서 아니고 그리스도를 믿음으로서 의롭다 함을 얻으려 함이라 율법의 행위로서는 의롭다 함을 얻을 육체가 없느니라(갈 2:16).
>
> 우리가 알거니와 무릇 율법이 말하는 바는 율법 아래 있는 자들에게 말하는 것이니 이는 모든 입을 막고 온 세상으로 하나님의 심판 아래 있

게 하려 함이니라 그러므로 율법의 행위로 그의 앞에 의롭다 하심을 얻을 육체가 없나니 율법으로는 죄를 깨달음이니라(롬 3:19-20).

언약은 그 속성상 쌍방의 의무 준수를 요구하지만, 타락 후 그것이 불가능해진 인간이 하나님과 맺을 수 있는 구원언약은 그리스도의 피로 세운 은혜언약뿐이었습니다(고전 11:25).[5] 그런데 많은 경우, 언약의 조건적 의미를 살리려다가 은혜언약의 내용인 믿음을 구원을 받아들이는 손이 아닌 조건으로 변질시키는 경우가 많습니다. 그리고 이렇게 믿음이 조건화되면, 그 틈새로 행위가 슬며시 숨어 들어와 믿음에 행위가 포함되느냐 안 되느냐 하는 논점의 비약을 거쳐, 은혜언약은 본격적으로 행위언약이 됩니다.

그러나 믿음을 구원을 받아들이는 손으로 이해할 때, 그런 비약이 불가능해집니다. "믿음으로 의롭다 하심을 얻었다"(롬 5:1)는 말은, 믿음이 조건이 되어 의롭다 함을 받는다는 뜻이 아닌, 하나님이 값없이 제공하시는 의를 받아들여(믿어) 자기 것으로 삼는다는 뜻입니다. 믿지 않으면 구원받지 못한다는 말도 구원 조건인 믿음이 충족되지 않아서 구원받지 못한다는 것이 아닌, 값없이 주어지는 구원을 자기 것으로 삼지 않아서(믿지 않아서) 구원받지 못한다는 뜻입니다.

세상의 언약은 언약 당사자의 조건 이행을 전제로 맺어지지만, 우리가 하나님과 맺은 구원언약(이신칭의)은 그런 조건적 언약과는 다릅니다. 언약의 속성상 조건의 형식을 갖추기는 했지만, 값없이 주시는 은혜를 받아들이는 것을 조건으로 하는 은혜언약입니다. 세상 일반의 언약이 사전에 조

---

5 식후에 또한 이와 같이 잔을 가지시고 가라사대 이 잔은 내 피로 세운 새 언약이니 이것을 행하여 마실 때마다 나를 기념하라 하셨으니(고전 11:25).

건을 충족시켜야 하는 전제적(beforehand) 조건의 성격이라면, 은혜언약은 사후의 수납적(receptive) 조건입니다. 말 그대로 더는 보탤 것이 없도록 모든 조건이 다 충족된 것을 수납하는 조건입니다.

은혜언약인 이신칭의에 사족을 붙이면 이렇습니다.

> 하나님이 값없이 의롭다 함을 주시는데, 단 조건이 있습니다. 그냥 값없이(믿음으로 – 사후의 수납적 조건으로) 받아야 합니다. 만일 누구든지 값을 지불하고(행위로 – 전제적 조건으로) 받으려는 자에게는, 의롭다 함을 받는 것이 허락되지 않습니다.

다음으로 인간의 죄나 허물이 이미 체결된 은혜언약을 폐기시킬 수 없다는 것을 말하고자 합니다. 신율주의자들(theonomists)이 예수 믿는 자도 구원에서 탈락할 수 있다는 것을 설득하기 위해 툭하면 들고 나오는것이, 이스라엘 백성이 가나안에 들어가지 못하고 광야에서 시체로 엎드러진 사건입니다(히 3:17). 이스라엘이 가나안의 언약을 받아 놓고도 자신들의 불의함으로 그 언약의 실현을 보지 못했다는 것입니다.

그리고 이를 오늘에 적용시켜, 예수 믿는다고 다 천국 가는 것이 아니라 행함이 따라야 한다(마 7:21)는 주장을 폅니다. 그러나 이스라엘 백성이 가나안 입성을 못하고 광야에서 엎드러진 것이 곧, 그들이 구원에서 탈락됐다거나 아브라함을 통해 맺은 은혜언약이 폐기됐다는 뜻이 아닙니다. 만약 그렇다면 앞서 언급했듯이 가나안에 들어가지 못한 모세도 지옥에 간 것이 틀림없습니다. 모세가 지옥에 안간 것이 분명함은, 변화산에서 엘리야와 예수님과 더불어 담화를 나눈 사실에서(마 17:3)[6] 확인됩니다.

---

[6] 때에 모세와 엘리야가 예수로 더불어 말씀하는 것이 저희에게 보이거늘(마 1:73).

"그 시체가 광야에 엎드러짐"(히 3:17)을 천국입성의 실패로 보는 것은 지나친 억측입니다. "시체가 광야에 엎드러진 자들"은 두 부류로 구분되야 합니다. 한 부류는 겉으로는 믿는 것 같지만 가룟 유다처럼 믿음이 없어 지옥에 가는 자들입니다. 다른 한 부류는 예수 믿고 구원은 받았으나, 범죄하여 하나님의 진노로 병들고 죽음에까지 이른 자들입니다(고전 11:29-30).[7] 신약에서 계모를 범한 자(고전 5:1-5),[8] 성령을 속인 아나니아 삽비라(행 5:1-10)[9]의 죽음이 그 경우에 해당됩니다.

그러나 후자처럼, 구원받은 자들은 범죄하여 "병들고 죽음을 당하더라도," 은혜언약은 폐기되지 않아 구원에서 탈락되는 일은 없습니다.[10] 이는 그들이 맺은 언약이 행위언약이 아닌 은혜언약이기 때문입니다. 심지어 그리스도를 못박아 죽인 유대인들까지도(행 2:23) 죄 사함과 성령의 약속을 받는 것을 보면, 아브라함을 통해 맺은 은혜언약이 영구불변한 것임을 보여줍니다.

---

[7] 주의 몸을 분변치 못하고 먹고 마시는 자는 자기의 죄를 먹고 마시는 것이니라 이러므로 너희 중에 약한 자와 병든 자가 많고 잠자는 자도 적지 아니하니(고전 11:29-30).

[8] 너희 중에 심지어 음행이 있다 함을 들으니 이런 음행은 이방인 중에라도 없는 것이라 누가 그 아비의 아내를 취하였다 하는도다… 이런 자를 사단에게 내어 주었으니 이는 육신은 멸하고 영은 주 예수의 날에 구원 얻게 하려 함이라(고전 5:1-5).

[9] 아나니아라 하는 사람이 그 아내 삽비라로 더불어 소유를 팔아 그 값에서 얼마를 감추매 그 아내도 알더라 얼마를 가져다가 사도들의 발 앞에 두니 베드로가 가로되 아나니아야 어찌하여 사단이 네 마음에 가득하여 네가 성령을 속이고 땅값 얼마를 감추었느냐… 사람에게 거짓말 한 것이 아니요 하나님께로다 아나니아가 이 말을 듣고 엎드러져 혼이 떠나니… 세 시간쯤 지나 그 아내가 그 생긴 일을 알지 못하고 들어 오니 베드로가 가로되 그 땅 판 값이 이것 뿐이냐… 가로되 예 이뿐이로라 베드로가 가로되 너희가 어찌 함께 꾀하여 주의 영을 시험하려 하느냐 보라 네 남편을 장사하고 오는 사람들의 발이 문앞에 이르렀으니 또 너를 메어 내가리라 한 대 곧 베드로의 발 앞에 엎드러져 혼이 떠나는지라(행 5:1-10).

[10] 이병규,『성경 강해』(서울: 염광출판사, 1987).

> 그런즉 이스라엘 온 집이 정녕 알찌니 너희가 십자가에 못 박은 이 예수를 하나님이 주와 그리스도가 되게 하셨느니라 하니라 저희가 이 말을 듣고 마음에 찔려 베드로와 다른 사도들에게 물어 가로되 형제들아 우리가 어찌할꼬 하거늘 베드로가 가로되 너희가 회개하여 각각 예수 그리스도의 이름으로 세례를 받고 죄 사함을 얻으라 그리하면 성령을 선물로 받으리니(행 2:36-38).

"내 주와 맺은 언약은 영 불변하시니 그 나라 가기까지는 늘 보호하시네"(찬 455장)라는 찬송가 가사에도 잘 나타나 있듯이, 은혜언약은 영원히 불변합니다.

예수님 당시부터 이제껏 이스라엘 민족이 넘어진 채로 있지만, 여전히 그들을 향한 아브라함의 언약은 유효하며 그리스도 재림 직전에 반드시 일으키심을 받습니다.

> 그리하여 온 이스라엘이 구원을 얻으리라 기록된바 구원자가 시온에서 오사 야곱에게서 경건치 않은 것을 돌이키시겠고 내가 저희 죄를 없이 할 때에 저희에게 이루어질 내 언약이 이것이라 함과 같으니라 (롬 11:26-27).

더욱이 이스라엘의 한시적 넘어짐과 이방인의 구원을 맞물리게 하신 하나님의 경륜을 알 때, 이스라엘의 넘어짐을 은혜언약의 취소로 몰아가지 못하게 합니다.

> 형제들아 너희가 스스로 지혜 있다 함을 면키 위하여 이 비밀을 너희가 모르기를 내가 원치 아니하노니 이 비밀은 이방인의 충만한 수가 들어

오기까지 이스라엘의 더러는 완악하게 된 것이라(롬 11:25).

이방인의 구원이 성취되면, 곧이어 이스라엘로 시기나게 만들어 그들 안에 민족적인 회개가 일어나게 될 것입니다.

저희의 넘어짐으로 구원이 이방인에게 이르러 이스라엘로 시기나게 함이니라 저희의 넘어짐이 세상의 부요함이 되며 저희의 실패가 이방인의 부요함이 되거든 하물며 저희의 충만함이리요 내가 이방인인 너희에게 말하노라 내가 이방인의 사도인만큼 내 직분을 영광스럽게 여기노니 이는 곧 내 골육을 아무쪼록 시기케 하여 저희 중에서 얼마를 구원하려 함이라(롬 11:11-14).

우리는 성경을 읽거나 하나님의 섭리를 관찰할 때, 지나치게 미시적(微視的) 안목에서 "죄와 심판"이라는 윤리적인 도식만 들이대지 말고, 언약이라는 큰 그림 속에서 하나님의 전체 경륜을 조망해야 합니다. 이러한 언약 섭리는 이미 언급했듯이, 이스라엘을 향한 하나님의 구원 경륜에서 더욱 뚜렷해집니다. 하나님은 배교한 이스라엘에게 진노하사 그들을 징치하시고 일시적으로 배척하기도 했지만, 그들을 영원히 버리시지는 않았습니다. 하나님은 때렸다가 싸매시며, 일시적으로 버렸다가 다시 끌어안으심으로(호 6:1; 사 54:7-8)[11] 그의 언약의 불변성을 증거해 주었습니다.

마지막으로 신율주의자들(theonomists)이 은혜언약을 행위언약으로 만

---

[11] 오라 우리가 여호와께로 돌아가자 여호와께서 우리를 찢으셨으나 도로 낫게 하실 것이요 우리를 치셨으나 싸매어 주실 것임이라(호 6:1). 내가 잠시 너를 버렸으나 큰 긍휼로 너를 모을 것이요 내가 넘치는 진노로 내 얼굴을 네게서 잠시 가리웠으나 영원한 자비로 너를 긍휼히 여기리라 네 구속자 여호와의 말이니라(사 54:7-8).

드는 또 한 경우를 말하고자 합니다. 이는 그리스도인의 언약 의무를 그리스도로 하여금 대행케 하신 하나님의 경륜을 이해하지 못한데서 나왔습니다. 성경은 종종 "하나님과 우리의 언약"을 "하나님과 그리스도의 언약"과 동일시합니다. 이는 그리스도가 우리의 언약 대행자가 되셨기 때문입니다. 다음 구절은 그 대표적인 내용 중의 하나입니다.

> 이스라엘 하나님 여호와여 주께서 주의 종 내 아비 다윗에게 말씀하시기를 네 자손이 자기 길을 삼가서 네가 내 앞에서 행한 것같이 내 앞에서 행하기만 하면 네게로 좇아나서 이스라엘 위에 앉을 사람이 내 앞에서 끊어지지 아니하리라 하셨사오니 이제 다윗을 위하여 그 허하신 말씀을 지키시옵소서(왕상 8:25).

이는 솔로몬의 기도에 나오는 내용으로서, 만일 "네가 삼가 진실히 하나님 앞에서 행하면"이라는 조건을 성취하면, 왕위가 영원히 지속된다는 언약입니다. 그러나 이 언약과는 달리 말년의 솔로몬은 하나님의 율법을 거역하여 이 왕위(王位) 보전의 약속을 스스로 파기했고, 왕위는 보존되지 못했습니다. 그러나 솔로몬의 실패로 원(原)언약이 폐기된 것이 아니었습니다. 다윗의 자손으로 이 땅에 오신 만왕의 왕 예수 그리스도를 통해, 영원한 왕국에 관한 하나님의 언약이 온전히 성취됐습니다.[12]

솔로몬에게 그러하셨듯이, 우리 역시 무능한 우리 자신의 행위로는 언약을 성취할 수 없음을 아시는 하나님이 그리스도로 하여금 대행적 성취를 하게했고 그것의 열매를 우리로 따먹게 하셨습니다. 그러나 그림자와 실체를 구분 짓지 못하는 신율주의자들은 사람들로 하여금 그리스도의 대

---

[12] 기독지혜사 편집부, 『호크마 주석』 (서울: 기독지혜사, 2013), p. 88.

행적 언약 준수는 간과케 하고, 실패할 수밖에 없는 인간의 언약 준수에만 매달리게 하므로서 사람들을 모조리 언약 실패자로 만듭니다. 그 결과 사람들로 하여금 죽을 때까지 의의 확신을 갖지 못하게 합니다.

    그러나 은혜언약의 중보인(히 9:14) 그리스도 안에 견고히 서 있는 성도들은 모두 언약의 성취자들이 되고, 언약 성취의 열매인 칭의와 그것의 확신을 누립니다.

제3장
처음부터 완전하지 않은 칭의는 종말에도 완전할 수 없다

유보적 칭의론자들은 자신들의 유보적 칭의의 근거를 대기 위해 나름대로 성경적 근거를 들이 대나, 사실 그 배경을 면밀히 살펴보면 성경보다는 심리주의(Psychologism)와 실용주의(pragmatism) 메카니즘에 더 고무된 듯합니다. 이미 의(義)가 완성 종결됐다는 이신칭의 교리가 나태한 인간 본성에 방종을 부추길 것이라는 그들 나름의 추정이, 그들로 하여금 두려움과 경각심을 불러일으키는 유보적 칭의를 제정할 필요를 느끼게 했습니다. 꼭 집어 말하진 않지만 그들 문맥의 행간에 그런 기류가 만연합니다.

그러나 전능하신 하나님의 역사에 대한 기대가 배제된 채, 인간의 실존적 한계만 고려된 그런 추정은 성경적 지지를 받을 수 없습니다. 주지하듯이 기독교 신앙은 인간의 한계를 초월한, 전능하신 하나님에 대한 믿음 위에 세워져 있습니다. 전능하신 하나님의 역사(役事)에 대한 믿음이 없다면 죄 사함, 구원, 기도 응답 등은 기대할 수가 없습니다. "사람으로서는 할 수 없으되 하나님으로서는 다할 수 있다"(마 19:26) 는 기독교 신앙의 핵심 전제입니다.

본래 이 말씀은 "부자가 천국 들어가기가 낙타가 바늘구멍에 들어가기보다 더 어려우면 누가 과연 천국에 들어갈 수 있나이까?"라는 베드로의 질문에 대한 예수님의 응수였지만, 모든 신앙에 적용됩니다. 이를 그 본문에 국한시켜 풀이한다면, "부자는 아무도 천국에 못 들어가지만, 전능하신 하나님이 해 주시면 천국 입성이 가능하다"는 뜻입니다.

이를 구원론에 적용시키면, "무능한 인간의 힘으로는 구원에 이를 수 없지만, 하나님은 당신의 전능하심과 주권으로 우리의 구원을 성취하실 수 있다"는 뜻입니다. "구원하심이 보좌에 앉으신 우리 하나님과 어린 양에게 있도다"(계 7:10)라는 말씀 그대로입니다. 그러나 유보적 칭의론자들의 논리대로, 심리주의(Psychologism)에 근거하여 '칭의 유보'(reservation of justification)의 두려움이 방종을 막아주어야 종말적 칭의가 보장된다면, 하나님이 하실 역할도 없어집니다.

그리고 "사람으로서는 할 수 없으되 하나님으로서는 할 수 있다"는 말씀도 설 자리가 없어지고, 기독교는 한낱 인간의 경건과 조심으로만 되는 수양종교에 지나지 않게 됩니다. 물론 그렇다고 '하나님 주권'과 '인간 책임'의 변증법을 무시하거나 방종을 용납하라는 말이 아닙니다.

'칭의 유보'에 대한 두려움이 현재의 의(義)를 종말 때까지 성공적으로 유지시켜 줄 것이라는 유보적 칭의론자들의 막연한 추정은, 심리학적으로도 영적으로도 근거가 희박합니다. 두려움이 사람의 심신을 위축시켜 기능성과 효용성을 떨어뜨린다는 것은 이미 검증된 학설인데, 공포심을 조장하여 의(義)를 유지시키려는 발상은 과학적이지도 영적이지도 않습니다. 성경은 '두려움'과 '영적 능력'을 공존할 수 없는 대치 개념으로 말합니다.

하나님이 우리에게 주신 것은 '두려워하는 마음'이 아니요 오직 '능력'과 사랑과 근신하는 마음이니(딤후 1:7).

두려움이 주장하는 곳에는 하나님의 능력이 역사(役事)할 수 없고, 반면에 하나님의 능력이 역사하는 곳에는 두려움이 없습니다. 물론 성경에도 "두려워하라"는 말씀이 많이 나오지만, 그것은 아버지에 대한 자식의 경외심이지 구원에서 탈락될까 하는 종말론적 공포심은 아닙니다.

우리는 성경이 은혜를 모든 신앙 행위의 원천으로 말하고 있음에 주목해야 합니다.

> 그리스도 예수 안에 있는 은혜 속에서 강하고(딤후 2:1).
> 내가 모든 사도보다 더 많이 수고하였으나 내가 아니요 오직 나와 함께 하신 하나님의 은혜로라(고전 15:10).
> 하나님의 은혜를 깨달은 날부터 너희 중에서와 같이 또한 온 천하에서도 열매를 맺어 자라는 도다(골 1:6).

위의 구절들은 성도의 능력, 헌신, 성장이 오직 그리스도의 은혜에 기반한다는 것을 말합니다. 이러한 은혜 지향적인 기독교 정체성에 비추어 볼 때, 공포심을 신앙의 동기로 삼는 것은 온당치 않습니다.

다시 한 번, 종말 때까지 의(義)를 유지하지 못하면 버려질 것이라는, 소위 '칭의 유보'(reservation of justification)의 두려움을 가르치고 답습하는 이들에게 그것의 위험성을 환기시켜 주고자 합니다. 그 두려움의 실체는 하나님의 자녀들이 갖는 근신(a sound mind)과는 본질적으로 다른 율법의 종 된 자들, 곧 종의 영(롬 8:15)을 가진 자들에게서 나오는 율법적 공포심입니다. 이런 율법적 공포심은 성령을 훼방하고 하나님의 사랑(롬 5:5)을 차단시켜 심판을 초래합니다(요일 4:18).[1]

---

[1] 사랑 안에 두려움이 없고 온전한 사랑이 두려움을 내어 쫓나니 두려움에는 형벌이 있음이라

우리가 '칭의 유보'(reservation of justification)에서 파생되는 두려움을 정죄하고 경계하는 가장 큰 이유이기도 합니다. 두려움은 단지 정서적 문제만이 아닌, 영혼의 파멸을 도모하는 원수의 책략이 그 배후에 숨겨져 있습니다. 곧 두려움을 통해 사람들을 자신에게 묶어두어 하나님의 사랑을 받아들이지 못하게 하므로, 결국은 구원에 이르지 못하게 하려는 것입니다. "두려움"에 "종의 영"(롬 8:15)이라는 인격적인 호칭을 부여한 이유도, 두려움의 배후가 인격자 원수 사탄이기 때문입니다.

또한 "완전에서 완전"으로 이끄시는 하나님의 경륜에 비추어 볼 때, 현재의 미완성에서 종말의 완성으로 나아가는 '유보적 칭의론'은 성경의 지지를 받지 못합니다. 일견, 유보적 칭의론자들에게 칭의의 점진성 논리를 담보해 줄 말씀처럼 보이는 "은혜 위에 은혜"(요 1:16), "믿음으로 믿음에"(롬 1:17) 라는 구절들은 '불완전에서 완전에로,' '미완성에서 완성에로'를 의미하지 않습니다.

"은혜 위에 은혜"(요 1:16)는, 은혜가 부족하여 항상 보충돼야 한다는 뜻이 아니라, '넘치는 은혜의 충족성' 혹은 '중단없이 부어지는 은혜의 지속성'을 뜻합니다. "믿음으로 믿음에 이르게 하나니"(롬 1:17)는 불완전한 믿음에서 완전한 믿음으로의 '점진적 믿음의 완성'(John Calvin)을 말하는 것이 아닙니다. "의롭게 됨이 오직 믿음으로만 된다"는 믿음의 강조 혹은, 의롭다 함을 입혀 준 최초의 완전한 믿음이 역동성 있게 믿음을 계속 고무한다는 뜻입니다.

영적 전진의 개념은 진화론자들의 주장처럼 원숭이가 인간으로 진화하듯 존재의 변환을 이루는 것이 아니라, 어린아이가 어른이 되듯 완전한 인간에서 보다 완전한 인간으로의 자라남입니다. 다음의 성경 구절들도 같

두려워하는 자는 사랑 안에서 온전히 이루지 못하였느니라(요일 4:18).

은 관점입니다.

> 이제는 "새 사람이 되었습니다." 이 새 사람은 여러분 안에 새 생명을 창조하신 하나님의 모습을 따라 참된 지식에 이르도록 "새롭게 되어가고 있습니다"(골 3:10).
> 우리는 그의 "만드신바라" 그리스도 예수 안에서 "선한 일을 위하여" 지으심을 받은 자니(엡 2:10).

성도가 요구받는 선한 삶은 의롭다 함을 받은 자답기 위한 것이지, 의롭게 되기 위한 것이 아닙니다. 예수님이 사데 교회를 향해, "옷을 더럽히지 아니한 자 몇 명"(계 3:4)이라고 지칭한 사람들은, "칭의받은 자답게 의롭게 산 자 몇 명"이라는 뜻입니다.

이는 하나님이 성도들의 거룩을 장려하실 때도 늘 상 쓰는 어법입니다. 간음 중에 붙들린 여자에게 "나도 너를 정죄하지 아니하노니 가서 다시는 죄를 범치 말라"(요 8:11)는 말씀 역시, 의롭다 함을 받았으니 죄를 피해야 한다는 뜻이었지, 다시 죄를 범치 아니해야 정죄받지 않는다는 의미가 아니었습니다. 성도는 옳다 여기심을 받아 옳게 행하고, 하나님 자녀가 된 후 하나님 자녀답게 살고, 새로운 피조물이 된 후 변화된 새 삶을 삽니다.

이처럼 하나님의 방식은 '됨'(being)에서 '행함'(doing)으로 나아가지, '행함'(doing)에서 '됨'(being)으로 나아가지 않습니다. '행함'으로는 '됨'을 창출할 수 없습니다. '됨' 없이 '행함'만 있는 것은, 죽은 시체에 향수를 뿌리고 무덤에 회칠하는 것(마 23:27) 같은 위선입니다. 예수님이 바리새인 서기관들을 외식자라고 비난하신 것은(마 23:25), 그들에게는 '행함'만 있고 '됨'이 없었기 때문입니다. 성경이 칭의(중생) 이후에 성화를 두신 것은, '됨' 후에 '행함'이 오는 순리를 따른 것입니다.

기독교의 인간관을 "존재론적(ontological being) 인간관"이라 함도 이 때문입니다. 우리가 의롭게 살려고 노력하는 것은 하나님이 우리를 의롭다 해 주셨기 때문입니다. 이것이 의롭게 되려고 의로우려는 유보적 칭의론자들과의 근본적인 차이입니다. 그들에게 성화란 칭의의 결과가 아닌, 칭의를 위한 제의적인(cultic) 것입니다. 그렇게 '행함'(doing)으로 '됨'(being)을 창출하려다보니, 칭의와 성화가 뒤죽박죽 섞어찌개가 되고 말았습니다.

그리고 마지막으로 열매의 질에 있어서도 의롭게 되려는 목적으로 내는 '유보적 칭의론자'의 열매와, 의롭다 함을 받은 '이신칭의자들'이 내는 열매가 질적으로 다르다는 것을 말하고자 합니다. '심은 대로 거둔다는' 파종의 원리 그대로입니다. 의롭게 되기 위한 율법적인 행위에서 질 좋은 제품이 나올 수 없는 이유는, 그것이 율법의 요구에 쫓겨 허덕이며 만든 것이기 때문입니다. 애굽에서 종살이하던 이스라엘 백성이 바로의 채찍을 맞으며 만든 벽돌이 질 좋은 상품이 못됐을 것이라는 추정을 가능케 합니다.

또한 하나님이 이스라엘 백성이 드린 제물들을 눈 멀고, 절고, 병든 것들(말 1:8)이라고 책망한 것도 실제로 그런 것들을 드린 때문이기도 했겠지만 그것이 상징하는 바, 율법의 요구로 마지못해 급조해 바친 제물의 저급함 때문입니다. 이에 대비되는 '맏물'(the firstfruits)로 칭송된 제물은(신 26:2), 구원의 감읍함 속에서 자원함과 기꺼움으로 드린 믿음의 예물들을 상징합니다. 죄 사함의 은혜에 감격하여 예수의 머리에 옥합을 붓고 눈물과 머리털로 발을 닦은 마리아의 헌신은(눅 7:38), 애정과 기꺼움이 배인 극상품의 맏물이었습니다.

하나님이 오직 그리스도의 의(義)만을 유일한 대속물로 받으신 이유도 그리스도의 희생이 흠없고 완전했다는(벧전 1:18-19) 사실 외에, 스스로 하늘 보좌를 버리고 죄인되어 오셔서(빌 2:6-8) 자원함으로 드린(요 10:18) 향기로운 생축(엡 5:2)이었기 때문입니다. 하나님이 의롭다 함을 받은 그의 자녀들의 헌물을 기쁘게 받으시는 이유도, 구원에 감읍하여 애정과 기꺼움으로 드린 것이기 때문입니다.

반면에 유보적 칭의론자들이 드리는 예물을 하나님이 받지 않으실 이유 역시 명백해집니다. 그들이 드리는 헌물은 대어도 대어도 모자라는 파산가의 차압품(差押品) 같고, 기꺼움없이 드리는 억지 예물이기 때문입니다.

제4장

이신칭의와 구원의 확신

구원의 확신을 부정하는 사람들이 있습니다. 교회 밖에서는 경험론자들(empiricists)이 그들입니다. 그들은 5감을 뛰어넘은 초지성의 신앙적 확신 같은 것은 일종의 몽환(夢幻)이라 생각합니다. 또 한 부류는 의심을 인식의 출발점으로 삼는 실존주의자들(existentialists)입니다. 그들에게 신앙의 확신이란 맹신 그 자체로 간주됩니다.

확신을 부정하는 이들이 교회 밖에만 있는 것이 아닙니다. 로마 가톨릭 역시 같은 부류입니다. 그들에 의하면, 확신은 소위 신적(神的) 언질을 받은 소수의 성자 반열에 든 사람들에게만 허락됐으며, 범인(凡人)이 확신을 갖는 것은 교만이고 마귀적이라고까지 단죄합니다. 그들에게 있어, 확신을 떠벌이는 개신교도들은 천박하고 광신적으로 비쳐질 따름입니다.

개신교회 안에도 비슷한 생각을 가진 사람들이 있습니다. 그들은 보이는 것도 믿지 못하는 세상인데, 보이지 않는 하나님을 믿는 데 의심이 따르는 것이 당연하며, 신앙이란 본래 희미한 추정(presumption)의 수준을 넘을 수 없다고 생각합니다. 그러면서도 그들은 신적 권위를 입은 은사자들은 남다른 확신을 가질 수 있다고 가정하며, 교회 안에 영적 계급주의

(hierarchism)를 조장합니다.

그러나 성경은 구원의 확신을 선택받은 소수의 전유물이 아닌, 성령으로 거듭난 모든 성도의 보편적인 경험과 권리로 말합니다.

> 우리 복음이 말로만 너희에게 이른 것이 아니라 오직 능력과 성령과 큰 확신으로 된 것이니(살전 1:5).
> 내가 확신하노니 사망이나 생명이나 천사들이나 권세자들이나 현재 일이나 장래 일이나 능력이나 높음이나 깊음이나 다른 아무 피조물이라도 우리를 우리 주 그리스도 예수 안에 있는 하나님의 사랑에서 끊을 수 없으리라(롬 8:38-39).
> 너희 속에 착한 일을 시작하신 이가 그리스도 예수의 날까지 이루실 줄을 우리가 확신하노라(빌 1:6; 딤후 1:12; 3:14).[1]

청교도 존 라일(John Charles Ryle, 1816-1900)은 그리스도인에게 확신은 나무가 꽃을 피우는 것처럼 당연하다고 말합니다.

> 믿음은 뿌리이고, 확신은 꽃이다. 뿌리 없이는 결코 꽃을 피울 수 없다. 반면 뿌리만 있고 꽃은 없을 수 있다.[2]

신칼빈주의자 프란시스 쉐퍼(Francis A. Schaeffer, 1912- 1984) 역시 성도가 구원의 확신을 갖는 것은 보편적인 권리이며 하나님의 좋은 선물이라

---

[1] 이를 인하여 내가 또 이 고난을 받되 부끄러워하지 아니함은 나의 의뢰한 자를 내가 알고 또한 나의 의탁한 것을 그날까지 저가 능히 지키실 줄을 확신함이라(딤후 1:12). 그러나 너는 배우고 확신한 일에 거하라 네가 뉘게서 배운 것을 알며(딤후 3:14).

[2] John Charles Ryle, *Assurance: How to Know you are a Christian*『구원의 확신』, 김태곤 역 (서울: 생명의말씀사 2011), p.50.

고 말합니다.

> 성경에서는 그리스도인이 된 사람은 자기가 구원받았다는 것을 알 권리가 있다는 것을 분명히 밝히고 있다. 자기가 그리스도인임을 진정으로 안다는 것은 하나님의 좋은 선물들 가운데 하나이다.[3]

성경은 의심을 책망하고(마 14:31; 약 1:6) 확신을 명령으로까지 확장시킴으로서 확신의 보편성을 더욱 담보합니다.

> 너는 배우고 확신한 일에 거하라(딤후 3:14).

이 성경 구절은 확신을 소수의 영적 엘리트주의자들의 전유물로 삼을 근거를 없앱니다.
그러면 과연 확신의 정도는 어느 수준까지 여야 할까요?
성경은 확신을 단순한 바램, 추정을 넘어 "아는 것"(to know)과 동일시할 만큼 확실한 것으로 정의합니다.

> 우리가 주는 하나님의 거룩하신 자신 줄 믿고 알았삽나이다(are sure) (요 6:69).
> 아이들아 내가 너희에게 쓴 것은 너희가 아버지를 알았음이요 아비들아 내가 너희에게 쓴 것은 너희가 태초부터 계신 이를 알았음이요 (요일 2:14).

---

[3] Francis A. Schaeffer, 『기독교 영성관』, 박문재 역 (서울: 크리스챤 다이제스트, 2007), p. 299.

> 영생은 곧 유일하신 참 하나님과 그의 보내신 자 예수 그리스도를 아는 것이니이다(요 17:3).

존 라일은 믿음의 확신을 앎(knowing)과 동일시했습니다.

> 믿음이 단지 '바라거나 신뢰하는' 수준을 넘어서지 못하는 신자는 자신의 영적 상태에 대해 늘 회의에 빠진다. '~을 바란다'와 '~을 확실히 안다'는 완전히 다르듯이, '확신'은 '안다'는 말로 바꾸어 쓸 수 있을 정도의 분명한 것이다.[4]

그에게 있어 장차 누릴 천국 보화에 대한 확신 역시, '바라는' 정도가 아닌 '아는 것'이었습니다.

그 외에도 성경은 확신을 마음에 뚜렷이 새기는, "인침"(to seal)으로 묘사하기도 하고(욥 33:16), 다신 지울 수 없는 "먹물로 쓴(to ink) 글씨"로 묘사하기도 하고(고후 3:3), 도무지 무효화 할 수 없는 "잘 박힌 못"(nails fastened)으로 묘사했습니다(전 12:11). 또는 확신을 5감의 경험처럼 확실하다는 의미로, "듣고 보고 주목하고 만지는 것"으로 묘사했습니다(요일 1:1).[5]

실제로 선진들의 믿음이 그러했습니다. 아브라함은 장차 오실 그리스도를 "본 것"처럼 즐거워하고 기뻐했습니다(요 8:56).[6] 다윗이나 욥도 그리스도를 대면하여 본 것처럼 확신했습니다.

---

[4] John Charles Ryle, *Assurance: How to Know you are a Christian* 『구원의 확신』, 김태곤 역 (서울: 생명의말씀사 2011), pp.79-80.

[5] 태초부터 있는 생명의 말씀에 관하여는 우리가 들은 바요 눈으로 본 바요 주목하고 우리 손으로 만진 바라(요일 1:1).

[6] 너희 조상 아브라함은 나의 때 볼 것을 즐거워하다가 보고 기뻐하였느니라(요 8:56).

> 다윗이 저를 가리켜 가로되 내가 항상 내 앞에 계신 주를 뵈었음이여 나로 요동치 않게 하기 위하여 그가 내 우편에 계시도다(행 2:25).
> 내가 주께 대하여 귀로 듣기만 하였삽더니 이제는 눈으로 주를 뵈옵나이다(욥 42:5).

어떤 경우에는 확신이 너무 커서 체화(be embodied, 體化)의 경지까지 이릅니다. 바울의 "내 복음론"이 그것입니다(롬 2:16; 몬 1:13). 여기서 '내 복음'은 단지 '내가 소유한 복음'이라는 뜻을 넘어, 복음이 자기 안에서 체득되는 것을 의미했습니다(갈 6:17).[7] 존 번연(John Bunyan, 1628-1688)이 복음을 말했을 때 수반된 임재(God's presence) 경험 같은 것입니다.

> 내가 설교할 때 특히 공로 없이 그리스도에 의해 생명을 받고 싶다는 가르침을 말할 때는 마치 하나님의 사자가 내 뒤에 서서 나에게 힘을 주시는 것처럼 생각되었다. 내가 그것을 설명하고 증거를 들어 사람들의 양심에 그것을 새겨두려고 노력하고 있을 때에는 아아! 이상한 힘과 하늘로부터 이 증표가 내 영혼에 임했을 때, 나는 '나는 믿는다. 이것은 확실한 것이다'라고 말하는 것만으로는 어쩐지 좀 모자란다고 느껴졌다.[8]

확신에 대한 이런 모든 유비(類比)는 실존주의자들의 비난처럼, 단지 광신자들의 심리적 엑스타시(ecstasy)로 말미암은 착란(confitsion)도 아니고, 혹은 유물론자들의 주장처럼 어떤 것에 대한 지나친 열망이 낳은 착각도

---

[7] 내가 내 몸에 예수의 흔적을 가졌노라(갈 6:17).
[8] John Bunyan, *Grace Abounding To The Chief OF Sinners*『괴수에게 은총이 내리시다』, 김영국 역 (서울: 세종문화사, 1978), p.153.

아닙니다.

그럼 이러한 확신을 가능하게 해 주는 것은 무엇입니까?

이신칭의입니다. 성경은 '의롭다 함'과 '구원의 확신'을 연결짓습니다.

> 그러면 이제 우리가 그 피를 인하여 '의롭다 하심을 얻었은즉' 더욱 그로 말미암아 진노하심에서 '구원을 얻을 것이니'(롬 5:9).

루터도 확신을 "이신칭의"의 열매로 보았습니다. 그는 "밖으로부터의 의(*extra nos*), 전가된 의(義)로 말미암는 구원의 확신"을 역설했습니다.

다음의 루터에 대한 존 맥아더(John MacArthur)의 진술은 매우 적절합니다.

> 중생의 은혜와 성령의 내주하심과 그 능력을 받은 신자들도 여전히 죄를 짓고 하나님의 영광에 이르지 못한다. 성례전을 통해 은혜를 받는다고 해도 하나님의 절대적인 의가 요구하는 거룩함에 이를 수 없다. 하나님의 심판 앞에 서기 위해서는 우리 안에 내재하는 그 어떤 의보다 더 큰 의, 다시 말해서 우리가 지니고 있는 그 어떤 수단이나 은총보다도 더 큰 의를 필요로 한다. 바로 이러한 이유 때문에 루터와 종교개혁자들은 우리가 의롭다 함을 받는 그 의가 '우리 밖에'(*extra nos*) 있는 의라는 사실을 그토록 주장했던 것이다. 이 의는 우리 '밖에' 또는 우리와 '무관한' 의, 곧 우리에게 전가된 의다. 이 의는 '다른 의'(*justitia alienum*) 곧 우리를 대신한 다른 사람에 의해 우리에게 주어진 의다.[9]

---

[9] John F. MacArthur, *Justification by Faith Alone*, 『솔라 피데』, 조계광 역 (서울: 생명의말씀사, 2001), pp. 48-49.

웨스트민스터 소교리문답도 확신을 칭의의 결과로 말합니다.

> 금생에서 칭의, 양자, 성화 됨을 깨닫고 그것들을 바라봄으로써 얻어지는 유익 중의 하나가 하나님 사랑의 확신이다.[10]

그리고 이신칭의에 확신이 따르는 것은, 이신칭의에 부어지는 성령(the anointing of the Holy Spirit) 때문입니다. 확신은 자의적 결단의 산물이 아닌 성령의 열매라는 말입니다. 성경은 확신을 성령의 역사로 말합니다.

> 우리 복음이 말로만 너희에게 이른 것이 아니라 오직 능력과 성령과 큰 확신으로 된 것이니(살전 1:5).
> 너희의 구원의 복음을 듣고 그 안에서 또한 믿어 약속의 성령으로 인치심을 받았으니(엡 1:13).

칼빈(John Calvin)은 "약속의 성령으로 인치심을 받았으니"(엡 1:13)를 해석하면서, 약속의 성령이 믿는 성도의 마음속에서 '구원의 보증'을 해 주시고 구속의 날까지 '확신'을 갖고 살아가도록 해 준다고 했습니다. 그는 "성령의 인치심"을 '보증'과 '확신'이라는 양면적 의미로 받아들였습니다.

그리고 성령이 구원의 확신을 일으키는 데 하는 핵심적인 역할은, 마음에 하나님의 사랑을 부어지게 하는 것입니다(롬 5:5).[11] 조나단 에드워즈(Jonathan Edwards, 1703-1758)는 1738년의 그의 작품 『사랑과 그 열매』에서 성령을 사랑의 영으로 정의했습니다.

---

10 Thomas Vincent, 『성경소요리문답해설』, p.177.
11 소망이 부끄럽게 아니함은 우리에게 주신 성령으로 말미암아 하나님의 사랑이 우리 마음에 부은바 됨이니(롬 5:5).

> 하나님의 영은 사랑의 영이시다. 그러므로 하나님의 영이 영혼에 들어
> 가실 때, 사랑이 들어간다. 하나님은 사랑이시매 하나님이 그 안에 거
> 하시는 사람은 사랑이 그 안에 거한다.[12]

앤드류 머레이(Andrew Murray 1828-1917) 역시 성령의 사역은 하나님의 사랑을 깨닫게 하는 데 있으며, 이것을 목적으로 성령은 우리 안에서 역사한다고 말했습니다.

> '능히 지식에 넘치는 그리스도의 사랑을 알아'(엡 3:18)는, 이해력이나
> 사고력에만 근거한 지식이 아니라 예수께서 내주하시는 마음이 갖는
> 복된 의식으로 사랑을 깨닫는 것을 말한다. 마음 그 자체로는 깨닫거나
> 상상조차 할 수 없는 내용으로서의 사랑을 발견하는 것이다… 그는 이
> 사랑을 충분히 이해할 때까지 모든 것을 공급하신다. 성령의 내주함과
> 아버지께서 능력으로 우리 안에서 일하심은 이 목적을 위해서이다.[13]

사랑의 영인 성령이 마음에 하나님의 사랑을 부으시면 구원의 확신이 일어납니다.

종합하면 이신칭의를 통해 성령이 부어지고 성령이 마음에 하나님의 사랑을 부으면, 구원의 확신이 생겨납니다. 구원의 확신이 성령으로 말미암은 하나님의 사랑에 의존되어 있음을 보여 주는 대목입니다.

일견 칭의(공의)가 사랑으로 이루어지는 것은 반(反)공의적으로 보이나,

---

[12] John H. Armstrong, *Coming evangelical crisis*, 『다가오는 복음주의의 위기』, 김기찬 역 (서울: 생명의 말씀사, 1998), p. 215.

[13] Andrew Murray, *Full Blessing of Pentecost*, 『오순절 성령충만』, 임석남 역 (서울: CLC, 1990), pp. 92-93.

오히려 사랑이 칭의(공의)를 돌보아 내고 칭의(공의)가 사랑을 돌보아 내며 둘이 서로 공조합니다. 그리스도의 십자가는 하나님 공의의 현현이지만, 동시에 죄인을 위해 목숨을 버리신 그리스도의 숭고한 사랑의 발현입니다. 사랑에서 공의를 빼거나 공의에서 사랑을 빼는 것은 사랑과 공의의 본질을 훼손합니다.

다음의 레온 모리스(Leon Morris)의 주장은 같은 맥락입니다.

> 칭의와 사랑이 동시에 작용한다는 것은 바울이 두 개념을 아주 빈번히 사용한다는 사실에서 나타난다. 그는 단연 칭의란 말을 가장 빈번히 사용한 사람이다. 심지어 칭의가 순전히 바울의 개념이라고 생각하는 학자들도 있다. 그러나 바울은 사랑도 크게 강조한다. 바울이 다른 어느 신약성경 기자보다 사랑을 더 많이 말한다는 것이 늘 인식되지 않고 있다. 바울은 명사 아가페(*agape*)를 75회, 동사 아가파오(*agapao*)를 34회, 형용사 아가페토스(*agapetos*)를 27회 사용한다. 이것은 신약의 320회 중에서 이 세 용어의 합계가 136회나 된다는 것을 보여준다. 보통 요한이 '사랑의 사도'로 여겨지나, 세 용어가 5편의 요한 문서 가운데서 도합 112번 나타난다. 칭의의 중요성을 강조하는 바로 그 기자가 사랑이란 말을 가장 많이 사용하고 있다는 것이다. 왜 두 용어가 상반된다고 생각해야 하는가? 사랑은 실로 칭의의 원동력이다. 하나님께서 죄인들이 의롭다 함을 받을 수 있는 수단을 마련하시는 것은 언제나 하나님께서 사랑하시기 때문이다.[14]

---

14 Morris, Leon, *Atonement*, 『속죄의 의미와 중요성』, 홍용표 역 (서울: 생명의 말씀사, 1990), p. 217.

반면에 자기 안의 구원받을 만한 근거 자료(data)나 가능성을 담보로 구원의 확신을 가지려는 사람들이 있습니다. 이들에게는 자기 믿음[15]과 선한 행실(성화)이 확신의 근간이기에, 자기 안의 구원 가능성이나 데이터(data)가 소진되면 구원의 확신도 사라져 버립니다. 이들은 한 때 관심을 끌었던 "구원의 컷트라인"이라는 책제목을 연상시키는 자들로서, 구원의 확신을 자기 안의 구원 가능성과 정비례시킵니다.

이런 내면 지향적인 구원 확신을 추구한 이들이 신율주의자, 경건주의자를 비롯해 윌리엄 퍼킨스(William Perkins, 1558-1602), 리차드 백스터(Richard Baxter, 1615- 1691) 같은 청교도들입니다. 다음의 인용문에서도 그들의 그런 태도가 엿보입니다.

"변덕스러운 삶은 영적인 눈을 흐리게 한다. 그것은 마치 태양을 가로막는 구름과 같다. 구름 뒤에 태양이 있지만, 그 광체를 보지 못하고 그 온기를 느끼지 못한다. 그런 사람의 영혼은 음울하며 냉랭하다… 확신의 빛은 양심과 행실에 거리낌 없는 사람에게 비친다"(J. C. Ryle, 1816-1900). 올바른 사람에게 확신의 빛이 비칠 것이다. 확신의 빛은 양심과 행실에 거리낌 없는 사람에게 비친다. 물론 칼빈도 회개없는 구원 확신의 남용을 경계한 바 있다. "그는 항상 회개가 수반되지 않는 구원의 확신이란 진정한 것이 아니라고 했다. 회개하지 않고서는 죄를 용서받을 수 없다… 회개가 죄에 대한 용서의 원인은 아니다. 하지만 성경의 어떤 구절들은 '그로 하여금 우리는 회개를 통해 하나님의 용서를 받을 수 있다'라고 말하는 데까지 나아가게 했다… 비록 '하나님의 자비'만이 '두

---

[15] 이들에게 믿음은 구원을 받아들이는 손이 아닌 공로로서 자신의 믿음이 충분해야 구원받는다고 생각합니다.

눈'이 바라보아야 할 궁극적인 초점이 되고 있음에도 불구하고, 칼빈은 그가 상대하고 있는 사람들에게 하나님께서 심판석에 앉으실 날이 반드시 있을 것이라는 사실을 충실하게 경고하고 있다."[16]

구 프린스턴의 찰스 핫지(Charlse Hodge, 1797-1878) 역시 확신의 남용을 경고하면서, 참된 구원의 확신에 따르는 증표들을 "꾸밈없는 겸비함, 거룩한 생활에 힘씀, 자기성찰과 하나님의 세워주심을 바람"으로 제시하며 구원 확신의 신중성을 권면했습니다.

그러나 복음적인 개혁주의자들은 확신의 근거를 자기 내면에서 찾으려는 이런 일부 청교도들의 태도에 비판을 가합니다.

퍼킨스(William Perkins, 1558-1602)의 회심에 관한 강조가 스페너(Ph. J. Spener, 1635-1705)의 경건주의와 웨슬리(John Wesley)의 복음주의 모두에 영향을 끼쳤다. 개인적 경험에 대한 강조는 확신의 문제, 곧 '만일 내가 예수 그리스도의 구원에 대한 참 경험을 가졌다면 그것을 어떻게 알 수 있는가' 하는 문제에로 귀착하게 되었고, 여기에서 청교도의 대다수가 '만일 너희가 너희 자신을 응시한다면 파멸은 당연지사일 것이다'라고 한 칼빈의 경고를 주의하는 데 실패했다. 그의 경고와는 대조적으로 그들은 사람들에게 회심의 증거를 자기 내부에서 성찰함으로써 확신을 모색하라고 역설했다. 그러나 한 찬송 작시자는 다음과 같이 말하고 있다. "그대에게 기꺼이 최선을 다해 섬기라고 하는 자들은 자신의 내적 과오를 가장 많이 의식하는 자일 것이다." 그리고 많은 사람들이

---

[16] Ronald S. Wallace, Calvin, *Geneva And The Reformation*, 『칼빈의 사회 개혁 사상』, 박성민 역 (서울: CLC, 1995), pp. 243-244.

확신하기 위해 오랫동안 힘겹게 고군분투했다는 것은 어찌할 수 없는 결과였다. 그러나 반면, 루터와 칼빈은 구원의 확신을 구원하는 믿음의 일면으로 보았다(청교도들은 그것들을 분리시켜 확신을 회심에 뒤따르는 한 경험으로 보려했다). 단지 회심을 시작한 자라도 바로 그 순간에 하나님의 자녀가 된다. 비록 내적으로 그가 신령하기보다는 오히려 세속적일지라도… 한 죄인의 회심의 감각적 최초 시기나 또는 중생하는 은혜의 지극히 적은 소량도 금생과 내세의 약속들을 소유한다… 하나님께 회복되고자 하고, 믿고자 하고, 회개하고자 하는 끊임없는 그리고 아주 진지한 열망이, 비록 그것이 마음에 느껴진 것이라 하더라도 하나님께는 화해와 신앙과 회개 그 자체로 받아 들여진다… 그러므로 구원에 포함된 어떤 은혜의 결핍을 우리 스스로 보고 느끼는 것이나, 비탄에 젖게 되는 것은 은혜 그 자체인 것이다… 그리스도와 그분의 말씀에 그 자신을 이미 복종시킨 사람은, 비록 그가 아직은 신앙의 여러 면에서 무지하다 할지라도, 아직은 그가 지식의 증대와 지식 내용을 실천하는 일에 있어서 보살핌을 받는다 할지라도, 그는 참된 한 신자로서 하나님께 받아들여진다… 만일 그것들이 증가하지 않는다면 전술한 은혜의 최초 시기가 모조(模造)인 것이다.[17]

로이드 존스(M. Lloyd Jones)의 후임으로 웨스트민스터채플의 담임목사로 봉직한 캔달(R. T. Kendall) 역시 회심의 증거에서 구원의 확신을 찾는 청교도들의 태도에 의문을 제기했습니다.

---

[17] Tony Lane, *Christian Thought*, 『기독교 사상사』, 김응국 역 (서울: 나침반사, 1987), pp. 329-330.

옥스퍼드에서 유학하던 시절, 나는 청교도에 대해 연구를 했다. 청교도들은 크게 두 가지를 강조했다. 예정, 그리고 선행으로 얻는 의의 확신이었다. 그들은 다음과 같은 논리를 통해 구원의 확신을 얻었다.

첫째, 하나님이 구원을 예정하신 사람은 거룩한 삶을 산다(대전제).

둘째, 나는 거룩한 삶을 산다(소전제).

셋째, 따라서 나는 하나님이 구원하도록 예정한 사람이다(결론).

그들의 편에 서서 보면 경건하게 사는 사람은 구원된 사람이다. 그러면 경건한 사람이란 누구를 뜻하는가?

바로 율법을 지키는 사람이다. 만약 당신의 삶이 거룩하다면, 당신은 이 삼단논법에 따라 확실하게 하나님의 선민이 되는 셈이다. 그들이 얻은 믿음의 확신은 그리스도의 공로를 신뢰해서 얻은 것이 아니다. 그들은 사람들에게 분명한 성화의 모습이 나타나야 확실한 믿음을 가진 것으로 보았다. 성화되었다는 분명한 증거만 있다면, 구원받았다고 결론을 내린 것이다. 대부분의 청교도는 구원의 확신을 그렇게 정의했다. 나는 정결한 삶을 살았던 청교도들을 매우 존경하며, 그들에게 말할 수 없이 큰 도움을 받았다. 그러나 우리가 자라면서 부모님의 결점을 발견하듯, 나도 청교도들의 모순을 깨달았다. 그들의 구원의 확신에 대한 교리에는 알맹이가 빠져 있으며, 심지어 율법주의와 자신을 의롭게 여기는 태도를 낳는다. 사실 위의 삼단논법은 이렇게 되어야 마땅하다.

첫째, 자신의 선행이 아닌 예수님의 피를 의지하는 사람은 구원받는다(대전제).

둘째, 나는 구원에 대해 예수님의 피만 전적으로 의존한다(소전제).

셋째, 따라서 나는 구원받았다(결론).

청교도의 구원의 확신을 얻는 방식의 문제점은 이 방식이 구원의 확신을 주지 못한다는 것이다. 청교도 지도자들과 그 추종자들도 죽을 때까지 자신이 구원받았는지 확신이 없어 고민했다. 자신이 충분히 거룩한지 자신이 없었기 때문이다. 그들은 늘 조금 더 선을 행하고, 조금 더 경건하고, 조금 더 양심적이어야 한다고 느꼈다. 이렇게 높은 기준에 맞는 사람은 극히 드문데 말이다. 사실 이런 생각을 가졌던 이들은 청교도들뿐만이 아니다. 2000년 전, 유대 땅에도 비슷한 생각을 가진 이들이 많았다. 그리고 모습은 다르지만 이런 생각은 지금까지 계속된다. 바리새인들도 경직된 삶을 살았다. 아주 세세한 일까지도 원칙에 따라야했고 그것이 하나님을 향한 자신의 충성을 가늠하는 척도였다. 그들에게는 안식일에 몇 리를 걸었는가가 하나님 말씀에 순종하는 것보다 중요했다. 당연히 그들에게 오순절에 임한 성령의 역사 같은 것은 상상할 수도 없는 일이었다. 자신들의 원칙과 법도를 통하지 않은 것은, 그것이 아무리 하나님에게서 온 것이라 해도 받아들일 수 없었다. 하나님의 풍성하심과 얼마나 대조되는 경직성인가. 지금 우리에게도 이런 모습이 있다. 그들처럼 심하지는 않더라도, 우리는 성령의 직접적인 증거에 대해서 생소함, 혹은 거부감마저 느낀다. 하나님의 풍성함을 마치 하나님의 것이 아닌 양 거절하기도 한다. 그래서 우리는 성령의 직접적인 능력을 경험하지 못하며, 성령께서 주시는 은사를 사용하지 못하며, 직접적인 하나님의 온기를 느낄 수 없다. 그저 강대상에서 들려오는 말씀에 만족하며, 자기 행위를 돌아보며 채찍질하는 것에만 관심을 쏟는다. 우리 신앙은 우리가 추구하는 방식처럼 너무나 자주 미지근해진다. 하나님의 온기에 대한 영혼의 갈망이 들려올 때, 버튼을 눌러 설교 한 편으로 잠재우려 한다. 하나님은 풍요로운 분이시다. 하나님은 우리와 직접 교제하고 싶어 하신다. 그래서 우리에게 성령을 보내신다.

그리고 역사하신다. 그 놀라운 초청에 응하고 싶지 않은가?[18]

마지막으로 그리스도인에게 있어 확신이 중요한 것은 삶에 미치는 그것의 영향력 때문입니다. 구원의 확신은 그리스도인으로 하여금 기쁘고 만족한 삶을 살도록 해 주고, 고난 가운데서도 평안을 유지하도록 만듭니다. "믿음은 삶과 같다"고 한 존 라일(John Charles Ryle)의 말에서도, 믿음은 단지 믿음으로만 그칠 수 없는 삶의 문제임을 알 수 있습니다. 구원의 확신이 삶에 미치는 효력에 대한 그의 언급을 들어봅시다.

> 확신을 지닌 사람은 시련을 견디고, 사별의 아픔 속에서도 평안하고 슬픔에 마구 휩쓸리지 않으며, 나쁜 소식을 두려워하지 않는다. 모든 상황에 만족한다. 확신이 마음을 안정시켜 주기 때문이다. 확신은 쓴 잔을 달게 하고, 십자가의 짐을 가볍게 하고, 거친 길을 평탄하게 하며, 또한 사망의 음침한 골짜기를 밝혀 준다. 확신을 지닌 사람의 발 아래에는 든든한 받침이 있고, 길에는 신실한 친구가 있고 결국 안전한 집에 도착할 것이라고 믿는다.[19]

계속하여 그는 확신은 성도로 하여금 그리스도를 위해 즐겨 고난에 참예하도록 한다고 말합니다.

> 확신은 살인자들 앞에 평안히 서서 "보라 하늘이 열리고 인자가 하나님 우편에 서신 것을 보노라"고 말했던 스데반과 같다... 확신은 단순한

---

18 R.T. Kendal, 『경직된 사람들, 구원의 확신에 대하여』, pp. 51-53.
19 John Charles Ryle, *Assurance: How to Know you are a Christian* 『구원의 확신』, 김태곤 역 (서울: 생명의말씀사 2011). p.80.

삶 그 이상이다. 건강과 힘, 능력과 활기, 활력과 에너지, 패기와 아름다움이다.[20]

반면에 칭의를 종말 때까지 유보시킨 신율주의자들에게는, 생전의 확신이 주는 기쁨과 만족과 능력 같은 것은 남의 이야기일 뿐입니다. 그들에게 있어 사후의 천국 입성도 확실한 보장이 없으니(사후의 칭의 판결 때까지 결정이 유보되었으니), 죽는 순간에도 불확실성과 모호함 속에서 떨며 죽음을 맞이해야 합니다. 이로 보건대, "도대체 그들이 신앙을 통해 누릴 축복과 은혜가 무엇인가?"라는 장탄식이 절로 흘러나옵니다.

---

[20] Ibid., pp.51-53.

제5장

이신칭의는 '예수천당'

　이신칭의는 어렵고 복잡한 신학 주제가 아닙니다. 태초에 에덴에서 아담의 가죽옷(창 3:21)과 아벨의 제사를(창 4:4) 통해 알려졌고, 하나님이 아브라함에게 전도하셨던 복음이고(갈 3:8), 기독교가 늘상 말해왔던 내용입니다. 그리고 제대로 된 교회라면 지금도 여전히 강단에서 매일같이 전하고 듣는 기독교의 근본입니다. 오늘 길거리에서 전도자들이 "예수 믿고 천국가세요"라고 외치는 내용을 좀 더 고급지게 표현한 것이 이신칭의입니다.

　따라서 이신칭의를 공격하는 것은 기독교가 원시적부터 믿고 가르쳐오던 근본을 공격하는 것이고, 반대로 그것을 변호하는 일 역시 그리스도인으로서의 기본 책무를 감당하는 것입니다. 역사적으로도 이신칭의가 공격받아 온 것은 이신칭의의 역사 만큼이나 오래이며, 핍박자들의 면면도 다양합니다. 일제 치하 "예수천당 불신지옥"을 외쳤던 순교자 최권능(1869-1944) 목사를 투옥시킨 일본 순사가 그들이고, 종교개혁자들을 핍박한 로마 가톨릭이 그들입니다. 더 거슬러 올라가면 장자의 기업을 팔아먹은 에서(창 25:34), 이삭을 핍박한 이스마엘(창 4:29), 아벨을 죽인 가인이(창 4:8)

그들입니다.

그리고 오늘날 "믿으면 구원 받는다"고 외치는 자들을 '싸구려 구원상'(easy-salvation salseman)이라고 비난하는 유보적 칭의론자들이 그들입니다. 교회사에서 순교란 다른 것이 아니라, "예수 믿어야 구원 받는다"는 말씀을 전하고 지키다가 당한 희생이었습니다. 화형에 처해진 영국의 휴 라티머(Hugh Latimer, 1485-1555), 니콜라스 리들리(Nicholas Ridley, 1500-1555)를 비롯해 중세의 많은 순교자들이 이신칭의 때문에 로마 가톨릭으로부터 살육을 당했습니다.

일부 사람들이 이런 역사적 사실들을 간과한 채, 이신칭의를 고수하려고 애쓰는 이들을 향해 "교회의 본질적 사명에 충실하지 왜 쓰잘데기 없는 교리 논쟁에 정력을 소모하는가?"라는 표정을 지어보이는 것은 안타깝습니다. 그가 진정한 그리스도인이라면 이신칭의 복음이 공격을 받을 때 당연히 의분을 느끼며 적극적으로 변호해야 합니다. 특별히 상대 공격자들이 정통주의의 탈을 쓰고 있을 때 더욱 그리해야 합니다. 이는 그들이 내는 부정적인 파급효과가 너무 크기 때문입니다.

개혁자들과 하나님의 사람들이 이신칭의를 고수하려다가 피를 흘린 것은 그것이 그리스도 안에서 예정된 하나님의 영원한 구속 경륜이고, 성령으로 말미암은 유일한 구원의 길이기 때문입니다. 기독교의 핵심인 그리스도의 십자가 구속은 이신칭의를 세우기 위한 도모였습니다. 믿음으로 (값없이) 의롭다 함을 받도록 그리스도가 화목 제물이 되셨습니다(롬 3:25-26).[1]

따라서 만일 이신칭의가 부정된다면 이신칭의를 세우려고 희생하신 그

---

[1] 이 예수를 하나님이 그의 피로 인하여 믿음으로 말미암는 화목 제물로 세우셨으니 이는 하나님께서 길이 참으시는 중에 전에 지은 죄를 간과하심으로 자기의 의로우심을 나타내려 하심이니라(롬 3:25-26).

리스도의 죽음이 헛될뿐더러, 그것을 중심으로 세워진 기독교의 모든 진리들도 다 부정됩니다. 인간 신체로 말하면 이신칭의는 몸 전체를 어거하는 척추와 같아서, 이신칭의가 어그러지면 신앙 전체가 다 무너집니다. "나는 다른 교리는 손대지 않고, 다만 이신칭의만 조금 손댔다"고 말하는 것은 어불성설입니다. 그렇게 될 수가 없습니다. 누구든 성경 전체를 훼손시키겠다는 의도 없이는 감히 이신칭의를 손대지 못합니다. 이런 점에서 이신칭의 교리를 마음대로 주물럭거리는 유보적 칭의론자들은 참으로 무모한 자들입니다.

이신칭의를 부정할 때 따르는 파괴적인 결과들을 보면, 먼저 이신칭의의 소극적 측면인 '믿음으로 죄 사함 받는'(눅 5:20) 도리가 부정됩니다. 죄 사함에 참회, 고행 같은 보속(penance)을 조건으로 제시하는 로마 가톨릭교도들에게 이신칭의가 부정되는 것은 우연이 아닙니다. 그 다음으로 이신칭의에 뿌리박은 '양자 됨'(갈 3:23-26)[2]이 부정됩니다. 믿음으로 의롭다 함을 받아 율법에서 해방돼야만 아들이 되기 때문입니다(갈 4:4-5).[3]

믿음으로만 받게 되는 '성령의 부어짐'(갈 3:2, 14)[4]도 불가능해집니다. 성령은 오직 예수 믿어 의롭게 된 자들에게만 부어지기 때문입니다. 또한 이신칭의가 부정되면 '일한 것이 없이 의로 여기심을 받는'(롬 4:6), "아브라함의 행복" 같은 것도 꿈꾸지 못합니다. 그 외에도 이신칭의가 부정되면, "인

---

[2] 믿음이 오기 전에 우리가 율법 아래 매인바 되고 계시될 믿음의 때까지 갇혔느니라 이같이 율법이 우리를 그리스도에게로 인도하는 몽학선생이 되어 우리로 하여금 믿음으로 말미암아 의롭다 함을 얻게 하려 함이니라 믿음이 온 후로는 우리가 몽학선생 아래 있지 아니하도다 너희가 다 믿음으로 말미암아 그리스도 예수 안에서 하나님의 아들이 되었으니(갈 3:23-26).

[3] 때가 차매 하나님이 그 아들을 보내사 여자에게서 나게 하시고 율법 아래 나게 하신 것은 율법 아래 있는 자들을 속량하시고 우리로 아들의 명분을 얻게 하려 하심이라(갈 4:4-5).

[4] 내가 너희에게 다만 이것을 알려 하노니 너희가 성령을 받은 것은 율법의 행위로냐 듣고 믿음으로냐, 우리로 하여금 믿음으로 말미암아 성령의 약속을 받게 하려 함이니라(갈 3:2, 14).

간의 전적 무능"이 부정됩니다. 죄인이 율법으로부터 사형선고를 받았다는 것은(롬 6:23)[5] 죄로 죽었을 뿐더러 전적으로 무능해졌다는 뜻입니다. 나아가 자기 구원을 위해 아무것도 할 수 없어, 믿음에 의존하지 않을 수 없게 됐다는 뜻이기도 합니다.

누가 자기 의(義)를 위해 뭔가를 도모하는 것은, 자신이 율법으로부터 사망 선고를 받아 전적으로 무능하게 됐음을 부정하는 것입니다. 유보적 칭의론자들이 자기 힘으로 의롭게 되려고 힘쓰는 것은 죽은 시체가 자기의 죽음을 자각하고 살아나기 위해 애쓰는 것과 같고, 아직 생겨나지도 않은 아기가 생겨나려고 몸부림치는 것과 같고, 한 번도 눈을 떠본 적이 없어 눈뜨는 것이 뭔지를 모르는 선천적인 소경이 눈뜨려고 애쓰는 것과 같습니다. 이신칭의론자들이 의롭다 함을 받기 위해 믿음의 의(義)에만 매달리는 것은, 자신의 전적 무능에 대한 자각 때문이며, 이는 중생의 결과입니다.

마지막으로 값없이 주어지는 이신칭의가 부정되면 하나님의 사랑도 부정된다는 것을 말하고자 합니다. "하나님이 우리를 사랑하셨다"는 말은, 하나님이 이신칭의의 은혜로 우리를 살려주셨다는 뜻입니다. 하나님은 이신칭의를 통해 완전한 사랑을 우리에게 보여 주셨습니다. 로마서 5장은 그리스도를 내어 주신 하나님 사랑과 칭의를 결부시키며, 칭의가 하나님 사랑의 핵심임을 말합니다.

> 우리가 아직 죄인 되었을 때에 그리스도께서 우리를 위하여 죽으심으로 하나님께서 우리에게 대한 자기의 사랑을 확증하셨느니라. 그러면 이제 우리가 그 피를 인하여 의롭다 하심을 얻었은즉 더욱 그로 말미암

---

[5] 죄의 삯은 사망(롬 6:23).

아 진노하심에서 구원을 얻을 것이니(롬 5:8-9).

그러나 '그리스도의 죽으심'과 '칭의' 사이의 변증법에는 사람에 따라 견해차가 있을 수 있습니다. 여기선 '이신칭의론자'와 '유보적 칭의론자'의 견해차만을 주목하고자 합니다. 이신칭의론자들은 '그리스도의 죽으심'과 '칭의'가 분리되지 않은 연장선상에 있다고 봅니다. 즉 하나님의 사랑이 '그리스도의 죽으심'과 '의롭다 하심을 얻음'(롬 5:9)[6]까지를 포괄한다고 봅니다. 예컨대 누가 하나님의 사랑을 입었다면, 그는 그리스도의 구속을 입어 의롭다 함을 받는 데까지 나아갑니다.

반면에 유보적 칭의론자들은 '그리스도의 죽음'과 '칭의'를 불연속적인 것으로 받아들입니다. 그들은 하나님이 우리를 사랑하여 그리스도를 죽음에 내어 주셨지만, 이는 다만 의롭다 함을 받도록 노력할 수 있는 터전을 마련해 주신 것뿐이고, 의롭다 함을 받고 못 받고는 우리의 책임이라는 것입니다. 만일 이들의 주장대로 하나님의 사랑이 다만 그리스도를 내어 주신 것에서 그치고 종말론적 칭의까지 담보해 주지 못한다면, 그것을 완전한 사랑이라고 할 수 없습니다.

다시 말하지만, 누가 하나님의 사랑을 받았다고 하면서 그에게 칭의가 유보되어 있거나 미확정적인채로 남아있다면, 그는 하나님 사랑을 못 받은 것입니다. 하나님의 사랑은 그렇게 모호하거나 비일관적이거나 무책임하지 않습니다. 대표적인 칭의 구절인 로마서 3:24[7]을 유보적 칭의론자들의 견해대로 풀면 이렇게 될 것입니다.

---

[6] 그러면 이제 우리가 그 피를 인하여 의롭다 하심을 얻었은즉 더욱 그로 말미암아 진노하심에서 구원을 얻을 것이니(롬 5:9).

[7] 그리스도 예수 안에 있는 구속으로 말미암아 하나님의 은혜로 값없이 의롭다 하심을 얻은 자 되었느니라(롬 3:24).

> 그리스도를 희생시켜 의롭다 함을 받도록 노력할 터전을 너희에게 마련해 주었으니, 너희는 그 터전을 바탕으로 피터지게 노력하여 의롭다 함을 받으라.

'그리스도의 죽음'이라는 구원의 터전만을 사람들에게 마련해 주고, 그것을 바탕으로 각자 율법의 무한도전을 통해 구원을 쟁취시키는 것은, 사랑이 아니라 잔인하고 가혹한 서바이블 게임(survival game)입니다. 결코 이런 것을 하나님 사랑이라고 할 수 없습니다. 사랑의 하나님은 결코 그렇게 하시지 않습니다.

이해를 돕기 위해 하나님의 사랑의 핵심 구절인 "하나님이 세상을 이처럼 사랑하사 독생자를 주셨으니 이는 저를 믿는 자마다 멸망치 않고 영생을 얻게하려 하심이니라"(요 3:16)는 말씀에 한 번 더 천착해 봅시다.

이 하나님 사랑도 '독생자를 내어 주심'과 '믿음,' 그리고 그 열매인 '영생'까지 포괄합니다. 독생자의 구속이 믿음을 발생시키고, 그 믿음이 영생을 결실하여 완전한 하나님 사랑을 구현합니다. 그리스도의 구속은 믿음의 토양이고, 믿음은 그 토양에 뿌리박은 나무이고, 영생은 믿음의 나무에서 맺혀진 열매로서 셋이 어우러져 하나님 사랑의 완전체를 이룹니다.

반면에 유보적 칭의론자들은 독생자의 구속을 사람들에게 제공하는 것은 하나님의 일이고, 믿음과 그 믿음에서 영생의 실과를 맺는 것은 사람의 일로 구분지어 신인협력주의(synergism)를 구축했습니다. 그 결과 은혜의 유입을 막아 하나님 사랑을 결실치 못하게 했습니다. 하나님의 은혜는 그 속성상 어떤 협력도 거부하고 오롯이 은혜 홀로 작동되기에, "오직 은혜"가 경륜되지 못하는 곳에서는 하나님 사랑이 완성을 보지 못합니다.

유보적 칭의론자들의 견해대로 요한복음 3:16[8]을 각색한다면 아마 이런 의미가 될 것입니다.

> 내가 너희를 사랑하여 독생자를 내어 주었으니, 그 사랑을 바탕으로 열심히 믿어 영생을 쟁취하라.

그러나 다시 말하지만 독생자의 구속, 믿음, 영생은 각자 도생(圖生)하는 것이 아니라, 하나님의 사랑의 경륜 속에서 단절 없이 하나의 완전한 결속체를 이룹니다. 그리스도 안에 있는 구속의 사랑을 입으면 반드시 믿음을 갖게 되고, 그 믿음에서 반드시 영생이 결실됩니다. "내 살을(그리스도의 구속) 먹고 내 피를 마시는(믿는) 자는 영생을 가졌고"(요 6:54)라는 말씀 역시 유사한 예시이며, 구속과 믿음과 영생이 분리없이 하나로 결속돼 있음을 보여줍니다.

하나님의 사랑을 '완전한 사랑'이라 노래하는 이유도 하나님의 구원이 결핍과 단절 없이 완전체로 경륜되고, 불완전한 죄인 손에 맡겨지지 않고 처음부터 끝까지 "보좌에 앉으신 우리 하나님과 어린 양"(계 7:10)에 의해 주도되기 때문입니다.

---

8 하나님이 세상을 이처럼 사랑하사 독생자를 주셨으니 이는 저를 믿는 자마다 멸망치 않고 영생을 얻게 하려 하심이니라(요 3:16).

제4부

인간의 무능과 이신칭의

제1장 **부패한 인간은 칭의에 기여할 것이 없다**
제2장 **칭의는 공략의 대상이 아니다**
제3장 **겸손한 자만이 먹고 배부르는 교리**
제4장 **성령의 교리**
제5장 **르네상스와 이신칭의**

제1장

부패한 인간은 칭의에 기여할 것이 없다

성 프란시스(St Francis, 1181-1226), 아이작 뉴톤(Isaac Newton, 1642-1727) 같은 이들이 자연에 주목한 자연탐미주의자들이었다면, 스콜라주의(Scholasticism, 9-11세기)와 르네상스(Renaissance, 14-16세기)는 인간의 탁월성과 아름다움을 주목한 인간탐미주의(Aestheticism)입니다. 그러나 이들이 모두 생래적인(natural) 것에 주목했다는 점에서 일괄 자연신학(natural theology)으로 통칭됩니다. 그중, 인간 내면의 덕성과 아름다움에 주목한 르네상스는 존재하는 모든 것 중 인간을 가장 아름다운 존재로 묘사했습니다. 이전에는 금기시됐던 인간 탐미가 건축, 미술, 문학 등에서 나타나기 시작했습니다.

한때 가수 안치환이 불러 유행했던 "사람이 꽃보다 아름다워"는 르네상스풍의 노랫말입니다[1]. 그러나 타락 후는 아닙니다. 그런데 지금도 여전히

---

[1] 인간이 타락하기 전까지는 이 노랫말이 성경적 근거를 가질 수 있습니다. 하나님은 인간을 창조한 후, 여타의 창조물과는 달리 '보시기에 심히 좋았더라' (창 1:31)고 극찬하셨기 때문입니다. 태초의 인간은 하늘, 땅, 동물, 식물 등 그 어떤 피조물도 따라올 수 없는 아름다움과 영광을 지녔습니다.

인간의 아름다움이 예찬되고 있으며, 심지어 교회 안에서조차 사람 떠우기에 열을 올리고 있으니 이는 성경과는 거리가 멉니다.

이런 인간 예찬은 역사의 고비마다 사람들로 하여금 영웅(hero)의 출현을 고대하게 했고, 이에 편승하여 예외 없이 정치권력을 입은 독재자, 혹은 자칭 종교적 메시아가 등장했습니다. 요한계시록에 예언된 그리스도 재림 직전 출현할 인간 우상과, 그 우상이 인간들에게 휘두를 666(계 13:15-18)[2] 권세는 흔히 상상하듯 과학과 미신이 조합된 숫자놀음이 아닙니다. 사실은 가장 매력적이고 완벽한 모습의 인간이 등장하여 사람들을 배교하도록 홀릴 것이라는 추정이 더 설득력 있어 보입니다.

인간의 수 6, 셋이 합해진 완전수 666이니(계 13:18) 가장 완벽한 인간의 모습이 될 것입니다. 매력적인 외모에 언변과 정치력을 갖추고 예술, 문학, 과학 등 다방면의 식견을 겸비한 만능 엔터테이너(entertainer)가 아닐까 추정합니다. 사람들은 그의 매력에 흠뻑 빠지고 그의 말 한마디 몸짓 하나에 자지러집니다. 666으로 인(印)을 맞는다는 말 역시 거듭난 성도가 성령으로 인쳐지듯이(계 7:3; 9:4) 구원 택정을 받지 못한 자들이 인간 우상의 영향력 아래 빨려 들어간다는 뜻입니다. 1차 세계대전 때 독일인들이 히틀러에 광분하고, 오늘날 젊은이들이 연예 스타들에게 홀릭(holic)되는 것도 일종의 인(印)맞음 현상입니다.

낙관론적인 인간관은 이처럼 극단적으로는 인간 우상화를, 소소하게는 유보적 칭의론 같은 신인협력론(synergism)을 출현시켰습니다. 사실 알

---

[2] 저가 권세를 받아 그 짐승의 우상에게 생기를 주어 그 짐승의 우상으로 말하게 하고 또 짐승의 우상에게 경배하지 아니하는 자는 몇이든지 다 죽이게 하더라 저가 모든 자 곧 작은 자나 큰 자나 부자나 빈궁한 자 자유한 자나 종들로 그 오른손에나 이마에 표를 받게 하고 누구든지 이 표를 가진 자 외에는 매매를 못하게 하니 이 표는 곧 짐승의 이름이나 그 이름의 수라 지혜가 여기 있으니 총명 있는 자는 그 짐승의 수를 세어 보라 그 수는 사람의 수니 육백 육십 륙이니라(계 13:15-18).

미니안주의(Arminianism)를 비롯해 모든 유사 신인협력설은 인간 능력을 맹신하는 낙관론적인 인간관에 기초합니다. 이에 비해 인간의 전적 타락을 믿는 개혁주의는 인간 우상화 놀음이나, 신인협력설 같은 것에 쉽게 빠지지 않습니다. 그들은 전적 부패한 인간의 의(義)를 낡아지는 옷처럼(사 64:6) 여기고, 그런 저급한 인간 의(義)로는 칭의를 도모할 수 없다고 믿기 때문입니다.

그들은 누가 아무리 고결한 인품과 능력을 가졌더라도 그에게 과도한 신뢰와 칭송을 드리지 않습니다. 모든 인간은 도토리 키 재듯 다 거기서 거기의 전적 부패자임을 알기 때문입니다. 실제로 성경이 그려내는 인간관은 비관론 일색입니다.

> 모든 사람은 거짓말쟁이라(시 116:11).
> 사람의 마음에서 나오는 것은 악한 생각 곧 음란과 도적질과 살인과 간음과 탐욕과 악독과 속임과 음탕과 흘기는 눈과 훼방과 교만과 광패라 (막 7:21-22).
> 만물보다 거짓되고 심히 부패한 것은 마음이라(렘 17:9).

예수님이 동시대인들로부터 과도한 존경을 받아 낸 바리새인들을 향해 "회칠한 무덤"이라고 독설한 것도, 그들이 경건과 교양으로 겉만 번지르하게 자신들을 포장하여 사람들의 마음을 도적질했기 때문입니다. 예수님은 그들의 포장 속에 썩은 시체로 가득한 무덤 같은 내면을 꿰뚫어 보셨습니다. 오늘 우리도 하나님의 거룩한 빛 앞에서 인간의 추악한 실상을 목도하면, 자기 의를 신뢰하는 자긍심 따위는 온데간데 없어집니다. 율법을 봐도 그것을 행하여 하나님의 인정을 받을 수 있겠다는 자긍심을 갖기보다는, 정죄를 받고 구원자 그리스도께로 피하여 도망합니다.

이는 그리스도의 의를 덧입는 자가 반드시 거치게 되는 순서이기도 합니다. 누구든 자신의 절망적인 실상을 보기 전에는 그리스도께로 가지 않기 때문입니다. 사도 바울 역시 자기의 진면목을 보기 전에는 열심히 자기 의를 세우려 했습니다. "하나님의 의를 모르고 자기 의를 세우려고 힘써 하나님의 의를 복종치 아니하였느니라"(롬 10:3)라는 말씀은, 누구보다 바울 자신에게 해당되는 말이었습니다. 그러나 그가 다메섹 도상에서 그리스도의 빛을 조우하고(행 9:3) 자기 실상을 본 후에는, 모든 율법적인 노력을 포기하고(빌 3:4-8)[3] 오직 그리스도의 의(義)만을 바라보게 됐습니다.

이렇게 자기의 진면목을 보게 된 사람은, 더불어 하나님의 의(義)의 영광에 대해서도 눈이 열립니다. 몽학선생 율법에 이끌려 그리스도께로 오니(갈 3:24), 죄 사함을 받아 하나님과의 사이에 놓였던 장벽이 철폐되어 하나님이 보이기 시작한 때문입니다. 사람이 죄에서 구원을 받으면 하나님을 사랑하게 되는 이유가 여기 있습니다. 조나단 에드워즈(Jonathan Edwards)가 3위 하나님의 아름다움에 매료되고, 평생에 그것을 탐구 주제로 삼았던 것도 죄 사함 받은 결과였습니다.

반면에 자기의 추악한 실상을 못 보는 사람은 덩달아 하나님의 의(義)의 영광도 모르니(롬 10:3)[4] 감히 자기 의(義)로 칭의를 도모하려는 무모한 망상을 갖게 됩니다.

자연신학의 또 한 부류는 이성(理性)을 탐미하는 스콜라주의(Scholasticism)

---

[3] 그러나 나도 육체를 신뢰할만하니 만일 누구든지 다른이가 육체를 신뢰할 것이 있는 줄로 생각하면 나는 더욱 그러하리니 내가 팔일만에 할례를 받고 이스라엘의 족속이요 베냐민의 지파요 히브리인 중의 히브리인이요 율법으로는 바리새인이요 열심으로는 교회를 핍박하고 율법의 의로는 흠이 없는 자로라... 내가 그를 위하여 모든 것을 잃어버리고 배설물로 여김은 그리스도를 얻고 그 안에서 발견되려 함이니 내가 가진 의는 율법에서 난 것이 아니요 오직 그리스도를 믿음으로 말미암은 것이니 곧 믿음으로 하나님께로서 난 의라(빌 3:4-9).

[4] 하나님의 의를 모르고 자기 의를 세우려고 힘써 하나님의 의를 복종치 아니하였느니라(롬 10:3).

입니다. 그들은 타고난 인간의 예지력(叡智力)으로 하나님을 알 수 있다고 믿는 자들로서, 이성주의의 첨탑에 올라앉아 있습니다. 중세 로마 가톨릭은 이것을 그들의 신학 원리로 채택했고, 개신교 신학에도 주욱 일정 부분 영향을 미쳐왔습니다. 일부 개신교회 안에 스며 있는 자유주의, 종교다원주의, 합리주의 누룩이 그 소산물입니다.

스콜라 철학의 원조는 아리스토텔레스(Aristotelēs, BC 384-322)로 대변되는 헬라의 로고스 철학입니다. 그들은 로고스(λόγος)를 하나님을 아는 신적 이성(divine reason)[5]으로 왜곡 격하시켰고, 유일무이한 하나님의 계시자로서의 성자 로고스(요 1:1)의 절대성을 폐기했습니다. 그 결과 성자 로고스는 그 인격성이 부정되고, 한낱 인간 이성(reason) 혹은 우주의 비인격적 원리로 전락됐습니다. 성자 로고스가 부인되니 당연히 성자로부터 나오는 성령도 부정되므로, 성령이 성경의 저자 됨도 부인됩니다.

따라서 그들에게 성경은 더 이상 '성령 영감'(Holy Spirit-breathed)의 책이 아닌 '인간 영감'(inspiration of man)의 저작물로 간주될 뿐입니다. 성경은 성령의 도움 없이 인간 지성으로도 얼마든지 이해될 수 있는 인간의 책이 되고, 기독교 역시 이성(理性)의 종교로 전락됩니다. 그들에게 이성은 성경과 하나님에 대한 판단의 절대적 기준이 되고, 하나님은 인간 이성의 수준으로 전락됩니다. 철학자들이 "이성(理性)으로 신의 영역을 넘보려 했던 자들"로 불려진 것은, 조금도 과장된 것이 아니었습니다.

플라톤(Plato, BC 427-347)의 이데아(Idea)는 너무나 완벽해서 천국과 구분이 안 될 정도였고, 철학자들이 명상으로 획득한 초월적 경험은 그리스도인들의 성령체험과 혼동될 만큼 유사했습니다. 기독교의 신학적 기

5　여기서 신적 이성(divne reason) 로고스는 초자연적인 하나님의 계시가 아닌 '우주의 원리'를 뜻한다.

초를 놓았으며 성자로까지 추앙받던 어거스틴(Augustine, 354-430)마저도 플라톤 철학을 통해 회심을 경험했다고 할 정도였으니, 과연 이성주의(rationalism)의 덫에 걸리지 않을 자가 얼마이겠는가라는 의구심이 듭니다.

오늘날 건전한 신학과 교리를 표방하는 진영까지도 이성주의 올무에서 완전히 자유롭지 못한 듯합니다. 그들이 비록 종교다원주의, 자유주의, 신비주의, 이원론 같은 굵직굵직한 올무들은 피했지만, 곳곳에 매설된 소소한 이성주의의 덫에서는 그렇지 못한 듯합니다. 일부 개혁교회 안에 침투한 주지주의(intellectualism), 폐쇄적 성령론, 기도 경시 사조 등은 이성주의의 폐해로 보입니다.

이즈음 루터(Martin Luther)가 이성을 음녀(淫女)라고 한 말에 다시 주목하게 됩니다. 이는 이성(理性)의 매력이 음녀의 그것처럼 너무도 강렬하여, 삼손에게 들릴라가 그랬듯이 일단 그것의 유혹에 한 번 휘둘리면 빠져나올 자가 없다는 점에서 입니다. 또 하나는 음녀에게 휘둘리면 패가망신하듯이, 이성주의에 매몰되면 중세 기독교가 이성에 휘둘려 1000년을 잃어버렸듯이 엄청난 파국을 맞게 된다는 점에서 입니다.

루터가 이성을 음녀라고 한 것을 두고 지나치게 이성을 부정적으로 평가한다는 비판도 있지만, 스콜라주의에 농락당했던 끔찍한 과거의 반추에서 나온 것임을 감안할 때 이해할 만합니다. 이 점에서 루터는 극적인 반전이 없었던 칼빈(John Calvin)과 대조되며, 칼빈이 이성에 대해 루터보다 관대한 이유이기도 합니다.

그럼에도 불구하고 우리는 이성(理性)의 중요성을 간과하지 않습니다. 이는 이성이 신앙의 향도요(guide), 구원과 멸망을 가르는 분수령이기 때문입니다. 구원은 하나님과 그리스도를 아는 것이고(요 17:3)[6] 멸망이란 삼위

---

[6] 영생은 곧 유일하신 참 하나님과 그의 보내신 자 예수 그리스도를 아는 것이니이다(요

일체 하나님에 대한 무지입니다(살후 1:8-9).⁷ 사실 구원받지 못한 모든 불택자는 영적 무지 아래 있습니다(엡 4:18; 막 4:12).⁸

이성의 무지와 왜곡에서 건짐을 받는 것이 중생이며 구원이고, 그 일을 성령이 하십니다. 성경은 하나님이 성령을 보내주신 가장 중요한 목적을 복음을 통해 중생을 일으키는 것이라고 말씀합니다. 칼빈도 중생을 성령의 가장 중요한 역사라고 했습니다.

> 사람이 거듭나지... (물과 성령으로) 나지 아니하면 하나님 나라를 볼 수 없느니라(요 3:3-5)
> 너희가 거듭난 것이 썩어질 씨로 된 것이 아니요 썩지 아니할 씨로 된 것이니 하나님의 살아 있고 항상 있는 말씀으로 되었느니라(벧전 1:23).
> 성령이 아니고서는 그리스도를 주라 할 수 없느니라(고전 12:3).
> 오직 하나님이 성령으로 이것을 우리에게 보이셨으니 성령은 모든 것 곧 하나님의 깊은 것이라도 통달하시느니라... 신령한 일은 신령한 것으로 분별하느니라(고전 2:10, 13).

이처럼 하나님은 성령을 보내사 이성을 덮고 있은 무지의 구름을 걷어내어 복음의 영광을 보게 하시고, 성도들을 이성의 편견과 왜곡에서 보호하여 바른 신앙의 길을 가게 하십니다. 따라서 우리 신앙에서 성령의 도움은 필수불가결합니다. 웨스트민스터 소요리문답(The Westminster Shorter

---

17:3).
7   하나님을 모르는 자들과 우리 주 예수의 복음을 복종치 않는 자들에게 형벌을 주시리니 이런 자들이 주의 얼굴과 그의 힘의 영광을 떠나 영원한 멸망의 형벌을 받으리로다(살후 1:8-9).
8   저희 총명이 어두워지고 저희 가운데 있는 무지함과 저희 마음이 굳어짐으로 말미암아 하나님의 생명에서 떠나 있도다(엡 4:18). 이는 저희로 보기는 보아도 알지 못하며 듣기는 들어도 깨닫지 못하게 하여 돌이켜 죄 사함을 얻지 못하게 하려 함이니라 하시고(막 4:12).

Catechism)이 신앙에 있어 성령에 절대적인 지위를 부여하는 것은 너무도 지당합니다.

> 문) 당신은 성경에 있는 말을 어떻게 하나님의 말씀이라고 증거하는가?
> 답) 성경 안에서 성경으로 말미암아 성경으로 더불어 신자들의 마음속에 역사 하시는 하나님의 영의 증거로 인해서이다.[9]
> 문) 우리는 우리 스스로 우리의 의지를 새롭게 하고 죄에서 벗어나 그리스도에게로 돌이킬 수 없는가?
> 답) 그럴 수 없다. 우리로 납득을 하게 하고 믿음으로 말미암아 예수 그리스도의 품에 안길 수 있게 하는 것은 전능하신 하나님의 성령의 능력뿐이다.[10]

우리는 이성을 중시하는 동시에 성령이 배제된 이성 중심의 신앙이 오류에 빠졌던 역사적인 경험들을 반면교사로 삼아야 합니다. 물론 그러한 오류는 지금도 현재 진행형이며, 그것은 여전히 우리에게 타산지석이 되고 있습니다. 성령 없이 말씀만 찾다가 주지주의에 빠지고, 성령 없는 열심으로 광신주의에 빠지고, 성령 없는 명민한 신앙만 자랑하다가 이성주의에 빠지고, 성령 없이 신비만 좇다가 신비주의에 빠집니다.

바울이 율법주의에서 벗어난 것은, 그리스도의 빛을 조우하고(행 9:3-

---

[9] Thomas Vincent, 『성경소요리문답해설』, p. 32.
[10] Ibid.

6)[11] 성령충만을 받은 이후부터였습니다(행 9:17).[12] 루터가 율법주의 신앙에서 벗어난 것도 어거스틴 수도원 종탑에서 복음을 통해 하늘이 열리는 은혜를 체험한 후부터입니다. 천재 수학자 파스칼(Blaise Pascal, 1623-1662)이 이성주의 신앙에서 깨어난 것도 1654년 11월 23일 밤 10시 30분경부터 12시 30분경까지의 불체험이 있은 후였습니다.

> 섬광, 철학자들이나 지식인들의 하나님이 아닌 아브라함의 하나님, 이삭의 하나님, 야곱의 하나님. 확신, 느낌, 기쁨, 평화, 예수 그리스도의 하나님... 예수 그리스도... 나를 그로부터 떠나지 말게 하소서.[13]

파스칼은 이 경험 후 "진정한 신앙은 이성을 초월하여 오직 예수를 믿음으로서만 발견할 수 있다"고 고백했습니다. 물론 모든 사람이 이들과 같은 극적인 체험을 해야 한다는 말이 아닙니다. 누구나 예외 없이 나름의 방식대로 성령의 인도를 받아야만 올바른 신앙이 가능하다는 뜻입니다.

오늘 신인협력설을 부르짖는 로마 가톨릭주의, 유보적 칭의론자들은 르네상스적인 낙관주의 인간론과, 성령이 배제된 스콜라 이성주의의 합작물쯤으로 보입니다.

---

11 사울이 행하여 다메섹에 가까이 가더니 홀연히 하늘로서 빛이 저를 둘러 비추는지라 땅에 엎드러져 들으매 소리 있어 가라사대 사울아 사울아 네가 어찌하여 나를 핍박하느냐 하시거늘 대답하되 주여 뉘시오니이까 가라사대 나는 네가 핍박하는 예수라(행 9:3-6).

12 아나니아가 떠나 그 집에 들어가서 그에게 안수하여 가로되 형제 사울아 주 곧 네가 오는 길에서 나타나시던 예수께서 나를 보내어 너로 다시 보게 하시고 성령으로 충만하게 하신다 하니(행 9:17).

13 Blaise Pascal, *Memorial in Oeuvres completes* (Paris: Librairie Calli-mard, 1954), pp.553-554. William C. Placher, *A HISTORY OF CHRISTIAN THEOLOGY*, 『신학의 역사』, 이은선 이경섭 공역 (서울: CLC, 1996), p.289에서 재인용.

제2장

칭의는 공략의 대상이 아니다

　칭의는 인간이 어찌 해볼 수 없는 인간 권한과 능력 밖의 일입니다. 인간이 만들어 낼 수도 없고 인간이 조력하거나 간여할 수도 없습니다. 자신의 출생을 자신이 어찌할 수 없는 것과 같은 이치입니다. 인간이 칭의에 대해 할 수 있는 것은 오직 믿음으로 칭의를 받아들이는 것뿐입니다. 칭의를 중생과 동시적이라 함은, 중생을 자기가 관여할 수 없듯이 칭의도 관여할 수 없다는 뜻입니다.

　사람이 자기의 생존이나 건강, 미래의 삶에 관심을 기울이는 것은 출생하여 장성한 후에나 가능하듯이, 이신칭의로 거듭난 그리스도인이라야 자기의 영적인 문제에 대해 이런 저런 관심을 표명할 수 있습니다. 이신칭의를 받아들이지 않고(중생하지도 않고), 자기가 자기의 칭의에 간여하여 어찌 해보려고 하는 것은, 출생하지 않은 자가 자기 출생에 관여하려는 것과 같습니다.

　성화로서 칭의를 도모하려는 로마 가톨릭이나 유보적 칭의론자들이 그런 이들입니다. 그들은 자기 힘으로 자기의 출생을 유도하려는 이들입니다. 그들이 칭의, 구원을 논하는 것은 일반 종교인들이 기독교에 대해 이런 저런 논의를 하는 것과 다를바 없습니다.

이렇게 성화로서 칭의를 도모하려는 자들에게는 필연적으로 불안의 문제가 대두됩니다. 이는 칭의와 중생의 미확신에서 나오는 관계론적(relational)이고, 존재론적인(ontological) 불안입니다. 칭의의 기반이 없으니 하나님과의 화목이 없어 불안하고, 중생의 확신이 없으니 자기 존재의 근거를 찾지 못해 불안합니다.

물론 불안의 원인이 꼭 이것만은 아닙니다. 유보적 칭의론자들의 파괴적인 불안과는 구분되는 불안도 있습니다. 예수 믿고 칭의를 받았음에도 의(義)의 복음을 확실히 몰라서, 혹은 타고난 소심증에서 유발된 불안입니다. 비유컨대 죽을병에서 치유를 받은 사람이 그 사실을 알지 못해서(혹은 소심증 때문에) 여전히 죽음의 공포에 시달리는 것처럼, 칭의를 받았음에도 성경에 무지해서(혹은 소심증 때문에) 의(義)의 확신과 평안이 없습니다.

이들은 나중에 천국에 들어갔을 때, 그의 불안이 얼마나 쓸데없는 기우였는가를 알게 될 것입니다. 구원받은 자의 불안증에 대해, 애굽의 유월절 밤에(출 12:1-30)[1] 일어났음직한 사례를 들어 설명한 어떤 신학자의 말은 적절해 보입니다.

> 애굽 땅에 장자 재앙이 도래했을 때, 하나님이 이스라엘 백성들에게 문설주에 어린 양의 피를 바르면 죽음의 사자가 피를 보고 넘어 갈 것이라고 말씀하셨을 때, 문설주에 피를 바르고 기다리던 이스라엘 집들의

---

[1] 모세가 이스라엘 모든 장로를 불러서 그들에게 이르되 너희는 나가서 너희 가족대로 어린 양을 택하여 유월절 양으로 잡고 너희는 우슬초 묶음을 취하여 그릇에 담은 피에 적시어서 그 피를 문 인방과 좌우 설주에 뿌리고 아침까지 한 사람도 자기 집 문밖에 나가지 말라 여호와께서 애굽 사람을 치러 두루 다니실 때에 문 인방과 좌우 설주의 피를 보시면 그 문을 넘으시고 멸하는 자로 너희 집에 들어가서 너희를 치지 못하게 하실 것임이니라 너희는 이 일을 규례로 삼아 너희와 너희 자손이 영원히 지킬 것이니...(출 12:1-30).

> 태도는 둘로 나뉘었다. 한 부류는 어린 양의 피의 효력을 믿고 구원의 확신 가운데서 기다렸고, 또 한 부류는 피를 믿으면서도 타고난 소심증으로 인해 불안 속에서 기다렸다. 그러나 구원의 확신 속에서 기다리던 집이던, 불안 속에서 기다리던 집이건 다 그 밤에 구원을 받았다. 죽음의 사자가 집을 넘어간 것은 다른 것 때문이 아니라 문설주에 발린 어린 양의 피를 보고서였다.[2]

매우 적절한 설명으로 보입니다. 그렇습니다. 누가 온전히 그리스도의 피를 의지했다면, 그가 비록 복음 교리를 확실히 몰라서(혹은 소심증 때문에) 불안증을 가졌어도 구원을 받습니다. 루터도 칭의에 대해 거의 정신병자가 될 만큼 고민하고 두려워했습니다. 그는 그리스도를 믿어 구원을 받았음에도 – 그가 구원받지 못했다면 자기 구원에 대해 심각하게 고민하지 않았을 것입니다 – 복음에 대한 무지로 숱한 날들을 죄의식과 두려움에 떨었습니다. 그러다가 후에 하나님의 은혜로 (시 22편; 롬 1:17)[3] 의의 복음을 깨닫고 심판의 두려움에서 벗어났습니다.

그러나 정작 루터 자신에게 있어서는 칭의의 불안에 떨었던 과거나 칭의의 확신으로 평안해진 후에나 달라진 것이 없었습니다. 그가 구원의 확신을 갖고 평안해진 이유가, 이전보다 더 율법을 완벽하게 잘 지켰거나 삶

---

[2] 이경섭, 『개혁주의 영성체험』 (서울: 예루살렘, 2005).
[3] 내 하나님이여 내 하나님이여 어찌 나를 버리셨나이까 어찌 나를 멀리하여 돕지 아니하옵시며 내 신음하는 소리를 듣지 아니하시나이까… 나는 물같이 쏟아졌으며 내 모든 뼈는 어그러졌으며 내 마음은 촛밀 같아서 내 속에서 녹았으며 내 힘이 말라 질그릇 조각 같고 내 혀가 잇틀에 붙었나이다 주께서 또 나를 사망의 진토에 두셨나이다 개들이 나를 에워쌌으며 악한 무리가 나를 둘러 내 수족을 찔렀나이다 내가 내 모든 뼈를 셀 수 있나이다 저희가 나를 주목하여 보고 내 겉옷을 나누며 속옷을 제비 뽑나이다…(시 22편). 복음에는 하나님의 의가 나타나서 믿음으로 믿음에 이르게 하나니 기록된바 오직 의인은 믿음으로 말미암아 살리라 함과 같으니라(롬 1:17).

이 더 완전해진 때문이 아니었습니다. 오직 복음의 깨달음이 그런 변화를 갖다 주었습니다. 오늘도 누가 그리스도의 피공로를 믿으면서도 복음을 확실히 깨닫지 못해(혹은 소심증 때문에) 불안증을 가졌어도 그것이 칭의에 영향을 끼치지 못합니다. 루터가 그랬듯이, 불안의 원인이 해소되면 구원의 확신과 평안이 따라올 것이기 때문입니다.

그러나 앞서 언급했듯이, 만약 그 불안과 염려가 근원적인 것, 곧 죄 사함을 주는 그리스도의 피공로를 믿지 않은데서 나온 것이라면, 그의 두려움에는 동정의 여지가 없습니다. 성경은 아들을 내어 주신 하나님의 사랑을 이루지 못하게 하는 불신앙의 두려움에는 심판이 따른다(요일 4:18)고 했습니다. 이는 우리를 구원하기 위해 희생시킨 아들의 피를 짓밟고 거룩한 성령을 욕되게 하는 죄이기 때문입니다.

> 하물며 하나님 아들을 밟고 자기를 거룩하게 한 언약의 피를 부정한 것으로 여기고 은혜의 성령을 욕되게 하는 자의 당연히 받을 형벌이 얼마나 더 중하겠느냐(히 10:29).

우리는 성화를 칭의의 조건으로 삼는 유보적 칭의론자들이 자신들의 논리를 정당화하려고 여러 성경 편린들, 예컨대 "두렵고 떨림으로 구원을 이루라"(빌 2:12), "부르심과 택하심을 굳게하라"(벧후 1:10), "이같이 한즉 하늘에 계신 너희 아버지의 아들이 되리라"(마 5:45) 등을 주워 섬길 때 눈을 부릅떠야합니다. 특히 마지막의, "이같이 한즉 하늘에 계신 너희 아버지의 아들이 되리라"(마 5:45)는 말씀의 왜곡에 주의해야 합니다.

그들은 이것을 "하나님 아들다운 행실을 갖추면, 하나님 아들이 된다"는 뜻으로 해석합니다. 하나님이 악인과 선인에게 해를 비취시며 의인과 불의자에게 비를 내리시듯이(마 5:45) 사람들에게 무조건적인 자비를 행하고,

오른편 뺨을 치거든 왼편도 돌려 대며 원수를 사랑하며(마 5:39-44) 하나님 아들다운 삶을 살면 하나님의 아들이 된다는 것입니다. 그러나 그 본문의 참 뜻은, 믿음으로 하나님의 자녀가 된 자들은 하나님 자녀답게 그렇게 행하며 살아야 한다는 당위성을 말한 것입니다. 성경은 "믿음으로 말미암아 그리스도 안에서 하나님의 아들이 됐다"(갈 3:26)고 선언했기 때문입니다.

그러나 이 정도에 설복당할 그들이 아닙니다. 그러면 그들은 또 이렇게 되받아칩니다. "우리도 믿음으로 하나님의 아들이 된다(갈 3:27)는 것을 알고 하나님의 은혜가 아니면 하나님 아들이 못 된다는 정도는 안다. 하지만 성경이 또 '이렇게 함으로써 아들이 된다'(마 5:39-44)고 했으니, 이 두 말씀을 다 살려야 하지 않겠는가?"라고 주장합니다. 즉 하나님 아들이 되는 제1조건인 "믿음"(요 1:12)과 함께, 제2의 조건인 '이같이 한즉 하늘에 계신 너희 아버지의 아들이 되리니'(마 5:45)라는 "성화적 요구"를 이룰 때 하나님 아들의 자격을 획득한다는 것입니다.

그러나 이들의 주장은 하나님이 절반을 중생시켜 주었으니 나머지 절반의 중생은 우리의 성화로 완성시키라는 주장과 같고, 아기를 미숙아로 태어나게 해놓고 아기 스스로 온전하게 되라는 것과 같습니다. 생명의 탄생에는 절반의 탄생이 없습니다. 온전히 중생하든지 아니면 중생하지 못하든지, 둘 중의 하나입니다. 이들의 말을 들으면, "의인이며 죄인"(*simul iustus et peccator*)이라는 루터의 말을 "절반은 의인이고 절반은 죄인이다"는 말로 곡해한 사람들을 떠 올리게 됩니다.

그리고 성화는 칭의 '협력자'(helper)가 아니라 칭의의 '부응자'(answerer)라는 사실도 놓치지 말아야 합니다. 본래 자기에게 없던 '전가 받은 의'에 일치하려는 투쟁이 성화입니다. 루터에게 있어 "의인인 동시에 죄인"의 의미는, 죄인인 내가 또 다른 나 곧 '의롭다 함을 받은 나'에게 부응하려는 노력의 시작을 의미했습니다. 곧 의롭다 함을 받은 자답게 되려는 노력입니다. 동시에 "의인 된" 새 사람이 "죄인 된" 옛사람을 이기려는 투쟁의 시작을 의미하기도 합니다.

루터가 성화를, 자신 안에 들어온 그리스도가 자신의 죄 된 옛사람과 전투를 시작한 것이라고 한 말은 지당합니다.

> '동시에 의인이며 죄인 된' 존재 안에 내포된 모순은 이생에서 그치지 않고 죽을 때까지 계속된다. 그러나 그것은 정적인 관계가 아니라, 끊임없이 양극 사이를 움직이는 운동이다. 우리가 이미 보았듯이 그리스도는 죄 용서를 받아들이는 신앙과 함께 마음속으로 이끌려 들어갔기 때문이다. 이 입장에서 그리스도는 이제 옛사람과의 전투를 시작한다.[4]

루터에게 "의인이며 죄인"은, 서로 좁힐 수 없는 갭(gap)이고 갈등관계이지만, 그렇다고 죄인 됨을 영원히 죄인 됨에 머물러 두려는 빌미도 아니었습니다. 이미 언급했듯이, '죄인' 된 자신이 '의인' 된 자신에게 부응하려는 노력이요, '의인' 된 자신이 '죄인' 된 옛사람과의 투쟁을 의미하는 것이었습니다. 동시에 루터는 둘의 갭(gap)의 긴장관계를 불가피한 것으로 받아들였고, 둘을 인위적으로 화해시키려는 무모한 시도도 하지 않았습니다.

이는 칭의에 부응하려는 노력이나, '의인'이 '죄인'을 이기려는 투쟁이 결코 칭의를 완성시킬 수 없다는 것을 그가 알았기 때문입니다. 다음의 존 맥아더(John MacArthur)의 지적도 같은 맥락입니다.

> 루터는 죄인이 여전히 죄인으로 남게 된다고 해서 그가 전혀 변화되지

---

4 Paul Althaus, *Theology of Martin Luther*, 『루터의 신학』, 이형기 역 (서울: 크리스챤다이제스트, 1994), p. 273.

않은 사람으로 남게 된다는 것을 의미하지 않았다. 구원의 믿음을 지닌 죄인은 중생한 사람이다. 그는 성령이 내주하시는 사람이다. 물론 그렇다고 해서 이것이 성화 즉 죄인이 실제로 의롭게 되어가는 과정을 가리키는 것은 아니다. 구원의 믿음을 가진 사람은 복종함으로써 반드시, 즉시 또한 필연적으로 믿음의 열매를 나타내기 시작한다. 하지만 사람이 칭의를 받는 유일한 근거는 오직 그리스도의 전가된 의 외에는 없다. 죄인이 의롭다고 선언되는 것은 바로 그리스도의 의에 의해서만 그렇게 된다.[5]

마지막으로 성화가 칭의에 기여할 수 없다는 확정인, "뿌리로서의 칭의"와 "열매로서의 성화"의 불변적 지위를 천명하고자 합니다. 뿌리와 열매는 서로 긴밀히 연결되고 분리할 수 없지만, 뿌리와 열매라는 위치는 절대로 바뀔 수 없습니다.

유보적 칭의론자들처럼 성화를 통해 칭의를 구현하려는 것은 열매를 통해 뿌리를 얻으려는 것과 같고, 수레를 말 앞에 두는 것처럼 앞뒤가 바뀐 것입니다. 성화는 오직 칭의의 원천인 그리스도의 피로 구속받은 결과(열매)입니다. 다음의 존 오웬(John Owen)의 말도 그것을 말합니다.

> 우리의 성화를 가능하게 하는 중요한 근거는 바로 그리스도의 피이며, 이것은 성령에 의해 우리의 영혼에 특별하게 적용되게 되는 것이다. 복음의 신비에 속해 있는 진리 중 이보다 더 명백한 것은 없다.[6]

---

5 John F. MacArthur, 『솔라 피데』, p. 44.
6 John Owen, *The Holy spirit his gift and power*, 『개혁주의 성령론』, 이근수 역 (서울: 여수른, 1993), p.394.

다음의 성경구절들 역시 칭의의 원천으로서의 그리스도의 구속과 칭의의 열매로서의 거룩을 말씀합니다.

> 우리를 사랑하사 '그의 피로' 우리 죄에서 '우리를 해방하시고'(계 1:5). 그리스도께서 교회를 사랑하시고 위하여 자기를 주심같이 하라 이는 곧 '물로 씻어 말씀으로 깨끗하게' 하사 거룩하고 흠이 없게 하려 하심이니라(엡5 :26).

제3장

겸손한 자만이 먹고 배부르는 교리

이신칭의(以信稱義)는 율법을 통해 자신의 부패와 무능을 깨닫고, 심령이 깨어진 자만 받아들일 수 있는 겸비한 교리입니다. 성경의 표현을 빌리면, 몽학선생 율법으로부터 율법의 정죄를 받아 절체절명의 심정으로 구원을 희구하는 자에게만(행 16:30)[1] 눈에 들어오는 교리입니다.

> 이같이 율법이 우리를 그리스도에게로 인도하는 몽학선생이 되어 우리로 하여금 믿음으로 말미암아 의롭다 함을 얻게 하려 함이니라
> (갈 3:24).

그리스도로부터 전가(imputatio) 받은 의(義)인, 이신칭의는 반드시 자신의 전적 무능에 대한 인정을 먼저 요구합니다. 이는 죄인이 의(義)에 이르는 일종의 영적 공식이며 한 사람도 예외가 없습니다. 자기 의에 배부른 자

---

[1] 저희를 데리고 나가 가로되 선생들아 내가 어떻게 하여야 구원을 얻으리이까 하거늘 (행 16:30).

는 받아들일 수 없는 교리가 이신칭의입니다. 대표적인 사람들이 예수님 당시의 바리새인 서기관들입니다. 이에 반해 자신들의 의의 부재를 통감한 창기, 세리, 죄인들에게는 이신칭의가 복음 그 자체였습니다.

오늘도 유보적 칭의론자들이 이신칭의를 거부하는 주된 이유는 어떤 거창한 신학 이론 때문이 아니라 자기 의(義)에 배불러 있기 때문입니다. 이신칭의가 "인간의 전적 부패," "의의 전가" 교리와 함께 가르쳐지는 이유가 여기 있습니다. 이신칭의는 자기 의의 부재를 통감하고 마음이 가난하고 겸손한 자만이 먹고 배부를 수 있는 교리입니다.

> 겸손한 자는 먹고 배부를 것이며 여호와를 찾는 자는 그를 찬송할 것이라 너희 마음은 영원히 살지어다(시 22:26).

영국의 청교도 조지 휫필드(George Whitefield)는 의(義)의 부재에 대한 겸비함에 부어지는 하나님 사랑을 이렇게 고백합니다.

> 나의 실제적인 죄와 타고난 결함에 대한 의식은 나를 지극히 겸손하게 만듭니다. 그리고 나면 하나님의 영원하신 사랑이 값없이 풍성하게 주어져 내 영혼에 빛과 힘이 임하며, 그로 인해 나는 경외스러운 마음에 할 말을 잃고 침묵하게 될 때가 많습니다.[2]

필립 입슨(Philip H. Eveson) 역시 이신칭의가 겸비한 죄인들에게 경이와 찬양을 일으키는 교리라고 했습니다.

---

[2] Arnold A, Dallimore, *George Whitefield*, 『조지 휫필드』, 오현미 역 (서울: 두란노서원, 1991), p. 91.

> 죄인을 의롭다 하시는 하나님의 이 행위는 결코 측량할 수 없는 신비한 하나님의 방법과 비밀로 우리를 인도한다. 우리는 이 일로 인해 놀라며 겸손해지고, 영원까지 경이와 사랑과 찬양으로 충만해 질 것이다.[3]

의(義)의 부재에 대한 자각에서 오는 겸비함은 은혜와 구원에의 첩경입니다. 그러나 오늘날 교회 안에는 과거 개혁자들이 가졌던 겸비함이 희귀하며, 그 이유 중 하나가 겸손에 대한 왜곡 때문이 아닌가 합니다. 대개 겸손하면, 사람들 앞에서 언행심사를 겸양지덕 있게 하고 하나님 앞에서 율법적 두려움으로 슬슬 기는 것으로 오해하는 경향이 있습니다.

그러나 성경적 겸손은 어거스틴(Augustine)의 말대로, 하나님 앞에서 죄인이 갖는 신앙 태도입니다. 곧 하나님 앞에서 자신의 죄인 됨을 깨달아 하나님이 베푸시는 의(義)에 전적으로 기대고, 그가 주시는 의(義)를 감읍함으로 받는 구속적 겸손입니다. 이러한 구속적 겸손 개념은 "믿음으로 구원받는다"는 말을 (오해가 없기를 바랍니다) "겸손으로 구원받는다"는 말로 바꾸어 쓸 수 있을 만하게 합니다.

겸손의 장(章)이라 불리는 빌립보서 2:5-8[4]에서 정의한 겸손도 흔히 상상하듯, 십자가에서 죽기까지 복종하신 그리스도의 낮아지심을 우리가 흉내내는 것이 아닙니다. 하나님 아들의 겸손과 죄인의 겸손은 같을 수가 없습니다. 하나님 아들의 겸손이 하늘 영광의 보좌를 버리시고 인간의 몸을 입고 죽기까지 복종한 것이었다면, 죄인의 겸손은 그리스도가 겸손으로

---

3 Philip H. Eveson, *Justification by faith alone*『칭의론논쟁』, 석기신 신호섭 공역 (서울: CLC, 2001), p.266.

4 너희 안에 이 마음을 품으라 곧 그리스도 예수의 마음이니 그는 근본 하나님의 본체시나 하나님과 동등됨을 취할 것으로 여기지 아니하시고 오히려 자기를 비어 종의 형체를 가져 사람들과 같이 되었고 사람의 모양으로 나타나셨으매 자기를 낮추시고 죽기까지 복종하셨으니 곧 십자가에 죽으심이라(빌 2:5-8).

이루신 의(義)를 받아들이는 것입니다. 죄인에게 이외의 다른 겸손은 없습니다.

사람들 앞에서 아무리 겸양지덕으로 자신을 낮추고 하나님 앞에서 슬슬 기어도, 그리스도를 통해 주시는 구원을 받아들이지 않는 자는 하나님의 뜻을 거역하는 교만한 자입니다. 하나님의 뜻은 "아들을 보고 믿는 자마다 영생을 얻는 것"(요 6:40)입니다. 다른 종교나 윤리에서는 찾을 수 없는 기독교만의 독특한 겸손 개념입니다. 성경이 목이 곧고 완악한(교만한) 인간들이라고 책망한 자들이, 바로 믿음으로 구원 얻는 도리를 받아들이지 않는 자들이었습니다(행 7:51).[5]

18세기 유럽의 계몽주의(Enlightenment) 사상을 가졌던 사람들은 구원이라는 말을 싫어했습니다. 인간의 결핍은 인정하지만 구원이 필요할 만큼은 아니라는 것입니다. "구원"이라는 용어는 인간을 너무 비참하고 절망적인 존재로 비하시키고 인간의 자존감과 창의성을 손상시킨다고 생각했습니다. "계몽"(啓蒙)이라는 자신들의 별명 그대로, 그들은 인간에게는 약간의 "비췸"(enlightenment)만 필요하다는 낙관론적인 인간 이해를 가졌습니다.

그들이 하나님으로부터 기대하는 것도, 갈팡질팡하는 인간 군상들에게 약간의 방향 제시와 위로를 주는 정도입니다. 그리고 그들이 간혹 구원이라는 말을 쓰기도 하지만, 이는 문학인들의 "구원으로서의 문학" 개념 같은 것입니다. 곧 삶의 질의 고급화(high-quality)를 담보해 주는 문화적 구원 개념입니다. 그들은 하나님의 진노와 지옥 심판에서의 구원 같은 것은 광신적 교리로 치부하고 십자가나 보혈, 이신칭의 같은 원색적인 용어도 백

---

[5] 목이 곧고 마음과 귀에 할례를 받지 못한 사람들아 너희가 항상 성령을 거스려 너희 조상과 같이 너희도 하는도다(행 7:51).

안시(白眼視)했습니다.

그러나 성경은 이런 계몽주의자들의 견해와는 달리 인간에 대해 파격적인 선언을 합니다. 인간은 전적 부패한 죄인일뿐더러, 스스로의 힘으로는 파멸에서 빠져나올 수 없는 전적 무능한 존재로 규정하며, 그리스도의 의(義)만이 그들을 구원할 수 있다고 못 박습니다. 이신칭의는 바로 그런 전적 부패 무능한 인간들에게 시여된 하나님의 은혜였습니다.

여호와께서는 모든 넘어지는 자를 붙드시며 비굴한 자를 일으키시는 도다(시 145:14).

여기서 "넘어지는 자"란 '자기 의(義)로 설 수 없는 자'를, "비굴한 자"는 '자기 의(義)로 설수 없어 하나님의 구원을 희구하는 자'를 뜻합니다. 하나님은 그런 넘어지고 비굴한 자들과 함께 하시며, 그들의 영혼을 소생시킵니다(사 57:15).[6] 하나님은 높고 거룩한 곳에 거하지만, 자기 의의 부재를 애통해 하며 의를 갈망하는 겸손한 자들과 함께 하십니다.[7]

또한 하나님은 스스로 서지 못하여 그를 의지하는 자를 연민하시고, 값을 지불할 수 없는 빈손 가진 자들을 구원하십니다. 이미 많은 것을 소유하고 누리는 현대인들에게 있어, 하나님은 더 이상 가난하고 비천한 자의 하나님이 아니며, 있는 자에게 더 주시는 더함(to add)의 하나님이십니다(마 25:29). 따라서 그들의 신앙생활의 목적도 단지 삶의 질을 고양시키고 자신

---

6 지존무상하며 영원히 거하며 거룩하다 이름하는 자가 이같이 말씀하시되 내가 높고 거룩한 곳에 거하며 또한 통회하고 마음이 겸손한 자와 함께 거하나니 이는 겸손한 자의 영을 소성케 하며 통회하는 자의 마음을 소성케 하려 함이라(사 57:15).

7 여호와는 마음이 상한 자에게 가까이 하시고 중심에 통회하는 자를 구원하시는도다 (시 34:18).

들의 가능성을 극대화시키는 데 있습니다.

그들이 좋아하는 슬로건도 "신은 스스로 돕는 자를 돕는다"입니다. 그러나 이런 신(神) 개념은 배부른 유한족들의 '내가 복음'의 신개념이지 성경적 하나님 개념은 아닙니다. 성경의 하나님은 "스스로 도울 수 없는 자," 곧 넘어지고 비굴한 자를 일으키는 하나님이십니다. 그는 자기가 뭔가를 할 수 있고, 대가를 지불하려는 자는 구원하시지 않고 빈손만을 내미는 자를 구원하십니다. 하나님이 높이 쳐주는 인간형도, 그리스도를 떠나서는 아무것도 할 수 없어(요 15:5) 자기 신뢰를 철회하고 성령을 삶의 동력으로 삼는(빌 3:3), 탈(脫) 독립적이고 탈(脫) 자립적인 인간입니다.

이런 신앙 관념은 과거 유물론 공산주의자들로부터 인간의 잠재능력을 말살하고 역사발전을 막는 아편이라는 비난을 받게 했고, 많은 능력을 가진 자긍심 충만한 현대인들에게도 수용 불가한 개념입니다. 그리고 심지어 오늘날 정통 기독교인들에게까지도 크게 환영받지 못합니다. 이처럼 자기 의(義)에 배부르고 많은 것을 가진 현대인들에게 '인간의 전적 타락,' '불가항력적 은혜,' '이신칭의'같은 교리는 잠꼬대로 들릴 뿐입니다.

이어서 겸비함으로 받는 이신칭의가 의(義)의 확신을 갖다 주는 원천임을 말하고자 합니다. 이는 이신칭의자의 의(義)가 가변적인 자기 내면의 산물이 아닌, 그리스도로부터 전가 받은 것이라는 사실에 기인합니다. 중세 이신행칭의(以信行稱義)의 로마 가톨릭교도들보다, 이신칭의의 종교개혁자들이 의(義)의 확신이 더 두터웠던 것도 바로 이 때문입니다.

혹자는 확신은 겸손과는 상반되고, 교만과 상통한다는 추정을 합니다. 그래서 과도한 의(義)의 확신을 가진 자들을 만나면, '저 사람 되게 교만하네'라는 생각부터 합니다. 그리고는 '대체 저 사람은 뭣때문에 저리도 확신차?'라며, 상대방의 확신의 근거를 그의 남다른 뭣에서 찾아내려고 합니다.

물론 그의 의(義)의 확신이 자기 내면의 산물이라면 그러한 추정이 타당하겠지만, 전가 받은 의(義)에서 나왔기에 해당 사항이 없습니다. 혹 일시적으로 자기 의(義)에 근거한 확신을 가질 수 있었을 지라도 신기루처럼 끝납니다. 이는 의의 확신을 유지시켜 줄 충분하고도 지속적인 의(義)가 그에게서 나올 수 없기 때문입니다. 정말 견고하고 지속적인 의(義)의 확신은 역설적이게도 자기 안에 그럴만한 근거가 없는, 그리스도로부터 전가 받은 의를 가진 자에게서만 발견됩니다.

조지 휫필드(George Whitefield, 1714-1770)는 자신이 가진 흔들릴 수 없는 의의 확신이, 그리스도로부터 전가 받은 이신칭의에서 나온 것임을 고백합니다.

> 사탄은 나를 고소할 것입니다. 그러면 나는 "주 예수님이 나의 의(義)가 되시는데 네가 어떻게 감히 하나님께서 택하신 자를 무엇이라 비난하느냐?"고 대답할 것입니다. 나는 여기 서 있습니다. 내 옷이 아니라 그분의 옷을 입고 서 있습니다. 나는 아무 것도 받을 자격이 없고 빚을 준 일도 없지만, 그분께서 나에게 은혜의 상급을 주시리라는 것과 또 내 안에서나 나에 의해 그분께서 이루신 일이 마치 내 힘으로 내가 이룬 일인 양 보상해 주시리라는 것을 나는 압니다. 오! 이 큰 은혜를 주신 거룩하신 예수님께 대해 얼마나 큰 열심과 사랑을 품어야 하겠습니까.[8]

이신칭의자가 의(義)의 확신을 갖는 또 하나의 이유는, 전가 받은 의가 율법의 마침인 그리스도의 완전한 의(義)라 실패할 수 없음을 알기 때문입니다.

---

[8] Arnold A. Dallimore, 『조지 휫필드』, p. 93.

> 그리스도는 모든 믿는 자에게 의를 이루기 위하여 율법의 마침이 되시니라(롬 10:4).

율법의 완성이신 그리스도의 의(義)를 가졌다는 것은, 나의 유약함이나 어떤 장애물에 의해서도 손상 받지 않는 완전한 믿음의 의를 가졌다는 뜻입니다. 아브라함에게 하신 의(義)의 언약이 오늘 우리에게까지 실패 없이 견고히 전수 될 수 있었음은, 의(義)의 언약이 율법이 아닌 믿음으로 성취되는 것이었기 때문입니다.

> 후사가 되는 이것이 은혜에 속하기 위하여 믿음으로 되나니 이는 그 약속을 그 모든 후손에게 굳게 하려 하심이라 율법에 속한 자에게 뿐아니라 아브라함의 믿음에 속한 자에게도니 아브라함은 하나님 앞에서 우리 모든 사람의 조상이라(롬 4:16).

복 되도다, 의(義)의 확신으로 충만한 겸비한 이신칭의자들이여!

제4장

성령의 교리

교회사에서 이신칭의가 공격을 당해 온 것은 어제 오늘의 일이 아닙니다. 19세기에는 계몽주의로부터, 17-18세기는 경건주의 신비주의로부터 공격을 받았습니다. 그리고 16세기 종교개혁 시대는 로마 가톨릭으로부터 공격을 받았고, 유대교와 기독교가 혼재된 과도기의 초대 교회는 신율주의(theonomy)로부터 공격을 받았습니다. 그리고 예수님은 바리새인 서기관들로부터 "나를 믿으면 구원 받는다"는 것을 가르친 것 때문에 박해를 받았습니다(요 6:35-7:1).[1]

그중 중세 로마 가톨릭의 박해는 가장 집요하고 끈질겼으며, 그 공격은 오늘날 유보적 칭의론자들을 통해 계속 이어지고 있습니다. 종교개혁 시대 영국의 주교였던 휴 라티머(Hugh Latimer)와 니콜라스 리들리(Nicholas Ridley)는 이신칭의 교리를 가르친 죄목으로 메리 여왕에 의해 화형에 처해

---

1 예수께서 가라사대 내가 곧 생명의 떡이니 내게 오는 자는 결코 주리지 아니할 터이요 나를 믿는 자는 영원히 목마르지 아니하리라 그러나 내가 너희더러 이르기를 너희는 나를 보고도 믿지 아니하는도다 하였느니라 아버지께서 내게 주시는 자는 다 내게로 올 것이요 내게 오는 자는 내가 결코 내어 쫓지 아니하리라... 이후에 예수께서 갈릴리에서 다니시고 유대에서 다니려 아니하심은 유대인들이 죽이려 함이러라(요 6:35-7:1).

졌습니다.[2]

　구약 시대에도 이신칭의의 싸움은 예외가 없었습니다. 성령을 따라 난 이삭이 육체를 따라 난 이스마엘의 공격을 받고(갈 4:29), 믿음의 사람 야곱이 망령된 에서의 공격을 받은 것이나(히 12:16-17), 순교자 아벨이 가인으로부터 공격을 받은 것도(창 4:3-8; 히 11:4; 요일 3:12), 이신칭의 때문입니다. 아더 핑크(A. W. Pink)가 "하나님께서 유대인들을 거부하신 일차적인 근거가 이신칭의 교리를 부정하고 왜곡한 때문"이라고 지적한 말에서도, 이신칭의가 영과 육의 대척점이었고, 하나님의 심판의 기준이었음을 보여줍니다.

　스데반이 그의 설교에서, 신구약 시대를 망라하여 유대인들이 예수 믿어 구원 얻는 도리를 부정한 것을, 육에 속한 자들의 성령의 거스림으로(행 7:51) 규정한 것도 같은 맥락입니다. 이런 역사적인 사실들을 염두에 둘 때, 근자에 한국 교회 안에 일고 있는 이신칭의의 논쟁 역시, 교회사에 늘 있어 왔던 영과 육의 싸움의 연장선상이며, 따라서 이런 도전에 대해 지나치게 호들갑 떨 필요가 없습니다.

　그리고 이신칭의는 박해를 불러일으키는 원인이기도 했지만, 아이러니하게도 박해를 이기는 가장 강력한 능력이기도 했습니다. 기독교사에서 그렇게 많은 순교자들이 배출된 것은, 값없이 구원해 주시는 이신칭의 신앙과 거기에 부어진 성령(the anointing of the Holy Spirit)의 능력이 그들로 하여금 기꺼이 순교의 잔을 받잡게 했기 때문입니다. 어느 순교사화(殉敎史話)를 보더라도, 유보적 칭의론자들의 주장처럼 칭의에서 탈락할까 봐 이를 악물고 박해를 견딘 경우는 드뭅니다.

　로마의 원형경기장에서 무명의 한 노인은, "나의 예수님은 나를 위해 죽

---

[2] R. C. Sproul, *The Prayer of the Lord*, 『어떻게 기도할까?』, 이은이 역 (서울: 생명의말씀사, 2013).

었소 그러므로 나는 그를 위해 기꺼이 나의 목숨을 바치겠소"라며 순교했고, 165년에 참수형을 당한 순교자 유스티누스(Justine Martyr)는 "우리 주 예수 그리스도를 위해 고문을 당하는 것보다 더 귀중한 일은 없습니다"라고 했습니다. 이처럼 순교자들이 죽음 앞에서 한 공통된 고백이 은혜의 감읍함이었습니다.

오늘 대한민국 북녘 땅에도 이신칭의가 박해를 이기는 능력이 되고 있다 합니다. 몇 년 전의 한 통계에 의하면, 북한 지하교회의 순교자는 1만 6천 명 이상이며, 현재 약 3~5만여 명의 기독교인들이 갇혀 있다고 합니다. 지금도 예배를 드리다가 발각되거나 기독교인으로 확인되면 끌려가 혹독한 핍박을 당하는데, 그러한 위험에도 굴하지 않고 그들로 하여금 산과 토굴과 골방에서 하나님을 예배하게 하는 힘이 "이신칭의"(以信稱義) 신앙이라고 합니다.

이신칭의 신앙을 폄하하는 일부 신학자들이 "이신칭의 신앙은 로마로부터 박해를 받던 초기 기독교 시대의 산물로 오늘날 종교다원주의 시대에는 맞지 않다"는 말들을 합니다. 이신칭의를 특정 시대의 산물로 규정한 것은 오류지만 박해를 이기게 한 요인으로 꼽은 것은 옳습니다. 값없이 주어지는 이신칭의의 감격과 성령의 능력이 그들로 하여금 박해를 이기게 했습니다.

이신칭의를 성령의 교리라 하는 또 하나의 이유는, 성령이 아니면 이신칭의를 받아들일 수 없다는 점에서입니다. 이신칭의는 그리스도가 위하여 죽으신, 거듭난 사람들이(벧전 1:3) 성령으로 고백하는 교리입니다(고전 12:3). 성경은 곳곳에서 "성령"과 "이신칭의(이신득구)"를 결부지으며 이신칭의가 성령의 교리임을 밝힙니다.

> 우리는 성령을 힘입어서 믿음으로 의롭다 하심을 받을 소망을 간절히 기다리나니(갈 5:5).

> 하나님이 처음부터 너희를 택하사 성령의 거룩하게 하심과 진리를 믿음으로 구원을 얻게 하심이니(살후 2:13).

칼빈(John Calvin)은 그의 『기독교 강요』에서, "성령은 이신칭의를 계속 일으킨다"[3]고 하면서, 이신칭의가 성령의 일임을 주장했습니다. 아더 핑크 역시 이신칭의 신앙이 성령의 인도로 된 것임을 확언합니다.

> 사도 바울이 이신칭의 교리를 가장 중요한 교리로 본 것은 그것이 성령의 인도로 말미암은 교리이기 때문이다.[4]

계속하여 그는 초월적인 계시인 이신칭의는 인간 지성으로는 접근이 불가함을 역설했습니다.

> 이신칭의를 파악하는 데는 기도하는 영적인 노력과 지성적인 노력이 필요하지만, 그것이 인간 사색 한계 밖의 하나님의 계시의 진술이라는 점을 받아들여야 한다.[5]

육신의 연약함 속에서 날마다 자신의 허물에 직면하는 인간이, 믿음으로 의롭다 함을 받았다는 흔들릴 수 없는 확신을 갖는 것은, 합리적 지성으로는 납득하기 어렵습니다. 오직 초자연적인 성령의 역사만이 이를 가능하게 합니다. 물론 이는 로마교에서 주장하는, 의의 주입(a infusion of

---

[3] John Calvin, *Institutes* III.ii.33

[4] Arthur Walkington Pink, *Justification by faith* 『이신칭의 : 우리에게 거저 주신 하나님과 구주 예수 그리스도!』, 임원주 역 (서울: 누가, 2013), p.11.

[5] Ibid., p. 7.

righteousness)으로 말미암은 "의로운 상태"(righteous state)의 경험과도 다르고, 소수의 성자 반열에 든 사람에게 신적 언질로 주어지는[6] 소위 "특별한 확신"과도 다른, 복음을 믿음으로 말미암는 성령의 확신입니다(살전 1:5).[7] 예컨대 청교도 조지 휫필드(George Whitefield)의 확신 같은 것입니다.

> 그분은 그분의 보혈을 믿는 믿음을 통하여 아무 값없이 나를 의롭다 하셨습니다. 그분은 그분의 성령에 의해 나를 점진적으로 거룩케 하십니다. 그분은 세상 끝날까지 그분의 영원한 품 안에 나를 보호하실 것입니다. 오! 이 복음적 진리의 복됨이라니! 이것이 정말 복음입니다. 이는 들을 귀 있는 모든 자들에게 큰 기쁨을 안겨주는 복된 소식입니다.[8]

그리고 신율주의자들(theonomists)이 입만 열면 기독교의 방종의 원인이 이신칭의 교리 때문이라고 공격하는데, 이것도 오류임은 이신칭의에 개입하는 성령의 역사 때문입니다. 이신칭의자에게 부어진 성령이 이후의 그의 삶을 주도하여 결코 그로 하여금 방종한 삶을 살도록 방치하지 않습니다. 이신칭의자는 그 안에 그리스도가 사셔서(갈 2:20) 그의 삶을 하나님이 의도한 삶으로 이끌어, "너희 속에 착한 일을 시작하신 이가 그리스도 예수의 날까지 이루실 줄을 우리가 확신하노라"(빌 1:6)는 말씀이 응해지도록 합니다.

성경이 참된 성도의 표징을 "성령으로 봉사하며 그리스도 예수로 자랑

---

[6] 예컨대 하나님이 직접 나타나 '너는 의롭게 됐다'고 언질해 주는 일종의 계시이다.
[7] 이는 우리 복음이 말로만 너희에게 이른 것이 아니라 오직 능력과 성령과 큰 확신으로 된 것이니(살전 1:5).
[8] Paternal Pedigree Chart, *Whitefield : Life and Times*, p.406. Arnold A. Dallimore, 『조지 휫필드』, 오현미 역 (서울: 두란노, 1990), p.92에서 재인용.

하며 자기 육체를 신뢰하지 않는 것"(빌 3:3)으로 규정한 것은, 성도의 삶이 성령에 의해 주도된다는 뜻입니다. 영국의 청교도 존 오웬(John Owen)도 육신에 속한 성도와 영에 속한 성도의 구분을 자연인의 힘으로 사느냐, 성령의 힘으로 사느냐로 결정된다고 한 말에서도 동일한 원리를 봅니다.

> 영과 육신의 구분은 성령의 인도로 된 것인지, 생래적인 기능의 힘에서 나온 것이냐로 결정된다. 물론 여기서 성령으로 된다 함은, 단순히 성령의 은사적 기능만 빌은 생래적인 기능의 힘과는 구분된다.[9]

이와는 달리 행위로 칭의를 이루려는 신율주의자들은 자신의 능력에만 집착합니다. 이신칭의를 부정하여 성령이 부재한 그들에게(갈 3:2) 의지할 것은 오직 자신뿐이기 때문입니다. 그리고 그들이 그렇게 행위에 집착하면서도 열매가 희귀한 것은, 아이러니하지만 성령 없는 자에게 따르는 당연한 귀결입니다.

다시 말하지만 성도의 능력인 성령은 오직 믿음을 의지하는 자에게만 부어집니다. 성경은 성령의 부어짐(the anointing of the Holy Spirit)의 전제를 믿음이라 말합니다.

> 그리스도 예수 안에서 아브라함의 복(이신칭의)이 이방인에게 미치게 하고 또 우리로 하여금 믿음으로 말미암아 성령의 약속을 받게 하려 함이니라(갈 3:14).
> 너희가 성령을 받은 것은 율법의 행위로냐 듣고 믿음으로냐(갈 3:2).

---

[9] John Owen, *The Grace and duty of being spiritually Minded*, 『영의 생각 육의 생각』, 김태곤 역 (생명의 말씀사, 2011), pp. 52-53.

믿는 자에게 부어진 성령이 이후의 그의 삶을 이끌어 하나님이 그에게서 의도한 것을 이루고 열매 맺는 삶을 살게 합니다.

율법적 동기로 움직이는 신율주의자들(theonomists)이 순종할 능력을 갖지 못하는 또 하나의 이유는, 율법 자체가 가진 연약성 때문입니다. 흔히 사람들은 율법이 명령할 뿐더러 명령과 함께 행할 능력까지 주는 것처럼 오해합니다만, 오히려 율법은 사람을 정죄하고 무력하게 만듭니다. 성경에 의하면, 율법은 사람의 마음을 강퍅하게 하고 죄를 부추깁니다.

> 죄가 기회를 타서 계명으로 말미암아 내 속에서 각양 탐심을 이루었나니 이는 법이 없으면 죄가 죽은 것임이니라... 죄가 기회를 타서 계명으로 말미암아 나를 속이고 그것으로 나를 죽였는지라(롬 7:8, 11).

신율주의자들이 율법의 채찍으로 성화를 이끌어 내려는 것은, 가라앉은 구정물을 휘저어서 맑은 물을 만들어 내려는 것과 같습니다. "율법은 죄의 먼지만을 일으키고 복음은 영혼을 깨끗케 한다"고 말한 청교도 존 번연(John Bunyan)의 말처럼, 율법적 두려움은 죄를 잠재우는 것이 아니라 더욱 부추깁니다. 성화를 도모하려고 율법을 들먹이는 순간, 은혜로 잠잠케 된 죄성이 깨어나 순종을 어렵게 만듭니다.

교회사적으로도 보면, 엄격주의를 표방한 율법주의 종교가 오히려 더 부패했던 이유가 여기 있습니다. 예수님 당시 바리새인들이 강퍅하여 남을 정죄하는 일에 더 빠르고 더 위선적이었던 것이나, 금욕과 절제의 상징인 중세의 수도원 담장 안에서 부도덕한 일들이 횡행한 것이나, 회심의 증거(삶의 변화)에 지나치게 집착한 일부 과격한 청교도들 중에 정신이상자들이 생긴 점 등은 율법이 행할 능력을 갖다 주지 못한다는 반증입니다.

성화는 이신칭의 복음을 통해, 그 심령이 은혜의 소금에 절여지고 성령의 부음(the anointing of the Holy Spirit)을 받을 때만 가능합니다. 황량한 율법주의자의 심령에는 그 어떤 순종의 꽃도 피어나게 하지 못합니다. 우리는 사도 바울이 골로새교회 성도들의 성화의 열매가 하나님의 은혜를 깨달은 이후부터 맺어졌다고 지적한 것에 주목해야 합니다(골 1:6). 반면에 설사 누가 율법의 강요에 의해 유사한 열매를 낸다 할지라도, 은혜와 성령으로 맺어지지 않은 그런 짝퉁 열매는 하나님께 열납 되지 않습니다.

제5장

르네상스와 이신칭의

스콜라주의(Scholasticism)와 르네상스(Renaissance)가 기독교를 이성주의와 인본주의로 오염시킨 원흉이라는 지적을 피할 수 없지만, 종교개혁의 단초가 되게 한 긍정적인 역할을 했음도 부인할 수 없습니다. 아니러니하게도 성경의 신적 권위를 공격한 인문주의가 성경적 신앙으로 돌아가자는 종교개혁의 단초가 됐습니다. 곧 순수 "원전으로 돌아가자"(Ad Fontes)는 르네상스 운동이 순수 성경주의에로의 회귀를 도왔습니다.

성경을 있는 그대로 받아들이려는 태도는 성경을 이성적으로만 분석하려는 태도를 지양하게 하고, 초자연적 은총에 의한 신앙 곧 이신칭의 교리의 재발견을 가능하게 했습니다. 루터(Martin Luther)의 이신칭의(以信稱義)의 재발견은 순전히 하나님의 은혜의 경륜이었지만, 시대정신 인문주의에도 일정 부분 빚졌습니다. 그는 기독교를 위협하던 르네상스라는 거대한 쓰나미를 종교개혁의 발판으로 삼았습니다.

이 점에서 루터만큼 위기가 기회라는 속담을 실감나게 한 경우는 없습니다.

루터뿐이겠습니까?

르네상스가 없었다면 종교개혁도 없었다고 할 만큼, 인문주의는 당대의 개혁자들에게 영감을 제공했습니다. 츠빙글리(Ulrich Zwingli, 1484-1531)에게는 성경 연구의 기반을 구축해 주었으며, 칼빈에게는 신학적 사고의 틀과 표현방식을 제공했습니다. 역설적이게도 인문주의가 신본주의 신학을 구현하는 도구가 됐습니다.

칼빈의 대표작 『기독교 강요』가 인문학적 관점을 차용했다는 것은 주지의 사실입니다. 그는 인문주의에서 단순히 학문의 방식만 취한 것이 아니었습니다. 벌이 꽃에서 당분을 빨아 고영양의 꿀로 토해 내듯이, 칼빈은 당대로부터 섭렵한 인문학적 지식을 신본주의 신학으로 재창출해 냈습니다. 종교개혁자들에게 있어 인문주의는 극복해야 할 대상인 동시에 유용화(to utilize)의 대상이었습니다.

르네상스가 가져다 준 또 하나의 사조가 분화(differentiation)였습니다. 아시다시피 중세는 포괄적 개념이 지배하던 시기였는데, 르네상스가 분화 개념을 동시대 안으로 끌어들였습니다. 교회가 종교, 정치, 예술, 문화 등 제 영역을 지배해야 한다고 보았던 중세의 제정일치(Theocracy) 시대에, 분화 개념은 분명 교회에 대한 심대한 도전이었습니다. 그러나 교회도 도도히 흐르는 르네상스의 물결을 거스릴 수가 없었고, 점차 그 영향권 아래 들어갔습니다.

물론 중세의 제정일치(Theocracy) 개념은 시대의 변천과 함께, 처음의 이상과는 달리 실현 불가한 개념이라는 인식이 사람들 뇌리에 이미 파고들어 있었던 것도 사실입니다. 유한된 교회의 능력으로 제반 영역을 다 커버한다는 것은 사실상 버거운 일이었고, 실제로 그런 버거움이 많은 오류와 미신들을 양산했습니다. 지구는 둥글다고 주장한 갈릴레이(Galileo Galilei, 1564-1642)를 종교재판에 회부한 일, 저 유명한 마녀 사냥(witch-hunting),

퇴마술(退魔術)과 구타에 의존한 정신 치료의 부작용 등은 다 제정일치의 부유물들이었습니다.

이렇게 르네상스의 분화 사상은 기존의 왜곡된 포괄적 하나님 주권 사상을 수정시켰고, 교회는 본연의 임무인 신앙, 신학 외에 여타 영역들을 교회로부터 독립시켰습니다. 이 시기에 종교개혁과 함께 자연과학, 예술, 문학 등이 활발한 발달을 이룬 것은 우연이 아닙니다. 특히 교황의 권위하에 있던 국가들의 정치적 독립은 괄목할 만한 것이었습니다.

이러한 경험은 하나님(교회)의 통치는 형식상의 독점으로 구현되는 것이 아니라는 것과, 제(諸)영역이 교회의 장악에서 벗어나 독자적인 기반을 구축한다고 해서 하나님 주권이 훼손되는 것도 아니라는 것을 학습시켰습니다. 중세 시대의 영주(領主) 통치가 중앙의 황제 통치를 더 효율적이고 공고하게 했듯이, 분화는 하나님의 주권적 통치를 더욱 효율적이게 했습니다. 이 분화(differentiation)는 후에 "정치는 정치에 맡기고, 종교는 종교에 맡기자"는 칼빈의 "이중정부론"과 아브라함 카이퍼(Abraham Kuyper, 1837-1920)의 "영역 주권"(territorial sovereignty) 사상의 단초가 되고, 20세기에 이르러서는 경제발전과 정치발전의 기폭제가 된 분업화, 지방자치의 단초가 됩니다.

분화는 신학에도 동일하게 영향을 미쳤습니다. 하나님의 영역과 인간의 영역, 이성의 영역과 초자연적인 신앙 영역을 구분 짓고, 쌍방이 서로를 인정해 주려는 풍토를 생겨나게 했습니다. 그중에서도 중세의 뜨거운 감자였던 칭의(중생) 교리에 크게 영향을 미쳤습니다. 당시 대세였던 신인협력적 칭의론 외에, 칭의를 신성불가침의 하나님의 고유 영역으로 돌리자는 논의가 일게 했습니다.

인간 생명의 창조가 하나님의 고유 영역이듯이, 영적 출생인 중생(칭의)도 하나님의 고유 영역이어야 한다는 것이었습니다. "하나님의 것은 하나님께로, 가이사의 것은 가이사에게로 돌리라"(마 22:21)는 성경의 지원도 그들의 논리에 힘을 실어 주었습니다. 르네상스의 낙관적 인간론이 신인 협력적 구원론을 확산시켰다면, 르네상스의 분권 사상은 칭의를 신성불가침의 하나님의 고유 영역에 돌리게 했습니다. 르네상스가 누구의 손에 들렸느냐에 따라 그 결과도 이렇게 달랐습니다.

칭의를 사람이 손대는 것은, 마치 웃사가 신성한 법궤를 만진 것처럼(대상 13:10) 저주받을 짓거리로 간주됐습니다. 루터가 칭의는 오직 믿음으로만 된다고 부르짖었던 배후에는 복음적 확신 외에, 칭의가 신성불가침의 하나님의 고유 권한이라는 확신이 자리했습니다. "무릇 율법 행위에 속한 자들은 저주 아래 있나니"(갈 3:10)라는 말씀에 고무되어, 인간의 행위를 칭의에 간여시키다가는 저주에 떨어질 것이라는 두려움이 그를 사로잡았습니다.

이신칭의를 발견하기 전에는 율법의 의를 이루지 못한 데 대한 두려움이 루터를 사로잡았다면, 후에는 신성불가침의 이신칭의 교리를 손상시킬까 하는 두려움이 그를 사로잡았습니다. 오늘 우리가 유보적 칭의론에 대해 유독 경계심을 갖는 것도 이런 두려움 때문입니다. 이러한 이신칭의에 대한 신성불가침 의식은, 구원의 확신에 이르는 근간이 됩니다. 종교개혁 당시 일부 개혁자들이 이신칭의 보다는 "칭의와 윤리의 변증법"에 휘둘려 의(義)의 확신을 담보 받지 못한 것과 사뭇 대조됩니다.

의아하게 생각될지 모르나 종교개혁자 츠빙글리(Ulrich Zwingli), 부처(Martin Butzer, 1491-1551) 그리고 이후의 일부 경건주의적인 청교도들에게 그러한 경향이 나타났습니다. 그들은 "하나님이 구원을 예정하신 사람은 거룩한 삶을 산다, 나는 거룩한 삶을 산다, 따라서 나는 하나님이 구원하도록 예정한 사람이다"라는 3단 논법을 구원 확증을 위한 변증법으로 차용했기에, 칭의의 확신은 저당 잡힐 수밖에 없었습니다.

그러나 앞서도 언급했듯이, 루터나 칼빈은 인문주의의 영향을 받았으면서도, 그들과 달리 칭의의 확신을 가질 수 있었습니다. 이는 그들이 3단 논법에 휘둘리지 않고, 칭의는 오직 하나님의 고유 영역이라는 확신을 가졌기 때문입니다. 그들은 성경이 가르치는 바 그대로, 참된 중생자일지라도 훌륭한 행동이 따르지 않을 수 있고, 거짓된 신자일지라도 좋은 행실이 따를 수 있음을 거부감 없이 받아들였습니다. 다음의 길리안 에반스(Gillian R. Evan)의 말은 종교개혁 당시 칭의와 윤리의 인문학적 변증이 개혁자들에게 미친 영향을 잘 나타냅니다.

> 인문주의의 강한 영향 아래 있었던 츠빙글리는 기독교의 칭의를 도덕과 연결지우게 하여, 칭의가 반드시 도덕적 결과(도덕적 중생)를 낳는다는 입장을 견지했고, 부처의 경우에도 루터의 칭의에 관한 신학을 이와 유사하게 수정했다. 그러나 그들과는 달리 칼빈은 반대 의사를 분명히 했다. 1559년판 『기독교 강요』에서 가장 명료하게 드러나고 있는 칼빈의 칭의 신학은, 칭의와 성화 사이의 관계에 대한 뛰어난 기독론적 해석을 통해 개혁파 신학을 인문주의와 분리시키고 있다. 칼빈은 도덕적 칭의에 관한 인문주의적 관념을 인간의 값없이 받는 칭의와 선행의 의무 사이에 적용시키지 않았다.[1]

또 르네상스는 사람들로 하여금 이성(理性)의 한계를 인정하게 해 주었습니다. 이성을 숭상하는 인문주의가 이성의 한계를 인정했다는 것이 의아하게 들릴지 모르나, 이성의 과신으로 생긴 부작용들이 이성 숭상을 깨

---

[1] Gillian R. Evan 외 공저, *The History of Christian Theology*, 『기독교의 역사』, 서영일 역 (서울: CLC, 1994), pp. 179-180.

뜨리는 반면교사 역할을 했습니다. 그 범위와 부작용들을 보면, 플라톤(Plato)으로부터 스콜라주의(Scholasticism)에 이르기까지 광범위합니다. 분야별로 보면, 크게는 이성이 분수를 넘어 감히 영적 세계를 넘본 것에서부터, 사소하게는 '바늘 위에 천사가 몇이나 앉을 수 있는가'라는 우스꽝스러운 논쟁과 '성경 숫자에 대한 알레고리칼한 해석'(형이상학적인 숫자 놀음)에 이르기까지 다양했습니다.

르네상스로 말미암아 이성 숭상의 부작용들을 간파한 후, 모르는 것을 모른다고 하는 것은 이성주의가 상처를 입는 것이 아닌, 이성주의의 자존심이라는 것을 그들은 가르침 받았습니다. 이러한 이성의 한계에 대한 인정은 성경의 계시관에도 영향을 미쳤습니다. 곧 계시를 하나님의 주권 아래 두는 계시 존중 사상을 낳았고, 이전에 간과됐던 성경 구절들을 새롭게 주목하게 했습니다.

> 하나님이 자기를 사랑하는 자들을 위하여 예비하신 모든 것은 눈으로 보지 못하고 귀로도 듣지 못하고 사람의 마음으로도 생각지 못하였다 함과 같으니라 오직 하나님이 성령으로 이것을 우리에게 보이셨으니 성령은 모든 것 곧 하나님의 깊은 것이라도 통달하시느니라(고전 2:9-10).

마지막으로 르네상스가 갖다 준 또 하나의 선물이 진정한 신본주의(A God Oriented)의 회복이었습니다. 중세의 신본주의는 인간의 자유와 개성의 매몰 위에 세워진 전제적(專制的)이고 폐쇄적인 신본주의였습니다. 인간의 가치를 주목하는 휴머니즘인 르네상스로부터 교회는 '신본주의는 인간의 가치가 존중되는 터전 위에서 구현돼야 한다'는 것을 시사 받았고, 하나님 형상대로 지음을 받은 고귀한 인간상(창 1:27)에 재 주목했습니다. 그리고 이러한 인간의 가치관 회복은, 결코 신본주의를 훼손하는 것이 아님도 학습시켜주었습니다.

예수님이 "안식일이 사람을 위해 있지 사람이 안식일을 위해 있지 않다"(막 2:27)고 하신 말씀은, 신본적 인본주의(A Godly humanism)에 대한 개념 정의를 열어 준 예시적인 구절이었습니다. 곧 그것은 안식일 계명을 무시하라는 반(反)신본주의의 가르침이 아니라, 인간으로 하여금 율법의 수단이 되게 하지 말라는 신본적 인본주의의 가르침이었습니다. 루터의 "우리를 위하시는 하나님" 개념이 결코 신본주의에 반하는 것이 아니었던 것과 같은 이치입니다.

진정한 신본주의란 결코 인간에 대한 무시와 억압 위에 세워지지 않습니다. '하나님의 주권'은 인간 개인의 자유에 의해 침해당하지도 않을뿐더러, '인간의 자유' 역시 하나님의 주권에 의해 억압당하지도 않기 때문입니다. 우리가 종교개혁의 유산인 이신칭의를 보존하려는 것도 신본주의의 발로에서입니다. 칭의는 신성불가침의 하나님 고유의 권한이며, 동시에 인간을 위하여 값없이 베푸시는 하나님의 거룩한 뜻, 곧 신본적 인본주의 임을 알기 때문입니다.

재차 말하지만 우리가 이신칭의를 고수하려는 것은 유보적 칭의론자들의 비아냥처럼 값싸고 손쉬운 구원에 홀릭(holic)되서도, 사람들의 비유를 맞추어 교회부흥을 도모하려는 동기도 아닌 하나님의 뜻에 순종하고 그의 의를 나타내기 위해섭니다.

> 내 아버지의 뜻은 아들을 보고 믿는 자마다 영생을 얻는 이것이니
> (요 6:40).
> 곧 이 때에 자기의 의로우심을 나타내사 자기도 의로우시며 또한 예수 믿는 자를 의롭다 하려 하심이니라(롬 3:26).

제5부

이신칭의와 신비

제1장 진정한 신비 이신칭의
제2장 하나님의 임재, 이신칭의에만 있다
제3장 하나님의 사랑의 계시
제4장 숙성이 불필요한 즉각적인 칭의

제1장

진정한 신비 이신칭의

　16세기 종교개혁의 근간(根幹)인 이신칭의는 태동 후 약 100년 어간을 풍미한 후, 17세기 말에 이르러 대개 모든 개혁운동이 그랬듯이 시작 때의 성령의 역동성 상실과 매너리즘으로 인한 화석화(化石化)가 일어났습니다. 그 결과 필립 슈페너(Philip Jacop Spener, 1633-1705)로 대변되는 독일의 경건주의와, 18세기 슐라이어마허(Schleiermacher, 1768-1834)로 대변되는 신비주의 운동을 촉발시켰습니다. 오늘 종교다원주의, 유보적 칭의론 같은 이신칭의에 대한 도전장 역시, 일부분 이신칭의의 화석화에 대한 반작용으로 보입니다.

　종교개혁 500주년을 맞은 이즈음 우리가 이신칭의를 새삼 조명하는 것은 단지 이신칭의의 교리적 정당성을 변호하는 것을 넘어, 교조화되고 화석화된 이신칭의 교리에 생기를 불어넣는 동시에, 그 안에 기독교 영성의 모든 필요충분조건이 함의돼 있음을 주지시키기 위함입니다.

　먼저 성령으로 말미암아 각성된 이신칭의는 단지 교리적 인식으로만 그치게 하지 않고, 그리스도인으로 하여금 자신이 그리스도 안에서 의롭다 함을 받았다는 신비로운 확신을 경험시킵니다. 즉 자신이 허물진 죄인이라는 깊은 자각을 가지면서도, 다만 죄의식에만 매몰되지 않고 그리스도 안에서 자신이 의롭다 함을 받았다는 확신도 동시에 경험합니다. 자기 행위를 반추할 땐, "나 같은 것을 하나님이 의롭다고 해줄 리 만무하지"라는 생각이 들지만, 그리스도 안에서 자신이 의롭다 함을 받았다는 하나님의 선언을 수용하는 데도 전혀 어려움이 없습니다.

'구원의 확신'은 공격자들의 주장처럼 무율법주의(antinomianism)에 세뇌당한 자들의 양심 마비로 생긴 착각이 아니라, 칭의받은 성도 안에서 성령이 역사한 결과입니다. 이는 모든 참된 신앙인들의 공통적 경험입니다. 일한 것이 없는데도, 믿는 자를 의롭다 해 주시는 하나님을 믿었던 아브라함의 경우도 그랬습니다(롬 4:5-6). 자신에게는 도무지 그럴만한 이유가 없음에도, 하나님이 자신의 믿음만을 보고 의롭다 해 주시는 것에 대해 모순을 느끼지 않았습니다.

바울이 죄책감에 몸을 떨며 "오호라 나는 곤고한 사람이로다 이 사망의 몸에서 누가 나를 건져 내랴"(롬 7:24)고 절망하면서도, 동시에 "이제 그리스도 예수 안에 있는 자에게는 결코 정죄함이 없나니"(롬 8:1)라고 고백할 수 있었던 것도 같은 맥락입니다. 루터(Martin Luther)가 한때 죄의식과 하나님의 심판에 대한 공포심을 가졌으면서도, 그것에 매몰되지 않고 그리스도 안에서 자신은 의인이라는 담대함을 가질 수 있었던 것도 성령으로 말미암은 신비입니다.

반면에 오직 자신의 허물진 모습만 천착하여 그리스도 안에서 의롭다 함을 받았다는 성령의 권고를 받아들이지 못하는 이들이 있습니다. 역사적으로 율법주의자들, 유보적 칭의론자들이 그들입니다. 이는 대개 "의롭다 함을 받은 자는 의롭게 살고, 의롭다 함을 받지 못한 자는 의롭게 살지 못한다. 고로 내가 의로운 삶을 사는 것을 보니 나는 의롭다 함을 받았다"는 '행위와 믿음의 변증법'에 세뇌당한 결과입니다.

앞서도 언급했듯이, 종교개혁 초기 인문학의 영향을 받은 일부 개혁자들과 청교도들 중에서도 이 변증법을 뛰어넘지 못해, 구원의 확신을 갖는 데 실패한 자들이 있었습니다. 성령의 조명이 없다면 누구든 예외가 없습니다. 사도 바울이 율법주의를 향해 초등학문이라고 한 것도(갈 4:3; 골 2:8) 율법주의가 이런 초보적인 변증법에 기초했기 때문입니다.

이신칭의로 말미암은 '하나님 임재' 역시 일종의 신비 체험입니다. 믿음 안에서 이루어지는 이 임재 경험은 5감 이상의 또렷한 하나님 인식을 갖다 줍니다. 이신칭의가 하나님과 그 사이를 막고 있는 죄의 담을 제거하여, 감춰져 있던 하나님의 얼굴을 대면시켜 주기 때문입니다. "마음이 청결한 자는 복이 있나니 저희가 하나님을 볼 것임이요"(마 5:8)라는 예수님의 말씀은, 마음을 명경지수(明鏡止水)같이 갈고 닦으면 하나님을 본다는 뜻이 아닙니다. 그리스도 안에 있는 믿음으로 하나님과 그 사이를 가렸던 죄가 철거되니 하나님의 얼굴이 보인다는 뜻입니다.

아브라함, 바울을 위시해서 모든 성도들이 그리스도 안에 있는 믿음으로 하나님을 보았습니다.

> 너희 조상 아브라함은 나의 때 볼 것을 즐거워하다가 보고 기뻐하였느니라(요 8:56).
> 다윗이 저를 가리켜 가로되 내가 항상 내 앞에 계신 주를 뵈웠음이여 나로 요동치 않게 하기 위하여 그가 내 우편에 계시도다(행 2:25).

그러나 믿음에 의존하지 않고 비정상적으로 하나님을 경험하려는 시도들이 2천 년 기독교사에 끊임없이 나타났습니다. 신비주의자들과 철학자들이 그들입니다. 특히 헬라 철학자들은 수백 년간 온갖 지혜를 도모하여 하나님을 만나려고 궁구했습니다. '지혜를 사랑한다'는 '철학'(philosophy)이

추구하는 궁극적 지혜는 사실 하나님을 만나는 것이었습니다. 그러나 실상 그들이 철학으로 조우한 하나님은 하나님이 아닌 다른 신이었습니다.

사도 바울은 "세상이 자기 지혜로 하나님을 알 수 없다"(고전 1:21)는 말씀을 통해 이미 철학의 한계를 지적한바 있습니다. 이는 하나님이 인간의 지혜에는 자신을 계시하지 않기 때문입니다. 바울은 하나님을 아는 진정한 지혜는 오직 십자가에 못 박힌 그리스도(고전 1:24)라고 정의했습니다. 낫 놓고 기역자도 모르는 촌로가, 날고 기는 철학자들이 갖지 못한 하나님을 아는 지혜를 갖는 것은, 십자가의 그리스도 신앙 때문입니다.

이는 "하나님의 미련한 것이 사람의 지혜로운 것보다 낫고"(고전 1:25), "하나님은 세상의 미련한 자들을 택하여 세상의 지혜로운 자들을 부끄럽게 한다"(고전 1:27)는 말씀의 성취입니다. 바울이 성도를 중매자(고후 11:2), 제사장(롬 15:16)으로 일컬은 것은, 그들이 전하는 십자가 복음이 사람들에게 하나님을 알 수 있도록 해 주기 때문입니다. 그런데 오늘날 일부 설교자들이 이신칭의의 복음이 아닌 성도들의 "자기 의"(self-righteousness)의 배양을 통해 성도들을 하나님과 조우시키려고 합니다.

또 어떤 설교자들은 생득적인 종교적 감성으로 배양된 신비감을 하나님 조우의 경험이라고 세뇌시키고, 청중들을 계속 그것에 길들여지게 하므로 복음적 하나님 임재에 대해 고개를 돌리게 합니다. 이는 사람들을 유해한 인스턴트 식품에 길들여 건강한 자연 식품에 도래질 치게 만드는 것과 같으며, 십자가의 원수로 행하는(빌 3:18) 일입니다. 이신칭의로 경험되는 하나님의 임재 경험만이 거듭난 자의 신령한 임재 경험입니다(고전 2:13).

어떤 사람들은 자신이 기독교를 택하지 않고 불교나 가톨릭을 선택한 이유를, 시끄럽고 도발적인 기독교와는 달리 이들 종교에는 경건함과 신비스러움이 있어서라고 말합니다. 그러나 대개 이들이 말하는 신비감이란 자연인 안에 생득적으로 배양되는 보편적 종교 체험입니다. 가장 심오하다는 평가를 받는 불교의 해탈, 플라톤의 이데아(idea), 신을 사람 안에 모신다는 힌두교까지도 보편적 종교성에 근착(根着)된 심연(深淵)의 체험일 뿐입니다. 현대인들에게 신비감을 유발시키는 종교다원주의, 뉴 에이지(New Age)는 다 그런 류입니다.

이런 자연인의 심연의 메카니즘(mechanism)으로 하나님께 도달하려고 하는 것은 무모한 망상입니다. 이는 마치 끝 간 데 없는 음부와 낙원의 간격을(눅 16:26) 섶다리(brushwood bridge)로 연결하려는 것과 같습니다. 하나님과 인간 사이를 연결할 수 있는 것은 화목케 하는 그리스도의 복음(행 10:36; 고후 5:19)[1] 뿐입니다. 이런 점에서 이신칭의 복음은 지고의 신비입니다.

그리고 죽은 영혼에게 도달할 수 있는 것이 이신칭의뿐이라는 점에서, 이신칭의는 '신비의 극치'입니다. 무덤 속 시체 나사로의 귀에 들려져 그를 일으킨 것이 "나사로야 일어나라"는 예수님의 음성이었듯이, 죽은 영혼을 터치할 수 있는 것은 오직 이신칭의 복음뿐입니다. "죽은 자들이 하나님의 아들의 음성을 들을 때가 오나니 곧 이 때라 듣는 자는 살아나리라"(요 5:25). 여기서 아들의 음성이란 "내가 십자가에서 너의 죄값을 다 대속했다. 나를 믿으면 의롭다함을 받는다"는 이신칭의 복음입니다.

설교자가 청중에게 설교할 때마다 반드시 이신칭의 복음을 말해야 할 이유가 여기 있습니다. 율법, 종교적 감성, 신비로운 느낌 같은 마음의 심연(深淵)에 속한 것들로 죄로 죽은 인간 영혼에 어필하려는 것은, 클래식 음악이나 시(詩)를 들려주어 죽은 영혼을 살리려는 것처럼 어리석은 짓입

---

[1] 만유의 주 되신 예수 그리스도로 말미암아 화평의 복음을 전하사 이스라엘 자손들에게 보내신 말씀(행 10:36). 하나님께서 그리스도 안에 계시사 세상을 자기와 화목하게 하시며 저희의 죄를 저희에게 돌리지 아니하시고 화목하게 하는 말씀을 우리에게 부탁하셨느니라 (고후 5:19).

니다. 오직 그리스도의 복음만이 죽은 영혼에 도달하여 살려냅니다.

또한 이신칭의가 하나님 사랑을 체험시킨다는 측면에서 '지고의 신비'라 할 수 있습니다. 하나님의 사랑은 거룩한 사랑이기에, 의(義)에만 그 사랑이 나타납니다. 의(義) 외는 달리 하나님의 사랑은 경험되지 않으며, 오직 믿음으로 의롭게 된 자에게만 그 사랑이 알려집니다. 성경도 하나님 사랑을 의(義)의 사랑이라 규정합니다(롬 5:8-9).[2]

그런데 오늘 사람들이 하나님 사랑에 목말라 하고 하나님 사랑을 많이 말하지만, 그 내용들이 의(義)와는 상관없는 일반 은총적 측면이 주를 이룹니다. 그들은 아름다운 자연을 보며, 하나님의 창조 솜씨가 놀라우며 그런 아름다운 자연을 주신 하나님의 사랑이 너무 크다고 호들갑을 떱니다. 그들은 하나님 사랑을 자기 개인과 연결지을 때도 주로 현세적인 복들에 한정지우며, 그런 복들을 주신 하나님의 사랑에 감격해 합니다.

그러면서도 정작 그리스도 안에 있는 의(義)가 진정한 하나님 사랑이며 복이라는 것을 알며(갈 3:9), 감격하는 일은 드뭅니다. 의(義)에 무지한 이들에게는, 결코 하나님의 사랑이 알려질 수 없다는 것을 반증해 주는 대목입니다. 하나님의 사랑을 알게 해 주는 이신칭의는 놀라운 신비입니다.

마지막으로 이신칭의가 신비한 이유는, 이신칭의 자체의 비밀스러움 때문임을 말하고자 합니다. 오늘 교회 안에서 소위 자, 타칭 신령한(?) 사람들을 만납니다. 그들의 면면을 보면, 앉아서 구만리장천을 보는 예지력(豫知力)과 사람의 내면을 꿰뚫는 투시력을 가졌습니다. 그러나 이들 중에는 구약의 사울 왕(삼상 10:11)과 거짓 은사자들처럼(마 7:22), 이신칭의의 은혜를 입지 못한 채 단지 은사 행사로 그쳐, 그들의 은사 행위가 성령의 열매임을

---

2 우리가 아직 죄인 되었을 때에 그리스도께서 우리를 위하여 죽으심으로 하나님께서 우리에게 대한 자기의 사랑을 확증하셨느니라 그러면 이제 우리가 그 피를 인하여 의롭다 하심을 얻었은즉 더욱 그로 말미암아 진노하심에서 구원을 얻을 것이니(롬 5:8-9).

담보받지 못합니다.

아무리 대단한 신통력을 가졌어도, 이신칭의에 근거하지 않았다면 아무것도 아니며, 이신칭의의 비밀을 경험하지 못했다면 아직 신령한 영적 세계에 들어가지 못한 것입니다. 성경이 말하는 최고의 신령(神靈)과 영험(靈驗)은 이신칭의의 체험입니다. 설사 그가 앉아서 구만리장천을 보지 못하고 사람의 내면을 꿰뚫어보지 못해도, 이신칭의의 비밀을 안다면 그는 최고의 비밀을 깨달은 신령한 자입니다. 이신칭의 복음은 만세와 만대로부터 감춰어 온 비밀이며(골 1:26), 하나님 지근거리에 머무는 천사들도 살펴보기를 원하는 것이며(벧전 1:2), 오직 하늘로부터 보내심을 받은 성령의 도움으로만 알려지기 때문입니다(요 15:26; 벧전 1:12).

이런 점에서 이신칭의의 비밀을 경험한 그리스도인들은 모두 다 신령한 영험자들이며, 영적인 필요충분조건을 다 가진 복된 자들입니다.

제2장

하나님의 임재, 이신칭의에만 있다

오늘 하나님의 임재(presence of God)에 대한 관심이 높습니다. 유행하는 경건(영성) 훈련들이 대개 하나님의 임재를 표방하고 있으며, 그것의 방편에 '관상'(contemplation), '침묵'(silence), '거룩한 독서'(Lectio Divina), '예수 기도'(Jesus Prayer) 등이 단골 메뉴로 올려집니다. 기독교서점가의 스테디 셀러 목록에 하나님 임재를 주제로 한 로렌스(Brother Lawrence, 1611-1691)의 『하나님의 임재연습』(The Practice of the Presence of God), 프랑스의 경건주의자 마담 귀용(Madame Guyon, 1648-1717)의 서적 등이 꾸준히 랭크되고 있음은, 그만큼 임재가 기독교인들의 뜨거운 관심사가 되고 있다는 반증입니다.

그리스도인이 임재에 관심을 갖는 것 자체가 잘못된 것은 아닙니다. 하나님은 실존이시기에 그가 현현하는 곳에 신자가 임재의식을 갖는 것은 당연하며, 문제는 그것의 왜곡과 남용 때문입니다. 흔히 사용하는 임재(presence)라는 용어는 정확히 말하면 임재의식(consciousness of presence)이며, 말 그대로 하나님이 나와 함께 하심을 의식하며 경험하는 것입니다.

임재의 기원은 무죄했던 에덴입니다. 아담과 하와에게는 임재가 일상적인 것이었고, 그들의 만족의 근원이었습니다. 뿐만 아니라 구원받은 모든 성도들의 금생과 내생의 지복으로 칭송됐습니다.

> 하나님께 가까이 함이 내게 복이라(시 73:28).
> 나는 의로운 중에 주의 얼굴을 보리니 깰 때에 주의 형상으로 만족하리이다(시 17:15).
> 그러나 사데에 그 옷을 더럽히지 아니한 자 몇 명이 네게 있어 흰 옷을 입고 나와 함께 다니리니 그들은 합당한 자인 연고라(계 3:4).

그러나 인간의 범죄로 인간에게서 하나님의 임재가 거두어 진 것은 주지의 사실입니다. 범죄 후 아담이 하나님의 얼굴을 피한 것이나(창 3:13)[1], 아담이 에덴에서 쫓겨난 것은(창 3:23)[2] 죄인에게 임재가 금해졌다는 하나의 징표였습니다. 그러나 이후 하나님은 아담과 하와에게 양의 가죽옷을 지어 입히시는 것을 통해(창 3:21)[3] 임재의 회복을 약속하셨습니다. 하나님의 임재에 대한 상징적인 인물들로는 3백 년간 하나님과 동행한 에녹을 위시해서, 아브라함, 모세, 다윗, 바울 등을 들 수 있습니다.

교회사에서는 존 번연(John Bunyun), 조나단 에드워즈(Jonathan Edwards), 조지 휫필드(George Whitefield), 로이드 존스(M. Lloyd Jones) 같은 이들이 탁월한 임재의 경험들을 진술하고 있습니다. 그러나 임재는 이분들만의 전유물이 아닌 정상적인 그리스도인 모두에게 허락된 보편적인 경험입니다. 오늘날 임재가 특별한 일처럼 되고, 그것을 경험하기 위해 인위적인 수단들이 동원되는 것은 분명 정상이 아니며, 기독교 2천 년 역사에

---

1 가로되 내가 동산에서 하나님의 소리를 듣고 내가 벗었으므로 두려워하여 숨었나이다
   (창 3:13).
2 여호와 하나님이 에덴동산에서 그 사람을 내어 보내어 그의 근본된 토지를 갈게 하시니라
   (창 3:23).
3 여호와 하나님이 아담과 그 아내를 위하여 가죽옷을 지어 입히시니라(창 3:21).

도 이런 비정상의 편린(片鱗)들이 넘쳐납니다.

영지주의, 화체설, 성자의 유물 숭배, 경건주의, 신비주의 그리고 오늘날 에큐메니칼 영성훈련 등은 왜곡된 임재 추구의 형태들입니다. 그러나 이런 인위적인 수단들로 하나님의 임재를 이끌어낼 수 없습니다. 하나님 임재의 성경적 근거는 속죄소(贖罪所) 위의 하나님 현현(顯現)입니다(출 25:21-22).[4] 피가 뿌려진 속죄소는 하나님이 인간과 만나겠다고 약속한 유일한 장소였습니다. 하나님은 우주만물의 주인이시고 어디든 안 계신 데가 없는 무소부재하신 분임에도, 죄가 세상에 유입된 후에는 오직 한 곳 속죄소에만 임재하셨습니다.

피가 뿌려진 속죄소는 장차 세상에 오셔서 피 흘리실 그리스도를 상징하며, 오직 그리스도만이 하나님이 머무실 유일한 성전이라는 것입니다. 나아가 그리스도의 피가 뿌려진 성도들에게도 하나님이 임재하실 것이라는 예표입니다. 예수 그리스도의 또 다른 이름, 곧 "하나님이 우리와 함께 하신다"는 임마누엘(마 1:23)은 예수 그리스도의 피에 하나님이 임재하신다는 뜻입니다.

"샘물과 같은 보혈은 임마누엘 피로다"라는 찬송가 가사에서, 그리스도의 보혈을 '임마누엘의 피'로 표현한 것은, 그리스도의 보혈에 하나님이 임재하신다는 뜻입니다. 영국의 청교도 조지 휫필드도 예수 그리스도가 하나님의 임마누엘이시며, 그가 성도에게 하나님이 임재해 계심을 알게 하신다고 진술했습니다.

---

4 속죄소를 궤 위에 얹고 내가 네게 줄 증거판을 궤 속에 넣으라 거기서 내가 너와 만나고 속죄소 위 곧 증거궤 위에 있는 두 그룹 사이에서 내가 이스라엘 자손을 위하여 네게 명할 모든 일을 네게 이르리라(출 25:21-22).

그리스도께서 성도들의 임마누엘이셔서 하나님께서 그들과 함께, 그들 안에 있는 것을 그들은 알고 있습니다. 그들은 성령의 살아계신 전입니다. 그러므로 하나님이 거하실 거룩한 처소가 되어져서 모든 삼위께서 그들 안에 거주하시고 동행하십니다.[5]

그리스도가 공생애 시작 전, 그의 죽으심을 상징하는 요단강 수세(受洗) 때 비둘기 같은 성령이 그의 위에 임하신 것은, 그의 죽음이 있는 곳에 하나님이 임재하실 것을 예표한 것입니다. 예수님도 자신의 피 뿌림을 받은 자에게만 임재하실 것을 약속하셨습니다.

내 살을 먹고 내 피를 마시는 자는 내 안에 거하고 나도 그 안에 거하나니(요 6:56).
예수께서 우리를 위하여 죽으사 우리로 하여금 깨든지 자든지 자기와 함께 살게 하려 하셨느니라(살전 5:10).

피 뿌림이 하나님 임재의 조건임은, 이방의 미신 종교에서처럼 피에 무슨 영험이 있어서거나 하나님을 호출하는 영매(靈媒) 역할을 해서가 아닙니다. 그리스도의 피가 하나님 임재의 장애물인 죄를 없애 준 결과입니다. 그리스도의 피가 죄를 없이 한다는 것은 시종일관 성경의 가르침입니다.

피가 죄를 속하느니라(레 17:11).
영원하신 성령으로 말미암아 흠 없는 자기를 하나님께 드린 그리스도의 피가 어찌 너희 양심으로 죽은 행실에서 깨끗하게 하고(히 9:14).

---

[5] George Whitefield, *Sermons on Important Subject*, 『복음잔치: 오라, 강청하시는 그리스도』, 휫필드설교시리즈 3, 서문 강 역 (서울: 지평서원. 2004), p. 318.

그리고 임재를 불러오는 그리스도의 피는 2천 년 전 택자를 위해 흘려 놓으신 대속의 피이며, 믿음을 통해 우리에게 뿌려집니다. 모세가 대속죄일에 이스라엘 백성들을 모아 놓고 율법을 선포한 후, 송아지의 피를 율법 책과 백성들에게 뿌린 것은(히 9:19-21), 언약을 어기면 반드시 죽게된다는 뜻 외에도, 언약을 어긴 죄인이 그리스도의 피로 구속을 받아 하나님의 임재를 누리게 된다는 뜻입니다. 이해를 돕는 말씀이 로마서 5장에 나옵니다.

> 이 예수를 하나님이 그의 피로 인하여 믿음으로 말미암는 화목 제물로 세우셨으니(롬 3:25).

여기서 "그의 피로 인하여 믿음으로 말미암는 화목제물"이라 함은, 그리스도의 피가 인간과 하나님을 화목시키는데, 곧 믿음을 통해 화목(임재)의 원천인 그리스도의 피가 사람에게 뿌려짐으로서 된다는 뜻입니다. 이러한 "피, 화목(임재), 믿음"의 긴밀성으로 인해, "하나님이 믿음에 임재한다"(엡 3:17)[6]와 "하나님이 그리스도의 피에 임재한다"(출 25:21)가 성경에서 상호 교호적(interactively)으로 쓰입니다.

우리가 이신칭의를 하나님의 임재를 불러오는 유일한 통로로 주장하는 이유도, 믿음이 우리에게 그리스도의 의를 입혀 하나님과 화목시키기 때문입니다. 인간의 율법적(행위적) 의(義)가 우리를 하나님과 화목시킬 수 없음은, 그것이 완전한 의(義)가 못되기 때문입니다. 율법적(행위적) 의(義)는 의로우신 그리스도만이 성취할 수 있으며, 우리가 율법의 의를 소유하는 길은 그가 이룬 율법의 의(義)를 믿음으로 덧입는 것뿐입니다.

---

[6] 믿음으로 말미암아 그리스도께서 너희 마음에 계시게 하옵시고(엡 3:17).

이렇게 믿음으로 그리스도의 율법적 완전을 덧입어 된 의(義)를, "믿음으로 된 의"(롬 4:11), "믿음으로 하나님께로서 난 의"(빌 3:9)라고 말하며, 이 믿음의 의만이 하나님과의 화목(임재)을 일궈냅니다. 따라서 화목(임재)의 원천인 칭의가 종말 때까지 유보된다고 주장하는 유보적 칭의론자들에게는, 종말 때까지 하나님의 임재가 유보되는 것이 당연합니다.

반(反)이신칭의론자들을 비롯해, 다양한 신학노선을 가진 다양한 색깔의 신앙인들 역시 자신들의 신학 입장에 따른 나름대로의 임재 방편들을 고안했습니다. 종교다원주의 성향의 교인들은 임재(?)를 체험할 수 있다면 종교, 방법을 불문하고 입맛대로 임재 수단들을 차용합니다. 자유주의 교인들은 직관이나 신비 체험을 통해 임재를 경험하려고 합니다. 철학적 종교인들은 명상(meditation)을 통해 임재를 꿈꾸고, 뉴 에이지(New Age)에 오염된 교인들은 음악, 문학, 예술 같은 문화 행위를 통해 임재를 끌어 내려고 합니다. 그러나 이들의 임재는 의(義)와 무관무관하며, 의와 무관하니 하나님과도 무관합니다.

이들의 임재추구 방식이 외면적으로는 매우 아카데믹하고 컬츄럴해 보이나, 무당이 접신을 위해 강신술을 행하는 것과 다를 바 없이 비루하며, 하나님 보시기에는 무당, 주술사만큼이나 악합니다. 또한 그들이 명분상으로는 하나님 임재를 표방하지만, 실제 그들이 만나고 경험하는 것은 자아 우상(ego-god) 아니면 잡신입니다.

그리고 인위적인 수단들을 동원해 임재를 끌어 내려고 하는 이들의 공통점이 있습니다. 곧 그들 모두가 믿음을 좌시한다는 점입니다. 그들에게 있어 믿음으로만 하나님의 임재를 추구하는 것은 고답적인 것으로 치부됩니다. 구약 시대는 짐승의 피에 임재가 이루어졌고, 종교개혁 시대에는 믿음으로 임재를 이끌어냈지만, 탈 규범적인 21세기 종교다원주의 시대에는 다양한 임재 추구 방식이 동원될 수 있다고 주장합니다. 이들의 주장을 듣노라면, 마치 하나님의 존재 방식이 시대에 따라 변하는 것처럼 여겨집니다. 이는 하나님의 임재 방식이 변한다는 것은 곧 그의 존재 방식이 변하는 것이기 때문입니다.

"믿음을 통한 임재" 방식은 태초부터 세워진 불변의 경륜이고, 시대를 초월한 성경적 방식입니다(롬 5:1).[7] 이 외에 다른 방안은 없습니다. 다시 말하지만 임재의 원리는 간단합니다. 죄의 장벽이 하나님의 임재를 막았으니, 피 뿌림으로 죄의 장벽을 없이해 임재를 복구하는 것입니다. 만일 누가 믿음 외에 다른 인위적인 방법들을 동원해 임재를 경험했다면, 그것은 필시 하나님이 아닌 악령의 임재입니다.

루터(Martin Luther)가 그리스도의 십자가를 통해 만나지 않은 하나님은 악령이라고 한 것은, 오직 그리스도의 피 뿌림을 받는 자에게만 하나님이 임재한다는 뜻이었습니다. 바울은 갈라디아 교인들을 향해, "너희가 성령을 받은 것이 율법의 행위로서가 아니라 믿음으로 된 것이라"(갈 3:2)고 말한 것도 믿음으로 말미암는 하나님의 임재를 말한 것입니다.

오늘 누구든지 믿음으로 의(義)의 피 뿌림을 받은 그리스도인이라면, 그에게는 반드시 하나님의 임재가 있습니다. 여기에는 예외가 없습니다. 루터에게 천국이 열려지는 경험을 갖다 준, 소위 탑경험(Tower Experiecne) 역시 이신칭의의 복음으로(롬 1:17; 시 22편) 말미암은 임재경험이었습니다. 믿음으로 의롭다 함을 받은 순간 하나님과 루터 사이에 가로막혔던 죄의 장벽이 무너지면서, 하나님이 그에게 얼굴을 드러내셨습니다. 그리고 하나님의 얼굴이 보이는 순간 천국도 함께 열려졌습니다. 이렇게 믿음으로 말미암은 하나님의 임재에 만족한 자는 별도의 임재를 구하려고 여기저길 기웃거리지 않습니다. 그는 하나님의 임재가 오직 의(義)의 복음에 있음을 알기에, 오직 복음만을 구하고 복음만을 듣고 싶어 할 뿐입니다.

---

7 그러므로 우리가 믿음으로 의롭다 하심을 얻었은즉 우리 주 예수 그리스도로 말미암아 하나님으로 더불어 화평(임재)을 누리자(롬 5:1).

제3장

하나님의 사랑의 계시

인간 양심과 상선벌악(賞善罰惡)에 근거한 율법주의(윤리) 종교는 심오한 종교 관념 없이 누구나 이해할 수 있습니다. 이런 자연산 종교는 생득적인 인간 본성으로 해득될 수 있기 때문입니다. 바울이 양심을 마음에 새겨진 율법이라 한 것은, 인간은 본성적으로 율법에 대한 이해력을 가진다는 뜻입니다.

> 율법 없는 이방인이 본성으로 율법의 일을 행할 때는 이 사람은 율법이 없어도 자기가 자기에게 율법이 되나니 이런 이들은 그 양심이 증거가 되어 그 생각들이 서로 혹은 송사하며 혹은 변명하여 그 마음에 새긴 율법의 행위를 나타내느니라(롬 2:14-15).

누구로부터 옳고 그름을 가르침 받지 않아도 사람은 본성적으로 율법 의식(意識)을 가집니다. 이 율법 의식은 본능적으로 죄를 쫓는 원죄적 속성과 더불어 태생적입니다. 율법 의식이 태생적이라는 것은 어린아이들을 통해서도 확인됩니다. 그들도 자신이 뭔가 잘못했다는 것을 느낄 때, 누가 뭐라고 책망하기 전에 먼저 스스로 부끄러움과 죄의식을 갖습니다.

이와는 달리 초자연적인 이신칭의 교리는, 자연인의 종교 관념이나 인문학적 소양으로는 공감될 수 없습니다. 성경이 이신칭의를 "사람의 마음으로도 생각지 못하고"(고전 2:9-10), "하나님의 계시로 알려지는 비밀"(엡 3:3)이라고 말한 것은 본래 그것이 인간에게 생경하다는 뜻입니다.

오죽하면 사도 바울이 "예수 믿어 의롭다 함을 받는 것을" 어떤 사람들에게는 도무지 믿지 못하고 놀랄 일이 되어 그들을 망하게 할 것이라고 말했겠습니까?(행 13:39-41).[1]

사도 바울이 말한 "영의 생각"(롬 8:6)이라는 것도, 흔히 상상하듯 영계를 주유(周遊)하는 신비가들의 영험(靈驗)한 생각이 아닌, 이신칭의를 받아들인 거듭난 사람들의 생각을 의미합니다. 이러한 영적인 생각은 타고난 것이 아니기에 본성적인 생각에 의해 곧잘 공격을 받습니다. 성령을 힘입어 이신칭의의 복음을 들을 때는 아멘을 하지만, 본성의 지배를 받으면 어느새 자신도 모르게 그것을 의심하고 다시 율법주의의 담장을 기웃거립니다.

바울이 이신칭의 신앙에서 곧잘 율법주의로 회귀하는 갈라디아교회를 향해 "어찌하여 다시 약하고 천한 초등학문으로 돌아가서 다시 저희에게 종노릇 하려 하느냐"(갈 4:9)고 탄식한 것은, 율법주의에 대한 사람들의 착근(着根)이 얼마나 뿌리 깊은지를 잘 보여줍니다. 하나님이 성령을 보내 주신 것도, 또한 성령을 보혜사(증거자, 요 16:26), 교사(요일 2:27), 상기시키는 자(요 14:26)로 일컬은 것도 생득적으로 이신칭의에 낯선 인간들을 가르치

---

1 또 모세의 율법으로 너희가 의롭다 하심을 얻지 못하던 모든 일에도 이 사람을 힘입어 믿는 자마다 의롭다 하심을 얻는 이것이라 그런즉 너희는 선지자들로 말씀하신 것이 너희에게 미칠까 삼가라 일렀으되 보라 멸시하는 사람들아 너희는 놀라고 망하라 내가 너희 때를 당하여 한 일을 행할 것이니 사람이 너희에게 이를찌라도 도무지 믿지 못할 일이라 하였느니라 하니라(행 13:39-41).

기 위한 것임을 보여줍니다.

따라서 사람들이 이신칭의를 일반의 종교 개념과 인문학적 지식으로 파보겠다고 달려드는 것은, 마치 '1+1=2'라는 초보 셈법으로 미적분을 풀려고 달려드는 것과 같습니다. 그리고 그들은 자신들의 이해력이 그것에 미치지 못할 때는 곧장 허무맹랑한 교리로 치부해버립니다. 이는 마치 초등학생이 미적분이 이해 안 된다고 미적분을 엉터리라고 단정 짓는 것과 같습니다. 이신칭의를 모순되다고 공격하는 유보적 칭의론자들이 아무리 갖가지 이론들로 그럴듯하게 자신들의 공격 논리를 포장하지만, 기저에 깔려 있는 사상은 초등학문인 율법주의요(갈 4:9) 사람 머리에서 나온 인문학적 지성입니다.

그런데 이신칭의를 구원의 도리로 인정하는 개혁주의자들 중에는 오히려 이신칭의를 입문 시에나 필요한 초보 교리로 치부하며, 고차원의 신앙으로 진입하려면 초보 입문에서 벗어나야 한다고 말하는 이들이 있습니다. 이 역시 이신칭의에 대한 심대한 오해에서 비롯됐습니다. 이신칭의는 기독교의 입문 교리일뿐더러 가장 고등한 교리입니다. 곧 그것은 신앙의 출발을 알리는 스타트건(start gun)인 동시에 완성을 기념하는 축포(gun salute)입니다.

바울이 산전수전 다 겪고 난 후의 만년의 그의 신앙고백도 다른 심오한(?) 어떤 것이 아닌, "하나님의 아들을 믿는 믿음"(갈 2:20)이었습니다. 그리스도인으로서 그의 일생을 한마디로 요약하면, 시종 예수 믿음에 근착(根着)된 이신칭의의 신앙 여정이었습니다. 그에게 그것은 벗겨도 벗겨도 계속 속살을 내보이는 양파처럼, 언제나 새롭고 끝 간 데 없는 비의(秘意)였습니다.

"주 예수 크신 사랑 늘 말해 주시오 평생에 듣던 말씀 또 들려주시오"(찬 236장)라는 찬양 가사 그대로입니다.

이러한 초자연적 이신칭의를 전하는 일은 오직 성령을 힘입어 해야 합니다. 실제로, 이는 사도들을 비롯한 모든 전도자들의 공통된 전도 원리였습니다. 그들은 하늘로부터 보내신 성령을 힘입어 전하고(벧전 1:12), 그의 말과 전도가 사람이 권하는 말이 아닌, 다만 성령의 나타남과 능력으로 했습니다(고전 2:4). 오늘날 이구동성으로 설교는 성령을 힘입어 하는 것이라고 주장하는 이유도, 설교에는 언제나 이신칭의 같은 비의(秘意)한 교리들이 함의돼 있기 때문입니다. 따라서 설교자나 청중은 설교 시에 언제나, "성령이 스승되셔서 진리를 가르치시고 거룩한 뜻을 깨달아 진리를 알게 하소서"(찬 506장)라는 겸비함을 지녀야 합니다.

그리고 이신칭의가 삼위일체 하나님과 연계돼 있음을 말하고자 합니다. 혹 이신칭의와 삼위일체 하나님과 무슨 상관이 있느냐고 할지 모르나, 의(義)의 원천인 그리스도가 하나님이셔야만 그로부터 전가된 의가 우리를 의롭다 할 수 있기 때문입니다. 만일 그리스도가 삼위일체 하나님이 아니시라면, 그의 의(義)가 우리를 죄에서 해방할 수 없습니다. 예수님이 "하나님을 믿으니 또 나를 믿으라"(요 14:1)고 하신 말씀도, 하나님도 믿고 예수도 믿으라는 다신론(polytheism) 신앙을 가지라는 뜻이 아니라, 삼위일체 하나님이신 예수 그리스도의 의(義)를 힘입어 하나님을 믿으라는 뜻입니다. 베드로 사도가 "하나님을 그리스도로 말미암아 믿는다"(벧전1:21)고 한 바로 그 말씀의 의미입니다.

그리스도가 배제된 유대교적 단일신 신앙으로는 이신칭의 신앙이 성립될 수 없습니다. 만일 성자 그리스도의 십자가 공로를 힘입지 않고 성부 하나님만을 믿어 의롭다 함을 받으려고 하면, 하나님의 공의가 세워지지 않기에 이신칭의가 성립되지 못합니다. 이신칭의 신앙의 원조격인 구약의 아브라함 신앙도, 성자 그리스도로 말미암아 성부 하나님을 믿는(벧전

1:21)[2] 삼위일체 신앙이었습니다. 그의 하나님 신앙은 대속자 그리스도 신앙과 함께 더불은 것이었습니다. 이는 예수님이 직접 말씀하신 바이기도 합니다.

> 너희 조상 아브라함은 나의 때 볼 것을 즐거워하다가 보고 기뻐하였느니라(요 8:56).

하나님이 아브라함에게 복음을 전해 주셨다(갈 3:8)는 말씀 역시, 삼위일체에 기반 된 이신칭의 복음을 전해 주셨다는 뜻입니다. 다윗의 신앙 역시 삼위일체에 근거한 이신칭의 신앙이었습니다.

> 다윗은 하늘에 올라가지 못하였으나 친히 말하여 가로되 '주께서' '내 주에게' 말씀하시기를 내가 네 원수로 네 발등상이 되게 하기까지 너는 내 우편에 앉았으라 하셨도다 하였으니(행 2:34-35).
> '주의 거룩한 자'로 썩음을 당치 않게 하실 것임이로다(행 2:27).

성자 그리스도를 배제시킨 유대교 단일신론자들은 이신칭의를 믿을 수도 알 수도 없습니다.

이에 비추어 볼 때, 유보적 칭의론자들이 이신칭의를 받아들이지 않는 이유 역시, 삼위일체 신앙의 결핍 때문이 아닌가 합니다. 물론 그들이 표면적으로는 그리스도를 부정하지 않지만, 과연 그들이 삼위일체 그리스도와 그의 대속의 완전함을 믿는지 의심이 듭니다. 정말 그들이 십자가에 달린

---

[2] 너희는 저를 죽은 자 가운데서 살리시고 영광을 주신 하나님을 그리스도로 말미암아 믿는 자니 너희 믿음과 소망이 하나님께 있게 하셨느니라(벧전 1:21).

예수 그리스도의 희생이 삼위일체 하나님 아들의 희생임을 믿는다면, 그의 희생 위에 뿌리박은 이신칭의 신앙을 값싼 구원이니 뭐니 하며 폄하할 수 없을 것입니다.

그리고 마지막으로, 이신칭의의 비밀을 알도록 허락 받았느냐 못 받았느냐는, 하나님 사랑을 받았느냐 못 받았느냐 하는 준거 기준임을 말하고자 합니다. 이는 이신칭의가 창세 전 하나님의 사랑을 입어 영생 얻기로 작정된 자에게만 허락된 것이기 때문입니다.

> 하나님이 처음(영원 전)부터 너희를 택하사 성령의 거룩하게 하심과 진리를 믿음으로 구원을 얻게 하심이니(살후 2:13).
> 영생을 주시기로 작정된 자는 다 믿더라(행 13:48).

예수님은 불택자들에 대한 이신칭의의 계시 불허는, 하나님 사랑에서 제외된 그들이 깨달아 고침을 받지 못하게 하려는 하나님의 작정에 의한 것임을 분명히 말했습니다.

> 이 백성의 마음으로 둔하게 하며 그 귀가 막히고 눈이 감기게 하라 염려컨대 그들이 눈으로 보고 귀로 듣고 마음으로 깨닫고 다시 돌아와서 고침을 받을까 하노라(사 6:10).

예수님이 비유가 아니면 말씀하시지 않으신 이유도, 불택자들로 하여금 천국복음을 깨닫지 못하도록 하기 위함이었습니다.

> 하나님 나라의 비밀을 너희에게는 주었으나 외인에게는 모든 것을 비유로 하나니 이는 저희로 보기는 보아도 알지 못하며 듣기는 들어

> **도 깨닫지 못하게 하여 돌이켜 죄 사함을 얻지 못하게 하려 함이니라**
> (마 4:11-12).

그리고 불택자에 대한 이신칭의의 불허는 인간의 죄와 맞물려져 있기에, 그 책임을 하나님께 돌리지 못하게 합니다. 유대인들이 이신칭의를 받아들이지 않는 것은, 큰 그림으로는 그들을 구원에서 배제시키려는 하나님의 의도에 따른 것이지만(롬 11:11)[3] 작은 그림으로는 그들의 죄 때문입니다. 성경은 이신칭의의 거부를 목이 곧고 성령을 거스리는 죄로 비난했습니다(행 7:51).[4]

또한 불택자들에 대한 이신칭의의 불허(不許)는 하나님의 주권적 섭리 속에서 사탄의 개입을 통해 구현되게 하셨습니다. 먼저 죄로 인해 그들을 사탄의 지배 아래 놓이게 했고(엡 2:2), 그들을 지배하는 사탄이 은혜의 빛을 그들에게 비치지 못하게 하여(고후 4:4) 그들의 마음에 이신칭의가 받아들여지지 못하도록 했습니다(마 13:19). 이신칭의의 도가 유대인들에게는 거리끼는 것이 되고, 헬라인들에게는 미련한 것이 된(고전 1:23) 연유가, 바로 그들의 죄와 원수의 훼방으로부터 말미암았습니다.

그러나 택자들에게는 창세 전부터 예정된 하나님의 사랑과, 죄와 마귀의 권세에서 해방시켜주신 하나님의 능력이 이신칭의의 계시를 열어 주었습니다.

---

[3] 그러므로 내가 말하노니 저희가 넘어지기까지 실족하였느뇨 그럴 수 없느니라 저희의 넘어짐으로 구원이 이방인에게 이르러 이스라엘로 시기나게 함이니라(롬 11:11).

[4] 목이 곧고 마음과 귀에 할례를 받지 못한 사람들아 너희가 항상 성령을 거스려 너희 조상과 같이 너희도 하는도다(행 7:51).

제4장
숙성이 불필요한 즉각적인 칭의
〈기독교사상연구원 제 8회 학술회 발표 내용〉

급전직하(急轉直下)라는 사자성어가 있습니다. 그 뜻은 하루아침에 신세가 급격히 몰락한다는 뜻입니다. 최근에 영어(囹圄)의 몸이 된 박근혜 이명박 전 대통령들을 보면 이 단어가 더욱 실감납니다. 천사장이 타락하여 마귀가 된 것도 급전직하한 경우입니다. 무엇보다 하나님 형상을 닮은 고귀한 인간이 타락하여 비참한 지경에 빠뜨려진 것은 그것의 전형입니다. 아담이 "먹으면 죽으리라"는 하나님의 계명을 어겼을 때, 바로 영적 죽음이 왔습니다. 범죄 후 눈이 밝아져 자신의 벗은 모습이 부끄러워 무화과 잎으로 하체를 가린 것과(창 3:7), 하나님의 얼굴을 피해 나무 뒤에 숨은 것은 영적 죽음(하나님과의 단절)을 상징합니다.

그 반대의 경우가 급전직상(急轉直上)입니다. 하루아침에 지위가 급격히 격상된다는 말입니다. 강화도 산골에서 나무나 하던 강화도령이 어느 날 갑자기 조선의 임금이 되는 경우입니다. 이신칭의(以信稱義)가 그러합니다. 범죄로 급전직하했듯이, 칭의(稱義)도 준비나 숙성 과정이 필요 없는 급전직상입니다. 칭의는 소극적인 "죄 사함"과 적극적인 "의로 여기심"을 함의하는데(웨스트민스터 소요리문답 제33문), 둘 다 모두 즉각적입니다. 이사야 선지자가 환상 중에 천사로부터 숯불이 그의 입에 닿았을 때 즉시 악이 제해졌다는 선언을 들었습니다(사 6:6-7). 눈물로 예수님의 발을 씻기고 발에 향유를 부었던 마리아에게 예수님이 "저의 많은 죄가 사하여졌도다"(눅 7:47)고 하셨습니다. 이는 모두 즉각적인 죄사함의 원리를 말씀한 것입니다.

반면에 로마 가톨릭의 죄 사함에는 "은혜성"과 "즉각성"이 유예 돼 있습니다. 그들은 죄 사함에 '고해성사'나 '참회'를 포함시켜, 죄 사함을 보속(penance) 행위로 만들므로 죄 사함의 "은혜성"을 손상시켰습니다. 그리고 회개를 반복적인 것으로 만들어 죄 사함의 "즉각성"을 손상시켰습니다.

오늘날 신구교를 망라하여 경쟁적으로 하는 성지순례는 본래 죄 사함을 위한 일종의 보속(penance)이었습니다. 지금 같은 관광이 아니라 탁발(托鉢)로 이어간, 말 그대로 고행이었습니다. 그들은 순례를 하면서 끊임없이 자기 죄를 고백하며 사죄의 자비를 구했습니다. 11세기 말~13세기 말에 걸쳐 200년 동안 일어난 십자군 전쟁의 발발 원인이, 가톨릭 신자가 성지순례 중 이슬람 지역에 들어갔다가 빚은 충돌 때문이었습니다. 교황이 있는 로마 바티칸은 물론, 한국의 안성 미리내의 김대건 신부 묘소도 성지순례의 단골 코스입니다.

"로마 가톨릭의 이신칭의 폐기와 미신"의 상관관계를 설파한 루터의 말은 매우 적절해 보입니다.

> 만일 가톨릭교회가 이신칭의를 없애버리지만 않았다면, 교회는 수사단이니, 성지순례니, 미사의식이니, 3종(三鐘)기도니 하는 것들을 만들어 내지 않아도 되었을 것이다. 이제 교회가 다시 한 번 본분을 잃어버린다면 (그러지 않기를 하나님께 기도한다), 그런 우상들은 또 다시 찾아올 것이다.[1]

---

1 Donald Demaray, 『루터에게 듣는다』, p. 78.

가나 혼인잔치에서 물이 포도주로 변한 것은 루터의 말대로 칭의와 중생의 예표입니다. 물이 순간적으로 포도주로 변했듯이(요 2:9), 칭의와 중생은 순간적으로 일어납니다. 예수님이 자신을 영접한 죄인 삭개오에게 "너도 오늘 아브라함의 자손이 됐다"(눅 19:19)고 하시며, 삭개오를 아브라함 자손으로 즉각 편입시켜 주신 것은 죄인이 믿음으로 즉시 의인되는 원리를 예표합니다.

예수님이 "죽은 자들이 아들의 음성을 들으면 살아난다"(요 5:25)고 하신 말씀 역시, 복음을 들은 영혼이 즉시 살아나는 중생을 뜻합니다. 이는 예수님이 나사로 무덤 앞에서 "나사로야 일어나라"(요 11:43)고 했을 때 죽은 나사로가 듣고 벌떡 일어난 것과, 그리스도 재림 때의 "마지막 나팔에 순식간에 홀연히 다 변화하리니"(고전 15:51)라는 말씀과 잘 매치됩니다.

세례의 원리 역시 칭의의 즉각성을 예표 합니다.

> 너희가 세례로 그리스도와 함께 장사한바 되고 또 죽은 자들 가운데서 그를 일으키신 하나님의 역사를 믿음으로 말미암아 그 안에서 함께 일으키심을 받았느니라(골 2:12).

예수의 죽으심과 연합하는 세례를 받으면 즉각 죄인에서 의인으로 거듭납니다. 칼빈(John Calvin)도 "구원의 축복들은 성령을 통해 그리스도 안에서 배타적으로 즉각적으로 동시적으로 종말론적으로 우리의 것이 된다"[2]고 했습니다.

칭의의 신학자 제임스 뷰캐넌(James Buchanan) 역시, 즉각적인 보증에

---

2 Sinclair B. Ferguson, *Holy Spirit*, p. 102, 제5회 ACTS 신학포럼, "ACTS 신학공관과 교회사 연구 해석에의 적용"에서 재인용.

기초하고 있는 칭의를 받은 자는 즉시적인 약속과 현재적인 특권으로서의 "믿음의 기쁨과 평강"을 누리게 된다고 했습니다[3]

칭의의 즉각성을 반대하는 자들은 비단 유보적 칭의론자들만이 아니고, 진화론적 역사관에 세뇌된 모든 사람들입니다. 그들은 어느 민족, 사회, 개인이든 오랜 시간을 두고 점진적으로 발전하지 급작스럽게 변화하지 않는다고 말합니다.

그들은 야만 중의 야만인이었던 게르만족(Germanic peoples), 앵글로색슨족(Anglo-Saxon)이 장구한 시간에 걸쳐 오늘날 신사 나라가 됐다는 예를 즐겨 듭니다. 그들이 좋아하는 경구도 "로마는 하루아침에 이뤄지지 않았다"입니다. 틀린 말은 아닙니다. 생물학적, 문화적, 도덕적 발전에는 즉각성이 적용될 수 없습니다. 어린아이가 갑자기 하루아침에 어른이 될 수 없고, 오래 야만적인 생활을 한 사람이 어느날 갑자기 교양 있는 문화인으로 바뀔 수 없습니다. 또한 평생 범죄만 일삼던 흉악범이 하루아침에 선인으로 바뀔 수 없습니다. 그러나 초자연적인 이신칭의는 이와 달리 즉각적입니다.

1. 즉각적인 죄 사함과 칭의의 원리

첫째, 죄 사함과 칭의의 즉각성은 "법적 선언"에 의거합니다.

죄인이 의인 되는 칭의는 생물학적, 문화적, 도덕적 발전 원리가 아닌 법적 원리에 따른 것입니다. 칭의의 법적 선언은 사형집행을 기다리던 사

---

[3] James Buchanan, *The Doctrine of Justification*, 『칭의 교리의 진수』, 신호섭 역 (서울: 지평서원, 2014), p. 416.

형수가 특사로 사면되는 것에 견줄 수 있습니다. 그가 사면되는 것은 죄가 없어서도, 행실이 완전해서도 아닙니다. 여전히 형기(刑期)가 남아 있고 재범의 가능성이 있음에도, 대통령 직권으로 특별히 사면해 주는 것입니다. 이 사면의 효력은 즉각적이며 어떤 숙성 과정도 필요치 않습니다.

법적인 칭의 선언이 이와 같습니다. 그가 실제로는 의롭지 못하고 여전히 범죄의 가능성이 있지만, 하나님이 그의 자비와 주권으로 의롭다고 선언해 주니 즉시 의인이 되는 것입니다. 존 맥아더(John MacArthur)가 칭의의 법적 선언은 속속들이 의인이 아닌 자에게 해 주는 것이 당연하다고 지적한 것은 옳은 말입니다.

> 만일 그가 이미 속속들이 완전히 의롭게 됐다면 일부러 법적인 선언을 하면서까지 의롭다고 인정해 줄 필요가 없다. 누가 보더라도 완벽하게 의로운데 굳이 그에게 의롭다는 법적 선언을 해 줄 필요가 없다. 죄가 있음에도 의롭다고 인정해 주려고 하니 법적 선언이 필요한 것이다. 전가(imputatio) 개념은 법정적인 칭의 교리와 불가분의 관계를 맺고 있다.[4]

둘째, 칭의의 즉각성은 "의의 전가"(imputatio) 교리에 의거합니다.

로마 가톨릭의 "의의 주입"(infusio) 교리는, 사실상 즉각적인 칭의가 불가능합니다. 의의 주입 교리는 몸에 의를 주사하는 것에 비유됩니다. 주사를 맞으면 주사액이 몸에 들어와 그의 몸의 일부가 되듯이, 의(義)의 주입을 받으면 의가 그 사람의 몸에 들어가 그의 몸의 일부가 됩니다. 그때부터 그에게는 주입된 의를 보전 확장시킬 책임이 생겨나고, 그것이 그의 일생의 과업이 됩니다. 이렇게 될 때 사실상 의(義)는 하나님의 일이 아닌 사람

---

4 John MacArthur, 『솔라 피데』, p. 44.

의 일이 됩니다. 나아가 칭의는 종말의 확정 때까지 현재진행형의 미완료 상태로 남고 즉각적인 칭의 완성은 불가능해집니다.

반면에 "의의 전가"(imputatio) 교리는 옷 입듯이 의를 입는 것이기에, "의의 주입"(infusio) 교리처럼 의(義)가 내 몸 속에서 나의 일부가 되거나 실체가 되지도 않습니다. 옷과 사람이 섞일 수 없는 이치와 같습니다. 의는 내 관할에 둘 수도 없고 내가 관여할 수도 없는, 내 한계 밖의 일입니다. 그리고 전가받은 의(義)는 율법의 마침인 그리스도의 완전한 의니(롬 10:4), 그 의를 전가 받는 사람은 즉시 의롭다 함을 받습니다.[5] 루터의 다음의 말은, 칭의의 완전성과 즉각성을 잘 표현한 말입니다.

> 이신칭의받은 성도는 하나님과 의(義)의 거래가 끝나기에 평안히 먹고 마시며 잠든다. 그에게는 평안히 쉬고 잠자는 것도 하나님께 영광 돌리는 믿음의 일이 되고, 그의 남은 여력은 이웃을 위한 봉사에 드려진다.[6]

셋째, 칭의의 즉각성은 하나님의 이적(異蹟)으로 말미암습니다.

성경에 나오는 다양한 이적들, 예컨대 즉각적인 질병 치유, 죽은 자의 부활, 무화과나무를 즉시 마르게 함, 풍랑을 즉시 잠잠케 함, 물을 포도주로 만듦 등은 시간과 과정이 생략된 순식간에 일어난 이적이었습니다. 마찬가지로 이신칭의 역시 모든 과정이 생략된 채 즉각적으로 일어나는 초자연적인 이적입니다. 이적을 행하시는 전능하신 하나님을 믿는 그리스도인은 죄인을 즉시 의인으로 만드는 이신칭의의 이적을 믿는데 어려움이 없습니다. 개혁주의자들은 칭의의 즉각성을 이적으로 말하기를 좋아했습니다.

---

[5] Ibid.
[6] Paul, *Ethik Martin Luthers*, 『말틴 루터의 윤리』, 이희숙 역 (서울: 컨콜디아사, 1989), p.42.

스펄전(C. H. Spurgeon)은 이신칭의의 즉각성을 하나님의 능력에 속한 이적이라고 했습니다.

> 죄 있는 사람을 의롭게 하는 것은 사람의 힘으로 되지 않고 오직 하나님의 능력으로만 가능한 것이다. 이 일은 오직 주님께만 속한 이적이다… 하나님은 신성의 무한한 주권과 이루 말로 다할 수 없는 사랑으로 의로운 자가 아니라 경건치 못한 자를 의롭게 하시는 일을 맡으셨다… 불의한 자를 의롭다 하는 것은 무한한 사랑과 자비로만 되어진다.[7]

아더 핑크(A. W. Pink) 역시 이신칭의를 하나님의 자비의 이적으로 정의했습니다.

> "일을 아니할찌라도 경건치 아니한 자를 의롭다 하시는 이를 믿는 자에게는 그의 믿음을 의로 여기시나니"(롬 4:5)는, 신성한 이적을 알려주고 오직 하나님이 해 낼 수 있었던 이적을 선언한다. 복음이 선언하는 이적은, 하나님은 경건치 않은 자들에게 의로운 자비를 가지고 다가가시며, 경건치 않은 자들이 그 부패와 반역에도 불구하고(그리스도의 의를 근거하여), 믿음을 통하여 새롭고 복된 관계를 하나님과 맺을 수 있게 하신다는 것이다.[8]

치유, 축사(逐邪), 부활 같은 이적을 믿는다면 죄인이 즉시 의인이 되는

---

[7] C. H. Spurgeon, *ALL OF GRACE*『은혜의 모든 것』, 보이스사편집부 譯 (서울:보이스사, 1779), p.23.

[8] A. W. Pink, *Justification by faith*,『이신칭의 : 우리에게 거저 주신 하나님과 구주 예수 그리스도』, 임원주 역 (서울; 누가, 2013), pp. 113-114.

칭의의 이적도 믿을 수 있습니다. 만일 누가 예수님의 이적을 믿지 않는다면 그를 기독교인으로 인정할 수 없듯이, 칭의의 이적을 안 믿는다면 그를 기독교인으로 간주할 수 없으며, 더 이상 그와는 그리스도인으로서 함께 공유할 것이 없습니다.

2. 칭의의 즉각성이 갖다 준 결과는 성향의 변화이다

칭의의 즉각성은 믿는자에 대한 하나님의 법적 선언에서 비롯되며, 법적 선언과 실제에는 당연히 갭(gap)이 생깁니다. 법적 선언으로 된 칭의의 즉각성이 실제로는 즉각 완전한 의인을 만들지 못하기 때문입니다. 루터가 "의인이며 동시에 죄인이다"(simul justus et peccator)라고 말한 것은, 칭의의 '법적 선언'과 '실제' 사이의 갭(gap)을 말한 것입니다. 그는 인간의 죄인 됨과 의인 됨의 이중성을 긍정하며 둘 사이의 갈등을 불가피한 것으로 받아들였습니다.

> "그리스도 밖의 나 자신 안에서 나는 죄인이다. 나 자신 밖의 그리스도 안에서 나는 죄인이 아니다." 이 이중적 특성은 평생에 걸쳐 계속된다. 이 둘은 항상 동시에 나에게 사실이다. 이것이 그리스도인의 실존의 위대한 역설이다... "부분적으로 의롭고 부분적으로 죄인인 것처럼 보이는 것이 아니라, 오히려 완전히 죄인이고 완전히 의인이다."[9]
> 오호라 나는 곤고한 사람이로다 이 사망의 몸에서 누가 나를 건져 내

---

9 Althaus, Paul, *theology of Martin Luther*『루터의 신학』, 이형기 역 (서울: 크리스챤다이제스트, 1994), pp.272-274.

> 라… 그러므로 이제 그리스도 예수 안에 있는 자에게는 결코 정죄함이 없나니 이는 그리스도 예수 안에 있는 생명의 성령의 법이 죄와 사망의 법에서 너를 해방하였음이라(롬7:24-8:2).

바울의 이 말에도 자아의 이중성과 그 둘의 갈등이 표출돼 있습니다. 루터와 바울은 모두 '법적 선언'과 '실제'의 갭(gap)을 인정했지만, 그 갭을 인위적으로 없애고자 김세윤 교수가 동원한 "이미와 아직"(already but not yet) 같은 변증법을 차용하지도 않았고, "부분적으로 의인이고 부분적으로 죄인"이라는 괴짜 인간을 만들어 내지도 않았습니다.

즉각적인 칭의가 갖다 주는 결과는 무엇보다 성향(nature)의 변화입니다. 이는 중생(regeneration)과도 연계되는데, 전혀 새로운 성향이 칭의자에게 부여되기 때문입니다. 로마 가톨릭이나 유보적 칭의론자들이 도덕성을 가장 중요한 변화로 보는 것과는 큰 차이가 납니다. 그들은 예수 믿고 의롭다함을 받으면 제일 먼저 도덕적인 변화가 일어난다는 것을 강조합니다. 유보적 칭의론자들이 한국 기독교에 대해 - 예컨대 세월호 사건을 비롯해 기독교 지도자들의 타락 등에 대해 - 그렇게 날선 비판을 가하고 이신칭의의 재고를 촉구한 것도, 그들의 모든 촛점이 도덕성에 맞추어졌기 때문입니다.

그러한 도덕적 관점에서 모든 것을 평가하다 보니, 그들에게는 행위를 강조하지 않는 이신칭의 교리가 한국 교회를 부패시킨 주범처럼 보였던 것입니다. 물론 도덕성이 기독교의 중요한 덕목이기는 하지만 그것이 칭의의 절대적인 기준이 될 수 없습니다. 이는 두 가지 이유에서입니다. 먼저 사람들의 교육(교양) 수준과 그들이 처한 환경의 상이함이 일관된 도덕 기준을 제시하기 어렵도록 만들기 때문입니다.

한국 기독교와 미국 기독교를 단순 비교하는 것을 무리로 여기는 것도 이 때문입니다. 기독교를 건국이념으로 하여 세워졌고 200년간 기독교적 삶의 방식이 체득된 미국의 기독교인과, 샤머니즘적인 기복신앙에 오래 길들여져 왔고 작금에는 헬조선(Hell朝鮮)이라는 말이 생길 만큼 취업 경쟁, 대입, 교통난 등 스트레스가 하늘을 찌르는 한국의 기독교인들을 단순 비교할 수 없습니다. 김세윤 교수가 이런 두 나라의 역사적 배경이나 현실을 간과한 채, 미국인의 시각에서 한국 기독교에 대해 신랄한 비판을 가하는 것은 무리가 있습니다.

도덕성을 칭의의 절대적인 결과물로 삼을 수 없는 또 하나의 이유는, 높은 도덕성이라고 해서 반드시 칭의의 열매는 아니기 때문입니다. 예컨대 본래 행실과 품행이 단정한 유교인(儒教人)이 기독교에 입문했다면, 그는 기독교인의 덕목이 무엇인지도 모르고 평소대로 행동했을 뿐이지만 즉시 훌륭한 기독교인으로 평가받을 것입니다. 물론 그 반대의 경우도 있을 수 있습니다. 이와 관련된 한 에피소드가 있습니다.

웨스트민스터신학교 변증학 교수 코넬리우스 반틸(Cornelius Van Til) 박사의 저서 『종교심리학』에 등장하는 스코틀랜드(Scotland) 목사와 주당(酒黨) 교인의 이야기입니다. 목사는 늘 술에 절어 있는 성도에게, 술취함은 성경이 금하는 것이니 단주하라고 오랫동안 권면해 왔으나 그야말로 우이독경이었습니다. 그러던 어느 날 목사가 "당신은 위대한 스코틀랜드인으로서 그까짓 술 하나 끊지 못하느냐"고 하자 당장 술을 끊었습니다. 주당 교인이 말씀의 권고로 결행하지 못했던 단주를 스코틀랜드인의 자존심에 호소당하여 한 것입니다[10]. 많은 것을 생각하게 하는 대목입니다.

반틸 박사가 이 이야기를 통해 말하고 싶어 한 것은 두 가지였습니다. 하

---

10 Cornelius Van Til, *PSYCHOLOGY OF RELIGION*, 『종교심리학』, 위거찬 역 (서울: CLC, 1991), p. 145.

나는 단지 단주(斷酒) 같은 외형적인 행동 변화를 이끌어 내는 데는 꼭 기독교가 아닌, 다른 교육이나 동기부여로도 가능하다는 것입니다. 또 다른 하나는 그리스도인에게 바람직한 행동의 변화가 일어났다 하더라도 중생의 열매가 아니면, 세리가 바리새인으로 바뀐 것에 불과하다는 것입니다.

예수님이 바리새인을 '회칠한 무덤'으로 책망한 것도 그들에게 중생 없이 겉치레의 모범적 행위만 있었기 때문입니다. 작금의 칭의 논쟁에 있어 도덕성을 칭의의 조건인 양 주장하는 사람들을 보면, 그 기저에 인간의 도덕성을 지나치게 과대 평가한 계몽주의 가치관이 자리합니다. 그러나 성화를 매우 중시했던 칼빈도 인간 행위를 절대적인 칭의의 표준으로 삼지는 않았습니다. 그가 재세례파(Anabaptists)를 비판한 것도, 참된 교회의 표지를 인간의 경건에 둔 그들의 태도 때문이었습니다.

칼빈은 전적 타락한 인간의 경건에 대해 크게 신빙성을 두지 않았고, 사람의 눈으로 성화의 진위를 판단하기도 어렵다고 생각했습니다. 참 성도이지만 성화되지 못한 행동을 나타낼 수가 있고, 거짓된 성도이지만 훌륭한 행동을 보여줄 수 있기 때문입니다. 이 둘의 상반된 예가 고린도교회 성도의 패륜(고전 5:1)[11]과 바리새인의 외식입니다(마 23:25)[12].

성경은 칭의와 중생의 결과가 도덕적 변화 이상임을 말합니다. 곧 육신의 사람에서 영적인 사람으로의 성향(nature) 변화입니다. 죄로 인해 하나님을 향해 죽어 하나님에 대해 무관심과 적개심으로 일관하던 자가, 중생하여 하나님을 향해 산 소망을 갖게 되고(벧전 1:3)[13] 하나님을 사랑하고 섬

---

11 너희 중에 심지어 음행이 있다 함을 들으니 이런 음행은 이방인 중에라도 없는 것이라 누가 그 아비의 아내를 취하였다 하는도다(고전 5:1).
12 화 있을찐저 외식하는 서기관들과 바리새인들이여 잔과 대접의 겉은 깨끗이 하되 그 안에는 탐욕과 방탕으로 가득하게 하는도다(마 23:25).
13 우리 주 예수 그리스도의 아버지 하나님이 그 많으신 긍휼대로 예수 그리스도의 죽은 자 가운데서 부활하심으로 말미암아 우리를 거듭나게 하사 산 소망이 있게 하시며(벧전 1:3).

기게 됩니다(히 9:14).[14] 비록 그에게 도덕적 연약성이 묻어있음에도 그것은 칭의와 중생의 진실한 표징으로 받아들여 질 수 있습니다. 성향 변화의 대표적인 구절이 이사야 11:6-7입니다.

> 이리가 어린 양과 함께 거하며 표범이 어린 염소와 함께 누우며 송아지와 어린 사자와 살찐 짐승이 함께 있어 어린아이에게 끌리며 암소와 곰이 함께 먹으며 그것들의 새끼가 함께 엎드리며(사 11:6-7).

"사자가 소처럼 풀을 먹는다"는 것은, 도무지 좋아할 수 없는 것을 좋아하게 되는 성향의 변화를 상징합니다. 예컨대 거룩한 복음을 발로 밟고 그것을 전해 준 사람을 상해하던 자가(마 7:6), 복음을 좋아하게 되고 자랑하게 됩니다. 그리스도를 핍박하던 바울이 그리스도를 위해 목숨을 바치게 된 경우도 여기에 해당됩니다. 조나단 에드워즈(Jonathan Edwards)가 중생을 의미하는, "육의 사람에서 영의 사람으로의 변화"를 정의한 다음의 내용도 같은 시사점을 담고 있습니다.

> 영적인 사람들이 이전에는 전혀 몰랐던 새로운 것을 영혼이 의식하게 되는 것은 결과적으로 마음에 전적으로 새로운 지각이나 감각이 생겼다는 것을 의미한다... 참된 성도는 새로운 영적 지각과 감각의 원리가 생긴다, 그리고 참된 성도는 이 새로운 감각으로 영적이고 신령한 것들을 알게 된다.[15]

---

14 하물며 영원하신 성령으로 말미암아 흠 없는 자기를 하나님께 드린 그리스도의 피가 어찌 너희 양심으로 죽은 행실에서 깨끗하게 하고 살아계신 하나님을 섬기게 못하겠느뇨(히 9:14).

15 Jonathan Edwards, *Religious Affecitons*, 『신앙감정론』, 정성욱역 (서울: 부흥과개혁사, 2005), p. 303.

존 오웬(John Owen)의 견해는 더욱 핵심을 찌릅니다.

> 영적인 사람의 영의 생각은 하나님의 사랑을 받아들일 수 있는 유일한 마음 자세이며, 하나님의 사랑을 제대로 인식할 수 있는 유일한 마음 상태이다.[16]

사람 속에 일으키는 이러한 성향의 변화는 "영원하신 성령으로 말미암아 하나님께 드린 그리스도의 피"(히 9:13-14)로 말미암습니다.

3. 즉각적인 칭의와 즉각적인 화목을 반대하는 자들

그리스도를 믿어 칭의를 얻으면 즉각 하나님의 진노가 멈추고 하나님과 화목해집니다. 화목 제물을 뜻하는 힐라스테리온(ἱλαστήριον)은 만족(propitiation)이라는 뜻을 갖고 있으며 법적 칭의, 전가적 칭의와 연관됩니다. 그리스도가 화목 제물로 하나님께 드려져 하나님이 만족을 얻으시고, 우리가 믿음으로 법적인 칭의를 얻으면 즉시 하나님과 화목하게 된다는 뜻입니다.

> 그러므로 우리가 믿음으로 의롭다 하심을 얻었은즉 우리 주 예수 그리스도로 말미암아 하나님으로 더불어 화평을 누리자(롬 5:1). 이 예수를 하나님이 그의 피로 인하여 믿음으로 말미암는 화목 제물로 세우셨으니 이는 하나님께서 길이 참으시는 중에 전에 지은 죄를 간과하심으로

---

[16] John Owen, 『영의 생각 육의 생각』, pp. 52-53.

자기의 의로우심을 나타내려 하심이니(롬 3:25).

그러나 유보적 칭의론자들에게는 칭의가 즉각적이지 못하니 하나님과의 화목도 즉각적이지 못합니다. 그들은 화목의 요건이 그리스도의 화목제물에만 있지 않고 인간의 성화적 협력을 필요로 하기 때문입니다. 그리고 그 협력의 정도에 따라 화목이 되기도 하고 안 되기도 하니, 이들에게는 즉각적이고 지속적인 화목이 불가능합니다. 특히 그들이 들고 나온 소위 "관계적 칭의"는 칭의와 화목을 뒤죽박죽으로 만들었습니다. 성경은 분명히 칭의를 통해 하나님과 화목(관계)한다고 가르치는데(롬 5:1; 롬 3:25),[17] 그들은 화목(관계)을 통해 칭의에 이른다고 말합니다.

"법적 칭의"를 선언 받은 자가 그의 "행위적 의"로 하나님과 화목한 관계를 유지할 때 칭의를 완성시킨다고 주장하므로, '칭의'와 '화목'의 순서를 뒤바꿔 놓았습니다.

그리고 성도가 하나님과 화목한 관계를 유지하여 칭의를 구현할 때, 아비가 자식에게 아비 노릇을 해 주듯이 하나님이 그에게 하나님 노릇을 해 준다고 말하므로 "양자"(養子)의 교리를 손상시켰습니다. 다음은 그 같은 내용을 담고 있는 "관계적 칭의"에 대한 김세윤 교수의 글입니다.

> 성경에서 '의'란 기본적으로 관계에서 나오는 의무를 다함을 의미한다. 사람은 복잡한 관계의 망 속에서 사는데, 모든 관계는 그 관계의 참여자들에게 의무를 지운다. 하나의 관계의 참여자들이 그 관계가 지우는 의무를 다하면 그들은 '의로운 사람들이다. 예컨대 아비와 자식의 관

---

[17] 이 예수를 하나님이 그의 피로 인하여 믿음으로 말미암는 화목 제물로 세우셨으니 이는 하나님께서 길이 참으시는 중에 전에 지은 죄를 간과하심으로 자기의 의로우심을 나타내려 하심이니(롬 3:25).

계는 아비에게는 자식을 잘 양육할 의무를 지우고, 자식에게는 아비를 공경하고 순종할 의무를 지운다. 이 관계 속에서 아비와 자식이 서로에 대해 자기 쪽의 의무를 다하면 그들은 '의'로운 것이다… 그러므로 '의'를 '관계에 신실함'이라고 정의할 수도 있고, '관계를 원만히 지탱하는 힘'이라고 정의할 수도 있다. 관계 속에 있는 자들이 서로에게 의무를 다하면 관계가 원만해지는데, 그 원만함을 '샬롬'(화평)이라 한다. 그러므로 '의'는 '화평'을 낳는다(그는 여기서 화평을 의의 결과로 말하므로 앞의 내용을 반복한다). 그러나 만약 관계의 참여자들이 서로에게 의무를 다하지 않으면, 그 참여자들은 '불의'하고, 그 관계는 갈등에 빠지고 만다.[18]

그러나 아비가 자식에게 부모 노릇해 주는 것은 아들의 신실함 때문이 아니라 혈육으로 맺어진 천륜 때문입니다. 자식이 아무리 실망스러워도 아비는 그에게 부모 노릇을 포기할 수 없습니다. 자식이 잘못하면 징계를 해서라도 고쳐가며 아버지 노릇을 해 줍니다(히 12:8).[19] 아버지는 아들을 결코 포기하지 않기 때문입니다. 하나님이 그의 자녀들에게 바로 그렇게 하십니다.

> 주께서 그 사랑하시는 자를 징계하시고 그의 받으시는 아들마다 채찍질하심이니라 하였으니 너희가 참음은 징계를 받기 위함이라 하나님이 아들과 같이 너희를 대우하시나니 어찌 아비가 징계하지 않는 아들이 있으리요(히 7:6-7).

---

18 김세윤, 『복음이란 무엇인가』(서울: 두란노, 2003), pp. 166-167.
19 징계는 다 받는 것이거늘 너희에게 없으면 사생자요 참 아들이 아니니라(히 12:8).

> 네 하나님 여호와는 자비하신 하나님이심이라 그가 너를 버리지 아니하시며 너를 멸하지 아니하시며 네 열조에게 맹세하신 언약을 잊지 아니하시리라(신 4:31).

만일 아들의 신실함에 따라 아비 노릇이 결정된다면 이는 부자관계가 아닌 사장과 직원, 주인과 종의 관계 같은 것일 것입니다. 김세윤 교수가 이해하는 하나님과 성도의 관계는 아버지와 자녀의 관계가 아닌, 단지 창조주와 피조물, 종교 교주와 신도, 주인과 종의 관계가 아닐까 하는 의구심이 듭니다.

그리고 앞서도 잠시 언급됐듯이, 김세윤 교수의 "이미와 아직"(already but not yet)은 칭의의 즉각성을 미완료진행형으로 만들기 위한 변증법적 도구로 차용된 듯합니다. 여기에서 "이미"는 칭의의 법적 선언이고 "아직"은 성화입니다. 칭의의 '법적 선언' 위에 인간의 '성화'가 덧입혀져 비로소 칭의가 완성된다는 것입니다. 그리고 성화로 칭의가 완성되는 '아직'의 정점은 종말입니다. 이 논리대로라면 당연히 칭의는 종말 때까지 유보됩니다.

그에게 칭의는 확정 판결이 아닌, 현재진행형인 1심 2심의 미확정적인 판결일 뿐입니다. 1, 2심에서 무죄방면을 받아도 3심이나 헌법소원에서 얼마든지 뒤집힐 수 있다는 (그 반대의 경우도 있다) 논리로 종말까지 칭의를 유보시킵니다. 그에게 있어 법적인 칭의 선언은, 과거 현재 미래를 다 아우른 덩어리(Cluster)로서가 아닌, 다만 부분(partial)의 현재적 선언일 뿐입니다.

그것의 근거 구절로 흔히 인용되는 것 중 하나가 "그가 이같이 큰 사망에서 우리를 건지셨고 또 건지시리라. 또한 이후에라도 건지시기를 그를 의지하여 바라노라"(고후 1:10)입니다. 그들에게 이 말씀은 구원은 과거 현재 미래로 나뉘어지며, 과거와 현재의 구원이 미래의 구원을 보장하지 않는다는 뜻으로 받아들여집니다. 칭의의 법적 선언을 대법원의 확정판결 같은 것으로 믿는 우리의 견해와 확연히 다릅니다.

우리에게 이 말씀은, 우리 안에 시작된 구원은 지금도 앞으로도 지속적으로 성취될 것이라는 확신을 피력한 것입니다. 이는 사도 바울이 "너희 속에 착한 일을 시작하신 이가 그리스도 예수의 날까지 이루실 줄을 우리가 확신하노라"(빌1:6)는 말씀과 같은 맥락입니다. 우리는 김세윤 교수의 "이미와 아직"을 보며, 인간 이성을 만족시키려다가 오류에 빠졌던 교회사의 흔한 상흔들을 떠올리게 됩니다.

제6부

칭의와 성화

제1장 칭의적 경고와 성화적 경고
제2장 선행은 칭의의 열매
제3장 교회 부패의 원인은 안주하려는 인간의 본성 탓
제4장 이신칭의에 성령의 인(印)침이 있는가?

제1장

칭의적 경고와 성화적 경고

하나님이 율법을 주신 근본적인 목적은 율법주의자들이나 계몽주의자들의 주장처럼, 사람을 위협하여 선한 행동을 유도하기 위함이 아닙니다. 물론 개혁주의자들도 선을 독려하고 악을 제어하는 "율법의 제3용도"(tertius usus legis)를 가르쳤습니다만, 이는 어디까지나 성화적 차원이었지 칭의적 차원이 아니었습니다.

그런데 어떤 사람들이 성도들로부터 성화된 삶을 이끌어 내려면, 이신칭의(以信稱義) 같은 부드러운 것만 가르쳐서는 안 되고 율법과 지옥의 두려움도 함께 넣어 주어야 한다는 주장을 합니다. 그 결과 그들은 성경의 성화적 경고를 칭의적 경고로 용도 변경시키고, 몽학선생으로서의 율법의 용도(갈 3:24)[1]를 왜곡시킵니다.

그들은 근자의 한국 기독교의 부패 원인을 "믿기만 하면 구원받는다"는 이신칭의의 강조 탓으로 돌리며, 이런 한국 교회의 병폐를 고치려면 이신

---

1 이같이 율법이 우리를 그리스도에게로 인도하는 몽학선생이 되어 우리로 하여금 믿음으로 말미암아 의롭다 함을 얻게 하려 함이니라(갈 3:24).

칭의는 조금만 말하고 종말론적인 두려움을 갖다 주는 "유보적 칭의론" 같은 신율주의(theonomy)를 가르쳐야 한다는 주장을 합니다. 그러면서 그들은 자신들의 주장을 변호하기 위해 금과옥조처럼 들고 나오는 것이, 지옥의 공포를 자주 설교한 조나단 에드워즈(Jonathan Edwards)입니다.

그들의 주장에 의하면, 조나단 에드워즈는 지옥 설교로 성도들에게 공포심을 유발시켜 거룩한 삶을 이끌어냈다는 것입니다. 그러나 주지하듯이, 조나단 에드워즈가 지옥 설교를 한 것은 성도들에게 공포심으로 선행을 유발시켜, 지옥 형벌을 면하게 해 주기 위함이 아니었습니다. 그에게 있어 지옥 설교의 용도는, 두려운 지옥은 분명히 실재하며 지옥에서 건짐을 받는 유일한 길은 예수 그리스도를 믿는 것임을 가르치려는 것이었습니다.

그는 성도들로 하여금 지옥 심판을 면케 하려고 율법적 행위를 부추긴 것이 아니라, 오히려 율법의 엄위함 앞에서 그들을 절망시켜 모든 율법적 행위를 그치게 하고 율법의 완성자(롬 10:4)[2] 그리스도께로 이끌기 위함이었습니다(갈 3:24). 인간은 자신에게 절망하지 않는 한 결코 그리스도께로 가지 않기 때문입니다.

"유보적 칭의론자들"이 들고 나오는 논리와는 정반대로, 조나단 에드워즈의 지옥 설교는 사람들을 그리스도께로 인도하기 위한 몽학선생 역할이었습니다(갈 3:24). 조나단 에드워즈를 포함하여 누구라도 사람들에게 지옥 심판을 피하도록 하기 위해 율법적 행위만을 부추기고 그리스도께로 이끌지 않았다면, 그것은 율법을 몽학선생 용도로 쓴 것이 아니고 의(義)의 규범으로 왜곡시켜 사람들을 율법의 저주 아래 가둔 것입니다.

---

[2] 그리스도는 모든 믿는 자에게 의를 이루기 위하여 율법의 마침이 되시니라(롬 10:4).

> 무릇 율법 행위에 속한 자들은 저주 아래 있나니 기록된바 누구든지 율법 책에 기록된 대로 온갖 일을 항상 행하지 아니하는 자는 저주 아래 있는 자라 하였음이라(갈 3:10).
>
> 율법 안에서 의롭다 함을 얻으려 하는 너희는 그리스도에게서 끊어지고 은혜에서 떨어진 자로다(갈 5:4).

그리고 설사 율법의 공포심을 조장하여 사람들에게 어떤 선한 행위를 유발시켰다 해도, 이 행위적 의(義)는 예수님의 말씀대로 천국 입성에 2% 부족한 바리새인과 서기관들의 율법적 의(義)에 지나지 않습니다(마 5:20).[3] 진정한 성화의 열매는 율법의 공포심이 아니라, 믿음으로 말미암는 그리스도와의 연합에서만 나옵니다. 삭개오로 하여금 그의 재산 대다수를 내놓도록 회개를 유발시킨 것은 율법의 공포심에서가 아니라, 길가의 돌맹이 같은 천덕꾸러기를 아브라함 자손 삼아주신 그리스도의 은혜였습니다. 유보적 칭의론자들의 주장처럼, 종말론적인 두려움을 주는 신율주의(theonomy)의 협박으로는 이런 성화를 이끌어 낼 수가 없습니다.

두려움이 성화의 열매를 맺을 수 없다는 것은 오늘 우리가 처한 현실 속에서도 확인됩니다. 세상은 이미 두려운 소식들로 넘쳐나고 있으며, 사람들은 죽음, 질병, 사고, 미래의 불확실성에 대한 공포에 붙들려 있습니다. 그렇지만 이런 두려움이 사람들을 선량하게 만들기는커녕 점점 더 악하게 만들 뿐입니다. 오히려 두려움의 크기만큼 죄도 넘쳐나는 것 같습니다. 사형제 폐지가 공론화되는 것도 사형의 공포심이 결코 범죄를 줄이지 못한다는 사실 때문입니다.

---

[3] 내가 너희에게 이르노니 너희 의가 서기관과 바리새인보다 더 낫지 못하면 결단코 천국에 들어가지 못하리라(마 5:20).

"죄가 기회를 타서 계명으로 말미암아 내 속에서 각양 탐심을 이루었나니… 죄가 기회를 타서 계명으로 말미암아 나를 속이고 그것으로 나를 죽였는지라"(롬7:7, 11)는 성경 말씀과, "율법은 죄의 먼지만을 일으키고 복음은 영혼을 깨끗케 한다"고 말한 청교도 존 번연(John Bunyan)의 말처럼 율법적 두려움이 죄를 잠재우는 것이 아니라, 죄를 더욱 부추기고 오히려 우울증, 자살 같은 파괴적 결과들을 낳습니다.

여기엔 시대를 불문합니다. 5세기 전 루터(Martin Luther)가 복음을 발견하기 전 하나님을 향한 율법적 두려움에 몸을 떨었듯이, 오늘 율법주의적인 기독교인들 역시 하나님의 심판에 대한 공포에 짓눌려 있으며, 그런 율법적 두려움이 성화를 진작시키기보다는 도리어 파괴적인 결과들을 낳고 있습니다. 정신병원을 노크하는 사람들 중 그리스도인의 비율이 높다고 합니다. 전문가들의 분석에 의하면, 기독교인의 율법주의적인 죄의식이 정신건강에 악영향을 미쳤기 때문이라고 합니다.

일부 신학자들이 유보적 칭의론 같은 종말론적 두려움을 그리스도인들에게 심어 주면, 성화를 이끌어 낼 수 있다고 가정하는 것은 성경적으로도, 심리학적으로도 맞지 않습니다. 성화의 열매를 맺는 데 필요한 것은 율법적 두려움이 아니라 그리스도의 사랑입니다. 그리스도의 사랑을 받은 자만이 성화의 열매를 맺을 수 있습니다.

성경은 성화를 그리스도와의 연합의 결실로 말합니다. 부부의 사랑의 결실로 자녀가 태어나는 것과 같은 이치입니다. 아더 핑크(A. W. Pink)는 요한복음 15장의 포도나무 비유(요 15:4)[4] 설교에서, 그리스도인이 맺는 열매는 일(율법적 수고)의 결과가 아니라 연합의 결실이라고 한 것도 같은 맥

---

[4] 가지가 포도나무에 붙어 있지 아니하면 절로 과실을 맺을 수 없음 같이 너희도 내 안에 있지 아니하면 그러하리라(요 15:4).

락입니다.

그리고 성도와 그리스도의 연합의 기초는 이신칭의입니다. 칭의 없인 그리스도와의 연합도 없으며, 그리스도와의 연합 없이는 성화의 열매도 없습니다. 유보적 칭의론자의 주장처럼, 한국 교회가 성화를 이루기 위해 이신칭의를 덜 강조해야 한다고 말하는 것은, 아이를 낳기 위해선 남녀가 결혼하면 안 된다는 말처럼 모순되게 들립니다.

또한 아무리 이신칭의를 받았어도 율법의 닦달을 받지 않으면 성화의 열매를 못 맺는다고 말하는 그들의 주장은, 결혼을 했음에도 아기를 낳으라는 닦달을 받지 않으면 아이를 낳지 못 한다는 것과 같습니다. 여성은 결혼하여 남편과 연합하면 닦달을 받지 않아도 당연히 자식을 생산합니다. 성도가 열매를 맺기 위해 필요한 것은 율법의 닦달이 아니라 그리스도의 사랑입니다.

다음의 성경 구절들은 성도가 열매 맺는 원리를 말하는 내용들입니다.

> 이 복음이 이미 너희에게 이르매 너희가 듣고 참으로 하나님의 은혜를 깨달은 날부터 너희 중에서와 같이 또한 온 천하에서도 열매를 맺어 자라는도다(골 1:6).
> 그리스도의 사랑이 우리를 강권하시는도다… 저가 모든 사람을 대신하여 죽으심은 산 자들로 하여금 다시는 저희 자신을 위하여 살지 않고 오직 저희 대신하여 죽었다가 다시 사신 자를 위하여 살게 하려 함이니라(고후 5:14-15).

만일 칭의받지 못한 자들에게 성화의 열매를 요구한다면, 그들은 필시 율법적인 메카니즘(mechanism)을 작동시키게 될 것입니다. 이는 성화의 열매를 맺을 근거인 칭의와 칭의로부터 말미암는 성령의 능력이 그들에게 없기 때문입니다. 그리고 이렇게 율법적 메카니즘의 작동으로 외형상 괄목할 만한 성과들을 낸다 해도 그것은 칭의로 말미암지 않았기에, 진정한 성령의 열매라고 볼 수 없습니다.

그리고 그들은 자신들의 율법적 노력으로 기대만큼의 열매를 맺지 못할 때는 곧 바로 죄의식과 절망에 빠집니다. 이는 그들의 허탈감을 극복할 위로의 기반인 칭의(稱義)의 확신이 없기 때문입니다. 그러나 칭의를 받은 자들은 설사 기대만큼의 열매를 맺지 못하더라도, 그리스도의 사랑에 붙들려 있기에 결코 절망하지 않습니다. 그들은 여전히 하나님의 자비에 기대며 열매 맺게 하실 하나님을 신뢰합니다.

또 하나 유보적 칭의론자들이 자신들의 논리를 변호하기 위해 자주 들고 나오는 "은혜의 남용이 갖다 주는 폐해(?)"에 대해 짚고 넘어가려고 합니다. 그들은 한국 교회의 방종과 타락이 이신칭의의 강조로 말미암은 은혜의 남용에 기인한다고 봅니다. 그러나 이는 은혜의 속성을 모르는데서 나온 말입니다.

은혜는 기독교의 핵심인 "구원"의 원천이며, 은혜의 복음인 이신칭의를 전하고 받아들이는 과정에서 구원 사건이 일어나므로, 어떤 경우에도 이신칭의의 은혜를 선포하는 일이 주저될 수 없습니다. 은혜의 남용이 두려워 충분히 은혜를 말하지 않는 것 자체가 은혜와 모순됩니다. 필립 얀시(Philip Yancey)는 "남용할만 은혜라야 비로소 은혜"라는 말을 했습니다. 이는 그보다 훨씬 이전에 루터가 한 말인데, 은혜의 속성을 정확히 설파한 말입니다.

만일 은혜의 남용을 두려워하여 충분히 은혜를 말하지 아니하면, 이는 이미 은혜를 말한 것이 아닙니다. 나아가 은혜로 구원받아야 할 사람이 구원받지 못하는 일이 발생합니다. 은혜로 구원하시는 하나님이시기에 적극적이든 소극적이든 은혜가 제한(to be limitated) 혹은 부정(to be negative)되면, 구원의 방도가 제한 혹은 부정되어 하나님의 구원 경륜이 방해를 받습니다.

스펄전은 은혜의 남용을 두려워한 나머지 은혜를 담대히 선포하지 못하는 자들을 향해, "은혜를 남용하는 자는 언제나 있었으며 은혜를 남용하는 자가 있다면 그 자신에게 책임이 있지 은혜를 자주 말하는 사람에게 있지 않다"고 하면서 다음과 같은 재미나는 비유를 말합니다.

> 물에 빠진 자에게 구명줄을 던져주었을 때 그것으로 목을 매는 사람이 있다면, 그것은 그 사람의 잘못이지 구명줄을 던져준 사람의 잘못이 아니다. 구명줄을 목줄로 남용할까봐(은혜를 남용할까봐) 물에 빠진 자에게 구명줄을 던지지 않을 수 없다.[5]

이는 "구더기 무서워 장 못 담그겠는가?"라는 한국 속담과도 일맥상통합니다.

오늘 한국 기독교의 타락상은 결코 이신칭의의 남용으로 인해 생긴 폐해가 아니라, 가라지들의 교회 유입으로 생겨난 부작용이라고 함이 옳습니다. 오늘날 한국 교회의 상황은 박해받던 초대 기독교가 로마의 국교가 됨으로서(AD 313) 조성된 당시의 교회 정황과 비슷합니다. 기독교가 로마에서 지배층이 되자 기독교에 빌붙으려는 가라지들의 교회 유입이 교회의 세속화를 부추겼듯이, 한국 교회가 주류 기득권층이 되자 교회 권력(?)에 기생하려는 가라지들의 교회 유입이 교회의 속화를 불러왔습니다. 이명박 대통령 시절, 널리회자된 "고소영"(高所嶺)이란 유행어도 그 한 정황입니다.

---

[5] Charles H. Spurgeon, *Grace Abounding in a Believer's Life*, 『믿는 자의 삶에 나타난 넘치는 은혜』, 랜스 C. 우벨스 편저 (서울 : 예수전도단, 1997), p.128.

그리고 또 하나, 유보적 칭의론자들이 자신의 주장을 변호하려고 곧잘 들고 나오는 성경 구절이 "두렵고 떨림으로 구원을 이루라"(빌 2:12) 는 말씀입니다. 그러나 이 역시 그들을 옹호해 주지 못합니다. 이 말씀은 종국적인 구원이 자신의 행위에 달려있다는 "칭의적 경고"가 아니라, 값없이 주시는 은혜의 구원에 도취되어 방종하지 말라는 "성화적 경고"입니다. 만일 그들의 주장처럼 이 두려움이 칭의의 불확실성에 대한 것이라면 성경과 정면으로 배치됩니다.

왜냐하면 심판에의 두려움은 하나님 사랑이 온전히 이루지 못한 결과로 온 것이기에, 형벌이 따르기 때문입니다(요일 4:18). 성경은 두려움은 결코 하나님이 주신 마음이 아니라고 못 박으며, "두려움" 대신 "근신"을 권면합니다(딤후 1:7)[6] "두려움"(the spirit of fear)이 칭의의 불확실성으로 말미암은 불안의 감정이라면, "근신"(a sound mind)은 방종에(예컨대 구원의 확신에서 오는) 대한 조심입니다.

비유컨대 어린 아들의 손을 잡고 절벽 가장자리를 걸어가는 아빠가 어린 아들에게, "아빠 손을 꼭 붙들어야 돼 아빠 손을 놓치면 절벽에 떨어져"라고 말한 의미입니다. 이는 정말 아이가 아빠 손을 놓고 절벽에 떨어질까 하는 두려움에서 한 말이 아니고, 방심하지 말라는 경계의 말입니다. 설사 어린아들이 아빠의 손을 놓친다 해도, 아버지의 강한 팔이 아들의 손을 놓지 않을 것이기에, 아들이 절벽에 떨어질 가능성은 없기 때문입니다.

다시 말하지만 "두렵고 떨림으로 구원을 이루라"(빌 2:12)는 말씀은, 어린아이 같은 유약한 성도의 손을 붙잡은 하나님이 성도의 방종을 경계시키는 근신의 의미이지 결코 칭의의 두려움을 넣어 주기 위한 말이 아닙

---

6   하나님이 우리에게 주신 것은 두려워하는 마음이 아니요 오직 능력과 사랑과 근신하는 마음이니(딤후 1:7).

니다. 예수님은 구원의 확실성에 대해 우리에게 확실히 담보해 주셨습니다.

> 저희를 주신 내 아버지는 만유보다 크시매 아무도 아버지 손에서 빼앗을 수 없느니라(요 10:29).
> 너는 두려워 말라 내가 너를 구속하였고 내가 너를 지명하여 불렀나니 너는 내 것이라(사 43:1).
> 이 소자 중에 하나라도 잃어지는 것은 하늘에 계신 너희 아버지의 뜻이 아니니라(마 18:14).

우리가 약하여 하나님의 손을 놓치는 일이 있더라도, 내 손을 붙든 전능한 하나님의 손은 결코 나의 손을 놓지 않을 것입니다.

제2장

선행은 칭의의 열매

인간의 선행이 칭의에 기여하느냐 못하느냐는 종교개혁 500주년을 맞이한 지금까지도 여전히 논쟁거리이며, 그 논쟁의 중심에 야고보서 말씀이 자리합니다.

> 우리 조상 아브라함이 그 아들 이삭을 제단에 드릴 때에 행함으로 의롭다 하심을 받은 것이 아니냐… 이로 보건대 사람이 행함으로 의롭다 하심을 받고 믿음으로만 아니니라(약 2:21, 24).

"행함으로 의롭다 하심을 받은 것이 아니냐"에서, 행함(doing)을 칭의의 '원인적 증거'(causative evidence)로 보느냐, '결과적 증거'(resultant evidence)로 보느냐에 따라 선행이 칭의에 간여하느냐 못하느냐가 결정됩니다. '원인적 증거(causative evidence)로서의 행함'이란, 칭의를 받는 데 행함이 조건(원인)이 된다는 엄격주의(Rigorismus)를 표방합니다. '결과적 증거(resultant evidence)로서의 행함'이란, 행함을 통해 칭의를 유추한다는 너그러운 추정주의(the thing speaks for itself)를 표방합니다.

'야고보서의 행함'을 칭의의 '원인적 증거'로 본 루터(Martin Luther)는[1] 야고보서를 이신칭의와 배치되는 것으로 보아, 지푸라기 서신으로 치부해버렸습니다. 그러나 칼빈(John Calvin)을 위시해 개혁주의자들은 야고보서의 행함을 칭의의 '결과적 증거'로 받아들이므로 루터가 버린 야고보서를 살려냈습니다. 그들은 아브라함이 칭의를 받은 것은 그의 행함이 칭의의 조건을 충족시켰기(원인) 때문이 아니고, 그의 칭의를 추정하게 할 만한 행함(결과)이 있었기 때문이라는 뜻으로 이해했습니다.

개혁주의자들이 결과론(the resultive)을 지지하는 이유는 단순했습니다. 만약 행함이 결과적인 것이 아닌 원인적인 것이 되면, 행함(doing)을 열매로 규정하는 성경의 원리와 정면으로 부딪히고, 수많은 성경 내용들을 왜곡시켜야 하기 때문입니다.

예컨대 "나더러 주여 주여 하는 자마다 천국에 다 들어갈 것이 아니요 다만 하늘에 계신 내 아버지의 뜻대로 행하는 자라야 들어가리라"(마7:21-22)는 말씀의 경우도, 문자적으로 해석하여 행함을 천국 입성의 조건(원인)으로 만들어버리면, 뿌리에서 열매가 맺히는 형국이 되어 영법(spiritual law), 자연법(natural law) 모두에 저촉됩니다. 성경은 행함을 뿌리에서 연원한 열매로 규정합니다.

> 유다 족속 중에 피하여 남는 자는 다시 아래로 '뿌리'를 박고 위로 '열매'를 맺히리니(사 37:31).
> 너희는 의인에게 복이 있으리라 말하라 그들은 그 행위의 열매를 먹을 것임이요(사 3:10).

---

1 루터가 행함을 칭의의 조건으로 봤다는 말이 아니라, 루터가 보기에 야고보 사도가 행함을 칭의의 조건으로 잘못 말한것이라고 오해한 것입니다.

"누구든지 네 오른편 뺨을 치거든 왼편도 돌려 대며, 너희 원수를 사랑하며 너희를 핍박하는 자를 위하여 기도하라 이같이 한즉 하늘에 계신 너희 아버지의 아들이 되나니"(마 5:9, 39-45)라는 말씀도, "오른편 뺨을 치거든 왼편도 돌려 대며, 원수를 사랑하는 선행을 하면 '하나님 아들'이 된다"라고 풀이돼야 합니다.

이렇게 되면 "너희가 다 믿음으로 말미암아 그리스도 예수 안에서 하나님의 아들이 되었으니"(갈 3:26; 요 1:12), "영접하는 자 곧 그 이름을 믿는 자들에게는 하나님의 자녀가 되는 권세를 주셨으니"(요 1:12)라는 성경이 부정돼야 합니다.

반면에 행함을 결과적인 것으로 받아들이면, "오른편 뺨을 칠 때 왼편을 돌려 대며, 원수를 사랑하는 것을 보니 하나님 아들다워 보인다"로 해석됩니다. 곧 그의 행함을 통해 그가 하나님의 아들 됨이 유추된다는 뜻입니다. 비판자들은 "'원수를 사랑하는 것을 보니 하나님의 아들이다(결과론)'와 '원수를 사랑해야 하나님의 아들이 된다(원인론)'가 뭣이 다른가 애써 둘을 구분 지으려는 것은, 칭의에서 행위를 배제시키려는 말장난이다"라고 비판합니다.

그러나 논리학에서 '원인론'은 '결과론'보다 그 적용에서 엄격하다는 것이 통설입니다. 원인론은 결과를 불문하고 당위성만을 말합니다. 어떤 결과를 염두에 두거나 추정하지 않습니다. 일률적이고 객관적인 기준에의 부응만을 요구하며, 변수나 예외는 아예 상정되지 않습니다. 적용 분야를 보면, 변수나 오차를 허용하지 않는 수학이나 물리학 같은 자연과학에서는 원인론(the causative)이 중용(重用)되고, 변수나 돌연변이의 도출이 가능한 사회학, 경제학, 심리학 같은 사회과학에서는 결과론이 중용(重用)됩니다.

'칭의'와 '행함'의 관계는 엄격한 "원인론"을 채택하는 자연과학 쪽보다는, 너그러운 "결과론"(the resultative)을 채택하는 삶의 학문인 사회과학 쪽에 더 가깝습니다. 당위성에 초점을 맞춘 원인론은, "원수를 사랑하지 않으면 하나님 아들이 아니고 행함이 없는 자는 천국에 못 들어간다"로 못 박아 버립니다. 여기에는 일절 변수나 예외가 허용되지 않습니다.

그러나 추정(assumption)을 특성으로 하는 결과론은, 열매를 보고 미루어 뿌리를 추정하기에 원인론에 비해 덜 엄격합니다. 피(被) 평가자가 처한 환경과 여건이 정상 참작될 수 있으므로, 예외와 변수가 끼어들 여지가 있습니다. 실제로 주님은 "그의 열매로 그들을 알찌니 가시나무에서 포도를, 또는 엉겅퀴에서 무화과를 따겠느냐"(마 7:16)는 말씀도 했지만, "극상품 포도나무에서 들포도를 맺다"(사 5:2)는 말씀도 하셨습니다.

이는 좋은 나무라고 반드시 좋은 열매만을 맺는 것이 아니니, 열매만을 보고 함부로 이 나무 저 나무로 단정하지 말라는 뜻입니다. 이는 바로 이스라엘을 두고 한 말씀이었으며, 고린도교회와 오늘날 스캔들을 뿌리는 교인들에게도 해당됩니다. 고린도교회 교인들 가운데는 이방인들도 범하지 않은 말도 안 되는 죄를 범하는 자가 있었음에도, 그는 구원받은 자로 인정됐습니다(고전 5:1–5).[2]

그들은 분명 좋은 품종의 나무였음에도 들포도를 맺었습니다. 이는 엄격한 원인론이 아닌, 변수와 예외가 인정되는 결과론을 적용할 때만 용납될 수 있습니다. 아들은 아버지를 닮는 것이 상례이지만, 때론 전혀 닮지 않은 돌연변이도 나올 수 있고, 지표상으로는 10을 투자하며 12가 나오

---

2 너희 중에 심지어 음행이 있다 함을 들으니 이런 음행은 이방인 중에라도 없는 것이라 누가 그 아비의 아내를 취하였다 하는도다 그리하고도 너희가 오히려 교만하여져서 어찌하여 통한히 여기지 아니하고 그 일 행한 자를 너희 중에서 물리치지 아니하였느냐 내가 실로 몸으로는 떠나 있으나 영으로는 함께 있어서 거기 있는 것 같이 이 일 행한 자를 이미 판단하였노라 주 예수의 이름으로 너희가 내 영과 함께 모여서 우리 주 예수의 능력으로 이런 자를 사단에게 내어 주었으니 이는 육신은 멸하고 영은 주 예수의 날에 구원 얻게 하려 함이라(고전 5:1–5).

록 되어 있는데 실제로는 10도 안 나오는 경제적 변수가 돌출되는 것과 같습니다. 만일 원인론을 채택하는 수학, 물리학처럼 행위를 칭의의 원인으로 삼는다면, 일체의 변수나 예외가 인정되지 않기에 들포도를 맺은 이스라엘이나 중범죄를 지은 고린도교회 성도(고전 5:1)는 칭의받은 자일 수 없습니다.

칭의에 있어 행위가 결과론적인 것일 수밖에 없는 또 하나의 이유는, 의롭게 된 자만 의롭게 살 수 있는 의(義)의 속성 때문입니다. 만일 누가 의롭게 살려고 한다면, 이는 그가 의롭게 되어 하나님의 의를 알고 있다는 반증입니다. 이 원리대로라면, 의롭다 함을 받지 못한 자는 의를 알지 못해 의롭게 살 수가 없다는 추정이 가능합니다.

칭의가 종말까지 유예되어 아직 의를 경험해보지 못한 유보적 칭의론자들이 의롭게 살려는 것은, 아직 도달해보지 못한 미증유의 세계를 구현하려는 것처럼 불가능한 일을 도모하는 것입니다. 의롭게 되지 못한 그들이 가진 의(義) 개념이라야 기껏 세상의 개인 윤리나 공동체의 선 개념이기에, 성경이 말하는 하나님의 의 개념에는 미치지 못합니다.

성경의 핵심적인 의(義) 개념은, 그리스도를 믿음으로 말미암은 하나님의 의입니다. 바울은 이 의를 세상 사람들이 가진 율법적 의와는 전혀 다른, 새로 나타난 미증유의 의(義)로 규정했습니다.

> 이제는 율법 외에 하나님의 한 의가 나타났으니 율법과 선지자들에게 증거를 받은 것이라 곧 예수 그리스도를 믿음으로 말미암아 모든 믿는 자에게 미치는 하나님의 의니 차별이 없느니라(갈 3:20-21).

그리스도인이 우선적으로 추구하려는 의(義)가 바로 이 "믿음의 의"이고, 바울이 평생의 사명으로 삼아 전력투구했던 것도 이 "믿음의 의"였습니다. 이 믿음의 의(義)만이 인간을 구원할 수 있는 유일한 의입니다.

> 또 모세의 율법으로 너희가 의롭다 하심을 얻지 못하던 모든 일에도 이 사람을 힘입어 믿는 자마다 의롭다 하심을 얻는 이것이라(행 13:39).

바울은 의를 위해 살 수 있는 원동력에 대해서도 말하는데, 곧 의(義)에 부어진 성령의 능력입니다. 바울이 참 그리스도인의 삶을 "육체를 의지하지 않고 성령으로 행하는 것"(빌 3:3; 갈 5:25)[3]이라고 한 것은, 의를 위해 살 수 있는 능력을 말한 것입니다. 역설적이게도 의롭게 된 자만이 성령의 능력으로 의(義)를 위해 살 수 있습니다(벧전 2:24).[4]

이에 반해 유보적 칭의론자들은 오히려 값없이 의롭다 함을 받으면 의의 가치를 몰라 의롭게 살려하지 않는다고 말합니다. 인간의 게으른 본성은 이미 도달해버린 목표에 대해서는 더 이상 관심을 주지 않는다는 논리에서입니다. 이 논리는 상식 수준에 준하는, 성경 가르침과는 반대되는 논리입니다.

앞서 언급했듯이, 성경은 의롭게 되어 의의 맛을 아는 자만이 "의(義)에 주리고 목말라하며"(마 5:6), 의로 중생한 자만 의를 위해 살 수 있다(벧전 2:24)고 말합니다. 하나님 자녀들에게는 "하나님의 나라와 그 의를 구하는 것"이 지고의 관심사인 반면 이방인들에게는 "무엇을 먹을까 무엇을 마실까"가 우선시됨은(마 6:31-33), 그들에게는 '하나님의 의'를 추구하게 하는 원천인 의(義)와 성령이 없기 때문입니다.

마지막으로, 자신의 행위를 반추하고 검토할 때도 원인론자들과 결과론

---

[3] 만일 우리가 성령으로 살면 또한 성령으로 행할찌니(갈 5:25).
[4] 친히 나무에 달려 그 몸으로 우리 죄를 담당하셨으니 이는 우리로 죄에 대하여 죽고 의에 대하여 살게 하려 하심이라(벧전 2:24).

자들이 판이하다는 것을 말하려고 합니다. 행위를 구원의 원인으로 삼은 원인론자들은 자기 삶에서 선한 행위가 나타나지 않으면, 먼저 자신의 구원 여부부터 걱정하며 "아 큰일 났네 이러다 구원에서 탈락되는 거 아냐"라며 율법적 두려움에 사로잡힙니다. 그들에게는 원천적으로 하나님 사랑의 개념이 결핍돼 있고, 온통 '구원의 인과(因果) 법칙'만이 그들을 사로잡고 있기 때문입니다. 그들을 움직이게 하는 모든 동인(動因)도, 구원을 받느냐 못 받느냐 뿐입니다.

그러나 결과론자들은 자신의 삶을 돌아볼 때 언제나 하나님의 사랑받은 자로서의 자신을 반추합니다. 자신의 부족이 발견될 때도 "아 나는 독생자의 사랑을 받은 하나님의 자녀인데 그 이름에 걸맞게 살지 못했구나"라는 회한을 먼저 갖습니다. 그들로 하여금 회개와 열심을 내게 하는 일차적 동력이 하나님 사랑의 강권입니다. 그들은 자신의 실망스러운 모습을 직면해도, 그들 안에 부어진 하나님의 사랑으로 인해 절망감이나 버려질까 하는 공포심에 빠지지 않습니다.

그들은 절체절명의 순간에도, 자신들의 구원을 위해 자기 의를 보태는 것을 망령된 짓거리로 여겨 거절하며, 끝까지 하나님의 사랑과 그리스도의 은혜에만 기댑니다(유 1:21). 그는 미성숙한 성도들을 권면하고 힘을 북돋울 때도, 구원 탈락 같은 공갈로서가 아니라 그들 안에 있는 하나님의 사랑을 일깨움으로 합니다.

제3장

교회 부패의 원인은 안주하려는 인간의 본성 탓

믿음을 평가절하고 행위를 우상처럼 떠받드는 사람들이 있습니다. 계몽주의, 실존주의 기독교인들이 그들입니다. 그들의 언행을 보면 마치 선행이 지상목표인 것처럼 보일 정도입니다. 물론 명분상으로는 자신들도 믿음을 중시한다고 하며, 자신들의 행위 강조는 참된 믿음의 구현을 위해서라고 말합니다. 그러나 그 저의를 들여다보면 믿음을 하찮게 여기는 속내가 감춰어져 있습니다.

만일 그들의 행위 강조가 정말 믿음을 세우기 위한 것이었다면, 행위를 구원의 조건으로 만드는 그런 막무가내식의 강조는 하지 않았을 것입니다. 내용은 다르지만 루터(Martin Luther)의 조심성은 이 점에서 귀감이 됩니다. 종교개혁 초기 그는 "믿음으로 의롭다 함을 받는다"는 이신칭의를 들고 나왔을 때, 믿음의 강조가 그리스도의 공로를 퇴색시킬까 노심초사하며 이신칭의를 말할 때는 언제나 "그리스도로 인하여"를 첨가시켰습니다.

오늘날 행위를 강조하는 이들의 어법에는 이런 루터의 조심성이 없습니다. 아니 그들은 처음부터 믿음을 높이려는 의도가 없었다는 것이 더 정확합니다. 그들은 참된 믿음의 구현을 위해 행위를 강조한다는 명분으로,

행위를 믿음의 조건으로 만들어버렸습니다.

우리가 이신칭의를 견지하고 믿음에 손상을 줄만한 어떤 언사도 자제하는 것은 이같은 루터의 심정때문입니다. 또한 이런 생각의 근저에는 믿음이 온 인류의 선행보다 무겁다는 것과(행 13:39),[1] 그 믿음이 천하보다 귀한 그리스도의 피 위에 세워져 있음을 알기 때문입니다. 그의 희생이 없었다면 믿음도 없었습니다.

하나님은 오직 그리스도의 피에 근거해 믿는 자를 의롭다해 주십니다.

> 이 예수를 하나님이 그의 피로 인하여 믿음으로 말미암는 화목 제물로 세우셨으니 이는 하나님께서 길이 참으시는 중에 전에 지은 죄를 간과하심으로 자기의 의로우심을 나타내려 하심이니 곧 이 때에 자기의 의로우심을 나타내사 자기도 의로우시며 또한 예수 믿는 자를 의롭다 하려 하심이니라(롬 3:25-26).

만약 하나님이 믿는 자를 의롭다해 주지 않으면 그리스도의 피 공로는 그 빛이 바래지고, 그의 의로우심도 드러나지 못합니다. "내 평생 소원 이것 뿐"이라는 찬송가에서 "금보다 귀한 믿음이 참 보배되도다"라며 믿음이 칭송된 것도, 믿음이 기반한 그리스도의 희생 때문입니다. 만약 누가 어떤 것을 '믿음과 나란히'(side by side with faith) 두거나 믿음 위에(over faith) 둔다면, 그는 이미 믿음을 모독한 것이고 믿음의 근간인 그리스도의 대속을 역린(逆鱗)한 것입니다.

---

[1] 인간의 모든 선행을 다 합쳐도 의롭다 함을 못 받는데 그리스도를 믿음으로 의롭다 함을 받으니 믿음이 인간의 모든 선행, 순종보다 무겁습니다. "또 모세의 율법으로 너희가 의롭다 하심을 얻지 못하던 모든 일에도 이 사람을 힘입어 믿는 자마다 의롭다 하심을 얻는 이것이라"(행 13:39).

우리가 그토록 믿음에 집착하며 이신칭의 공격자들에게 맨몸으로 맞서는 이유도 이 때문입니다. 이참에 다시 한 번 이신칭의 공격자들에게 묻고 싶습니다.

> 이신칭의에 대한 당신들의 공격에는 언제나 기독교 타락이 명분으로 내 걸리는데, 이신칭의가 타락을 낳았다는 추정은 도대체 어디서 온 것이며, 기독교 타락의 주범이 이신칭의라는 근거가 어디 있는가?

기독교 2천 년사에서, 박해받던 초대 교회와 종교개혁 어간의 100여 년, 그리고 청교도 시대 외에 교회가 이상적인 모습을 보여준 때는 거의 없었습니다. 심지어 교회의 이상적인 모델로 언급된 초대 교회(아시아 7교회)까지도 예외가 아니었습니다. 이는 시대를 막론하고 지상의 교회는 온전하지 않다는 반증이기도 합니다.

그리고 그 교회들의 문제가 오늘날 유보적 칭의론자들이 물고 늘어지는, 믿음과 행위의 변증법에 관한 것이 아니었습니다. 에베소교회는 오히려 많은 행위, 열심, 인내가 있었음에도 책망을 받았습니다. 그 교회의 핵심적인 문제는 그리스도를 향한 첫사랑의 상실이었습니다(계 2:2-4).[2]

두아디라교회 역시 행위의 부재 때문이 아니라, 영적 행음(行淫) 때문에 책망받았습니다. 그들에게도 많은 행위(deeds), 사랑, 믿음, 섬김, 인내가 있었습니다(계 2:19-20).[3] 차지도 뜨겁지도 않아 토하여 내침을 받으리라고

---

[2] 내가 네 행위와 수고와 네 인내를 알고 또 악한 자들을 용납지 아니한 것과 자칭 사도라 하되 아닌 자들을 시험하여 그 거짓된 것을 네가 드러낸 것과 또 네가 참고 내 이름을 위하여 견디고 게으르지 아니한 것을 아노라 그러나 너를 책망할 것이 있나니 너의 처음 사랑을 버렸느니라(계 2:2-4).

[3] 내가 네 사업과 사랑과 믿음과 섬김과 인내를 아노니 네 나중 행위가 처음것보다 많도다. 그러나 네게 책망할 일이 있노라 자칭 선지자라 하는 여자 이세벨을 네가 용납함이니 그가 내

했던 라오디게아 교회는 육신의 부요함으로 인한 나태함과 미지근함이 책망의 요인이었습니다(계 3:16-17).[4]

중세 천 년간의 로마 가톨릭의 타락 역시 행위의 부재 때문이 아니었습니다. 그들에게는 자력 구원의 교리적 부산물인 금욕주의(asceticism), 면죄부(indulgence), 보속(penance)을 위한 선행 등 행위들이 넘쳐났습니다. 중세 교회 문제의 핵심은 교회에로의 부와 권력의 집중과 그로 인한 배부름 때문이었습니다. 오늘날 한국과 유럽 교회를 막론하고 기독교의 부패 원인 역시 다르지 않습니다.

2차 세계대전이 끝난 후, 20세기 중반부터 이제껏 세계가 이처럼 평화와 풍요를 구가한 적이 없는데, 이는 기독교의 속화와 무관치 않습니다. 물론 그에 대한 기독교의 자성도 넘쳐났고, 교회개혁에 대해 논의가 있었던 것도 사실입니다. 특히 19-20세기 실존주의의 등장과 함께 교회에 대한 신랄한 비판이 있었고, 그 과정에서 탈교회(Churchless Christianity, 오늘날의 가나안 성도들에 비견됨)와 무교회주의(Non-church movement) 등이 파생됐지만, 신학적 빈곤과 사람들의 무관심으로 크게 주목받지 못했습니다.

종교개혁 5백 주년을 맞이한 이즈음 역시 신학자들이 앞 다투어 교회 부패를 논하고 개혁의 담론들을 쏟아내지만, 추정컨대 이 역시 말잔치로 끝날 뿐 교회는 여전히 지금의 모습 그대로 존속할 것입니다. 개혁을 외치는 신학자들이나 개혁의 대상인 교회들이나 풍요와 편안함 속에서 부르짖는 개혁은 공허한 외침에 불과합니다. 전적 부패한 인간은 하나님의 특단의 조치가 없는 한 이런 분위기에서는 스스로 변화할 생각이 없어 보입니다.

종들을 가르쳐 꾀어 행음하게 하고 우상의 제물을 먹게 하는도다(계 2:19-20).
4 네가 이같이 미지근하여 더웁지도 아니하고 차지도 아니하니 내 입에서 너를 토하여 내치리라 네가 말하기를 나는 부자라 부요하여 부족한 것이 없다 하나 네 곤고한 것과 가련한 것과 가난한 것과 눈 먼것과 벌거벗은 것을 알지 못하도다(계 3:16-17).

이는 사도 바울이 말한 말세의 전형적인 특성이기도 합니다(살전 5:3).[5] 사람들은 이구동성으로 고난이 오기 전에 먼저 스스로 회개해야 한다고들 말하나, 사실 이는 거의 불가능합니다. 안주를 꿈꾸는 죄인의 본성상 외부의 충격, 곧 고난의 주입 없인 자의적인 개혁은 불가능합니다. 만일 하나님이 한국 교회를 사랑하여 이대로 두어서는 안 되겠다는 생각을 하신다면 (정말 생각하기조차 끔찍하지만) 고난을 주실 것입니다.

실제로 교회사에서 성도의 신앙이 온전히 빛을 발한 것은 고난과 시련의 때뿐이었습니다. 손양원 목사님이 신사참배 문제로 여수교도소에 구금돼 있다가, 해방으로 풀려나 한동안 편안함을 구가한 때가 있었습니다. 그러던 어느 날 목사님은 부지불식간에 안일함에 빠져 들어가는 자신의 모습을 발견하고는 깜짝 놀라, "나를 다시 여수교도소로 보내 주소서"라고 기도했다 합니다. 이것이 인간의 실상입니다.

시대를 불문하고 성도들이 속화되는 가장 큰 이유는 어떤 교리 때문이라기보다는, 부와 안일함에 안주하려는 인간의 본성 때문입니다. 인간은 등 따시고 배부르면 한 눈 팔기 마련입니다. 이스라엘은 하나님이 그들의 소출을 풍성케 했을 때, 그 땅에 주상(goodly images)을 많게 했습니다(호 10:1).[6]

하나님이 그의 백성들에게 때때로 시련과 고통을 허락하시는 이유도, 이런 인간의 부패성을 아시기 때문입니다. 환난이 갖다 주는 인내와 연단은, 성도로 하여금 세상의 유혹과 안일함에서 벗어나 오직 하나님만 소망하게 합니다(롬 5:3-4).[7] 하나님이 이스라엘을 광야에서 낮추시고 주리게

---

[5] 저희가 평안하다, 안전하다 할 그 때에 잉태된 여자에게 해산 고통이 이름과 같이 멸망이 홀연히 저희에게 이르리니 결단코 피하지 못하리라(살전 5:3).

[6] 이스라엘은 열매 맺는 무성한 포도나무라 그 열매가 많을수록 제단을 많게 하며 그 땅이 아름다울수록 주상을 아름답게 하도다(호 10:1).

[7] 다만 이뿐 아니라 우리가 환난 중에도 즐거워하나니 이는 환난은 인내를, 인내는 연단을, 연

하신 이유도, 세상의 부요함이 아닌 하늘의 만나로 그들의 만족을 삼도록 하기 위해서였습니다(신 8:3).[8]

만일 교회 부패의 원인이 이신칭의라면, 그것의 부작용을 예상하지 못한 채 그것을 그리스도 안에서 영원한 구원 경륜으로 삼으신 자체가(엡 3:11-12) 하나님의 실수입니다. 이는 이신칭의가 구원이 경륜이 아니라 인간을 실족시키는 방편이 되기 때문입니다.

또한 그 부작용을 먼저 알아차린 유보적 칭의론자들의 권고를 받아 하나님이 다시 그 경륜을 철회하셔야 한다면, 유보적 칭의론자들이 하나님보다 더 지혜로운 자가 됩니다. 공격자들이 이신칭의의 부작용(?)이라고 말하는 교회의 방종과 부패는, 무지와 자기 의(義)에 배부름에서 온 방종의 결과입니다(벧전 2:6).[9]

마지막으로 '믿음과 행함의 변증법'에 대해 언급하고자 합니다. 요즈음하도 유보적 칭의론자들이 행함이 중요하고 한국 교회에 행함이 없다고 난리를 피우니, 사람들은 뭐든지 행하여 자기의 믿음을 검증받아보려고 합니다. 물론 선행에 힘쓰는 것은 나쁘지 않습니다. 성경도 선행을 장려하며(살전 4:1), 누구든 자기에게 선행이 부족하다고 느끼면 선행을 힘쓸 것을 권면합니다.

또 선행의 학습도 필요합니다. 꼭 행동주의(behaviorism) 교육학자들의

단은 소망을 이루는 줄 앎이로다(롬 5:3-4).
[8] 너를 낮추시며 너로 주리게 하시며 또 너도 알지 못하며 네 열조도 알지 못하던 만나를 네게 먹이신것은 사람이 떡으로만 사는 것이 아니요 여호와의 입에서 나오는 모든 말씀으로 사는 줄을 너로 알게하려 하심이니라(신 8:3).
[9] 경에 기록하였으되 보라 내가 택한 보배롭고 요긴한 모퉁이 돌을 시온에 두노니 저를 믿는 자는 부끄러움을 당치 아니하리라 하였으니 그러므로 믿는 너희에게는 보배이나 믿지 아니하는 자에게는 건축자들의 버린 그 돌이 모퉁이의 머릿돌이 되고 또한 부딪히는 돌과 거치는 반석이 되었다 하니라 저희가 말씀을 순종치 아니하므로 넘어지나니 이는 저희를 이렇게 정하신 것이라(벧전 2:6-8).

이론을 빌리지 않더라도, 선행의 필요성을 자각해도 해보지 않으면 실천하기가 어렵다는 것을 알기 때문입니다. 부모들이 자녀들에게 어려서부터 예배, 기도, 구제 같은 좋은 습관을 몸에 배게 하려는 것도 같은 이유에서 입니다.

그럼에도 불구하고 결코 선행이 믿음을 앞설 수 없으며, 선행이 믿음을 만들어 내지 못한다는 것이 성경의 가르침입니다. 기독교는 중생(重生)을 부인하는 행동주의 교육학자들의 주장처럼 행동을 통해 사람을 변화시키려하기보다는, 중생의 믿음에서 선한 행동을 이끌어 내려는 성경적 원리를 따릅니다. 의(義)로 거듭난 성도 안에 내재하시는 성령이 그의 선행의 동인(動因)이 됩니다(빌 1:6).[10]

우리 신체 원리를 보더라도 뇌와 육체의 기능이 정상이라면 행위가 유발되기 전에 먼저 뇌에서 명령이 하달됩니다. 의식적이든 무의식적이든 뇌의 명령없이 행위가 이뤄지는 일은 없습니다. 마찬가지로 그리스도인의 행동 명령자인 믿음 없이 행함이 일어날 수 없으며, 동시에 사령부인 믿음이 명령을 하는 데 손발이 가만히 있을 수도 없습니다. 이 원리대로라면 행함이 없음은, 행함을 명령하는 믿음이 없어서입니다.

따라서 기독교가 행함을 강조하기 이전에 행함의 원천이요, 명령자인 믿음을 먼저 강조하는 것은 당연합니다. 기독교 윤리를 "신앙의 윤리"(The Ethics of Belief)라 함도, 모든 것에 있어 먼저 믿음을 앞세우기 때문입니다. 믿음은 사람을 거듭나게 하여 거룩한 새 마음과 의(義)의 열망을 갖게 하고(벧전 1:3), 그 열망이 행함을 낳습니다.

의(義)로 거듭나게 하는 참된 믿음은 신앙을 단지 의식의 차원에만 머

---

10   너희 속에 착한 일을 시작하신 이가 그리스도 예수의 날까지 이루실 줄을 우리가 확신하노라(빌 1:6).

물게 하지 않습니다. "모든 백성 앞에서 나의 서원을 여호와께 갚으리이다"(시 116:12-14), "내 소유의 절반을 가난한 자들에게 주겠사오며 만일 뉘 것을 토색한 일이 있으면 사배나 갚겠나이다"(눅 19:8)라는 결단들을 유발시킵니다. 삭개오의 헌신 결단은 구원받기 위한 공로 축적용이 아니었습니다. 그리스도께서 죄인인 그를 영접해 준 은혜의 감읍함에서 나왔습니다(눅 19:5).[11]

재차 강조하지만 믿음이 있는데, 행함이 없을 수 없습니다. 혹 그렇지 못한 경우에도, 거듭난 그리스도인들은 거기에 대한 근심이 생겨나고, 근심은 열심과 간절함과 분함을 일으켜 다시 분발하게 합니다(고후 7:11).[12] 공격자들의 주장처럼, 어떤 사람에게 행함이 없음은 구원에서 떨어질까 하는 두려움이 없어서가 아니라 믿음이 없어서입니다.

정말 참된 신앙인이라면 크고 작던, 때론 사람들이 알아볼 수 없을 만큼 작은 것이라도 반드시 행함이 따릅니다. 혹은 진보의 속도가 너무 느려 사람들에게 쉽게 감지가 안 될지라도 반드시 진보를 나타냅니다. 믿음만 있고 행위가 전무할 순 없습니다. 믿음으로 아브라함과 롯은 부지중에 천사를 대접했고(창 18:3; 19:2), 믿음으로 기생 라합은 정탐꾼을 두려움 없이 평안히 영접했습니다(히 11:31).

믿음으로 이스라엘 백성들은 여리고 성을 돌았고(히 11:30), 믿음으로 베드로는 바다 위로 걸음을 내딛었습니다(마 14:29). 참으로 거듭나게 하는 참된 믿음은 그 사람으로 하여금 가만히 있게 하지 못합니다.

---

[11] 예수께서 그곳에 이르사 우러러 보시고 이르시되 삭개오야 속히 내려오라 내가 오늘 네 집에 유하여야 하겠다 하시니(눅 19:5).

[12] 보라 하나님의 뜻대로 하게 한 이 근심이 너희로 얼마나 간절하게 하며 얼마나 변명하게 하며 얼마나 분하게 하며 얼마나 두렵게 하며 얼마나 사모하게 하며 얼마나 열심있게 하며 얼마나 벌하게 하였는가(고후 7:11).

제4장

이신칭의에 성령의 인(印)침이 있는가?

　유보적 칭의론자들이 이신칭의 교리에 문제 제기를 한 계기가, 작금의 기독교의 부패와 그에 따른 윤리성 회복의 요청 때문인 줄 알며, 그들이 내건 유보적 칭의는 일종의 그 대안책으로 보입니다. 그리고 그들이 자신들의 유보적 칭의론의 정당성을 확보하려고 인용하는 성경 구절들 역시, 윤리적 명제에 충실한 성경 편린들입니다. 성경은 워낙 방대하여 이현령비현령(耳懸鈴鼻懸鈴)이 가능하기에, 그들이 자신들의 주장을 펴기 위해 끌어오는 논거가 일견 성경적인 것 같으나, 성경 전체의 사상을 아우르기엔 역부족입니다.

　그러나 그보다 더 우려스러운 것은, 기독교의 심장인 이신칭의를 윤리의 근간으로 만들어 '칭의'의 본뜻인 "하나님의 법정적 선언"을 "인간 행위의 의(義)"로 격하시켜, 초자연적인 하나님의 의(義)를 낡아지는 옷 같은 인간의 의(義)와 동일시한 것입니다. 이러한 동일시는, 칭의의 조건에서 행위를 배제시킨 이신칭의를 부패의 주범으로 몰았고, 기독교가 윤리성을 회복하려면 믿음만을 부르짖는 이신칭의를 폐기해야 한다는 주장을 하기에 이르렀습니다.

그러나 이는 마치 자동차 사고의 원인을 모두 자동차에게만 돌려, 자동차 사고를 없애려면 자동차를 폐기해야 한다는 논리처럼 억지스럽습니다. 그들은 운전자의 잘못으로 사고가 날 수 있으며, 또한 사고 없이 안전하게 운전하는 사람들도 많다는 사실을 일부러 외면하는 듯합니다. 아합 시대에 바알에게 무릎 꿇지 아니한 7천 명이 남아 있었듯이(롬 11:2-5), 이신칭의의 은혜에 감읍하여 결초보은하려는 자들의 간증이 교회사에 널려 있습니다. 바울을 바울되게 루터(Martin Luther)를 루터되게 한 것이 이신칭의의 은혜였습니다.

호라티우스 보나르(Horatius Bonar, 1808-1887)는 "의롭게 하는 믿음은 세상을 이기게 한다"는 것을 주제로 『내게는 영원한 의가 있다』(*The Everlasting Righteousness*)를 집필하였는데, 그의 이신칭의에 대한 찬사를 들어봅시다.

> 그의 칭의는 결코 그를 안심시켜 잠자게 하지 않는다. 그의 믿음은 그를 미래에 대해서 아무런 주의도 기울이지 않는 자로 만들지 않는다… 믿음은 교회로 하여금 밤을 새며 기도하게 하고, 그 기도는 교회의 믿음에 힘을 더해 준다… 현재의 악으로부터 정결함을 지키고 앞으로의 악에 물들지 않기 위해서 교회는 현재의 악과 다가올 악에 대한 경계를 게을리 하지 않는다. 적으로부터의 위협과 그에 대한 승리의 예견은 교회를 늘 깨어 있게 한다.[1]

이는 유보적 칭의론자들의 주장과는 달리, "보장된 칭의와 승리가 사람

---

1 Bonar, Horatius, *The Everlasting Righteousn or How shall man be just with God?*, 『내게 영원한 의가 있다』, 송용자 역 (서울: 지평서원, 2003). pp.208-209.

을 결코 나태와 방종에 빠뜨리게 하지 않는다"는 사실을 보여줍니다.

물론 이신칭의를 악용하는 가라지들이 있음을 부인하지 않습니다.

그러나 언제고 선을 악용하는 이들이 없었던 적이 있습니까?

"구더기 무서워 장 못 담근다"는 속담처럼, 그런 악용 자들을 두려워하여 구원받을 택자를 위해 이신칭의를 말하지 않는다면 이는 더 큰 문제입니다.

"이신칭의"가 부패자 양산의 주범이라는 유보적 칭의론자들의 주장을 다시 한 번 되짚어보고자 합니다. 결론부터 말하면 그것은 이신칭의 교리 때문이 아니라, 오히려 이신칭의가 제대로 가르쳐지지 못한 때문이라고 말하는 것이 더 정확합니다. 실제로 오늘날 교회들이 가르치는 "이신칭의"를 보면, 반(半)펠라기안적인 "이신행칭의"(以信行稱義)인 경우가 많고 개혁자들이 가르친 순수한 이신칭의는 적습니다.

이는 장로교, 알미니안으로 양분되어 있는 한국 교회의 분포도를 보아서도 또 교회 안에서 가르쳐지는 면면들을 보더라도 알 수 있습니다. 알미니안 교회가 가르치는 이신칭의는 당연히 "이신행칭의"이고, 장로교회의 경우에도 그쪽으로 경도된 경우들이 많습니다. 그런데 이신칭의를 한국 교회 전체의 교리로 단정하고, 한국 교회의 부패 원인이 이신칭의 교리에 있다고 추정하는 것은 무리가 있습니다.

다시 말하지만 기독교의 부패는 이신칭의 교리 때문이 아니라, 오히려 개혁자들이 전수해 준 순수한 이신칭의 교리를 가르치지 못한 때문입니다. 이신칭의가 제대로 가르쳐지려면 전제할 것이 있습니다. 곧 그것의 뿌리인 "인간의 전적 무능"과 "그리스도의 대속"이 먼저 충분히 가르쳐져야 합니다.

이 가르침을 통해 성령의 인(印)침이 있고, 성령의 인침을 받은 학습자는 겸비함과 은혜의 감읍함으로 그리스도를 믿게 되고, 하나님은 그 믿음을 의롭다고 인정해 주시는 것입니다. 이런 일련의 과정이 충실히 밟아지지 않은 채 "믿기만 하면 의롭다 함을 받는다"는 것만 강조된, 불완전한 이신칭의 교리는 화석화된 공식으로 전락되고, 도덕폐기론이나 기복주의가 끼어들 여지를 만들어 줍니다.

학습의 불충분성과 그로 인한 부작용은 다른 교리 학습들에서도 어렵지 않게 발견됩니다. 예컨대 '하나님의 자비'가 충분히 설명되지 않은 "하나님 주권"은 독재자의 전횡으로 왜곡되고, '인간의 죄와 하나님의 자유'가 충분히 설명되지 않은 "선택 교리"는 불평등한 교리로 곡해됩니다. 뿌리 식물은 잎과 줄기만 보고서는 그 실체를 정확히 알 수 없듯이, "인간의 무능"과 "그리스도의 대속"이라는 뿌리가 충분히 설명되지 않은 채, 잎과 줄기인 "믿기만 하면 의롭다 함을 받는다"는 이신칭의 교리만 앵무새처럼 되내이면, 화석화된 하나의 신앙 공식만 남습니다.

제임스 뷰캐넌(James Buchanan)이 성령이 역사하는 이신칭의 신앙이 구현되려면 '대속'과 '칭의'가 함께 이해돼야 한다고 한 다음의 지적은 옳습니다.

> 종교개혁 시대에 성령의 역사로 칭의가 하나의 공식이 아닌, 실재의 진리로서 생생한 이해력을 갖게 된 것은, 그리스도의 죽음의 '대속'적 성격과 '이신칭의' 교리의 중요성이 동시에 인식된 까닭이다. 성경에서 이 두 가지 교리는 절대적으로 연합되어 있다. '칭의'는 하나님의 어린 양의 '죄를 짊어지시는 사역'에 기초하고 있다.[2]

뿌리가 충분히 가르쳐지지 아니한 불완전한 이신칭의의 가르침에는 성령의 증거가 따르지 않고, 성령의 증거가 결여된 화석화된 교리에는 이신

---

[2] Buchanan, James, *The Doctrine of Justification*, 『칭의교리의 진수』, 신호섭 역 (서울: 지평서원, 2002), p.22.

칭의가 제대로 구현될 수도 없으며, 어떤 능력도 산출될 수 없습니다. 이런 점에서 이신칭의 논쟁의 핵심은, 고도의 신학적인 어떤 것이라기보다는 이신칭의 온전한 가르침과 성령의 증거가 있느냐 하는 것입니다. 진리의 교사는 오직 성령이십니다(요 16:13).[3] 이는 모든 복음의 가르침에 동일하게 적용됩니다.

예수님이 제자들에게 성령이 강림하기 전까지 복음전도를 금하신 이유도(행 1:4),[4] 참 교사인 성령의 가르침 없이는 복음을 이해할 수 없었기 때문입니다(요일 2:27).[5] 성령의 인침이 있는 이신칭의 신앙에는 초자연적인 하나님의 은혜가 나타나, 고백자들로 하여금 바울을 바울 되게 하고 루터를 루터 되게 하듯 합니다. 토머스 크랜머(Thomas Cranmer, 1489-1556), 윌리엄 틴데일(William Tyndale, 1494-1536), 휴 라티머(Hugh Latimer, 1485-1555), 니콜라스 리들리(Nicholas Ridley, 1500-1555)를 비롯해 수많은 순교자들이 이신칭의에 빚지고 있으며, 교회사의 위대한 부흥의 역사도 그러합니다.

뷰캐넌도 같은 지적을 하고 있습니다.

> 이신칭의는 종교개혁 시대로부터 오늘에 이르기까지의 모든 부흥의 시기와 영적 대각성의 시기에 설교의 대주제가 되어왔다. 모든 참된 부흥의 시기에 성령께서 교회들에게 이신칭의 교리의 실재를 진리로, 살

---

[3] 진리의 성령이 오시면 그가 너희를 모든 진리 가운데로 인도하시리니(요 16:13).
[4] 사도와 같이 모이사 저희에게 분부하여 가라사대 예루살렘을 떠나지 말고 내게 들은바 아버지의 약속하신 것을 기다리라(행 1:4).
[5] 너희는 주께 받은바 기름 부음이 너희 안에 거하나니 아무도 너희를 가르칠 필요가 없고 오직 그의 기름 부음이 모든 것을 너희에게 가르치며 또 참되고 거짓이 없으니 너희를 가르치신 그대로 주 안에 거하라(요일 2:27).

아 있는 경험으로 새롭게 가르쳤다.[6]

오늘날 "새포도주는 새부대"라는 경구를 들먹이며, 이신칭의 교리를 종교개혁 시대의 퇴물로 취급하려는 자들을 향해서도 그는 충고를 잊지 않습니다.

> 종교개혁의 옛(old) 신학보다 더욱 새로운 것이 없다… 복음은 루터 이전에도 존재하고 있었다. 그럼에도 불구하고 모든 이어지는 세대에 있어서 복음은 언제나 처음 영감의 물줄기에서 흘러나올 때처럼 신선한 하나님으로부터 오는 좋은 새로운 것이다. 이신칭의 교리는 종교개혁의 오래된 진리이고 오래된 복음의 교리임에도 불구하고, 살아있는 의미로 받는 자들에게는 전혀 새로운 것이 된다.[7]

이렇게 성령의 인침 속에서 겸비함과 감읍함으로 받는 이신칭의 교리는, 벗겨도 벗겨도 새 살을 드러내 보이는 신비한 양파처럼 세상에서 가장 비의한 교리가 됩니다. 그래서 늘 들어도 언제나 새로워, "평생에 듣던 말씀 또 들려주시오"(찬송가 236장)라고 고백하게 되고, 그리스도인의 평생의 묵상 주제가 됩니다. 그러나 화석화된 공식으로 화한 이신칭의 교리는 음미할만한 깊이도 신비함도 없는 1+1=2 같은 초보 산술이 되어, "유보적 칭의론" 같은 고차원적인(?) 교리가 필요하게 됩니다.

이신칭의를 폄하하는 이들이여! 스스로에게 자문해 보시라.

---

[6] Buchanan, James. *The Doctrine of Justification*, 『칭의교리의 진수』, 신호섭 역 (서울: 지평서원 2014), p.16.

[7] Ibid., 27.

내가 이해한 이신칭의에 그리스도의 피와 성령의 인침이 있는가?
그것을 고백할 때마다 은혜의 감읍함으로 가슴이 뜨거워지는가?

개혁자들과 모든 신실한 그리스도인들에게 이신칭의는 단지 학문적인 신학 주제나 화석화된 공식이 아닌, 성령이 인쳐진 감읍함의 교리였습니다. 그들에게 이신칭의는, "은혜로 의롭다 함을 받는다"(以恩稱義)는 말에 다름 아니었기 때문입니다.

오늘 한국 교회에 필요한 것은, 거두절미된 "믿기만 하면 구원받는다"는 화석화된 이신칭의 개념에서 벗어나, 그리스도의 피와 성령으로 인(印)쳐진 살아있는 온전한 이신칭의 교리를 학습하는 것입니다.

제7부
이신칭의와 방종

제1장 이신칭의는 방종을 부추기지 않는다
제2장 이신칭의 남용자들을 두려워하지 말자
제3장 성경의 모든 경계는 이신칭의론자들을 위한 것
제4장 구원받은 자의 넘어짐은, 지옥행 아닌 은혜의 기회

제1장

이신칭의는 방종을 부추기지 않는다

종교개혁 500주년을 맞이하여 여기저기서 자성의 목소리와 함께, 한국 교회의 부정적인 모습에 대해서도 많은 말들이 오갑니다. 그중 일부 사람들이 근자의 한국 교회의 타락에 대해 말하면서, 그 책임을 믿음(은혜)을 강조하는 이신칭의 교리 탓으로 돌리는 경향이 있는듯합니다. 여기선 이 점에 착안하여 이신칭의가 한국 교회의 방종의 주범이 아니라는 것을 변호하고자 합니다.

만일 비판자들의 말대로 믿음의 강조가 방종의 주범이라고 한다면, "나를 믿는 자는 영생을 얻었다"(요 5:24; 3:36; 7:38-40)고 하신 예수님이나, "사람이 의롭게 되는 것은 율법의 행위에서 난 것이 아니요 오직 예수 그리스도를 믿음으로 말미암는다"(갈 2:16)고 외친 바울 모두가 방종의 원인 제공자가 됩니다. 예수님과 바울이 방종의 원인 제공자라는 말에 동의할 수 없다면, 은혜의 강조가 방종의 주범이라고 해서는 안 됩니다.

또 하나는 예수님과 사도 바울의 '이신칭의' 설교를 들은 청중들이 다 은혜를 남용하여 방종한 것이 아니었고, 어떤 이들에게는 구원의 복음이 됐다는 사실에서 그 주장의 신빙성이 떨어집니다.

사도 바울은 은혜의 강조가 죄를 부추기지 않는다는 것을 성경 말씀을 통해 명명백백하게 확증해 줍니다.

> 죄가 더한 곳에 은혜가 더욱 넘쳤나니… 은혜를 더하게 하려고 죄에 거하겠느뇨 그럴 수 없느니라. 죄에 대하여 죽은 우리가 어찌 그 가운데 더 살리요(롬 5:20; 6:1-2).

바울만이 아닙니다. '죄인 괴수에게 넘치는 은혜'를 간증한 존 번연(John Bunyan), '죄인에게 베푸신 지극한 은혜'(Amazing Grace)를 노래한 노예 상인(slaver) 존 뉴톤(John Newton) 같은 이들의 삶과 신앙은, 넘치는 은혜가 결코 사람을 방종에 넘겨주지 않는다는 확증들이 되고 있습니다.

성경은 여기서 한 걸음 더 나아가 은혜가 사람들을 죄에서 자유케 한다고까지 말씀합니다.

> 죄가 너희를 주관치 못하리니 이는 너희가 법 아래 있지 아니하고 은혜 아래 있음이니라 그런즉 어찌하리요 우리가 법 아래 있지 아니하고 은혜 아래 있으니 죄를 지으리요 그럴 수 없느니라(롬 6:14-15).

누군가로 하여금 은혜를 남용하게 했다면, 이는 유보적 칭의론자들의 주장대로 은혜의 강조 탓이라기보다는 보다 근원적인 이유 곧, 그가 은혜 밖에 있기 때문입니다.

유다서는 옛적부터 심판받기로 미리 정해진 자들이, 그리스도를 부인하기 위해 은혜를 방종거리로 만들었다고 했습니다.

> 저희는 옛적부터 이 판결을 받기로 미리 기록된 자니 경건치 아니하여

> 우리 하나님의 은혜를 도리어 방종거리로 바꾸고 홀로 하나이신 주재
> 곧 우리 주 예수 그리스도를 부인하는 자니라(유 1:4).

　의(義)로 중생한 택자들은 자기에게 임한 은혜를 결코 방종거리로 만들지 않습니다.
　그리고 또 하나, 은혜의 복음은 그것이 지닌 영적인 속성상, 모든 사람이 다 좋아할 수 없다는 사실 때문입니다.

> 육에 속한 사람은 하나님의 성령의 일을 받지 아니하나니 저희에게는
> 미련하게 보임이요 또 깨닫지도 못하나니 이런 일은 영적으로라야 분
> 별함이니라(고전 2:14).

　거듭나지 못한 사람은 본성적으로 복음의 은혜를 좋아할 수도 깨달을 수도 없습니다. 이는 예수님이 미중생자들을, "거룩한 것과 진주를 던지면 그것을 밟고 던져 준 사람에게 덤벼들어 물어뜯는 개와 돼지"(마 7:6)의 속성에 비유해 잘 설명해 주셨습니다.
　우리는 기독교 역사에서 은혜의 복음처럼 사람들로부터 극단적인 호불호(好不好)의 반응을 이끌어 낸 것을 보지 못합니다. 은혜의 복음이 너무 좋아 물불을 가리지 않는 이들이 있는가 하면, 무관심 혹은 지독한 증오로 반응한 이들도 있었습니다. 빛으로 오신 예수님에 대한 세상의 양분된 반응도 그런 류였습니다(요 3:19-21).[1] 이는 사도 요한의 말대로 그들이 빛에 속

---

[1] 그 정죄는 이것이니 곧 빛이 세상에 왔으되 사람들이 자기 행위가 악하므로 빛보다 어두움을 더 사랑한 것이니라 악을 행하는 자마다 빛을 미워하여 빛으로 오지 아니하나니 이는 그 행위가 드러날까 함이요 진리를 좇는 자는 빛으로 오나니 이는 그 행위가 하나님 안에서 행한 것임을 나타내려 함이라 하시니라(요 3:19-21).

했느냐 어둠에 속했느냐에 따른 결과였습니다.

베드로 사도와 스데반 집사의 설교를 들은 청중들의 반응이 극단적으로 갈려진 것도 같은 맥락입니다. 회중들은 두 사람으로부터 동일한 복음을 들었음에도, 베드로의 설교를 들은 이들은 마음에 찔림을 받아(행 2:37) 3천 명씩 회개의 결실을 맺었고(행 2:14-41), 스데반의 설교를 들은 사람들 역시 마음의 찔림을 받았으나(행 7:54) 증오심으로 스데반을 돌로 쳐 죽였습니다(행 7:59). 이 모든 사실들은, "은혜의 강조가 남용과 방종을 불러왔다"는 막무가내식 주장이 전혀 근거 없음을 보여줍니다.

물론 하나님은 은혜의 강조가 방종을 낳지 않도록 성도들의 주의를 환기시키는 일도 소홀히 하지 않으셨습니다. 방종을 경계시키는 대표적인 구절이 아마, "자유로 육체의 기회를 삼지 말라"(갈 5:13)일 것입니다. 여기서 '자유'(freedom)란 믿음으로 의롭다 함을 받아 율법의 종 됨에서 벗어난 것을 뜻합니다. 이신칭의로 율법에서 자유한 자들에게 자유에의 탐닉에 빠져 방종으로 흐르지 말 것을 주문한 것입니다. 이는 율법주의자들의 주장처럼, 구원 탈락을 예방하기 위한 금욕주의의 장려가 아닙니다.

하나님은 방종의 예방을 위해 몇 가지 방편을 주셨는데, 그것들은 모두 율법적 규범이 아닌 은혜의 규범들입니다. 그 첫 번째가 "그리스도의 사랑의 강권"(고후 5:14)입니다. 이는 그리스도인을 방종에서 건지는 가장 강력한 방편입니다. "부모 사랑을 듬뿍 받은 자식은 결코 잘못되지 않는다"는 원리와 맥을 같이 합니다. 하나님의 사랑을 받은 자는 결코 방종하여 어그러진 길로 가지 않습니다.

찬송가 241장의 가사처럼, 그가 혹 일시적으로 어그러진 길로 가다가도 예수 사랑의 강권을 받아 곧 다시 돌이킵니다.

구속의 은혜를 저버리고 어긋난 딴 길로 가다가도
예수의 사랑만 생각하면 곧 다시 예수께 돌아오리
주 나를 사랑하시오니 즐겁고도 즐겁도다
주 나를 사랑하시오니 나는 참 기쁘다.

하나님은 성도들을 각성시키고 믿음을 북돋기 위해, 항상 그들 안에 있는 영원불변한 하나님의 사랑에 호소합니다. 그들을 향해 던지는 권면은 언제나 "하나님 사랑 안에 머물라"(유 1:21; 요일 5:9)[2] 입니다. 이 사랑의 강권이 하나님이 당신의 자녀들을 건사하는 제1 원리입니다.

이 사랑의 강권은 방종을 막아줄뿐더러, 성도들의 믿음을 북돋고 열심을 발분시키는 만능키(panacea)입니다. 사도 바울로 하여금 자신의 생애를 오직 예수 신앙에 천착케 하고(갈 2:20),[3] 복음에 헌신하도록(행 20:22-24)[4] 한 것이 자기를 위해 죽으신 하나님 아들의 사랑의 강권이었습니다(갈 2:20). 예수님이 제자들에게 형제 사랑의 계명을 주실 때도, 자신으로부터 받은 사랑의 힘으로 계명을 지키라고 호소했습니다.

내가 너희를 사랑한 것같이 너희도 서로 사랑하라(요 15:12).

---

2   하나님의 사랑 안에서 자기를 지키며(유 1:21). 아버지께서 나를 사랑하신 것 같이 나도 너희를 사랑하였으니 나의 사랑 안에 거하라(요 15:9).
3   내가 그리스도와 함께 십자가에 못 박혔나니 그런즉 이제는 내가 산 것이 아니요 오직 내 안에 그리스도께서 사신 것이라 이제 내가 육체 가운데 사는 것은 나를 사랑하사 나를 위하여 자기 몸을 버리신 하나님의 아들을 믿는 믿음 안에서 사는 것이라(갈 2:20).
4   보라 이제 나는 심령에 매임을 받아 예루살렘으로 가는데 저기서 무슨 일을 만날는지 알지 못하노라 오직 성령이 각 성에서 내게 증거하여 결박과 환난이 나를 기다린다 하시나 나의 달려갈 길과 주 예수께 받은 사명 곧 하나님의 은혜의 복음 증거하는 일을 마치려 함에는 나의 생명을 조금도 귀한 것으로 여기지 아니하노라(행 20:22-24).

심지어 예수님까지도 자신이 제자들을 사랑하는 원동력이 성부로부터 받은 사랑이라고 했습니다.

아버지께서 나를 사랑하신 것같이 나도 너희를 사랑하였으니 나의 사랑 안에 거하라(요 15:9).

기독교에는 사랑의 강권 없이, 순전히 율법에만 고무된 행위란 없습니다. 재림 신앙을 각성시키는 방편도 사랑입니다. 신부 된 교회는 신랑을 기다리는 신부처럼 그리스도를 사모함으로 그의 재림을 고대합니다(마 25:1; 벧후 3:12). 어린 양의 혼인잔치인 그리스도의 재림 날은, 신부 된 성도들에게는 신랑을 맞는 설레임의 날입니다. 이 그리스도에 대한 설레임이 성도들을 깨어있게 합니다. 젖먹이를 둔 엄마는 잠을 잘 때도 숙면에 빠지지 않듯이, 그리스도를 오매불망하는 성도는 방종의 잠에 취해있지 않습니다. 신랑의 인기척이 들리면 버선발로 나가 맞으려고, "잘지라도 마음은 깨어있어"(아 5:2), 결코 그리스도를 도둑처럼 맞이하지 않습니다.

은혜의 남용과 방종을 예방하는 또 하나의 강력한 방편이 성령충만입니다. 바울은 "주취(酒醉)의 방탕"과 "성령충만"을 대비시키면서, '성령충만'을 '방탕'을 예방하는 비책으로 제시했습니다(엡 5:18). 성령충만의 능력이 속사람을 강권케 하여(엡 3:16) 방탕에 빠지지 않도록 해 준다는 것입니다. 성경은 그리스도인의 능력의 원천을 성령이라(빌 3:3) 말합니다. 역사상 가장 모범적인 교회로 꼽히는 초대 교회는 일상의 인사가 "성령충만하십니까?"일 정도로 성령을 의지했습니다.

그러나 성령충만은 오직 칭의받은 자에게만 부어지기에, 칭의가 종말까지 유보된 자들에게는 성령의 부어짐과 능력이 원천적으로 결핍돼 있습니다. 실제로 유보적 칭의론자들에게서 성령충만이니, 성령의 능력(롬

15:18; 고전 2:4)이니, 성령으로 말미암은 풍성한 삶(요 7:38)이니 하는 언급을 찾기가 어려운 것은 우연이 아닙니다.

그들의 대화나 논점이 온통 구원의 인과(因果) 법칙과, 종말의 칭의를 위해 '착하게 살자'는 삭막한 율법적 고무뿐임은 유보적 칭의에 따르는 당연한 귀결입니다. 그들이 이신칭의론자들을 향해 날선 비판과 독설을 쏟아내는 강퍅함도, 성령 없는 그들 영혼의 삭막함과 무관하지 않습니다.

마지막으로 방종을 예방하는 은혜의 방편이 하나님의 영광임을 말하고자 합니다. 하나님 영광은 의(義)로 거듭난 모든 그리스도인의 삶의 목적이고, 지고의 즐거움이며(롬 5:2, 소요리문답 제1문)[5], 모든 행위(deed)의 강력한 동인입니다(고전 10:31).[6]

이러한 하나님 영광에의 열망은 그리스도인으로 하여금 자기 안위를 초월하게 하고, 때론 자기 생을 불사르기까지 하도록 합니다. 그들에게 있어, 하나님의 영광을 찬탈하는 것은 지극히 망령된 일로 여겨지며, "영광을 우리에게 돌리지 마옵소서"(시 115:1)가 그들의 중요한 기도 주제입니다.

그들은 '방종' 역시 하나님 영광의 관점에서 접근합니다. 그들은 자신들의 방종이 하나님의 영광을 가릴까 노심초사합니다. 방종이 갖다 줄 개인적인 이해득실을 따지기보다는 (예컨대 방종하므로 벌을 받고 구원에서 탈락되는) 그것으로 인해 하나님의 영광이 가려질 것을 더 두려워합니다. 아더 핑크(A. W. Pink)가 "참 중생자들은 죄를 피하는 목적이 심판의 두려움 때문이 아니라 하나님의 영광의 침탈 때문이다"라고 한 것이나, 청교도들이 참

---

[5] 또한 그로 말미암아 우리가 믿음으로 서 있는 이 은혜에 들어감을 얻었으며 하나님의 영광을 바라고 즐거워하느니라(롬 5:2). 인간의 제일 되는 목적은 하나님을 영화롭게 하고 그를 영원토록 즐거워하는 것이라(소요리문답 제1문).

[6] 그런즉 너희가 먹든지 마시든지 무엇을 하든지 다 하나님의 영광을 위하여 하라 (고전 10:31).

회심자와 거짓 회심자의 판별 기준을 하나님 영광에 대한 열망이 어떠하냐에 둔 것도 이 원리와 맞닿아 있습니다.

  신실한 그리스도인들이 이신칭의 교리를 고수하려고 애쓰는 것도, 공격자들의 주장처럼 값싼 구원 혹은 쉬운 구원에 홀릭(holic)돼서도 아니고, 오직 믿음(은혜)으로 되는 칭의만이 하나님께 영광을 돌리기 때문입니다. 사도 바울도 그것을 말합니다.

> 찬송하리로다 하나님 곧 우리 주 예수 그리스도의 아버지께서 그리스도 안에서 하늘에 속한 모든 신령한 복으로 우리에게 복 주시되 곧 창세 전에 그리스도 안에서 우리를 택하사 우리로 사랑 안에서 그 앞에 거룩하고 흠이 없게 하시려고 그 기쁘신 뜻대로 우리를 예정하사 예수 그리스도로 말미암아 자기의 아들들이 되게 하셨으니 이는 그의 사랑하시는 자 안에서 우리에게 '거저 주시는 바 그의 은혜의 영광을 찬미하게' 하려는 것이라(엡전 1;3-6).

이처럼 이신칭의의 은혜를 베푸는 목적이 하나님 자신의 영광을 위함일진대, 죄인들에게 베푸신 이신칭의의 은혜가 방종을 낳아 하나님의 영광을 가리운다면 은혜를 베푸신 목적에 위배됩니다. 당신의 영광을 지고의 목적으로 삼으시는 하나님이, 자기 영광의 손상을 갖다 주는 은혜 시혜를 하실 리 만무합니다.

제2장

이신칭의 남용자들을 두려워하지 말자

역사적으로 "믿기만 하면 구원받는다"는 이신칭의 교리는, 부패 무능한 죄인들에게는 가슴 떨리게 하는 복음 그 자체였습니다. 경건한 그리스도인들은 그것을 떠올릴 때마다 "하나님은 절망적인 나를 위해 이 도리를 내셨구나. 이 은혜가 없었으면 어쩔 뻔 했을까"라고 감읍하며, 자신의 생애가 이 은혜에 대한 보은(報恩)이기를 갈망했습니다.

이는 이신칭의의 전파자들인 아브라함(갈 3:6), 하박국(합 2:4), 바울(롬 1:17)[1]뿐만 아니라 모든 신실한 그리스도인들의 공통된 심정이었습니다. 그러나 이런 사람들만 있었던 것은 아닙니다. 하나님의 은혜보다는 자기 의(義)를 더 주목하는 이들이 있었습니다. 바리새인들이 곧 그들입니다. 그들은 예수님을 배척했듯이 은혜의 교리 이신칭의도 배척했습니다.

그런가 하면 이신칭의 남용자들도 있었습니다. 그들은 이신칭의에 대해, "믿기만 하면 의롭게 된다고? 구원은 따놓은 당상이네"라며 죄에 대해

---

[1] 아브라함이 하나님을 믿으매 이것을 그에게 의로 정하셨다 함과 같으니라(갈 3:6).의인은 그 믿음으로 말미암아 살리라(합 2:4).복음에는 하나님의 의가 나타나서 믿음으로 믿음에 이르게 하나니 기록된바 오직 의인은 믿음으로 말미암아 살리라 함과 같으니라(롬 1:17).

느슨한 태도를 갖습니다. 루터(Martin Luther)가 "진정한 은혜는 남용자들을 만들어 낸다"고 했을 때의 그 남용자들이 바로 이들입니다.

그리고 이런 남용자들로 인해 이신칭의는 공격자들로부터 "기독교 타락의 원흉"이니, "타락한 시대의 면죄부"라느니 하는 오명을 뒤집어 썼습니다. 그러나 사실 이들은 진정한 그리스도인이라기보다는 대개 무늬만 그리스도인입니다. 그들이 구원의 확신 운운하는 것은 성령으로 말미암은 것이라기보다는, '쉬운 종교'(easy religion)의 매력에 홀릭(holic)돼 나온 객기(客氣)입니다. 성령으로 말미암은 참된 구원 개념에서는 결코 그런 객기가 나올 수 없습니다.

"이신칭의"만이 남용된 것은 아닙니다. "하나님의 오래 참으심" 역시 흔한 남용 중의 하나였습니다. 지나칠 정도로 인내하시는 하나님은 곧잘 존재하지 않는 하나님이거나 공의에 무관심한 분으로 치부됩니다. 물론 택자들에게는 하나님의 오래 참으심이 회개의 동인입니다. 아버지의 재산을 탕진하고 돌아오는 거지꼴의 탕자를 관용과 인내로 맞아주는 아버지의 모습은(눅 15:20), 그리스도인으로 하여금 회개의 담력을 갖게 합니다.

천 년을 하루같이 하루를 천 년같이 참아주신 하나님의 인내는 죄인에게 회개와 구원의 동인입니다(벧후 3:8-9)[2]. 이스라엘 민족은 하나님의 갸륵한(admirable) 인내의 산물입니다. 하나님의 오래 참으심이 없었다면 그들의 구원도 없었습니다(벧후 3:15)[3].

"내가 땅의 모든 족속 중에 너희만 알았나니"(암 3:2)라는 말씀에서 보듯이, 이스라엘은 하나님 사랑을 독점한 민족이었습니다. 양자 됨, 언약, 율

---

[2] 사랑하는 자들아 주께는 하루가 천년 같고 천년이 하루 같은 이 한가지를 잊지 말라 주의 약속은 어떤 이의 더디다고 생각하는 것 같이 더딘 것이 아니라 오직 너희를 대하여 오래 참으사 아무도 멸망치 않고 다 회개하기에 이르기를 원하시느니라(벧후 3:8-9).

[3] 또 우리 주의 오래 참으심이 구원이 될 줄로 여기라(벧전 3:15).

법, 예배, 메시아가 모두 그들에게서 나오는 놀라운 특권을 입었습니다(롬 9:4). 그럼에도 불구하고 그들은 하나님을 배반했습니다. 그리고 그들은 자신을 돌이키려고 보낸 선지자들을 죽였고, 마지막에는 하나님의 아들까지 죽였습니다. 지금까지도 그들은 자신들을 향해 내민 하나님의 손길을 거절하고 있습니다(롬 10:21).[4] 그러나 하나님의 인내는 그들의 회개가 일어날 그리스도 재림 때까지 지속 될 것입니다.

개인적으로는, 교회와 그리스도인들을 잔해했던 사도 바울의 회심 사건을 통해 하나님의 인내가 극명하게 드러났습니다. 그는 자신에 대한 하나님의 인내를, 가장 극악한 악인조차도 구원에의 여망을 갖게 할 만큼 갸륵한 것이라 고백했습니다.

> 죄인 중에 내가 괴수니라 그러나 내가 긍휼을 입은 까닭은 예수 그리스도께서 내게 먼저 일절 오래 참으심을 보이사 후에 주를 믿어 영생 얻는 자들에게 본이 되게 하려 하심이니라(딤전 1:15-16).

이러한 하나님의 인내에 대해서도 남용한 자들이 있어 왔습니다. 그들에겐 하나님의 오래 참으심이, 회개가 아닌 죄와 벌을 쌓는 기회로 악용됐습니다. 그들의 자신들의 악행에 즉각적인 심판이 시행되지 않아, 그들로 하여금 죄 짓는 일에 더욱 담대하게 만들어, 종말 때 세상을 자신을 소멸(燒滅)시킬 타작마당으로 만듭니다(마 13:40; 벧후 3:7).[5]

---

[4] 이스라엘을 대하여 가라사대 순종치 아니하고 거스려 말하는 백성에게 내가 종일 내 손을 벌렸노라 하셨느니라(롬 10:21).

[5] 가라지를 심은 원수는 마귀요 추수때는 세상 끝이요 추숫군은 천사들이니 그런즉 가라지를 거두어 불에 사르는것 같이 세상끝에도 그러하리라(마 13:40-41).이제 하늘과 땅은 그 동일한 말씀으로 불사르기 위하여 간수하신바 되어 경건치 아니한 사람들의 심판과 멸망의 날까지 보존하여 두신 것이니라(벧후 3:7).

다음으로 하나님의 은혜를 남용하는 데 대한 책임 소재를 따져보고자 합니다. 유보적 칭의론자들은 율법이 배제된 은혜 일변도의 이신칭의가 은혜의 남용을 낳았다고 주장하며, 그것의 남용을 없애려면 이신칭의를 폐기해야 한다고 주장합니다. 그러나 이는 마치 자동차 사고가 나니 세상의 모든 자동차를 다 폐기하자는 논리 같아서 설득력이 없습니다.

이해를 돋우려면 무엇보다 남용에 대한 하나님의 견해를 아는 것이 중요합니다. 결론부터 말하면, 하나님은 당신의 은혜를 남용하는 자들을 결코 두려워하지 않으셨으며(인류는 얼마나 하나님의 인내를 악용했습니까?), 그들 때문에 그의 자비를 중단하지 않으셨습니다. 그가 자비를 행사하실 때 염두에 두는 것은 자비의 남용자들이 아닌 선용자들이었으며, 자비의 남용자들 때문에 이신칭의 복음을 변개시키지 않으셨습니다.

하나님은 은혜의 남용을 막고자 이신칭의를 변개시키면, 구원 경륜이 훼방 받는다는 것을 아셨기 때문입니다. 또한 남용자들을 위해 복음을 변개시킨다 해도, 그 변개된 복음으로는 그들을 그리스도인으로 만들지 못한다는 것도 아셨습니다. 예수님이 "가라지를 뽑다가 곡식까지 뽑을까 염려하노라"(마 13:29)고 하신 말씀은, 복음의 남용자(가라지)들을 처리하려다가 알곡까지 다칠까 염려한다는 뜻이기도 합니다.

"내가 사람들을 주어 너를 바꾸며 백성들로 네 생명을 대신하리니"(사 43:4)라는 말씀 역시, 택자의 구원은 가라지의 넘어짐 위에서 이루어진다는 뜻으로 해석해도 그다지 무리가 없어 보입니다. 은혜의 구원 역사에는 불가피하게 그것을 남용하는 희생자들이 생겨나며, 그것을 통해 택자의 구원 경륜이 이루어지기도 합니다. 유대인의 한시적 넘어짐 위에서 이방인의 구원이 성취되는 사실에서 그것의 절정을 봅니다.

저희의 넘어짐으로 구원이 이방인에게 이르러 이스라엘로 시기나게

함이니라 저희의 넘어짐이 세상의 부요함이 되며 저희의 실패가 이방인의 부요함이 되거든(롬 11:11-12).

이 남용은 예수님의 설교 마저도 비켜가게 했습니다. 곧 전능하신 하나님 아들의 설교마저도 모두에게 구원이 된 것이 아니고, 남용한 실족자들을 만들어냈습니다. "누구든지 나를 인하여 실족하지 아니하는 자는 복이 있도다"(마 11:6)라고 하신 것은, 그의 설교를 듣고 실족하는 사람이 대다수였음을 암시합니다. 그리스도는 소수에게만 구원의 요긴한 모퉁이 돌이 되셨고, 다수에게는 걸려 넘어지게 하는 건축자의 버려진 돌이었습니다(벧전 2:7).

순교자 스데반 집사의 설교 역시 소수의 택자들에게만 구원의 복음이었고, 다수에게는 걸려 넘어지게 하는 돌부리였습니다. 그를 향해 돌팔매질을 한 자들은 바로 이 복음의 돌부리에 걸려 넘어진 유대교도들이었습니다. 복음전도자가 항상 명심해야 할 사안입니다. 전도자는 복음의 남용자나 거부자들을 염두에 두지 말고, 복음을 듣고 소담하게 열매 맺을 알곡들을 염두에 두고 복음을 전해야 합니다.

이어서 복음의 남용자들이 생겨나도 변개 없는 순수 복음을 계속 견지해야 할 필요성에 대해 말하고자 합니다. 이는 복음을 듣는 남용자들(혹은 거부자들) 중에 잠재적 그리스도인들이 있을 수 있기 때문입니다. 설교자는 청중이 당장 복음을 받아들이진 않지만, 때가 되면 복음을 받아들이게 될 잠재적 그리스도인들을 염두에 두고 지속적으로 복음을 말하여, 그들로 하여금 구원에의 소명(召命)에 응답할 기회를 갖게 해 주어야 합니다.

설사 청중 모두가 불택자들일지라도 복음이 설교돼야 합니다. 이는 그들로 하여금 복음을 듣지 못해 회개치 못했다는 핑계를 댈 수 없도록 하기 위해섭니다. 하나님이 복음 전파를 명하신 것은 구원을 위해서이기도 하지만, 복음을 받아들이지 않는 불택자들을 정죄하기 위해섭니다. "믿으면 구원을 얻으리라"(롬 10:9)는 말씀은 아주 부드러워 보이나, 그 이면에는 믿지 않으면 심판에 처해진다는 두려운 경고가 담겨 있습니다(요 12:48).[6] 복음은 믿고 구원받은 자들에게는 말 그대로 복음이지만, 믿지 않는 자에게는 정죄입니다. 이 점에서 복음은 구원과 심판의 분깃점입니다.

마지막으로 남용의 원인을 하나님의 지나친(?) 자비 탓으로 돌릴 수 없음을 말하고자 합니다. 자비를 남용한 것은 전적으로 남용한 자의 책임이라는 뜻입니다. 똑같은 복음인데도, 어떤 이는 그것으로 구원을 받고 어떤 이에게는 걸려 넘어지는 돌부리가 됐다면, 이는 전적으로 넘어진 자의 탓입니다. 가라지와 알곡이 똑같은 토양에서 물, 양분, 햇빛을 동일하게 흡수했는데도, 어떤 것은 가라지가 되고 어떤 것은 알곡이 된 것과 같은 이치입니다.

이신칭의의 남용에 대한 책임 소재는 분명해졌습니다. 유보적 칭의론자들이 한국 기독교인들의 남용과 방종에 대한 책임을 지나치게(?) 은혜를 강조한 이신칭의 설교자 탓으로 돌리는 것은, 어떤 근거도 없다는 것이 판명됐습니다.

> 옳도다 저희는 믿지 아니하므로 꺾이우고 너는 믿으므로 섰느니라… 그러므로 하나님의 인자와 엄위를 보라 넘어지는 자들에게는 엄위가 있으니 너희가 만일 하나님의 인자에 거하면 그 인자가 너희에게 있으리라(롬 11;20, 22).
>
> 그러므로 믿는 너희에게는 보배이나 믿지 아니하는 자에게는 건축자들의 버린 그 돌이 모퉁이의 머릿돌이 되고 또한 부딪히는 돌과 거치는 반석이 되었다 하니라(벧전 2:7-8).

---

6 나를 저버리고 내 말을 받지 아니하는 자를 심판할 이가 있으니 곧 나의 한 그 말이 마지막 날에 저를 심판하리라(요 1:24).

제3장

성경의 모든 경계는 이신칭의론자들을 위한 것

하나님은 불택자들이 하나님의 자비를 남용하는 것에 대해선 괘념치 않으시지만, 택자들이 하나님의 은혜에 취해 방심에 빠뜨려지는 것에 대해선 경계심을 늦추지 않으십니다. 성경이 선지자와 사도들을 짖는 개(사 56:10), 파숫군(시 130:6), 목자(겔 34:2; 벧전 5:2-4)[1]로 지칭한 것은, 그들의 사명이 하나님의 백성들을 경계시키는 데 있음을 말한 것입니다.

그 경고가 때론 부드럽고 때론 강력한 내용을 담고 있지만, 그 목적은 한결같이 택자들을 방심에서 건져내기 위함이었습니다. 이 경고는 유보적 칭의론자들의 주장처럼 칭의를 받지 못하거나 취소될 것을 두려워해 나온 율법적인 것이 아닙니다. 포도주에 취해 벌거벗은 노아, 간음죄 살인죄를

---

1 그 파숫군들은 소경이요 다 무지하며 벙어리개라 능히 짖지 못하며 다 꿈꾸는 자요 누운 자요 잠자기를 좋아하는 자니(사 56:10). 파숫군이 아침을 기다림보다 내 영혼이 주를 더 기다리나니 참으로 파숫군의 아침을 기다림보다 더하도다(시 130:6). 인자야 너는 이스라엘 목자들을 쳐서 예언하라(겔 34:2). 너희 중에 있는 하나님의 양 무리를 치되 부득이함으로 하지 말고 오직 하나님의 뜻을 좇아 자원함으로 하며 더러운 이를 위하여 하지 말고 오직 즐거운 뜻으로 하며... 오직 양 무리의 본이 되라 그리하면 목자장이 나타나실 때에 시들지 아니하는 영광의 면류관을 얻으리라(벧전 4:2-4).

저지른 다윗, 예수를 세 번씩이나 부인한 베드로의 실수 같은 것을 막기 위해섭니다.

그리스도인들에게 명하신 계명 준수의 요구도 언제나 경고의 의미입니다. 율법은 "언약 백성의 표징"(히8: 10), "죄의 자각과 그리스도께로 이끄는 몽학선생"(갈 3:24) 역할도 하지만 소위 "율법의 제3 용도," 곧 계명 준수 여부에 따른 축복과 징계의 언약도 함의합니다. 이는 순전히 그리스도인들의 방종을 막기 위한 목적이었습니다. 역사적으로 칼빈주의 교회가 엄격한 권징을 실시해 온 것은, 이 율법의 제3 용도에 충실한 결과였습니다.

이런 율법의 다양한 요구들에 직면해 있는 이신칭의론자들을 향해 유보적 칭의론자들이 율법폐기론자, 무율법주의자라고 비난하는 것은 어불성설입니다. 청교도들의 주일 엄수, 열정적인 선교와 구제, 엄격한 자기 통제력은 계명 준수의 열매들이었습니다. 특히 청교도들이 가진 두 가지 성경적 개념이 그들의 삶을 제어하고 정제(精製)하는 데 기여했습니다.

첫째, 물질에 대한 청지기적 개념이 사치와 방종을 막아 주었습니다.

부(富)가 자신들의 노력의 결과가 아닌 하나님의 은혜로 된 것이라는 그들의 인식과, 물질에 대한 그들의 청지기적 인식이 겸비함과 절제력을 낳았습니다. 나아가 그것은 물질이 지나치게 개인의 사적인 용도와 사치에 남용되는 것을 막고, 교회와 공동체의 선에 기여하도록 했습니다(딤전 6:17-19).[2]

---

[2] 네가 이 세대에 부한 자들을 명하여 마음을 높이지 말고 정함이 없는 재물에 소망을 두지 말고 오직 우리에게 모든 것을 후히 주사 누리게 하시는 하나님께 두며 선한 일을 행하고 선한 사업에 부하고 나눠주기를 좋아하며 동정하는 자가 되게 하라 이것이 장래에 자기를 위하여 좋은 터를 쌓아 참된 생명을 취하는 것이니라(딤전 6:17-19).

둘째, 이신칭의의 근간인 예정 교리가 방종을 막아 주었습니다.

자신들이 하나님의 영광과 거룩함을 위해 부름을 받고(살전 4:7-8)[3] 선한 일을 위해 구원 예정을 받았다(엡 1:4-6; 2:10; 딛 2:14)[4]는 자각이, 그들로 방종과 나태에 빠지지 않도록 해 주었습니다. 동양의 팔자소관 사상이 사람들을 무기력한 숙명론에 빠뜨렸다면, 기독교의 예정론은 적극적으로 악을 제어하고 선한 삶을 꾸리도록 독려했습니다. 거룩과 축복에로의 소명을 받은 선민은 함부로 삶을 방임, 낭비할 수 없다는 자각이 근신(勤愼)과 근면을 북돋았습니다. 예정론을 숙명론이니, 방종과 타락을 부추기는 원흉이라느니 하며 비난하는 것은 무지의 소치입니다.

그리고 그 경계(警戒)의 기저에는, 독생자를 주신 하나님의 사랑과 그리스도의 십자가 은혜가 자리합니다. 이는 예수님이 제자들에게 명령하신 계명 준수의 동기에서도 잘 나타납니다. 그들이 계명을 지켜야 할 이유를 구원 얻기 위해서가 아니라 구원해 주신 하나님의 사랑의 강권 때문임을 말했습니다.

너희가 나를 사랑하면 나의 계명을 지키리라(요 14:15).

우리는 예수님의 율법 준수 의미와, 우리의 그것과의 차이를 인식해야 합니다. 어떤 사람들은 예수님을 그들의 율법 준수의 모범자로 삼고, 그들

---

[3] 하나님이 우리를 부르심은 부정케 하심이 아니요 거룩케 하심이니 그러므로 저버리는 자는 사람을 저버림이 아니요 너희에게 그의 성령을 주신 하나님을 저버림이니라(살전 4:7-8).

[4] 곧 창세 전에 그리스도 안에서 우리를 택하사 우리로 사랑 안에서 그 앞에 거룩하고 흠이 없게 하시려고(엡1:4). 우리는 그의 만드신바라 그리스도 예수 안에서 선한 일을 위하여 지으심을 받은 자니 이 일은 하나님이 전에 예비하사 우리로 그 가운데서 행하게 하려 하심이니라(엡 2:10). 그가 우리를 대신하여 자신을 주심은 모든 불법에서 우리를 구속하시고 우리를 깨끗하게 하사 선한 일에 열심하는 친 백성이 되게 하려 하심이니라(딛 2:14).

의 제자 됨의 표지를 그의 삶을 흉내 내는 것이라고 생각합니다. 그러나 율법 준수에 있어, 그리스도와 우리의 지향점이 다릅니다. 그리스도의 율법 준수가 우리를 대신한 대행적 준수였다면(마 3:15),[5] 우리의 율법 준수의 동기는 율법 준수를 대행해 주신 그리스도의 사랑의 강권입니다.

유대인들에게 있어 성경 전체를 축약한, 소위 쉐마(the Shema)라고 하는 "이스라엘아 들으라 우리 하나님 여호와는 오직 하나인 여호와시니 너는 마음을 다하고 성품을 다하고 힘을 다하여 네 하나님 여호와를 사랑하라"(신 6:4-5)의 전제가 '마음의 할례'(신 30:6),[6] 곧 '의로 거듭남'에 있음을 놓치지 말아야 합니다. 거듭남의 사랑을 입지 못한 자는 전심으로 하나님을 사랑할 수 없다는 뜻입니다.

기독교에서 중시하는 회개의 경고 역시 구원에서 떨어질까 하는 두려움에서 나온 것이 아닙니다. 전 생애에 걸쳐 반복적으로 일어나는 회개는, 생애에 단 한번 일어나는 생명 얻는 회개(행 11:18)와는 구분됩니다. 전자는 의롭다 함을 받기 위한 것이 아니라 의롭다 함을 받은 자에게 맺히는 열매입니다. 예수님이 베드로의 발을 씻기시면서, 믿음으로 의롭다 함을 받은(목욕한) 자는 온전케 되었으니 다시 의롭다 함을 받을(목욕할) 필요가 없고 발만 씻으면 된다고 했습니다(요 13:10).

여기서 발만 씻으면 된다는 말은, 한 번 믿음으로 의롭다 함을 받은 자는 재차 의롭다 함을 받을 필요가 없고 잘못할 때마다 일상적인 회개로 족하다는 뜻입니다. 칭의를 종말까지 유보시킨 이들의 주장대로라면, 한 번 의롭다 함을 받은 것으로는 안 되고, 종말 때까지 반복적으로 계속 의롭다

---

[5] 예수께서 대답하여 가라사대 이제 허락하라 우리가 이와 같이 하여 모든 의를 이루는 것이 합당하니라 하신대 이에 요한이 허락하는지라(마 3:15).

[6] 네 하나님 여호와께서 네 마음과 네 자손의 마음에 할례를 베푸사 너로 마음을 다하며 성품을 다하여 네 하나님 여호와를 사랑하게 하사 너로 생명을 얻게 하실 것이며(신 30:6).

함을 받아야(계속 목욕을 해야) 합니다. 이는 "이미 목욕한 자는 온 몸이 깨끗하니 발밖에 씻을 필요가 없느니라"(요 13:10)고 하신 예수님의 말씀을 정면으로 부인하는 것입니다.

그리고 이 일상적인 회개의 발로는, 하나님 사랑을 남용하고 저버린데 대한 통한(痛恨)입니다. 비유컨대 아버지의 재산을 탕진한 탕자가 아버지께 불효한 것에 대해 가졌던 통한입니다(눅 15:18-21).[7] 이는 양심의 가책과 율법의 직시에서 나온 끝없는 자책(죄의식)과는 다른, 하나님 아버지를 향한 인격적인 애석(哀惜)입니다.

그리스도인에게 종이 되라는 권면 역시, 율법대로 살지 않으면 정죄 받을까 싶어 율법의 종이 되라는 뜻이 아닙니다. 6년간의 노예계약이 끝나는 7년째 되는 안식년에, 자유의 선언을 받은 종이 귀를 뚫어 자원하여 종이 되듯이(신 15:16-17),[8] 그리스도로 말미암아 율법에서 해방된 성도가 은혜에 감읍하여 자원해 그리스도의 종이 되는 것을 뜻합니다. 바울이 말한 '사랑의 종'(servant for love) 개념입니다.

> 주 안에서 부르심을 받은 자는 종이라도 주께 속한 자유자요 또 이와 같이 자유자로 있을 때에 부르심을 받은 자는 그리스도의 종이니라
> (고전 7:22).

---

[7] 내가 일어나 아버지께 가서 이르기를 아버지여 내가 하늘과 아버지께 죄를 얻었사오니 지금부터는 아버지의 아들이라 일컬음을 감당치 못하겠나이다 나를 품군의 하나로 보소서 하리라 하고 이에 일어나서 아버지께로 돌아가니라 아직도 상거가 먼데 아버지가 저를 보고 측은히 여겨 달려가 목을 안고 입을 맞추니 아들이 가로되 아버지여 내가 하늘과 아버지께 죄를 얻었사오니 지금부터는 아버지의 아들이라 일컬음을 감당치 못하겠나이다 하나(눅 15:18-21).

[8] 종이 만일 너와 네 집을 사랑하므로 너와 동거하기를 좋게 여겨 네게 향하여 내가 주인을 떠나지 아니하겠노라 하거든 송곳을 취하여 그의 귀를 문에 대고 뚫으라 그리하면 그가 영영히 네 종이 되리라 네 여종에게도 일례로 할찌니라(신 15:16-17).

> 형제들아 너희가 자유를 위하여 부르심을 입었으나 그러나 그 자유로
> 육체의 기회를 삼지 말고 오직 사랑으로 서로 종노릇하라(갈 5:13).

그리스도가 베풀어 주신 사랑이 감사하여 자신의 자유를 반납하고 기꺼이 그의 종이 되는 것을 뜻합니다.

> 마귀를 대적하라(약 4:7),
> 깨어 마귀의 공격을 피하라(엡 5:8; 딤후 2:26).

이 말씀들 역시 믿음으로 의롭다 함을 받아 마귀에게서 해방된 자들에게만 해당되며, 마귀의 지배 아래 있는 자들과는 무관합니다. 칭의가 종말 때까지 유보된 자들에게는 부득불 종말 때까지 의(義)가 미완성인 채로 남아 있고, 그렇게 의(義)가 미완성인 채로 남아 있는 한, 그들은 율법의 저주(사망)와 마귀의 지배 아래 묶여있습니다(고전 15:55-56).[9]

따라서 사망의 세력을 잡은 자(히 2:14), 마귀에게 종된 자들을 향해 "마귀를 대적하라"고 경고하는 것은 무의미합니다. 그런데 유보적 칭의론자들은 마귀의 지배 아래 있는 자신들을 포함해 그들을 따르는 자들을 향해 최후의 칭의를 쟁취할 때까지 칭의의 방해자 마귀와의 전투를 계속하라고 독려합니다. 그러나 이는 어불성설입니다. 칭의를 받지 못해 마귀의 장악 아래 있는 자들에게 그러한 경고는 해당 사항이 없습니다.

백 번 양보하여 그것이 가능하다고 인정하더라도, 마귀에 대한 그들의 전투는 겨우 비윤리적인 것들에 관한 것으로서, 성경적 전투 개념에는 미

---

[9] 사망아 너의 이기는 것이 어디 있느냐 사망아 너의 쏘는 것이 어디 있느냐 사망의 쏘는 것은 죄요 죄의 권능은 율법이라(고전 15:55-56).

치지 못합니다. 그들에게 있어, 칭의를 이루지 못하게 하는 최대의 방해물은 비윤리이며, 그들이 생각하는 마귀의 주된 사역 역시 사람들로 하여금 비윤리적이 되게 하는 것입니다.

그러나 실제 마귀의 공격 목표와 그의 주된 사역은, 믿음으로 그리스도의 의(義)를 덧입지 못하도록 하는 이신칭의에 대한 것입니다. 아이러니하게도 이신칭의의 대적자 마귀는 이신칭의의 원천인 십자가 구속으로 궤멸됐습니다.

> 내가 너로 여자와 원수가 되게 하고 너의 후손도 여자의 후손과 원수가 되게 하리니 여자의 후손은 네 머리를 상하게 할 것이요 너는 그의 발꿈치를 상하게 할 것이니라(창 3:15).
> 정사와 권세를 벗어버려 밝히 드러내시고 십자가로 승리하셨느니라 (골 2:15).
> 어린 양의 피와 자기의 증거하는 말을 인하여 저를 이기었으니 (계 12:11).

다시 말하지만 마귀가 사람을 장악하는 목적은 그들이 생각하듯 사람들을 비윤리적인 타락 상태에 머물게 하는 것이 아닙니다. 믿음으로 그리스도의 의(義)를 덧입지 못하도록 그 사람을 율법의 정죄(사망) 아래 두는 것입니다. 따라서 마귀로 하여금 사람에게서 지배권을 행사하지 못하도록 하는 유일한 길 역시 마귀가 사람에게서 권세를 행사하게 만드는 사망을 (히 2:14) 그에게서 없애 주는 것입니다. 곧 그리스도의 죽음을 자신의 죄값으로 내어놓으므로, 율법이 더 이상 그에게 사망을 요구할 수 없게 만드는 것입니다.

이렇게 그리스도의 대속을 입어 사망이 폐하여 진(딤후 1:10)[10] 자만이 마귀의 지배에서 벗어나고, 그렇게 마귀의 지배에서 벗어난 자만이 마귀와의 전투가 가능해집니다. 강조컨대, 이신칭의를 받지 못해 사망 아래서 마귀의 지배를 받는 자가 마귀를 대적한다는 말은 어불성설입니다. 유보적 칭의론자들이여! 마귀와 대적하고 싶으면, 먼저 이신칭의를 입어 마귀의 세력권인 사망에서 벗어나십시오.

마지막으로, 이제껏 나열한 경고들을 충실히 이행했다 하더라도, 육신의 연약함으로 인한 일시적인 방심에서까지는 완전히 벗어나기 어렵다는 것을 말씀드리고자 합니다. 할애비 사랑에 듬뿍 취한 어린 손주가 버릇없이 상투잡이를 하듯이, 그리스도 안의 하나님 사랑에 도취된 성도도 부지불식간에 방심에 노출될 수 있습니다.

그리고 이러한 방심이 때론 유보적 칭의론자들이나 세상 사람들에게 일종의 방종으로 비칠 수 있습니다.

그러나 그것까지 비관용적인 공의의 잣대를 들이대며 냉혹하게 몰아세울 수는 없습니다.

어찌 신앙이 미적분 공식처럼 그렇게 딱 맞아떨어질 수 있겠습니까?

이런 예기치 못하는 방심과 연약함이 있기에 하나님의 보호와 은혜가 필요한 것 아니겠습니까?

그러나 이것까지도 용납할 수 없다며 엄격주의로 나온다면, 되묻고 싶습니다.

그럼 당신네는 과연 의롭다 함을 받기에 충분할 정도로 완전하며, 그것

---

10 이제는 우리 구주 그리스도 예수의 나타나심으로 말미암아 나타났으니 저는 사망을 폐하시고 복음으로써 생명과 썩지 아니할 것을 드러내신지라(딤후 1:10).

을 종말 때까지 중단 없이 지속할 수 있겠는가?

당신네들이 의롭다 함을 받을 수 있다고 장담하는 의의 수준은 어느 정도인가?

당신의 순종은 율법이 요구하는 다음의 수준에까지 미치는가?

마음으로도 형제를 미워하지 않으며(요일 3:15),

미련한 놈이라 한 적이 없으며(마 5:22),

마음으로도 음욕을 품는 적이 없는가?(마 5:28)

당신을 해치려는 원수를 위해 당신은 복을 빌며(마 5:44),

오른편 뺨을 때리면 왼편 뺨을 돌려 대며(마 5:39),

예수님처럼 당신의 원수들을 위해 목숨을 내어 주는가?'

너무 기준이 높다고요?

본래 율법의 기준이 예수님이 행한 순종까지입니다. 거기까지 미치지 못하면 실격입니다.

그럼 기준을 좀 낮추어 제시해 볼까요?

여러분의 수입 중 얼마를 선교와 구제에 봉헌하며, 하루에 기도와 선행은 얼마나 하고, 지상 명령인 전도에는 얼마나 많은 시간을 투자하는가?

이 정도에도 자신 있게 '예'라고 대답하지 못한다면, 여러분의 칭의는 물 건너갔습니다.

어떡하렵니까?

그래도 이신칭의를 붙들지 않고 배기겠습니까?

제4장

구원받은 자의 넘어짐은, 지옥행 아닌 은혜의 기회

칭의를 받은 성도라도, 그는 루터의 말대로 "의인인 동시에 죄인"(simul iustus et peccator)이기에 이 땅에선 완전한 성화란 없습니다. 만일 성화가 완전하다면 이는 이미 영화의 단계로 진입한 것입니다. 이 점에서 "웨슬레의 완전주의"(John Wesley's Doctrine of Entire Sanctification)는 너무 나간 것입니다. 루터의 "의인이며 동시에 죄인"론(論)이, "하나님의 판결과 인간의 실제 상태에 대한 역설적인 신학적, 경험적 공존의 성격 규정이며 그리스도인 내부의 인간론적 갈등의 규정"[1]이라고 해석된 것은 적절합니다.

이 "하나님의 판결과 인간의 실제 상태에 대한 역설적인 신학적, 경험적 공존"은 생명이 다하는 순간까지 그리스도인으로 하여금 끊임없는 부침(浮沈)을 경험하게 할 것입니다. 실제로 지상에서 실패 없는 완전한 성화를 보여준 개인이나 교회는 없습니다. 가장 이상적인 모델로 지칭되는 초대교회를 비롯해 성경에 등장하는 아시아 7교회를 보더라도 완전한 그리스도인 상을 보여 주지 못했습니다(계 2-3장). 성경 밖의 교회사 역시 험준한

---

1 Paul Althaus, 『루터의 신학』, p. 274.

고비마다 순교자들과 신앙 영웅들을 배출했지만 보편적인 것은 아니었습니다.

또한 완전한 성화 공동체를 이루려는 다양한 실험들 역시 말 그대로 하나의 실험으로 끝났습니다. 영국의 청교도들이 신대륙에서 이루기를 꿈꾸었던 이상향(utopia) "언덕 위의 도성"(shining city upon a hill)이 그러했고, 16세기 재세례파(Anabaptist)의 "천년 왕국"(millennium) 역시 그랬습니다. 이러한 실패들은 구성원 개개인의 불완전함 탓도 있겠지만, 공동체의 구조악에서 기인되기도 했습니다. 이러한 사실은 개인의 온전함과 교회공동체의 온전함이 별개라는 사실도 보게 했습니다.

개인은 온전하지만 그 온전한 개인이 공동체라는 구조 속에 유입될 때 반목, 선동, 파당, 다툼, 범죄 등에 노출됩니다. 베드로의 외식(갈 2:12-13),[2] 전도 문제로 인한 바울과 바나바의 다툼(행 15:37-39),[3] 고린도교회의 파당(고전 1:12)과 은사 문제(고전 12-13장)와 성적 범죄(고전 5:1), 헬라파 유대인들의 구제 누락으로 생긴 원망(행 6:1),[4] 애찬(愛餐) 때의 불협화음 등이 그것입니다(고전 11:21).[5] 구약의 광야 여정에서 섞여 사는 이족(異族)의 선동으로 온 이스라엘이 불평과 원망에 연루되고(민 11:4),[6] 가나안 정탐꾼의 부정

---

[2] 야고보에게서 온 어떤이들이 이르기 전에 게바가 이방인과 함께 먹다가 저희가 오매 그가 할례자들을 두려워하여 떠나 물러가매 남은 유대인들도 저와 같이 외식하므로 바나바도 저희의 외식에 유혹되었느니라(갈 2:12-13).

[3] 바나바는 마가라 하는 요한도 데리고 가고자 하나 바울은 밤빌리아에서 자기들을 떠나 한가지로 일하러 가지 아니한 자를 데리고 가는 것이 옳지 않다 하여 서로 심히 다투어 피차 갈라서니 바나바는 마가를 데리고 배 타고 구브로로 가고(행 15:37-39).

[4] 그때에 제자가 더 많아졌는데 헬라파 유대인들이 자기의 과부들이 그 매일 구제에 빠지므로 히브리파 사람을 원망한대(행 6:1).

[5] 이는 먹을 때에 각각 자기의 만찬을 먼저 갖다 먹으므로 어떤이는 시장하고 어떤이는 취함이라(고전 11:21).

[6] 이스라엘 중에 섞여 사는 무리가 탐욕을 품으매 이스라엘 자손도 다시 울며 가로되 누가 우리에게 고기를 주어 먹게 할꼬(민 11:4).

적 보고에 이스라엘 전체가 불신앙의 늪에 빠진 것(민 13-14장)은 모두 유사한 경우들입니다.

물론 이 점에 있어서, 공동체의 문제는 구성원 개개인의 불완전함에서 기인한다고 보는 복음주의자들과 개개인이 아무리 완전해도 공동체의 구조악이 사람들을 괴물로 만든다는 사회복음주의자들 간의 해묵은 논쟁이 촉발될 수 있지만, 앞서 지적했듯이 성경은 둘 다 그 가능성을 인정합니다. 거듭나지 못한 가라지들과 미성숙한 교회 구성원들이 문제를 야기시키기도 하지만, 온전한 개개인이지만 교회공동체 속에서 어우러지며 공동선을 추구하는 과정에서 불협화음과 마찰이 불거집니다.

그래서 성경은 그리스도인들에게 개인의 온전함을 촉구하는(마 5:48)[7] 동시에, 공동체의 선을 위해 힘쓸 것을 요청합니다. 성경이 서로 오래 참으며 용서하고 용납하며(엡 4:2; 골 3:13) 각자 믿음의 분량대로 지혜롭게 생각하라고 권면한 것은(롬 12:3), 공동체에서의 처신의 지혜를 말한 것입니다. 지금껏 이 문제에 대해 장광설을 늘어놓은 것은, 그리스도인들에게는 완전한 성화에 미치지 못하게 하는 변수가 안팎에 놓여 있음을 인식시키기 위해섭니다.

이런 전제가 일견 패배주의를 부추기는 것으로 보일지 모르나, 사람들로 하여금 성화에 대한 섣부른 판단을 하지 못하도록 하기 위함입니다. 칼빈이 완전한 교회를 도모하려던 재세례파교도들을 신랄하게 비판한 것은 지상 교회의 그런 한계를 자각한 때문입니다. 이즈음 스프라울(R.C. Sproul)의 그리스도인은 완전한 상태보다는 성숙한 상태에 이르기를 추구해야 한다는 권면이 새삼스럽게 다가옵니다.

---

[7] 그러므로 하늘에 계신 너희 아버지의 온전하심과 같이 너희도 온전하라(마 5:48).

> 완전한 상태에는 이를 수 없으나 성숙한 상태에는 이를 수 있다. 오리
> 를 가자면 십리를 가는 사랑, 그리고 고통을 기꺼이 수용하는 사랑이
> 성숙한 사랑이다. 성숙한 사랑은 고집 센 아이나 말썽 많은 일꾼도 참
> 을성 있게 대한다.[8]

또 성화의 내용에 있어서도 신학과 사상에 따라 견해를 달리 하는듯 합니다. 계몽주의, 경건주의의 영향을 받은 이들은 곧잘 성화를 도덕적 완전과 동일시하는 경향이 있는데, 성경은 성화를 신앙의 윤리(The Ethics of Belief)로 말합니다. 신앙의 윤리라 함은 하나님 중심, 신앙 중심의 윤리를 뜻합니다. 칭의가 윤리적 의(義)의 승인이 아니듯이, 칭의의 열매인 성화 역시 보편적인 윤리 구현이 아닙니다.

존 오웬(John Owen)의 말대로, 성화는 그리스도 신앙에 기초되어 있습니다. 그는 성화를 자기 이성으로 이해하고 자신의 능력으로 실천할 수 있는 도덕적인 덕으로 생각하는 사람들에게, "복음의 진리가 성화에 이르는 유일한 뿌리"라고 강변했고, 그리스도에 대한 신앙에 기초하지 않은 성화는 위선이라고 주장했습니다.[9]

성화는 죄로 하나님을 향해 죽어있던 자가 거듭나 하나님을 향해 사는 것입니다. 태초의 원죄가 인간 사이의 윤리적 범과가 아닌 하나님께 대한 죄, 곧 하나님의 명령을 거스리고(창 2:17)[10] 스스로 하나님이 되려던 죄였기에(창 3:5),[11] 칭의와 성화 역시 하나님과의 관계에 대한 것이 주(主)이고,

---

8 R.C. Sproul, *Hunger for Significance*, 『사람이 무엇이관대』, 이숙희 역 (서울: 죠이선교회출판부, 1993), p. 73.
9 오덕교, 『청교도 이야기』 (서울: 이레서원, 2001), p. 153.
10 선악을 알게하는 나무의 실과는 먹지 말라 네가 먹는 날에는 정녕 죽으리라 하시니라 (창 2:17).
11 너희가 그것을 먹는 날에는 너희 눈이 밝아 하나님과 같이 되어 선악을 알줄을 하나님이 아

윤리는 거기에 복속됩니다. 칭의의 원천인 그리스도의 구속은, 우리로 하여금 죄에 대해 죽고 하나님께 대해 살도록 하기 위한 것입니다.

> 친히 나무에 달려 그 몸으로 우리 죄를 담당하셨으니 이는 우리로 죄에 대하여 죽고 의에 대하여 살게 하려 하심이라(벧전 2:24).
> 내가 율법으로 말미암아 율법을 향하여 죽었나니 이는 하나님을 향하여 살려 함이니라(갈 2:19).
> 저가 모든 사람을 대신하여 죽으심은 산 자들로 하여금 다시는 저희 자신을 위하여 살지 않고 오직 저희를 대신하여 죽었다가 다시 사신 자를 위하여 살게 하려 함이니라(고후 5:15).

루터(Martin Luther) 역시 성화를 죄인이 의롭게 되어 가는 하나의 '과정'으로 이해했지만, 그것을 윤리적 경지로 이해하지 않고 자신에 대한 신뢰를 버리고 죄에서 벗어나 하나님의 뜻과 일치하려는 갈망으로 이해했습니다. 성경은 성도의 윤리적인 범과가 반드시 칭의와 성화의 부재를 증거하는 것은 아니라고 말합니다(고전 5:1). 사소하게는 '외식'(갈 2:12-14)이나 '사람을 속임'(창 27:36-37)에서부터, 크게는 '시부, 계모와의 통간'(창 38:18; 고전 5:1), '간음과 살인'(삼하 11:4, 17) 같은 극악한 윤리적 범죄까지도 칭의와 성화 부재의 확증으로 삼지 아니했습니다.

또한 개개인의 윤리 규범(의식)의 차이가 일률적인 윤리의 잣대로 성화를 가늠하기 어렵게 하고, 윤리 구현이 곧 성화라는 등식 설정을 불가능하게 합니다. 엄격한 교육을 받아 예의범절, 염치, 양보, 이타심이 몸에 밴 사람은, 갓 회심한 초신자라도 상당한 수준의 성화를 이룬 것으로 사람들에

심이니라(창 3:5).

게 비쳐질 수 있습니다.

반면에 식인종이었던 사람이 인육을 먹지 않게 되고, 일부다처가가 일부일처가로 돌아서는 것은 당사자들의 입장에서는 대단한 성화이지만, 다른 윤리 덕목이 추가되지 않는 한 일반인들에게는 성화의 부재로 비쳐질 수 있습니다. 이로 보건대 각 사람의 성장 환경, 문화적 배경에 대한 이해 없이 겉으로 드러나는 도덕적 행위만을 보고 성화를 평가할 수 없음이 명백해집니다.

이어서 성화의 성패가 칭의에 영향을 미치지 않는다는 점에 대해서도 말하고자 합니다. 칭의받은 성도의 투쟁 영역은 성화의 카테고리 안으로 제한되고, 칭의로 확장되지 않습니다. 성화의 싸움은 법적으로(외면적으로) 의롭다는 선언을 받은 자가, 그 선언적 의(義)를 실제적(내면의) 의(義)로 구현해 내려는 투쟁입니다. 의롭다 함을 받은 자의 "영혼을 거스리는 육체와의 싸움"(벧전 2:11)이고, "육신의 약함"(마 26:41)에 대한 투쟁입니다.

아무리 성화가 탁월하다고 해도, 그것이 칭의에 영향을 미쳐 칭의를 보완하거나 완전케 할 수 없습니다. 믿음으로 의롭다 함을 얻은 칭의는 이미 그 자체로 완전하기에 더 이상의 추가나 보충이 필요 없습니다. 또한 반대로 성도가 일시적으로 성화의 싸움에서 패배했다고, 그 성화의 패배가 소급하여 칭의를 손상시키거나 무효화 할 수 없습니다. 부정적이든 긍정적이든 성화가 칭의에 영향을 미치려고 하는 것은, 아직 태어나지 않은 자가 자기의 출생에 관여하려는 것과 같고, 서양 속담의 "마차를 말 앞에 두는 것"(to put the cart before the horse)과 같습니다.

루터의 다음의 말도 같은 관점입니다.

신앙의 열매로서의 행위들은(성화) 구원을 얻게 하지도, 보장할 수도 없지만 신앙 이후에 신앙에 대한 확신을 제공한다. 이것은 구원을 얻을

만한 '공로'와 아무 관계가 없다.[12]

우리는 대적자들이 성화가 칭의를 결정한다는 그들의 주장을 옹호하기 위해 오용하는, 다음과 같은 성경 구절에 대한 분명한 변증을 해야 합니다.

> 너희가 더욱 힘써 너희 믿음에 덕을, 덕에 지식을 지식에 절제를, 절제에 인내를, 인내에 경건을 경건에 형제 우애를, 형제 우애에 사랑을 공급하라... 형제들아 더욱 힘써 너희 부르심과 택하심을 굳게 하라 (벧후 1:5-10).

여기서 "택하심과 부르심을 굳게 하라"는 말은, 믿음에서 사랑까지 8가지 열매들을 순차적으로 맺어나가면 구원에서 탈락되지 않는다(곧 성화가 구원에 영향을 미칠 수 있다)는 뜻이 아니라, 그 열매들이 구원에의 부르심과 택하심에 대한 견고한 증거가 된다는 뜻입니다.

마지막으로 일시적인 성화의 실패가 오히려 은혜의 기회가 될 수 있음을 말하고자 합니다. 때론 그 실패가 너무 커서 세상 사람들로부터 손가락질을 받게 하고, 타인을 실족시키는 경우까지 있지만(창 9:21-25),[13] 모든 것이 합력하여 선을 이루게 하시는 하나님(롬 8:28)이 그런 실패까지도 오히려 우리의 칭의를 견고케하는데 소용되게 하십니다. 곧 자신에 대한 신뢰를 버리고 그리스도만을 의지하게 하므로서 그의 칭의(구원)를 굳게 합

---

12 Paul, Althaus, 『루터의 신학』, p. 278.
13 포도주를 마시고 취하여 그 장막 안에서 벌거벗은지라 가나안의 아비 함이 그 아비의 하체를 보고 밖으로 나가서 두 형제에게 고하매 셈과 야벳이 옷을 취하여 자기들의 어깨에 메고 뒷걸음쳐 들어가서 아비의 하체를 덮었으며 그들이 얼굴을 돌이키고 그 아비의 하체를 보지 아니하였더라 노아가 술이 깨어 그 작은 아들이 자기에게 행한 일을 알고 이에 가로되 가나안은 저주를 받아 그 형제의 종들의 종이 되기를 원하노라(창 9:21-25).

니다. 다음의 바울의 고백도 같은 어조를 띱니다.

> 나의 여러 약한 것들에 대하여 자랑하리니 이는 그리스도의 능력으로 내게 머물게 하려함이라(고후 12:9).
> 죄가 더한 곳에 은혜가 더욱 넘쳤나니(롬 5:20).

베스 모어(Beth Moore)는 『넘어짐의 은혜』(*When Godly People Do Ungodly Things*)라는 베스트셀러로 한국에 잘 알려져 있는데, 그는 이 책에서 자신의 숱한 넘어짐 속에서 지혜에 지혜를 배가시켜 주신 하나님의 사랑과 은혜를 깨닫게 됐다고 고백합니다. 그 지혜란, 영적 싸움의 주체가 연약한 자신이 아닌 그리스도여야 한다는 것과, 그리스도의 십자가만이 그의 자랑이어야 한다는 깨달음이었습니다(갈 6:14). 그는 자신의 넘어짐을 통해 신앙생활의 핵심을 붙들 수 있게 됐습니다.

청교도 토마스 빈센트(Thomas Vincent)는 그의 『소요리문답해설』 제36문 "구원의 확신"서에서 다음과 같이 서술합니다.

> 어떤 신자에게 죄에 떨어짐으로 은혜에서 떨어지는 경우가 있는가?
> 어떤 신자에게 잔존하는 부패와 사탄의 시험이 거세어짐으로 인해 죄에 넘어지고 따라서 은혜에서도 어느 정도 떨어지는 경우가 있는 것은 사실이지만 그들은 결단코 은혜에서 완전하게 최종적으로 떨어지지 않을 것이다. 우리는 어떤 사람에게서 그들이 이전에 고백했던 그 공언에서 완전히 최종적으로 떨어져 나간 것을 볼 때가 있는데, 그 경우 그들이 이전에 그들 스스로 고백했던 공언이 진정한 것이 아니었음을 알 수 있다.
> 저희가 우리에게서 나갔으나 우리에게 속하지 아니 하였나니 만일 우

리에게 속하였더면 우리와 함께 거하였으려니와 저희가 나간 것은 다 우리에게 속하지 아니함을 나타내려 함이니라 우리와 함께 거하였으려니와 저희가 나간 것은 다 우리에게 속하지 아니함을 나타내려 함이니라(요일 2:19).[14]

정작 그리스도인에게 있어 가장 위험한 때는, 그의 행위가 온전할 때입니다. 이는 그의 온전함이 자기 의(義)에 배부르게 하여 그리스도께 전적인 신뢰를 바치지 못하게 하기 때문입니다. 자기 신뢰를 맹독으로 아는 기독교만의 독특한 역설입니다. 자기 의(義)에 배불러 망한 대표적인 사람들이 바리새인과 서기관들입니다. 자신들의 율법의 온전함(?)이 그리스도를 의지하지 못하게 했습니다.

성경이 "선 줄로 생각하는 자는 넘어질까 조심하라"(고전 10:12)고 하신 말씀은, 그리스도인이 언제나 경청해야 할 역설적 진리입니다. 넘어질까 조심하라는 권면이지만 동시에 넘어짐 없이 서 있으려는 자만심 역시 경계시키는 말씀입니다. 하나님은 넘어진 자의 하나님이시며, 마음이 겸손하고 통회하는 자의 하나님이십니다(시 145:14).[15] 하나님은 완전하여 스스로의 의(義)에 만족하는 것을 배교만큼이나 악하게 보십니다. 인간은 자신의 불완전함과 허물을 통해서만 자신에 대한 신뢰를 철회하고, 그리스도만을 전적으로 의지하므로 그의 영혼을 안전하게 합니다.

자신이 완전하여 그리스도를 덜 의지하게 되는 것보다, 차라리 허물져서 그리스도를 의지하게 되는 것이 낫습니다. 하나님이 의인, 성자로 호칭되던 신앙의 위인들에게 넘어짐을 허용하신 것도(롬 14:4), 자기 의(義)로

---

[14] Thomas Vincent, 『성경소요리문답해설』, p. 179.
[15] 여호와께서는 모든 넘어지는 자를 붙드시며 비굴한 자를 일으키시는도다(시 145:14).

배불러 하나님을 의지하지 못하게 될까봐서 입니다. 의인이라 일컬어졌던 노아(창 6:9), 믿음의 조상 아브라함(롬 4:16), 성군으로 지칭됐던 다윗(행 13:22)은 그들의 실수를 통해 겸손히 그리스도만을 의지하게 됐습니다.

비교적 허물이 적었던 욥이나 바울 같은 이들은 고난을 통해 자기 의(義)에 배부르지 못하도록 하셨습니다(욥 23:10; 고후 12:7; 12:10).[16] 그리스도인의 불완전함과 약함은 영혼의 안전을 위한 하나님의 보장구입니다.

---

16 그가 나를 단련하신 후에는 내가 정금같이 나오리라(욥 23:10). 여러 계시를 받은 것이 지극히 크므로 너무 자고하지 않게 하시려고 내 육체에 가시 곧 사단의 사자를 주셨으니 이는 나를 쳐서 너무 자고하지 않게 하려 하심이니라(고후 12:7). 그러므로 내가 그리스도를 위하여 약한 것들과 능욕과 궁핍과 핍박과 곤란을 기뻐하노니 이는 내가 약할 그 때에 곧 강함이니라(고후 12:10).

제8부

이신칭의를 부정하는 자들

제1장 이신칭의를 부정하는 배후에는 어둠이 자리한다

제2장 이신칭의의 변종, 의의 주입의 사생아들

제3장 가장 큰 죄는 불신

제4장 왜 칭의에서 '믿음'이 아닌 '윤리'를 찾는가?

제5장 가변적인 인간의 의와 불변의 하나님의 의

제1장

이신칭의를 부정하는 배후에는 어둠이 자리한다

하나님의 구속 경륜은 그리스도의 의(義)에 맞춰져 있고, 그리스도의 의(義)의 경륜은 그의 성육신과 죽음에 맞춰져 있습니다. 그리고 그리스도의 죽음으로 말미암은 의(義)의 경륜은 믿음에 맞춰져 있습니다. 이를 간파한 사탄은 택자 구원에 대한 하나님의 경륜을 무너뜨리기 위해 각 단계마다 다양한 전술로 집요하게 방해 공작을 폈습니다.

먼저 사탄은 예수 그리스도의 성육신을 방해했습니다. 애굽의 노예 시절 바로가 이스라엘의 남자 아이들의 씨를 말리려 했던 것(출 1:15-16),[1] 출애굽 후 가나안 땅에 머물던 야곱의 권속이 기근으로 몰사할 뻔 했던 것(창 42:1-2),[2] 예수 그리스도가 복중(腹中) 태아로 있을 때 정혼자 요셉의 오해로 죽음에 처할 뻔 했던 것도(마 1:18-19)[3] 다 그리스도의 탄생을 저지하려는

---

[1] 애굽 왕이 히브리 산파 십브라라 하는 자와 부아라 하는 자에게 일러 가로되 너희는 히브리 여인을 위하여 조산할 때에 살펴서 남자여든 죽이고 여자여든 그는 살게 두라(출 1:15-16).

[2] 때에 야곱이 애굽에 곡식이 있음을 보고 아들들에게 이르되 너희는 어찌하여 서로 관망만 하느냐 야곱이 또 이르되 내가 들은즉 저 애굽에 곡식이 있다 하니 너희는 그리로 가서 거기서 우리를 위하여 사오라 그리하면 우리가 살고 죽지 아니하리라 하매(창 42:1-2).

[3] 예수 그리스도의 나심은 이러하니라 그 모친 마리아가 요셉과 정혼하고 동거하기 전에 성령

사탄의 계책과 관련돼 있습니다.

그리스도 탄생 후에는 대속의 죽음을 죽지 못하도록 사탄의 집요한 방해가 따랐습니다. 탄생 직후 핏덩이였을 때, 아기 예수가 헤롯으로부터 두 번씩이나 생사를 가를 위기를 맞았던 것은(마 2:13-23), 구속의 죽음을 죽지 못하게 하려는 마귀의 공격에 의한 것이었습니다. 공생애 시작 즈음 광야 금식기도 때 마귀가 그리스도에게 세 가지 시험을 한 것도, 그리스도께서 구속의 죽음을 죽지 못하도록 훼방하기 위함이었습니다. "돌로 떡을 만들라, 성전꼭대기에서 뛰어 내리라, 마귀에게 절하라"(마 4:3-9)고 시험한 것은 인류 구원을 십자가 죽음으로 하지 말고 하나님 아들의 전능한 능력으로 하라는 미혹이었습니다.

예수님의 십자가 죽음에 대한 베드로의 애정 어린 만류 역시, 베드로 자신은 깨닫지 못했지만 마귀의 사주에 의한 것임이 드러났습니다(마 16:22-23).[4] 베드로는 예수 그리스도가 세상에 오신 목적이 죽음으로 대속을 이루는 것임을 알았기에 "주는 그리스도시오 살아계신 하나님의 아들"(마 16:16)이라고 고백했습니다. 그리고 그는 자신의 구원도 그리스도의 대속적 죽음에 의존되어 있었음을 알았습니다.

그러나 인정(人情)으로 포장한 사탄의 사주에 넘어가 그리스도의 죽음을 만류했습니다. 그 결과 그는 그리스도가 천신만고하여 세상에 오신 목적을(마 20:28)[5] 훼방하는 마귀짓을 했습니다.

으로 잉태된 것이 나타났더니 그 남편 요셉은 의로운 사람이라 저를 드러내지 아니하고 가만히 끊고자하여(마 1:1-19).

4 장로들과 대제사장들과 서기관들에게 많은 고난을 받고 죽임을 당하고 제 삼일에 살아나야 할것을 제자들에게 비로소 가르치시니 베드로가 예수를 붙들고 간하여 가로되 주여 그리 마옵소서 이 일이 결코 주에게 미치지 아니하리이다 예수께서 돌이키시며 베드로에게 이르시되 사탄아 내 뒤로 물러 가라 너는 나를 넘어지게 하는 자로다(마 16:22-23).

5 인자가 온것은 섬김을 받으려 함이 아니라 도리어 섬기려 하고 자기 목숨을 많은 사람의 대속물로 주려 함이니라(마 20:2).

또한 사탄은 그리스도가 세상에 오신 목적을 고상한 윤리 교사나 사랑의 모범자가 되기 위한 것으로 믿도록 사람들을 오도했습니다. 그리고 기독교 신앙의 목적을 이타적인 산상수훈의 삶을 사는 것으로 왜곡시켰습니다. 이러한 왜곡에 자유주의 신학자와 계몽주의자들이 동원됐습니다.

그들은 그리스도를 구속주로 이해하는 정통 신자들을 향해, "당신들은 왜 맨 날 짐승을 잡아 바치는 제사적 기독교, 십자가에 달린 비참한 예수만을 말하고 그의 아름다운 삶을 본받는 것에 대해서는 침묵하느냐"고 힐난합니다. 이렇게 주장하는 그들의 구원은 당연히 그리스도의 죽음보다는 그리스도를 본받는 거룩한 삶에 의존됩니다.

그들은 그리스도를 믿는 것만으로는 안 되며, 그를 닮은 거룩한 삶을 통해 구원이 완성된다고 주장합니다. 물론 성경도 성도들에게 거룩한 삶을 요청하고 그리스도의 삶이 우리의 신앙 지침에 포함될 수 있지만, 그것은 어디까지나 구원받은 자에 대한 성화적 요청입니다.

그리고 그리스도의 삶은 성도가 막무가내로 쫓을 지침이라기보다는 택자를 대신해 율법을 완성시킨 대행(代行)적 삶입니다. 율법의 완성을 지향하는 그리스도의 삶은, 우리가 현실적으로 따라잡기에 불가능합니다. "그리스도를 본받음"에 대한 강조는 좋지만, 주의가 필요한 이유도 여기 있습니다. 그리스도는 봄받음의 대상이 아닌 신앙의 대상입니다.

그리고 우리가 신앙하는 그리스도는 언제나 십자가에 못 박히신 그리스도입니다(고전 2:2; 갈 2:20).[6] 사도 요한이 묘사하는 천상의 그리스도가 일관되게 죽임을 당하신 어린 양이며(계 5:12), 피 뿌린 옷을 입은(계 19:13) 화목

---

[6] 내가 너희 중에서 예수 그리스도와 그의 십자가에 못 박히신 것 외에는 아무 것도 알지 아니하기로 작정하였음이라(고전 2:2). 내가 그리스도와 함께 십자가에 못 박혔나니 그런즉 이제는 내가 산 것이 아니요 오직 내 안에 그리스도께서 사신 것이라 이제 내가 육체 가운데 사는 것은 나를 사랑하사 나를 위하여 자기 몸을 버리신 하나님의 아들을 믿는 믿음 안에서 사는 것이라(갈 2:20).

제물의 모습인 것은 우연이 아닙니다. 그리스도가 세상에 오신 목적이 죽음임을 적나라하게 보여주는 대목입니다.

그리고 그리스도의 죽음의 형태 역시 대속적 죽음의 형태여야 했습니다. 그리스도는 자신의 죽음을 대속적 죽음이 되게 하시려고 죽을 시기, 죽는 장소, 죽는 방법에 대해 끊임없이 저울질하며 노심초사했습니다. 정한 시기에 죽으셔야 했기에(갈 4:4; 요 17:1; 8:20)[7] 때가 이르기 전까지는 자신을 세상에 나타내지 않았으며(막 3:12),[8] 죽음의 기회들을 피하셨습니다(요 8:59).[9]

또한 그는 공적이고 합법적인 정죄를 받아 죽으셔야 했기에 빌라도의 판결도 필요했습니다(요 19:16).[10] 택자를 대신해 율법의 저주를 받은 죽음으로 죽어야 했기에, 골고다 해골 골짜기에서(요 19:17)[11] 나무 십자가에 달려 죽으셔야 했습니다(갈 3:13).[12]

그러나 사탄은 그리스도가 그런 대속의 죽음을 죽을 수 있도록 관망만 하지 않고 끊임없이 방해 공작을 폈습니다. 이미 앞서 언급했듯이, 예수 그리스도의 탄생 직후 헤롯이 그를 살해하려고 도모했던 것도(마 2:16) 정한 기한 전에 그리스도를 죽게 하려는 사탄의 계책이었습니다. 물론 하나님

---

[7] 때가 차매 하나님이 그 아들을 보내사 여자에게서 나게 하시고 율법 아래 나게 하신 것은(갈 4:4). 예수께서 이 말씀을 하시고 눈을 들어 하늘을 우러러 가라사대 아버지여 때가 이르렀사오니 아들을 영화롭게 하사 아들로 아버지를 영화롭게 하게 하옵소서(요 17:1). 이 말씀은 성전에서 가르치실 때에 연보 궤 앞에서 하셨으나 잡는 사람이 없으니 이는 그의 때가 아직 이르지 아니하였음이러라(요 8:20).

[8] 예수께서 자기를 나타내지 말라고 많이 경계하시니라(막 3:12).

[9] 저희가 돌을 들어 치려하거늘 예수께서 숨어 성전에서 나가시니라(요 8:59).

[10] 이에 예수를 십자가에 못 박히게 저희에게 넘겨주니라(요 19:16).

[11] 저희가 예수를 맡으매 예수께서 자기의 십자가를 지시고 해골(히브리말로 골고다)이라 하는 곳에 나오시니 저희가 거기서 예수를 십자가에 못 박을쌔 다른 두 사람도 그와 함께 좌우편에 못 박으니 예수는 가운데 있더라(요 19:17-18).

[12] 그리스도께서 우리를 위하여 저주를 받은바 되사 율법의 저주에서 우리를 속량하셨으니 기록된바 나무에 달린 자마다 저주 아래 있는 자라 하였음이라(갈 3:13).

은 그것을 허락하지 않고, 피할 길을 내어 주셨습니다. 혹자는 예수가 세상에 죽으러 왔다면 애굽으로 나사렛으로 도망 다닐 (마 2:13-23) 필요가 있느냐고 반문하는데, 죽음이 무서워서가 아니라 정한 때에 죽기 위해서였습니다.

마귀는 기한 전에 그리스도를 죽이려는 자신의 계책이 실패하니, 이제는 잘못된 방법으로 그리스도를 죽게 하려는 전략을 써서 그가 대속의 죽음을 죽지 못하도록 훼방했습니다. 마귀가 그리스도로 하여금 성전 꼭대기에서 뛰어 내려 (천사의 보호로 죽지 않는 것을 사람들에게 보여주므로서) 자신이 하나님의 아들임을 증명해 보이라고 그리스도를 꾀인 것은(마 4:6-7), 사실은 그리스도로 하여금 자살하도록 유도하는 계책(計策)이었습니다.

또 유대인들이 그리스도를 낭떠러지로 밀쳐 죽이려 한 것은(눅 4:29), 사사로운 사고사를 당하게 하여 공적인 대속의 죽음을 죽지 못하게 하려는 사탄의 계책이었습니다. 그리스도는 반드시 재판관 빌라도의 심판을 받아, 나무에 달린 저주스런 죽음으로 죽어야 했습니다(갈 3:13). 이렇게 그리스도가 합법적이면서 대속적인 죽음을 죽어야만 완전한 율법적 의(義)를 우리에게 전가해 줄 수 있었기 때문입니다(요 19:30; 롬 10:4).[13]

만일 그리스도가 율법을 충족시킨 대속의 죽음을 죽지 아니하면, 믿음으로 말미암은 하나님의 의(義)를 우리가 전가 받을 수 없습니다. 그리스도는 "모든 믿는 자에게 의를 이루기 위해 율법의 마침이 되는"(롬 10:4) 완전한 죽음을 죽으셔야 했습니다.

이처럼 마귀가 대속의 의(義)를 성취하려는 그리스도의 죽음을 집요하게 훼방했음에도, 그리스도는 끝내 합법적인 대속의 죽음을 죽어 하나님의

---

[13] 예수께서 신 포도주를 받으신 후 가라사대 다 이루었다 하시고 머리를 숙이시고 영혼이 돌아가시니라(요 19:3). 그리스도는 모든 믿는 자에게 의를 이루기 위하여 율법의 마침이 되시니라(롬 10:4).

의를 성취했고, 마귀의 도모는 실패로 끝났습니다. 이는 전능자 하나님의 구속 경륜은, 사탄이나 어떤 장애물에 의해서도 좌절될 수 없다는 것을 보여줍니다.

그러나 사탄은 여기서 그치지 않고 또 다시 목표를 바꾸어 공격했습니다. 이제 그 대상이 믿음이었습니다. 이 공격은 그리스도의 구속이 완성된 직후, 믿음의 도리가 본격적으로 전파되기 시작했을 때부터였습니다. 최초의 순교자 스데반의 죽음은 믿음의 도를 전파한 때문입니다(행 7:52-53).[14] 복음을 전하는 스데반을 향해 이를 갈고 돌로 쳐 살해하는 유대인들은 사탄의 모습 그 자체입니다.

사도 바울이 유대교도였을 때 기독교를 핍박했던 핵심 내용도 그리스도를 믿음으로 의롭게 된다는 이신칭의였으며, 그 핍박의 배후에는 사탄의 살의(slaughter)가 있었습니다(행 9:1). 그러나 그가 기독교로 개종한 후 성령의 사람이 된 후에는, 아이러니하게도 그가 유대교도였을 때 핍박했던 이신칭의를 전하며 핍박을 받았습니다. 이 점에선 아마 바울만큼 극적인 반전을 경험한 사람이 없을 것입니다.

> 다만 우리를 핍박하던 자가 전에 잔해하던 그 믿음을 지금 전한다 함을 듣고(갈 1:23).
>
> 모세의 율법으로 너희가 의롭다 하심을 얻지 못하던 모든 일에도 이 사람을 힘입어 믿는 자마다 의롭다 하심을 얻는 이것이라… 유대인들이 그 무리를 보고 시기가 가득하여 바울의 말한 것을 변박하고 비방하거늘(행 13:39, 45).

---

[14] 너희 조상들은 선지자 중에 누구를 핍박지 아니하였느냐 의인이 오시리라 예고한 자들을 저희가 죽였고 이제 너희는 그 의인을 잡아준 자요 살인한 자가 되나니 너희가 천사의 전한 율법을 받고도 지키지 아니하였도다 하니라(행 7:52-53).

오늘날 이신칭의를 값싼 은혜이며 기독교 타락의 원흉이라고 지목하는 이들 역시, 사탄의 책략과 무관해보이지 않습니다. 믿음 외에 그리스도의 의(義)를 덧입을 수 있는 길이 없다는 것을 아는 마귀는, 사람들로 하여금 믿음이 아닌 행위를 의지하도록 부추기므로 그들을 넘어뜨립니다. 이는 오래 전 유대인들에 대한 바울의 경고에서도 빤히 드러났습니다(롬 9:32)[15]

율법적 행위가 요구되고 믿음의 의(義)가 부정되는 곳에는, 그것의 원천인 그리스도의 죽음이 헛되게 되어, 그의 죽음으로부터 아무런 유익도 취할 수 없게 됩니다. 선행을 칭의의 필수 요소로 간주하는 유보적 칭의론자들이, 자신들도 그리스도의 공로로 의롭다 함을 얻는다고 주장한다는 것이 어불성설임은, 행위를 의지하는 순간 그리스도의 공로는 날아가 버리기 때문입니다(갈 2:21; 5:2).[16]

율법적 행위를 의지하는 데는 많이 의지하고 적게 의지하고의 차이가 없습니다. 율법주의하면, 흔히 100% 인간의 행위로만 구원 얻는 주의(主義)라는 생각들을 합니다만, 사실은 그들도 하나님의 은혜로 구원받는다고 말합니다. 그들은 자신들이 사람들에게 최소한의 율법적 의무만 요구할 뿐이라고 말하며, 그렇기에 자신들은 사람들이 지칭하듯 율법주의자가 아니라고 항변합니다. 로마 가톨릭교도들, 신율주의자들, 유보적 칭의론자들도 다 그렇게 말하며, 심지어 엄격한 유대교 율법주의자들까지도 그렇게 말했습니다.

그러나 사실은 하나님의 은혜에 인간의 성화적 행위가 첨가되는 신인협

---

[15] 어찌 그러하뇨 이는 저희가 믿음에 의지하지 않고 행위에 의지함이라 부딪힐 돌에 부딪혔느니라 (롬 9:32).

[16] 내가 하나님의 은혜를 폐하지 아니하노니 만일 의롭게 되는 것이 율법으로 말미암으면 그리스도께서 헛되이 죽으셨느니라(갈 2:21). 너희가 만일 할례를 받으면 그리스도께서 너희에게 아무 유익이 없으리라(갈 5:2).

력주의가 바로 율법주의입니다. 의롭다 함을 받는 데 율법의 작은 한 부분이라도 첨가되면, 나머지 율법 전체에 대한 의무를 지게 되기 때문입니다(갈 5:3).[17] 지극히 작은 율법 하나라도 그것을 완벽하게 지켜내지 못하면, 율법 전체를 다 못 지킨 것이 되어 정죄를 받기에, 그는 율법주의자가 되는 것입니다.

> **누구든지 온 율법을 지키다가 그 하나에 거치면 모두 범한 자가 되나니**
> (약 2:10).

지금까지 살펴보았듯이, 이신칭의에 대한 거부와 믿음에 대한 평가절하는 사실 어떤 특정한 사람들에 의해 주도된 것이라기보다는, 그리스도의 죽음과 그의 의(義)를 헛되게 하려는 마귀의 계책에서 나온 것입니다. 바울이 고린도교회를 향한 서신에서, 거짓된 가르침의 출처는 언제나 사탄과 그의 종들이라고 지적한 말씀은(고후 11:13-15)[18] 곱씹어 볼 필요가 있습니다.

---

[17] 내가 할례를 받는 각 사람에게 다시 증거하노니 그는 율법 전체를 행할 의무를 가진 자라 (갈 5:3).
[18] 저런 사람들은 거짓 사도요 궤휼의 역군이니 자기를 그리스도의 사도로 가장하는 자들이니라 이것이 이상한 일이 아니라 사단도 자기를 광명의 천사로 가장하나니(고후 11:13-14).

제2장

이신칭의의 변종, 의의 주입의 사생아들

로마 가톨릭, 개신교 모두에 신학적 초석을 놓은 어거스틴(Augustine)은 개신교에 선한 영향을 많이 미쳤지만 부정적인 영향도 많이 끼쳤습니다. 그중 로마 가톨릭의 화체설, 7성례, 연옥설을 비롯해 "의신칭의"의 변종(變種)인 "의의주입"(a infusio of righteousness) 교리를 창안했습니다. 이 "의의주입" 교리는 어거스틴이 '유스티피카레'(Justificare)라는 동사를 '의롭게 만들다'로 곡해한데서 비롯됐습니다. 그는 칭의를 통해 얻는 의(義)를 "전가된 것"이라기보다는 "내재된 것"으로 간주했습니다.

인간이 받는 의(義)는 그것이 비록 하나님으로부터 온 것이지만, 그럼에도 불구하고 인간 안에 존재합니다. 그리고 그 의는 곧 그의 존재의 일부이며 그의 인격에 내재되어 있는 것으로 이해됐습니다.[1] 이 어거스틴의 칭의론에 기초한 트랜트공의회(Council of Trient, 1545-1563년)의 "의의주입" 교리는, 혈관에 주사된 주사액이 핏줄을 타고 들어와 몸속에 내재되듯이, 주입된 의가 몸속에 내재되는 것으로 말했습니다.

1　John MacArthur, 『솔라 피데』, p. 39.

> 은총이 인간의 마음속에 주입됨으로서 신자에게 의가 내재케 되었고 (곧 신자 자신의 의가 됨), 이 내재케 된 의가 죄인이 하나님께 받아들여지는 근거이며, 이 의는 성화와 연옥(purgatory)을 통해 완전해져야 한다.[2]

여기서는 "의의 주입" 자체는 논외로 하고, "의의 주입" 교리가 낳은 사생아들에 대해 말하고자 합니다. 그 첫째가 도덕주의 기독교입니다. 이는 의(義)가 사람 속에 주입되면, 그것이 그의 속성이 되어 반드시 그의 도덕성으로 표출되게 되어있으며, 만약 그렇지 않으면 그는 칭의받지 못한 것으로 규정됩니다. 이들에게 도덕은 칭의받은 자의 본질적 요소이고, 칭의 여부를 가늠하는 절대적 잣대가 됩니다. 이러한 도덕주의 개념은, 칭의를 넘어 중생까지도 "외형적인 행동의 변화"로 왜곡시켰습니다.

반면에 "의의 전가"(a imputatio of righteousness)를 주장하는 개혁주의는 그 의(義)가 자기 의가 아니기에, 도덕적 의(義)로서 칭의를 증거할 수 없다고 봅니다. 웨스트민스터 소요리문답(The Westminster Shorter Catechism)은 '칭의'의 증명을 이렇게 규정합니다.

> 문) 당신은 우리가 믿음으로만 의롭게 되는 것이라는 사실을 어떻게 증명하는가?
> 답) 칭의와 같은 것 바로 이러한 것은 행위로는 증명될 수 없다. 칭의는 믿음 이외에는 어떤 방법으로도 증명될 수 없고 때문에 결국 그것은 믿음으로라야만 된다.

전가된 그리스도의 의(義)는 본래부터 자신의 것이 아니었거니와, 전

---

[2] Ibid., p. 25.

가 받은 후에도 여전히 자기 것이 아닌, 다만 옷 입듯이 의(義)를 입을 뿐입니다. 이런 칭의의 특성을 루터는 '우리 밖의'(extra nos) 의(義)라고 했으며, 개혁주의 신학의 객관주의 원리를 제공합니다. 명저『칼빈』(John Calvin)의 저자 프랑소와 방델(F. Wendel)은 칼빈의 말을 빌어, 칭의의 선언이 하나님 앞에서는 법적으로 완전한 의로 인정받지만, 인간 스스로는 여전히 의롭지 못하며 소극적 의미의 겨우 죄를 인식하는 것을 주목할 정도라고 정의했습니다.

> 그리스도의 의의 전가(imputatio)라는 이러한 교리로부터 논리적으로 얻게 되는 결론은, 죄 사함을 받은 후라 할지라도 결코 우리는 실제로 의롭지 못하다는 것이다. 반대로 우리는 칭의를 수반하고 있는 성화, 아니면 적어도 칭의와 함께 시작하는 성화로 인하여 우리가 더욱더 분명히 우리의 죄를 인식할 수 있음을 주목하는 것이다.[3]

특별히 칭의가 "법적인 선언"에 방점을 둔다는 점에서 도덕주의 기독교의 주장은 설득력이 없습니다. 만일 그가 이미 속속들이 완전히 의롭게 됐다면, 일부러 법적인 선언을 하면서까지 의롭다고 인정해 줄 필요가 없기 때문입니다.

누가 보더라도 완벽하게 의로운데 굳이 그에게 의롭다는 법적 선언을 해 줄 필요가 있겠습니까?

죄가 있음에도 의롭다고 인정해 주려고 하니 법적 선언이 필요한 것입니다. 존 맥아더(John MacArthur) 목사가 "전가의 개념은 법정적인 칭의 교

---

3   Francois Wendel, John Calvin,『칼빈: 그의 신학사상의 근원과 발전』, 김재성 역 (고양: 크리스챤다이제스트, 1999), p. 312.

리와 불가분의 관계를 맺고 있다"⁴고 한 것은 탁월한 지적입니다.

루터(Martin Luther)의 "의인이면서 동시에 죄인이다"(*simul justus et peccator*)가 도덕폐기론자들(Antinomianists)이 주장하듯이 계속 죄인으로 남게 하는 빌미가 아닌, 죄인을 의인되게 하는 시작을 알리는 것을 의미한 것처럼, "의의 전가"가 비록 우리 안에 의(義)를 내재시키지는 못하지만 의롭게 되려는 투쟁을 시작하게 합니다.

> 루터는 그리스도인은 '죄인인 동시에 의인'이라는 말을 이렇게 설명했다. 죄인이 여전히 죄인으로 남게 된다고 해서 그가 전혀 변화되지 않은 사람으로 남게 된다는 것을 의미하지 않았다. 구원의 믿음을 지닌 죄인은 중생한 사람이다. 그는 성령이 내주하시는 사람이다(물론 그렇다고 해서 이것이 성화 즉 죄인이 실제로 의롭게 되어가는 과정을 가리키는 것은 아니다). 구원의 믿음을 가진 사람은 복종함으로써 반드시, 즉시 또한 필연적으로 믿음의 열매를 나타내기 시작한다.⁵

"의의 주입" 교리가 낳은 또 하나의 사생아가 신비주의(mysticism)입니다. 도덕주의가 주입된 의(injected righteousnees)가 외면의 도덕성 표출로 나타나는 것에 주목했다면, 신비주의는 주입된 의가 내면의 신비 체험으로 나타나는 것에 주목했습니다. 그들의 주장에 의하면, 하나님의 의(義)는 하나님 생명의 본질이기에, 의(義)가 사람 안에 주입되면 의로부터 나오는 속성들인 하나님의 신성, 생명 등이 그 사람에게 체험되고 그 체험이 그로 하여금 내면지향적인, 신비주의 영성으로 흐르게 한다는 것입니다.

---

4   John MacArthur, 『솔라 피데』, p. 44.
5   Ibid.

그리고 여기서 더 나아가면, 자기 안에 주입된 신의 본성에의 참여, 곧 그리스도와의 신비적 합일(믿음을 통한 그리스도와의 연합과는 다름)이 그의 지상 목표가 되며, 그 목표에 다다르는 것을 구원으로 봅니다. 이러한 합일의 과정에서 아리스토텔레스의 "형상과 질료"의 구현인 성찬(transubstantiation, 가톨릭의 化體) 같은 것이 그리스도와의 합일을 돕는 매개로 동원됩니다.

회심 후까지 어거스틴의 정신세계를 지배했고, 평생 그로 하여금 신비주의 그늘에서 벗어나지 못하게 했던 요인이 "신플라톤주의"(Neoplatonism)와 "의의 주입" 교리가 아닌가 합니다. 그의 대표적인 명저, 『고백록』(Confessiones)에 하나님과의 합일을 탐닉하는 신비주의적인 내용들이 풍부한 것은 우연이 아닙니다. 의의 주입을 믿는 로마 가톨릭이 신비주의로 흐르게 될 수밖에 없는 것도 같은 이유입니다.

"의의 주입" 신학으로 생겨난 또 하나의 사생아가 신인협력론(synergism)입니다. 죄인에게 없었던 하나님의 의(義)가 그에게 주입될 때, 그 의(義)를 유지 확장하고 완성하기 위해 그에게 현재적으로 감당해야 할 책임이 요구되는데, 이 책임이 그들에게 있어서는 성화입니다. 이는 개혁주의가 성화를 "칭의받은 자답게 되려는 투쟁"으로 보는 것과는 다른 개념으로서, 칭의를 완성하는 필수 조건입니다. 그리고 생전에 성화적 노력으로 제거되지 못한 죄, 오염은 연옥에서의 담금질(quenching)로 제거되어 칭의가 완성됩니다.

그러나 무엇보다 "의의 주입"(a infusio of righteousness) 교리가 신인협력 교리로 흐르게 한 가장 결정적인 요인은, 주입된 하나님의 의(義)가 인간 안에 내재될 때 인간 수준의 불완전한 의로 전락되어, 인간 협력이 필요하도록 만들기 때문입니다. 인간을 하나님 의(義)의 수준으로 끌어올리기 위해 하나님의 의가 인간에게 주입되는 순간, 인간이 하나님의 의(義)로 승격

되는 것이 아니라 도리어 하나님의 의(義)가 인간 수준의 의로 전락됩니다. 그리하여 칭의는 '성화'와 '연옥의 담금질' 같은 것이 필요해집니다.

이는 저급한 물질인 빵과 포도주가 사람 몸 안에 들어가서, 예수님의 살과 피로 승격되는 화체설과는 정반대의 원리입니다. 그러나 그들의 주장과는 달리 이렇게 하나님의 의가 인간에게 주입될 때 입게 되는 의(義)의 손상, 곧 인간 수준의 불완전한 의(義)에로의 전락은, 사람이 어떤 가상한 노력을 기울인다 해도 완전한 하나님의 의에 도달할 수 없게 합니다. 다음의 존 맥아더(John MacArthur)의 지적도 같은 맥락입니다.

> 그리스도의 의가 우리에게 '전가'(*imputatio*)되지 않고서는 설사 우리에게 '주입'된 모든 은혜를 동원한다 하더라도 구원을 얻을 수 없다. 중생의 은혜와 성령의 내주하심과 그 능력을 받은 신자들도 여전히 죄를 짓고 하나님의 영광에 이르지 못한다. 성례전을 통해 은혜를 받는다고 해도 하나님의 절대적인 의가 요구하는 거룩함에 이를 수 없다. 하나님의 심판 앞에 서기 위해서는 우리 안에 내재하는 그 어떤 의보다 더 큰 의(義), 다시 말해서 우리가 지니고 있는 그 어떤 수단이나 은총보다도 더 큰 의(義)를 필요로 한다. 바로 이러한 이유 때문에 루터와 종교개혁자들은 우리가 의롭다 함을 받는 그 의가 '우리 밖에'(*extra nos*) 있는 의라는 사실을 그토록 주장했던 것이다. 이 의는 우리 '밖에' 또는 우리와 '무관한' 의, 곧 우리에게 전가된 의다. 이 의(義)는 '다른 의'(*justitia alienum*) 곧 우리를 대신한 다른 사람에 의해 우리에게 주어진 의다.[6]

로마 가톨릭은, 인간 안에 주입된 의(injected righteousnees)가 완전한 그

---

6 Ibid., pp. 48-49.

리스도의 의(義)라고 주장하면서, 그럼에도 여전히 인간의 협력이 필요하다는 논지를 펴므로 스스로 논리의 모순을 드러냅니다.

> 칭의는 그리스도의 은총이 주입되므로써 일어나고, 또 신자가 그 은총에 동의하고 협력할 때(*assentire et cooperare*)만 의롭게 될 수 있다.

그러나 주입된 의(義)가 인간 협력을 필요로 한다는 점에서 그것은 이미 완전한 하나님의 의가 아닙니다.

"의의 주입"과는 달리 "의의 전가"는, 하나님의 의(義)를 인간 차원의 의로 전락시키거나 손상하는 일 없이 그대로 보존하기에, 인간의 어떤 협력도 불필요합니다. 그리고 우리 밖의 그리스도의 은혜를 주목하게 하므로, 신비주의 같은 주관주의에서도 우리를 건져냅니다.

"의의 주입"과는 달리 하나님의 의가 그대로 보존되는 "의의 주입" 교리와 관련하여 생겨난 또 하나의 사생아가 "영지주의"(Gnosticism)인데, 플라톤주의(Platonism)의 이원론(dualism)과 아리스토텔레스의 '질료'와 '형상' 개념과 맞물려 있습니다. 곧 하나님의 의(義)가 인간에게 주입될 때 하나님의 의가 손상되듯이, 무한하신 하나님이 유한한 인간 육체에 들어오시면 하나님 속성이 손상을 입어 더 이상 하나님일 수 없다는 것입니다. 따라서 그들에게는 하나님이 사람의 몸을 입는 성육신이란 불가능하며, 초대 교회가 육체를 입은 하나님으로 믿었던 예수는 진짜 인간이 아닌, 인간의 모습을 띤 환영(幻影)이어야만 했습니다.

"의의 주입"(a infusio of righteousness) 교리와는 달리, 하나님의 의가 그대로 보존되는 "의의 전가"(a imputatio of righteousness) 교리는, 하나님이 인간의 육체를 입어도 그의 신성이 손상되지 않는 성육신을 믿는데 전혀 어려움이 없게 합니다.

그리고 신인협력 교리는 "의의 주입"을 믿는 이들 뿐만 아니라, "의의 전가"를 믿는 건전한 복음주의자들에게서도 발견된다는 것을 환기시키고자 합니다. 이들은 그리스도의 의(義)만으로는 칭의에 부족하다거나, 칭의에 인간의 협력이 필요하다는 주장도 하지 않습니다. 다만 칭의를 십자가에서 완성된 그리스도의 사역에만 의존시키지 않고, 현재 성도 안에서 역사하는 성령의 사역에도 의존시킴으로서 입니다.

그 결과 칭의를 이루기 위한 성령의 현재적, 내적 역사에 반응하는 인간의 협력이 필수불가결해지므로, 부지불식간에 신인협력주의에 연루되어 칭의는 현재진행형의 미완성품으로 전락됩니다. 다음의 뷰캐넌(James Buchanan)의 지적도 같은 관점입니다.

> 그가 아직 세상에 계시기도 전에 오직 그리스도께서 행하신 일과 우리를 위해 고난 받으신 일에 근거하여 우리가 의롭다 함을 받는다면, 우리는 이미 종결되어진 사역에 근거해서 완전한 확신 가운데 안식하며, 성취되어진 의에 기초해서 안식할 수 있다... 이에 반해 우리가 만일 우리 안에서 역사하시는 성령의 사역에 근거해서 의롭다하심을 받는 것이라면, 우리는 이미 종결되어지고 용인되어진 것이 아니다.[7]

---

[7] James Buchanan, 『칭의 교리의 진수』, p. 416.

제3장

가장 큰 죄는 불신

　나라, 민족, 종교에 따라 죄인식이 각기 다릅니다. 어떤 나라에서는 극악한 죄가 어떤 나라에서는 합법적이고, 어떤 나라에서는 합법적인 행위가 어떤 나라에서는 극악이 되기도 합니다. 예컨대 아프리카 식인종의 식인(食人)이나 이슬람(Islam)의 일부다처는 그들 문화에서는 합법이지만, 기독교 국가에서는 가장 혐오할 만한 죄가 됩니다.

　또 절도죄는 대개 모든 나라에서 사소한 죄로 취급되나, 15-6세기 유럽에서는 극형으로 다스려 절도범에게 사형이 선고됐습니다. 물론 이들 경우는 공동체의 존속과 질서 유지를 위해 한시적으로 불가피하게 차용된 경우도 있습니다. 16-7세기 유럽의 청교도 국가들에서 사회적으로 큰 폐해를 가져왔던 주술(呪術) 문제 때문에 마녀(a witch)에게 사형이 집행된 것도 같은 경우입니다.

　그러나 그 어떤 국가나 종교에서도 찾아볼 수 없는 독특한 종교 윤리가 있는데, 그것이 바로 불신에 대한 기독교의 정죄입니다. 어떤 윤리적인 문제도 야기하지 않고 공동체에 어떤 해악을 끼치지 않음에도, 지옥의 정죄를 받는 불신죄는 세상 일반의 윤리관과 너무 괴리가 있어 보입니다. 이때문에 기독교가 별난 종교 윤리로 치부되고, 이로 인해 기독교 자체가 사람들로부터 도외시 당해 왔습니다. 계몽주의 기독교는 이런 소외를 두려워한 나머지 진작에 이 죄관을 포기했습니다.

코페르니쿠스적인 발상의 전환 없이는 도무지 받아들일 수 없는 이 죄관(罪觀)은 하나님이 오직 성령으로만 알려지게 하셨습니다.

> 그분이 오시면 죄와 의와 심판에 대하여 세상이 잘못 생각하고 있는 점을 깨우쳐 주실 것이다. 죄에 대하여라 함은 저희가 나를 믿지 아니함이요(요 16:8-9).

성령이 오시면 불신이 가장 극악한 죄라는 새로운 자각을 갖게 한다는 뜻입니다.

그러면 성경이 불신을 그렇게 극악으로 정죄하는 이유가 무엇입니까?

첫째, 그리스도의 의(義)를 받아들이지 않아, 기왕에 임한 하나님의 진노를 멈추게 하지 못하기 때문입니다.

이 점에서 불신의 죄는 작위죄(sin of commission)라기보다는, 하나님의 은혜로 주어지는 그리스도의 의(義)의 시여(施與)를 거부하는 완고함의 죄입니다. 성경이 믿음을 거부한 유대인들을 향해 목이 곧고(롬 11:7; 행 28:27)[1] 성령을 거스리는 자라고 비난한 것은(행 7:51),[2] 불신의 성격을 잘 정의한 것입니다.

---

1 그런즉 어떠하뇨 이스라엘이 구하는 그것을 얻지 못하고 오직 택하심을 입은 자가 얻었고 그 남은 자들은 완악하여졌느니라(롬 11:7). 이 백성들의 마음이 완악하여져서 그 귀로는 둔하게 듣고 그 눈을 감았으니 이는 눈으로 보고 귀로 듣고 마음으로 깨달아 돌아와 나의 고침을 받을까 함이라 하였으니(행 28:27).

2 목이 곧고 마음과 귀에 할례를 받지 못한 사람들아 너희가 항상 성령을 거스려 너희 조상과 같이 너희도 하는도다(행 7:51).

> 저를 믿는 자는 심판을 받지 아니하는 것이요 믿지 아니하는 자는 하나
> 님의 독생자의 이름을 믿지 아니하므로 벌써 심판을 받은 것이니라
> (요 3:18).

이 말씀은 기독교의 죄와 심판관(觀)을 잘 대변해 줍니다. 여기서 죄와 심판의 개념은, 선량했던 사람이 어느 순간 악을 행하여 비로소 죄인이 되고 심판을 받게 된다는 뜻이 아닙니다.

원죄로 인해 생득적으로 죄인됨과 심판이 이미 임하여 있는 인간이 믿음의 의(義)로 그에게 임한 심판을 중지시키지 않아, 기왕의 심판 아래 그대로 머물러 있게 되는 것을 말합니다. "예수를 안 믿으면 지옥간다"는 말도, 어느 순간 "불신"이라는 죄를 지어 갑자기 지옥에 떨어진다는 뜻이 아닙니다. 원죄로 이미 죄인 되어 지옥 심판 아래 있는 인간이, 불신으로 계속 심판 아래 머물다가 사후의 지옥으로 넘겨진다는 뜻입니다. 사실 심판은, 이미 받은 심판 아래 계속 머무는 "유기"(遺棄)의 개념입니다.

다시 말하지만 기독교의 심판은 어느 순간 특정한 악행에 의해 비로소 시작되는 것이 아니라, 전가 받은 원죄와 개인의 자범죄로 말미암아 이미 생득적으로 죄인에게 임해 있습니다. 다만 믿음으로 그 심판을 중지시키느냐, 아니면 불신으로 기왕에 임한 심판을 계속 이어지게 하느냐가 관건일 뿐입니다. 이처럼 기독교의 죄와 심판은 원죄 개념이 그 중심에 자리하며, 원죄에 대한 올바른 이해 없이는 죄와 심판을 바로 이해할 수 없습니다.

예수 믿으면 구원받는다는 의미도 같은 맥락에서 이해돼야 합니다. 믿음이 공로가 되어 구원을 얻어낸다는 뜻이 아닙니다. 믿음으로 전가 받은 그리스도의 의(義)가 그에게 임한 심판을 그치게 하는 것이 구원입니다. 심판과 구원의 기준은, 그 사람의 죄가 어떤 죄이고 그 죄가 얼마나 많고 적

느냐보다는, 죄 값이 지불됐느냐 안됐느냐에 의거합니다.

아무리 흉악한 악인이라도 그리스도의 의(義)로 죄 값을 지불하면, 그에게 향했던 하나님의 진노가 그칩니다. 믿는 자가 사후에 지옥에 떨어지지 않는 것도 같은 원리입니다. 믿음으로 전가 받은 그리스도의 의(義)가 하나님께 속전으로 지불됐기에, 금생에서 하나님의 진노가 그쳐져 사후에 지옥 심판을 받지 않는 것입니다.

둘째, 예수 믿지 않는 불신이 가장 큰 악이 되는 이유는, 그것이 그리스도의 희생으로 세운 의(義)를 거부하는 것이기 때문입니다.

그리스도인이 믿음을 갖는다는 것은, 흔히 생각하듯 어떤 종교 교리에 동의하는 것이거나 아니면 자기가 이루기를 바라는 어떤 것을 투영한 신념이 아니라, 그리스도의 의(義)를 받아들인다는 뜻입니다. 그리고 그리스도의 의는 그리스도의 거룩한 언약의 피와 성령에 뿌리박고 있습니다.

따라서 불신은 다만 불신으로 그치지 않고 그리스도의 의를 거부하는 것이고, 나아가 그 의가 뿌리박은 그리스도의 피 공로와 성령을 거부하는 것입니다. 성경대로 말하면, 불신은 "하나님 아들을 밟고 자기를 거룩하게 한 언약의 피를 부정한 것으로 여기고 은혜의 성령을 욕되게 하는"(히 10:29) 일입니다. 이런 이유로 성경이 그리스도를 믿지 않는 죄를, 율법적인 죄와는 비교 불가한 극악으로 말합니다.

계명을 준수하지 않는 율법적인 죄가 부분적인(partial) 과정의(processual) 죄라면, 그리스도의 의를 받아들이지 않는 불신앙은 전체적이고(whole) 결정적인(definitive) 죄입니다. 부분적이고 과정적인 "율법적 죄"는 비상구가 있지만, 그리스도의 의를 거부하는 "불신의 죄"는 비상구가 없습니다. 예수님이 윤리적인 죄를 범한 창기, 세리, 죄인들에게는 사죄의 숨통을 열어 주셨지만(요 8:11),[3] 그의 의(義)를 거부하는 유대인들을 향해서는

---

3 대답하되 주여 없나이다 예수께서 가라사대 나도 너를 정죄하지 아니하노니 가서 다시는 죄

독사(마귀)의 자식들이라며 결정적인 단죄를 했던(마 12:34)[4] 이유도 여기 있습니다.

예수님 당시의 율법주의자들이나 19세기 계몽주의자들, 그리고 오늘날 유보적 칭의론자들의 죄인식이 행위 윤리에 방점을 둔다면, 복음주의자들의 죄인식은 그리스도의 의(義)를 부정하는 불신에 방점을 둡니다. 이런 죄 인식의 차이는 "믿음의 의(義)"에 대한 가치인식의 차이에서 오며, 이 가치인식의 차이는 이미 언급했듯이, 성령의 조명을 받았느냐 받지못했느냐 하는 것에 달렸습니다(요 16:7-8).[5] 다시 말하지만 불신의 죄가 궁극적이고 결정적인 죄라는 인식은 성령의 가르침으로만 가능합니다.

셋째, 불신이 극악임은, 그것이 오직 믿음으로만 구원 얻는다(행 16:31)[6]는 창세 전의 구원 경륜을(엡 1:4-6)[7] 저버리는 것이기 때문입니다.

예수님이 천국 입성의 자격으로 제시한 것은 "믿음의 의(義)"였습니다. 이는 바리새인과 서기관들의 율법적 의(義)가 모방할 수 없는 의(義)였습니다(마 5:20). 그리고 이 믿음의 의는 바로 예수 그리스도의 의(義)에 뿌리박고 있습니다. 성경이 그리스도를 강조하는 것은 믿음의 의를 세우기 위함입니다.

따라서 그리스도를 강조하는 것과 믿음을 강조하는 것은 서로 다르지

를 범치 말라 하시니라(요 8:11).
4 독사의 자식들아 너희는 악하니 어떻게 선한 말을 할 수 있느냐 이는 마음에 가득한 것을 입으로 말함이라(마 12:34).
5 그러하나 내가 너희에게 실상을 말하노니 내가 떠나가는 것이 너희에게 유익이라 내가 떠나가지 아니하면 보혜사가 너희에게로 오시지 아니할 것이요 가면 내가 그를 너희에게로 보내리니 그가 와서 죄에 대하여, 의에 대하여, 심판에 대하여 세상을 책망하시리라(요 16:7-8).
6 가로되 주 예수를 믿으라 그리하면 너와 네 집이 구원을 얻으리라 하고(행 16:31).
7 곧 창세 전에 그리스도 안에서 우리를 택하사 우리로 사랑 안에서 그 앞에 거룩하고 흠이 없게 하시려고 그 기쁘신 뜻대로 우리를 예정하사 예수 그리스도로 말미암아 자기의 아들들이 되게 하셨으니 이는 그의 사랑하시는 자 안에서 우리에게 거저 주시는바 그의 은혜의 영광을 찬미하게 하려는 것이라(엡 1:4-6).

않습니다. 그리스도를 받아들이는 것은 믿음의 의를 받아들이는 것이고, 그리스도를 부정하는 것은 믿음의 의를 부정하는 것이었습니다. 그리스도에 대한 호불호(好不好)는 자연스럽게 믿음에 대한 호불호로 연결됩니다. 믿음을 의지하는 이들이 그리스도를 모퉁이 돌처럼 보배롭게 여기는 것은(마 21:42), 그리스도가 믿음의 의를 정당화 해 주기 때문입니다.

사도 바울이 그리스도 제일주의와 더불어(갈 6:14; 빌 3:3)[8] 믿음의 의(義)만이 완전한 하나님의 의(롬 3:22)[9] 임을 강조한 것도, 그리스도와 믿음의 의가 서로를 고양(高揚)시키는 관계이기 때문입니다.

반대로 건축자들의 버린 돌처럼 그리스도를 십자가에 내친 유대인들에게는 당연히 믿음의 의(義)가 부정됩니다(롬 9:32).[10] 그들은 그리스도가 버려질 때 믿음의 의가 부정된다는 것을 알았습니다. 그들에게 율법의 의(義)는 영생과 영벌을 가르는 분깃점이고, 그들이 평생 추구하고 헌신해야 할 지고의 가치였기에, 율법적 의를 포기한다는 것은 자신들의 삶을 부정하는 것이나 마찬가지였습니다.

이렇게 자기 의(義)에 매몰된 그들에게, 인간의 의를 포기하고 믿음의 의를 받아들이라는 요구는 견딜 수 없는 것이었습니다. 자기 의를 세워야만 영생을 얻는다는 신념에 사로잡힌 그들이, 믿음의 의를 부정하고 그리스도를 십자가에 못박는 것은 당연한 일이었습니다. 생명처럼 여기는 자신들의 의(義)를 각하시키고 믿음의 의(義)를 고양시키는 그리스도를 살려 둘 수

---

[8] 그러나 내게는 우리 주 예수 그리스도의 십자가 외에 결코 자랑할 것이 없으니 그리스도로 말미암아 세상이 나를 대하여 십자가에 못 박히고 내가 또한 세상을 대하여 그러하니라(갈 6:14). 하나님의 성령으로 봉사하며 그리스도 예수로 자랑하고 육체를 신뢰하지 아니하는 우리가 곧 할례당이라(빌 3:3).

[9] 곧 예수 그리스도를 믿음으로 말미암아 모든 믿는 자에게 미치는 하나님의 의니 차별이 없느니라(롬 3:22).

[10] 어찌 그러하뇨 이는 저희가 믿음에 의지하지 않고 행위에 의지함이라 부딪힐 돌에 부딪혔느니라(롬 9:32).

가 없었던 것입니다.

　이처럼 "믿음의 의"와 "율법적 의"는 서로 병립할 수 없는 상반된 위치를 점하기에, 하나를 선택하면 다른 하나를 폐기하도록 강요받기 마련입니다. 자기 의(義)를 선택하는 순간 믿음의 의(義)와 그리스도는 폐기처분돼야 하고, 믿음의 의를 선택하는 순간 자기 의는 부정돼야 합니다. "이를 중히 여기면 저를 경히 여겨야"(마 6:24) 하는 성경적 원리 그대로입니다.

　이에 반해, 자기 의(義)가 전무한 창기, 세리, 죄인들에게는 취사 선택할 다른 의(義)가 없었고, 오직 "믿음의 의"만 있을 뿐이었습니다. 그것만이 자신들의 유일한 의(義)였기에, 선택에 대한 고민도 잘못된 선택을 할 위험도 없었습니다. 그들이 바리새인 서기관들보다 먼저 천국에 들어갈 수 있었던 이유도(마 21:31) "믿음의 의(義)"라는 생명의 외길만이 그들 앞에 열려있었기 때문입니다. 할렐루야!

제4장

왜 칭의에서 '믿음'이 아닌 '윤리'를 찾는가?
〈개혁신학회 기조발제에 대한 반론 제기〉

이 글은 「크리스천 투데이」에 올려진 "강한 윤리적 메시지를 담은 칭의를 강조할 필요가 있다"는 최갑종 교수의 "개혁신학회" 기조발제에 대한 필자의 비판글입니다. 필자가 언급하는 내용은 기자가 신문에 올린 내용에 제한됨을 밝혀두며, 기사에 대해 조목조목 논평하는 형식을 취했습니다. 다음의 내용은 「크리스천투데이」(2017. 6. 1)의 "이경섭 칼럼"에 실린 기사입니다(붉은 글씨는 최갑종 교수의 주장이고, 아래는 그것에 대한 필자의 비판이다).

주장 1

바울에게 있어서 칭의는 하나님의 나라처럼 '이미'와 '아직'의 양면성을 가진 종말론적 실재이다. 사실상 바울은 여러 곳에서 최후에, 행위에 따른 심판이 있을 것을 분명히 말하고 있다. 물론 그렇다고 해서 칭의의 윤리가 '이미' 주어진 칭의와 장차 주어질 최종적인 칭의와 무관한 것으로 볼 수는 없다.

> **반론 1** 칭의를 정의함에 있어 "이미와 아직"이라는 변증법적 용어를 동원해, 현재적 하나님 나라와 장차 도래할 하나님 나라에 빗댄 것은 부적절합니다.
>
> 교회 공동체와(눅 17:21)[1] 성도 안에서 성령으로 경험되는 현재적 하나님 나라는(롬 14:17)[2] 장차 도래할 하나님 나라의 부분적인 맛봄(tasting)이고 그림자일 뿐입니다. 그러나 지금 우리가 가진 칭의는 맛보기나 그림자가 아닌 완전하고 또한 종말론적인 것입니다.
>
> 그리고 현재적 칭의를 받은 자가 종말에 기대하는 것은 그가 말하는 또 다른 칭의가 아닌 칭의의 만개(full bloom) 곧 영화입니다(glorifing, 고전15:51; 요일 3:2).[3] 재삼 강조컨대 현재적 칭의의 종말론적 구현은 칭의가 아닌 영화(glorifing)입니다.

> **주장 2**
>
> 사실상 바울은 여러 곳에서 최후에, 행위에 따른 심판이 있을 것을 분명히 말하고 있다. 물론 그렇다고 해서 칭의의 윤리가 '이미' 주어진 칭의와 장차 주어질 최종적인 칭의와 무관한 것으로 볼 수는 없다.

> **반론 2** 유보적 칭의론자들이 그러하듯, 최갑종 교수도 여기서 상급 심판(마10:42; 갈6:9)[4]은 말하지 않고 윤리(행위)를 기준으로 한 칭의 심판

---

1   또 여기 있다 저기 있다고도 못하리니 하나님의 나라는 너희 안에 있느니라(눅 17:21).
2   하나님의 나라는 먹는 것과 마시는 것이 아니요 오직 성령 안에서 의와 평강과 희락이라(롬 14:17).
3   보라 내가 너희에게 비밀을 말하노니 우리가 다 잠잘 것이 아니요 마지막 나팔에 순식간에 홀연히 다 변화하리니(고전 15:51) 사랑하는 자들아 우리가 지금은 하나님의 자녀라 장래에 어떻게 될 것은 아직 나타나지 아니하였으나 그가 나타내심이 되면 우리가 그와 같을 줄을 아는 것은 그의 계신 그대로 볼 것을 인함이니(요일 3:2).
4   또 누구든지 제자의 이름으로 이 소자 중 하나에게 냉수 한 그릇이라도 주는 자는 내가 진실

에만 주목합니다.

그럴 수밖에 없는 것은 선행이 칭의에 소용돼야 하기에, 상급을 유발할 잉여선(剩餘善)의 축적이 불가능하기 때문입니다. 그들의 관심은 오직 종말에 칭의를 받을 수 있느냐 없느냐의 여부와, 고급 칭의를 받느냐 저급 칭의를 받느냐에 한정되어 있습니다. 이는 개신교의 상급론이라기보다는 로마 가톨릭의 상급론에 가깝습니다.

주장 3

칭의의 과거와 미래가 하나님께서 그리스도를 통해 주시는 것처럼, 칭의의 현재(윤리)도 인간의 일이나 신인협력이 아닌 하나님께서 그리스도와 성령을 통해 우리 안에서 이루어 가시는 그분의 사역이다.

반론 3 최갑종 교수는 처음에 "칭의가 신인협력이 아닌 하나님의 일이다"고 말합니다. 그리고는 곧 바로 "하나님께서 그리스도와 성령을 통해 우리 안에서 이루어 가시는 그분의 사역"이라고 말함으로서, 앞의 말을 즉시 부정해버립니다.

"성령을 통해 우리 안에서 이루어 간다"는 말이 칭의를 미완료형의 현재진행형, 신인협력형으로 만듭니다. 성령을 통해 칭의가 사람 안에서 이루어질 때 사람의 현재적 반응과 협력이 필수불가결하게 되고, 그 반응과 협력 여부로 칭의의 성공 실패가 결정되기 때문입니다. 기존 개혁주의 신학에서, 칭의에 대한 성령의 사역은 칭의의 적용에 관한 것이지 지속적인 협력 개념이 아닙니다.

로 너희에게 이르노니 그 사람이 결단코 상을 잃지 아니하리라 하시니라(마 10:42). 우리가 선을 행하되 낙심하지 말찌니 피곤하지 아니하면 때가 이르매 거두리라(갈 6:9).

주장 4

바울에게 있어 칭의는 이미 주어졌고 이루어진 과거적인 사건인 동시에, 지금 여기서 계속해서 주어지는 현재적인 사건이기도 하다. 또한 장차 주어질 미래적인 사건이다. 종교개혁자들과 그의 후계자들이 바울 서신에 나타난 칭의의 과거적이며, 단회적인 측면을 발견하고 강조한 것은 분명 칭찬할 만하지만, 바울이 신자의 삶 전체와 관련돼 있는 칭의의 현재적이고 미래적인 측면을 말하고 있다는 사실을 간과하거나 강조하지 못한 점은 매우 아쉬운 일이다.

반론 4

종교개혁자들이 칭의의 단회성과 즉각성을 말한 것은, 칭의의 근거인 단번에 성취된 그리스도의 영원한 구속 때문입니다.

칭의가 종말 때까지 지속되지 못한다면 칭의의 기반인 구속은 영원한 것이 못되고, 그리스도는 계속 피를 흘려야 합니다. 만약 그의 말대로 구속의 열매인 칭의가 미래를 보장할 수 없다면, 그것은 단지 칭의만 불완전한 것이 아니라 칭의의 원천인 그리스도의 구속도 불완전한 것이 되고 맙니다. 칭의의 효력이 일시적일 수 없음은 칭의의 기반인 그리스도의 구속이 영원하기 때문이고, 그리스도의 구속이 영원한 것은 그리스도가 구속을 위해 흘린 피가 영원하기 때문입니다(히 13:20; 10:12; 9:12).[5]

또한 최 교수는 칭의가 현재적이고 미래적인 삶 전체와 연관지어져 있기에 미래의 칭의에 대해 낙관할 수 없다는 점도 말합니다. 그러나 성경은 미래의 칭의도 연약한 성도 자신에게 달린 것이 아니라, 현재적 칭의가 하나님의 은혜이듯이 끝까지 구원하시는 하나님의 주권적 은혜에 달려있다

---

[5] 양의 큰 목자이신 우리 주 예수를 영원한 언약의 피로 죽은 자 가운데서 이끌어 내신 평강의 하나님이(히 13:20).
오직 그리스도는 죄를 위하여 한 영원한 제사를 드리시고 하나님 우편에 앉으사(히 10:12).
염소와 송아지의 피로 아니하고 오직 자기 피로 영원한 속죄를 이루사 단번에 성소에 들어가셨느니라(히 9:12).

고 말합니다(고후 1:10; 딤후 4:18).[6] 칼빈주의 5대 교리 중, '성도의 궁극적 구원'(Perseverance of the Saints)은 구원에 있어서의 하나님 주권적 은혜를 염두에 둔 것입니다.

주장 5

칭의 안에는 신학적인 문제만이 아닌 윤리적인 문제도 포괄하고 있다.

반론 5 칭의가 신학적인 문제를 포괄하고 있다 함은 칭의가 그리스도의 구속에 기반한다는 뜻입니다. 그리고 칭의가 윤리적 문제를 포괄한다 함은 칭의에 인간의 윤리적 책임이 포함된다는 말입니다.

이렇게 그가 칭의가 신학적, 윤리적 문제 모두를 포괄하고 있다고 한 것은, 칭의가 그리스도의 구속과 인간의 윤리로 완성된다는 말로써, 신인협력설의 전형입니다.

주장 6

바울에게 있어서 칭의는 법정적인 동시에 관계론적이다. 바울 서신에서 칭의라는 어휘는 법정적인 면만 보여주고 있는 것은 아니다. 칭의는 예수 믿는 자를 하나님의 자녀로 회복시키는 관계론적인 면도 있다.

---

[6] 그가 이같이 큰 사망에서 우리를 건지셨고 또 건지시리라 또한 이후에라도 건지시기를 그를 의지하여 바라노라(고후 1:10).
주께서 나를 모든 악한 일에서 건져내시고 또 그의 천국에 들어가도록 구원하시리니 그에게 영광이 세세 무궁토록 있을찌어다 아멘(딤후 4:18).

반론 6 칭의는 법정적인 동시에 관계론적이다?

이 말은, 칭의는 하나님의 법정적 선언과 더불어 하나님과의 올바른 관계(성화)로 완성된다는 뜻이며, 이는 칭의를 지속적이고 신인협력적인 것으로 만듭니다.

"칭의는 예수 믿는 자를 하나님의 자녀로 회복시키는 관계론적인 면도 있다"는 그의 주장 역시, 칭의가 믿는 자를 하나님 자녀로 나게 한다는 '출생' 개념보다는 하나님과의 옳바른 관계를 통해 하나님 자녀로 회복시킨다는 '관계' 개념을 상정합니다. 하나님 자녀는 그리스도를 믿어 단번에 거듭남으로 됩니다(요 1:12; 갈 3:26).[7] 하나님의 자녀 됨은 "관계" 속에서 확인되는 것이 아니라 "출생"에서 확인됩니다.

주장 7

이런 사실은 우리로 하여금 거듭 칭의와 성화를 서로 구분해 마치 서로 별개의 것처럼 말하는 것을 어렵게 만든다. 즉, 구속은 성부의 사역, 성화는 성령의 사역, 칭의는 그리스도의 사역이라는 등식은 성립될 수 없다는 것이다. 오히려 구속, 성화, 칭의 모두가 삼위 하나님이 함께 한 구원 사역이라는 것이다.

반론 7 개혁주의에서도 구속, 칭의, 성화를 삼위 하나님의 역사로 말합니다.

우리도 구속을 성부의 사역, 성화는 성령의 사역, 칭의는 그리스도의 사역이라고 구분 짓지 않습니다. 그러나 최 교수가 구속, 칭의, 성화를 삼위 하나님의 역사로 말하는 것은 우리가 말하는 의미와 다릅니다. 그가 칭의를

---

[7] 영접하는 자 곧 그 이름을 믿는 자들에게는 하나님의 자녀가 되는 권세를 주셨으니 (요 1:12).
너희가 다 믿음으로 말미암아 그리스도 예수 안에서 하나님의 아들이 되었으니(갈 3:26).

그리스도의 구속과 함께 성도 안에서의 성령의 현재적인 사역이라고 말하는 배경에는, 앞서 언급했듯이 칭의를 지속적인, 미완료 현재진행형으로 만들려는 의도가 있어 보입니다.

그리고 여기서 전통적인 "구속, 칭의, 성화"의 순서를 무시하고, "구속, 성화, 칭의"의 순서를 취한 것에서도, 성화를 칭의의 조건으로 삼으려는 의도가 엿보입니다.

주장 8

바울은 칭의와 성화 어휘를 엄격하게 서로 구분해 마치 별개의 내용을 말하고 있는 것처럼 사용하고 있지 않다. 오히려 동일한 구원의 내용을 다른 관점에서, 즉 칭의는 구원의 법정적인 면을, 성화는 구원의 제의적인(cultic) 면을 말하고 있다. 즉, 둘 다 바울 복음의 구원의 특징을 설명하는 그림언어이다.

반론 8 그가 칭의를 성화와 엄격히 구분하지 않는 것은, 사실은 그에게 이 둘이 엄격하게 구분될 수 없기 때문입니다.

성화가 칭의를 이루는 수단 혹은 칭의의 연장선상에 놓여져 칭의와 성화가 하나로 혼합돼 버렸기에 둘의 구분이 불가능합니다.

우리가 칭의와 성화를 구별하는 것은, 칭의는 뿌리고 성화는 열매라는 두 지위의 특수성 때문입니다. 성화(열매)는 칭의(뿌리)로부터 나오고, 칭의(뿌리)는 성화(열매)로부터 나올 수 없다는 불변의 진리가 언제나 칭의를 성화에 앞세우게 합니다.

"칭의는 구원의 법정적인 면이고, 성화는 구원의 제의적인(cultic) 면이다"란 그의 말 역시, 칭의와 성화를 구원을 이루는 두 요소로 본다는 말입니다. 그리고 구원을 이루는 구체적 방법은 칭의의 법정적 요소와 그 법정적 칭의를 지속적으로 구현해 나가는 제의적 성화를 통해서라고 말합니다. 이 역시 그의 구원론이 지속적이며 신인협력적임을 증거합니다. 그러나 성경은 구원이 우리의 행위로서가 아닌(롬 3:20)[8] 오직 그리스도의 피를 힘입은 결과라고 말합니다.

> "그러면 이제 우리가 그 피를 인하여 의롭다 하심을 얻었은즉 더욱 그로 말미암아 진노하심에서 구원을 얻을 것이니"(롬 5:9).

주장 9

바울의 칭의 어휘는 법정적인 의미만 아니라 관계론적이고 종말론적인 의미를 지니고 있다. 그러므로 '이미'와 '아직'의 관점에서 강한 윤리적인 교훈을 내포하고 있다.

반론 9 칭의를 "관계론적이고 종말론적"이라고 한 그의 주장은 하나님과의 올바른 관계를 통해 칭의가 이루어지고, 그 칭의가 종말 때까지 유지될 때 최종적인 칭의를 받는다는 뜻입니다.

그러나 이는 하나님과의 화목이 그리스도의 구속(칭의)을 통해 단번에 이루어진다는 성경 말씀을(롬 5:1; 5:10)[9] 부정합니다.

---

8 그러므로 율법의 행위로 그의 앞에 의롭다 하심을 얻을 육체가 없나니 율법으로는 죄를 깨달음이니라(롬 3:20).

9 그러므로 우리가 믿음으로 의롭다 하심을 얻었은즉 우리 주 예수 그리스도로 말미암아 하나님으로 더불어 화평을 누리자(롬 5:1).
곧 우리가 원수 되었을 때에 그 아들의 죽으심으로 말미암아 하나님으로 더불어 화목 되었은즉 화목 된 자로서는 더욱 그의 살으심을 인하여 구원을 얻을 것이니라(롬 5:10).

주장 10

따라서 우리는 바울의 윤리적인 메시지를 성화 교훈에서만 찾을 것이 아니라, 우선적으로 칭의 교훈에서 찾아야 한다. 사실 종교개혁 시대에서는 칭의와 성화를 동일시해 인간의 윤리와 선행을 필수적인 요소로 부각해, 한편으로 공로주의가 득세하고, 다른 한편으로 구원을 위한 그리스도의 십자가 사건의 유일성이 크게 훼손되는 상황이었기 때문에, 칭의와 성화를 구분하는 것이 필요했을 것이며 그렇게 함으로써 '오직 믿음' '오직 그리스도' '오직 은혜'라는 개신교의 신학이 정착될 수 있었다.

반론 10 최 교수는 윤리와 선행을 칭의의 필수적인 요소로 부각하는 종교개혁 시대에, 공로주의를 배격하고 그리스도의 십자가만이 유일한 구원임을 견지하려고 하다보니, '오직 믿음' '오직 그리스도' '오직 은혜'라는 개신교의 신학이 정착됐다고 말합니다.

그러나 이제는 그럴만한 위험 인자가 없기에 칭의 교훈에서 윤리적인 메시지를 찾아도 된다고 주장합니다. 궤변에 가깝습니다. 신앙이 공로주의가 되고 안 되는 것은, 오해의 소지를 일으킬만한 환경 때문이 아니라 선포되는 말씀의 내용 때문입니다.

종교개혁 시대건 지금이건, 칭의에서 윤리적 메시지를 찾으면 공로주의가 되고, 믿음을 찾으면 개혁주의가 됩니다. 이는 시대를 불문한 팩트(fact)입니다. 칭의에서 윤리적 메시지를 찾으면서, 공로주의가 아니라고 아무리 변명한들 공로주의가 안 되는 것이 아닙니다. 공로주의라는 비난을 받지 않으려면 칭의에서 윤리적 메시지를 찾지 말고 믿음을 찾아야 합니다.

주장 11

이러한 종교개혁 신학을 오해 내지 오도해 바울의 칭의의 복음을 윤리 없는 값싼 복음, 십자가 없는 값싼 은혜로 만들고 신앙과 삶, 신학과 윤리를 나누는, 그래서 교회의 비윤리성과 부패를 방조하는 오늘의 상황에서는, 오히려 이미 강한 윤리적인 메시지를 담고 있는 바울의 종말론적 칭의 교훈을 새롭게 강조할 필요가 있다.

반론 11 이신칭의는 값싼 복음이라는 말은 칭의를 모독하고, 나아가 이신칭의를 내신 하나님을 모독하는 말입니다.

종교개혁자들이 값없이 믿음으로만 의롭다 함을 받는다고 한 것은, 칭의가 하찮아서가 아니라 칭의가 너무 고귀해 낡아지는 옷 같은 인간 선행을 그리스도의 의에 덧댈 수 없기 때문이었습니다. 인간의 불완전한 의를 그리스도의 구속의 의에 덧대는 것은, 생베 조각을 낡은 옷에 덧대는 것처럼 그리스도의 구속을 망치게 합니다(마 9:16).[10]

바울도 그리스도의 구속에 인간의 불완전한 의를 첨가하면, 그리스도의 죽음을 헛되게 만든다고 했습니다(갈 2:21).[11] 정확하게 말하면 믿음으로만 의롭다 함을 받게 하신 것은, 구원이 싸구려(valueless)이기 때문이 아니라 값을 치를 수 없을 만큼 너무나 비싸기(priceless) 때문입니다.

바울 자신이 복음의 사람이었고, 사람을 변화시키는 것은 복음뿐이라는 것을 그가 간파했기 때문입니다. 골로새교회를 향한 그의 권면을 봅시다.

---

10 생베 조각을 낡은 옷에 붙이는 자가 없나니 이는 기운 것이 그 옷을 당기어 해어짐이 더하게 됨이요(마 9:16).

11 내가 하나님의 은혜를 폐하지 아니하노니 만일 의롭게 되는 것이 율법으로 말미암으면 그리스도께서 헛되이 죽으셨느니라(갈 2:21).

> "이 복음이 이미 너희에게 이르매 너희가 듣고 참으로 하나님의 은혜를 깨달은 날부터 너희 중에서와 같이 또한 온 천하에서도 열매를 맺어 자라는도다"(골 1:6).

결론

최갑종 교수의 칭의론에는 칭의와 성화의 구분이 폐지되고, 성화는 칭의의 연장선상에 있는 제의적(cultic, 칭의를 구현하는) 의미를 지닙니다. 따라서 그의 칭의론은 당연히 신인협력주의입니다.[12] 또한 그의 칭의는 단회적이고 종결적인 것이 아닌 평생 동안 계속되는 관계성과 지속성을 특성으로 하고, 모든 교리를 풀어감에 이 지속성, 관계성과 연관지웁니다. "칭의"와 "하나님과의 화목"도 이 지속성과 관계성을 통해 검증받습니다. 그러다 보니 화목케하시는 그리스도의 공로가 자리할 곳이 없어지고, 전통적인 칭의, 화목의 순서도 뒤바뀝니다. 지속성과 관계성에 과도히 몰입하는 것은, 주관주의를 속성으로 하는 경건주의, 신비주의의 특성입니다.

---

12   그 자신은 신인협력주의가 아니라고 말하면서 신인협력주의를 말하니 이율배반이다.

제5장

가변적인 인간의 의와 불변의 하나님의 의

　현재의 완전한 칭의가 종말에 불완전해 질 수도 있고, 현재의 불완전한 칭의가 종말에 완전해질 수 있다는 유보적 칭의는, 칭의의 가변성을 전제한데서 나온 것입니다. 그리고 그 칭의의 가변성은, 칭의를 '질량'과 '시간'의 영향을 받는 물질 개념으로 상정(想定)한데서 나왔습니다. 마치 기온에 의해 수은계가 오르락내리락 하고, 강수량에 따라 저수지의 수위가 만조가 됐다 간조가 됐다 하듯, 그들의 의(義)도 자신과 외부의 영향에 따라 오늘 다르고 내일 다릅니다.

　유보적 칭의론자들이 즐겨 인용하는 "이미와 아직"(already but not yet)은, 이런 질량과 시간 위에 건설된 가변적인 칭의 개념입니다. 말하자면 현재까지는 칭의가 양적(量的)으로 완전하지만, 종말에는 '아직' 어떻게 될지 모른다는 뜻입니다. 현재적 칭의의 양적 완전이 종말까지 유지됐을 때 '아직'이 '이미'로 바뀌어 집니다. 이 칭의의 '양'과 '시간'은 맞물려 있으며, 둘이 서로 영향을 주고받는 상호작용 가운데서 칭의의 양적 완전과 불완전, 현재적 칭의(이미)와 미래적 칭의(아직)가 결정됩니다.

　이러한 견해에는, "칭의의 양적 개념은 상정될 수 있는가?" "인간이 축적한 의의 양(量)에 따라 칭의의 완전과 불완전이 결정될 수 있으며, 시간에 의해 칭의가 변할 수 있는가?"라는 질문들이 자연히 따라붙습니다. 또한 "질량이 수시로 늘었다 줄었다 하고, 시간 따라 완전했다 불완전했다 하는 그런 가변적인 의(義)로 하나님을 만족시켜 정죄를 피할 수 있는가?"라는 의문도 생깁니다.

또 양과 시간에 의해 칭의가 결정된다면, "완전을 이룰 의(義)의 양(量)이 얼마이며, 그 양적 완전을 종말까지 지속시키는 데 소용되는 노력과 에너지는 얼마인가?"라는 부가적인 질문도 생깁니다. 그러나 불교인들이 극락정토(極樂淨土)에 들어가기 위한 적선량(積善量)이 얼마인지 모르듯이, 칭의의 합격권 안에 들 수 있는 의(義)의 양, 그것을 지속해 나가는 데 얼마만한 노력과 에너지가 필요한지를 정확히 알 수 없습니다.

이렇게 질량과 시간 위에 건설된 가변적인 칭의는 칭의를 물질적인 유한의 차원으로 전락시키고, 성경이 말하는 시공간을 초월한 영원한 칭의 개념과 거리를 벌입니다. 인간의 행위에 영향을 받고, 시간 따라 변하는 가변적인 의(義)는 결코 완전한 하나님의 의(義)일 수 없으며, 그런 함량미달의 의(義)로는 하나님의 진노를 풀어드릴 수도 없습니다.

칭의의 불변성과 영구성은 루터의 말대로, 내가 그것에 하등의 영향을 미칠 수 없는, 보태거나 뺄 수 없는 "나 밖으로부터의"(*extra nos*) 전가 받은 의에만 있습니다. 성경도 우리가 오직 그리스도의 피로서만 단번에 영원히 의롭게 된다고 가르칩니다. 염소나 송아지의 피가 아닌 자기 피를 가지고 단 한 번 지성소에 들어가셔서 우리의 영원한 구원을 획득하셨습니다 (히 9:12).

> 백성의 죄를 위하여 날마다 제사 드리는 것과 같이 할 필요가 없으니 이는 저가 단번에 자기를 드려 이루셨음이니라(히 7:27).

그리스도의 구속의 피가 영원하기에(히 13:20),[1] 그 피에서 나온 의(義)도 영원합니다. 이 영원한 의는 "이미와 아직" 같은 현재와 미래의 구분이 없는 초(超)시간적인 것이며, 또한 시간이 지남에 따라 질량이 변하지도 않는 초(超)물질적인 의(義)입니다. 성경이 하나님의 의를 낡아지는 옷(사 64:6)[2] 같이 변하는 인간의 의(義)와 구분 지은 것은 이 의(義)의 불변성 때문입니다.

하나님이 아담과 하와에게 시간이 흐르면 말라 부스러지는, 무화과 잎 드레스를 영구적인 양가죽 옷으로 바꾸어 주신 것은(창 3:21),[3] 가변적인 인간의 의를 불변의 완전한 그리스도의 의로 바꾸어 주신다는 것을 뜻합니다. 오늘 우리가 믿음으로 입은 그리스도의 의(이신칭의)는 아담이 입은 양의 가죽옷같이 영구적입니다.

예수님이 베드로의 발을 씻기시면서 목욕한 자는 다시 목욕할 필요가 없다고 한 것은(요 13:10), 한 번 믿음으로 의롭다 함을 받아 온전케 된 자는 다시 의롭다 함을 받을 필요가 없다는 뜻이었습니다. 변화산에서의 예수님의 찬란한 용모 변화(막 9:3) 역시 그리스도 재림 시 일어날 영원한 의(義)의 영광의 현현(顯現), 곧 '영화'(Glorification)를 미리 보여주신 것입니다.

칭의의 가변성을 주장하는 유보적 칭의론자들의 주장대로, 한 번의 칭의로는 안 되고 종말 때까지 반복적으로 의롭다 함을 받아야 한다면, 칭의의 영원성과 불변성을 가르치는 이 말씀들과는 정면으로 배치됩니다.

성경이 칭의를 견고하고 움직이지 않는 반석에 비유한 것 역시, 의(義)는

---

1 양의 큰 목자이신 우리 주 예수를 영원한 언약의 피로 죽은 자 가운데서 이끌어 내신 평강의 하나님이(히 13:20).

2 대저 우리는 다 부정한 자 같아서 우리의 의는 다 더러운 옷 같으며 우리는 다 쇠패함이 잎사귀 같으므로 우리의 죄악이 바람 같이 우리를 몰아 가나이다(사 64:6).

3 여호와 하나님이 아담과 그 아내를 위하여 가죽옷을 지어 입히시니라(창 3:21).

결코 변개되거나 취소되지 않는다는 뜻입니다.

> 오직 저만 나의 반석이시요 나의 구원이시요 나의 산성이시니 내가 요동치 아니하리로다(시 62:6).
>
> 산들은 떠나며 작은 산들은 옮길찌라도 나의 인자는 네게서 떠나지 아니하며 화평케 하는 나의 언약(의의 언약)은 옮기지 아니하리라(사 54:10).
>
> 허물이 마치며 죄가 끝나며 죄악이 영속(永贖)되며 영원한 의(義)가 드러나며 이상과 예언이 응하며 또 지극히 거룩한 자가 기름 부음을 받으리라(단 9:24).

그리고 만약 유보적 칭의론자들의 주장대로, 칭의가 가변적이어서 완전과 불완전 사이를 오간다면, 칭의의 결과인 하나님의 통치도 일관성 있게 지속적으로 이루어지지 못합니다. 그가 의로울 때는 하나님의 통치를 받고, 의롭지 못할 때는 마귀의 통치를 받습니다. 그러나 '전부 아니면 무' 라는 하나님의 통치 속성상(마 12:28, 45),[4] 하나님과 마귀의 이중적인 통치란 없습니다. 이중 통치란 사실상 마귀의 통치입니다.

또한 그로 하여금 율법에서 자유했다 종이 됐다, 하나님의 종이 됐다 마귀의 종이 됐다, 구원받았다 심판받았다 하기를 무한 반복하게 만듭니다. 그리고 그런 가변적이고 불완전한 칭의에는 어떤 궁극적인 보장도 따르지 못합니다. "그리스도 예수 안에 있는 생명의 성령의 법이 죄와 사망의 법에

---

[4] 그러나 내가 하나님의 성령을 힘입어 귀신을 쫓아내는 것이면 하나님의 나라가 이미 너희에게 임하였느니라(마 12:28). 이에 가서 저보다 더 악한 귀신 일곱을 데리고 들어가서 거하니 그 사람의 나중 형편이 전보다 더욱 심하게 되느니라 이 악한 세대가 또한 이렇게 되리라(마 12:45).

서 너를 해방하였음이라"(롬 8:2)는 결정적인 선언이 따라붙을 수 없으며, 천국 입성도, 음부 권세 타파도(마 16:18),[5] 성령의 부어짐도 보장받지 못합니다. 이 보장들은 모두 의(義)로 말미암은 완전한 하나님의 통치하에서만 주어지는 약속들입니다.

흔들리지 않는 구원의 확신도, 사자 같은 담대함을 갖게 하는 것도 오직 의(義)의 완전에서만 나옵니다.

> 누가 능히 하나님의 택하신 자들을 송사하리요 의롭다 하신 이는 하나님이시니(롬 8:33).
>
> 악인은 쫓아오는 자가 없어도 도망하나 의인은 사자같이 담대하니라 (잠 28:1).

소년 다윗으로 하여금 적장 골리앗을 향해 겁 없이 도전하도록 한 것이나, 루터로 하여금 거대한 로마 가톨릭을 대항하도록 한 것은, "오직 의인은 믿음으로 말미암아 살리라"(롬 1:17)는 구원의 확신과 그로부터 나오는 성령의 능력이었습니다.

---

[5] 또 내가 네게 이르노니 너는 베드로라 내가 이 반석 위에 내 교회를 세우리니 음부의 권세가 이기지 못하리라(마 16:18).

제9부

유보적 칭의

제1장 유보적 칭의론자들에게는 구원의 상실을 막을
　　　특단의 조치가 있는가?
제2장 중생, 아들됨, 성령이 유보된 자들
제3장 상급, 기도, 기쁨, 평안이 유보된 자들
제4장 세월호와 유보적 칭의론

제1장
유보적 칭의론자들에게는 구원의 상실을 막을 특단의 조치가 있는가?

대개 구원에 대해서는 간략하게 성경의 명백한 원리만 말하고, 세세하게 어떤 사람이 구원받을 사람이고 어떤 사람이 지옥 갈 사람이고를 규정하지 않는 것이 상례입니다. 이는 구원의 판단을 받아야 하는 인간이 구원을 판단하는 결정권자의 자리에 앉게 되기 때문입니다. 개혁자들이 의(義)에 대해서는 자주 그리고 단호하게 말하면서도 구원에 대해서는 말을 아꼈던 이유도 다 이 때문입니다.

이런 우려가 있음에도, "구원받은 자도 구원에서 탈락할 수 있다"고 호리는 자들로 인해 부득불 구원에 대해 세세한 진술을 해야 하는 것이 안타깝습니다. 동시에 이로 인해 구원의 도리가 사변화 할까 하는 염려도 생깁니다.

구원의 상실이 가능하다고 주장하는 이들에게 먼저 제안하고 싶습니다. 가령 누가 구원에서 탈락할 수 있다면, 먼저 그가 정말 구원을 받은 것인지, 아니면 구원받은 것처럼 보였을 뿐 실제로 구원받은 적이 없었던 것은 아닌지부터 살필 것을 제안합니다. 구원받은 사실이 없다면 구원을 잃을 일도 없기 때문입니다.

또 정말 구원 상실이 가능하다면, 구원받는 것은 누구 덕분이고 구원 상실은 누구 탓인지, 예컨대 구원받는 것은 하나님 덕분이고 구원 상실은 인간 탓인지 듣고 싶습니다. 만일 "인간 탓"(because of man)으로 "하나님 덕분"(by virtue of God)으로 얻은 구원을 잃게 된다면, '구원하는 하나님 능력'보다 '구원을 잃게 하는 인간의 능력'이 더 강한 것이 됩니다.

이렇게 구원하는 하나님의 능력이 나약하다면 당연히 종말까지의 구원보장이 불가능하고, 따라서 최종적 구원에 들 사람은 아무도 없을 것입니다. 그리고 구원에 대해 "하나님이 하셨다"거나 "하나님의 구원"이라는 말을 쓸 수도 없게 됩니다.

이해를 돕기 위해 다른 복잡한 논증들은 차치하고 보편적인 논증 방식인 어의(語義)를 살피는 것에서 시작했으면 합니다. 주지하듯이, "구원"이란 스스로 위기를 벗어날 수 없는 자가 타력(他力)으로 위기를 벗어나는 것을 뜻합니다. 예컨대 도무지 손쓸 수 없는 화마(火魔)에서 구출되었을 때 혹은 익사 직전에 건짐을 받았을 때, "구원받았다"는 말을 씁니다. 구원이라는 용어를 쓸 때는 언제나 자동사가 아닌, '구원받는다'(to be saved)는 수동태를 씁니다. 여기에는 헬라어, 영어, 한국어나 성경과 일반 문장을 불문합니다.

> 주 예수를 믿으라 그리하면 너와 네 집이 구원을 얻으리라(will be saved, 행 16:31).
> 믿고 세례를 받는 사람은 구원을 얻을 것이요(shalt be saved, 막 16:16).
> 누구든지 주의 이름을 부르는 자는 구원을 얻으리라(shall be saved, 롬 10:13).

다음은 구원이 하나님의 은혜와 주권에 의해, 수동적으로 이루어진다는 것을 확증해 주는 대표적인 구절들입니다.

> 이스라엘이 구하는 그것을 얻지 못하고 오직 택하심을 입은 자가 얻었고(롬 11:7).
>
> 내가 구하지 아니하는 자들에게 찾은바 되고 내게 문의하지 아니하는 자들에게 나타났노라(롬 10:20).

반면에 신인협력주의자들은 구원에 인간의 협력이 필요하다는 자신들의 주장을 변호하려고 다음과 같은 말씀을 인용합니다.

> 좁은 문으로 들어가기를 힘쓰라 내가 너희에게 이르노니 들어가기를 구하여도 못하는 자가 많으리라(눅 13:24).

그러나 이 말씀은 웬만큼의 노력으로는 구원 얻기가 어렵기에 피터지도록 몸부림쳐야 된다는 뜻이 아닙니다. 오히려 역설적으로 구원은 인간의 힘으로는 안 되고, 좁은 문인 "오직 믿음"으로만 된다는 뜻입니다[1]

인간의 힘으로 의롭게 되려다가 실패한 대표적인 케이스가 이스라엘입니다.

> 내가 증거하노니 저희가 하나님께 열심이 있으나 지식을 좇은 것이 아니라 하나님의 의를 모르고 자기 의를 세우려고 힘써 하나님의 의를 복종치 아니하였느니라(롬 10:2-3).

---

1 이병규, 『이병규 성경 강해』 (서울: 염광출판사, 1987), p. 363.

오늘날 설교자들이 "하늘은 스스로 돕는 자를 구원한다"는 동양 격언을 설교에 인용하는 경우들을 더러 보는데, 구원에 관한 한 이 말은 비기독교적 혹은 반기독교적이기까지 합니다. 이런 용어를 쓰는 설교자들이라면 유보적 칭의도 충분히 말할 수 있습니다. 기독교 작품은 아니지만, 베르너 헤어초크(Werner Herzog)의 1974년 작품, "하늘은 스스로 돌보는 자를 돌보지 않는다"(Every Man For Himself And God Against All)는 영화 제목이 훨씬 성경적 입니다.

그리고 구원의 수동성은, 인간의 의지나 노력을 부정하는 수동주의(passivism)와는 전혀 다릅니다. 성경은 하나님이 우리 구원을 위해 제공하신 은혜의 수단들을 부지런히 사용하고, 경건에 이르기를 연습하라고 권면합니다(딤전 4:7). 수동주의(passivism)는 신인협력주의만큼이나 비성경적이며, 교회사에서 종종 정통주의의 탈을 쓰고 나타났습니다. 예컨대 1904년 웨일즈(Wales) 대부흥의 중심에 서 있었던 유명한 『십자가의 도』(The Centrality of the Cross)의 저자 제씨펜 루이스(Jessie Penn-Lewis, 1861-1927)의 수동주의 신앙관이나, 하나님 주권을 과도히 강조한 나머지 인간의 책임을 없앤 숙명론의 아류인 '과도한 칼빈주의'(Hyper-Calvinism)가 그것들입니다. 아더 핑크(A. Pink)는 '과도한 칼빈주의'를 '알미니안주의'보다 더 악하다고 할 정도로 적대시했습니다.

성경이 말하는 구원의 수동성은, 루터(Martin Luther)가 로마서 1:17[2]에서 발견한 "은혜로 말미암아 주어지는 수동적 의를 덧입음으로서만 인간은 하나님 앞에 의롭게 설수 있다"는, '전가된 의'의 핵심 개념입니다. 이 구원의 수동성은, 행위는 물론 믿음까지도 구원의 조건이 되게 하지 못합

---

[2] 복음에는 하나님의 의가 나타나서 믿음으로 믿음에 이르게 하나니 기록된바 오직 의인은 믿음으로 말미암아 살리라 함과 같으니라(롬 1:17).

니다. 믿음은 하나님의 능동적 구원에 대한 인간의 수동적 반응(수용)일 뿐입니다. 루터는 "하나님의 구원은 인간의 선행이나 믿음과 교환한 것이 아닌, 일방적인 하나님의 선물 증여"라고 했습니다.

"믿으면 구원을 얻으리라"는 말씀은 문장 구조상, 믿음이 구원을 받는 조건처럼 보이지만, 은혜언약 안에서의 '구원을 받는 손'입니다. 부연하자면, 하나님이 주권적으로 구원을 주시되 인간의 의사에 반하여 주시지 않는다는 의미입니다.

> 너희 목마른 자들아 물로 나아오라 돈 없는 자도 오라 너희는 와서 사 먹되 돈 없이, 값없이 와서 포도주와 젖을 사라(사 55:1).

이 구절도 같은 시사점을 제공합니다. 포도주와 젖을 얻으려면 값을 지불해야 하는 조건 충족이 있어야 하는 것처럼 보이지만, 실제로는 값없이 주시는 포도주와 젖을(은혜를) '믿음'이라는 화폐로 구입하라는 뜻입니다. 값없이 선물로 주어지는 구원은, 믿음의 여부 외에 다른 어떤 조건들에 의해 획득되거나 상실될 수 없습니다.

구원 상실을 주장하는 유보적 칭의론자들이 구원 상실의 근거 구절로, 혹은 구원 상실의 예방책으로 들고 나오는 구절들이 몇 개 있습니다. 이것들 역시 인간의 협력을 요구하는 능동적인 행위 개념보다는 은혜의 이끌림을 받는 수동적인 개념을 담고 있습니다.

> 항상 복종하여 두렵고 떨림으로 너희 구원을 이루라(빌 2:12).

이는 구원 탈락을 두려워하며 자신의 힘으로 구원을 완성시키라는 뜻이 아니라, 그리스도의 희생으로 얻은 귀한 구원을 소중히 여기라(히 2:3)[3]는 뜻입니다.

> 한 번 비침을 얻고 하늘의 은사를 맛보고 성령에 참예한바 되고 하나님의 선한 말씀과 내세의 능력을 맛보고 타락한 자들은 다시 새롭게 하여 회개케 할 수 없나니(히 6:4-6).

이 말씀 역시, 구원의 상실을 지지해 주는 구절이 아닌 일시적인 짝퉁 은혜만을 맛본 후, "개가 그 토하였던 것에 돌아가고 돼지가 씻었다가 더러운 구덩이에 도로 눕는"(벧후 2:22)" 명목상의 교인들을 두고 한 말입니다(Matthew Henry).

"한 번 비침"은 사울이 다메섹 도상에서 하늘의 비침을 받았을 때, 함께 동행했던 불신자들이 경험했던 비침의 류입니다(행 22:9).[4] "하늘의 은사와 성령 참여"는 사울 왕의 예언과(삼상 10:10)[5] 거짓 사역자들의 이적 행위 같은(마 7:22),[6] 미중생자들의 일시적인 은사 행위입니다.[7] "말씀과 내세의 능력을 맛봄"은 돌밭 같은 마음을 가진 미중생자들이 말씀을 기쁨으로 받고,

---

[3] 우리가 이같이 큰 구원을 등한히 여기면 어찌 피하리요 이 구원은 처음에 주로 말씀하신 바요 들은 자들이 우리에게 확증한 바니(히 2:3).

[4] 나와 함께 있는 사람들이 빛은 보면서도 나더러 말하시는 이의 소리는 듣지 못하더라(행 22:9).

[5] 그들이 산에 이를 때에 선지자의 무리가 그를 영접하고 하나님의 신이 사울에게 크게 임하므로 그가 그들 중에서 예언을 하니(삼상 10:10).

[6] 그 날에 많은 사람이 나더러 이르되 주여 주여 우리가 주의 이름으로 선지자 노릇하며 주의 이름으로 귀신을 쫓아내며 주의 이름으로 많은 권능을 행치 아니하였나이까 하리니(마 7:22).

[7] 이는 중생한 자 안에 이루어지는 성령의 내주와는 다릅니다.
후크마 역시 참신자가 아니라도 그런 체험은 가능하다고 했습니다(Hoekema, Anthony A, *Saved by grace*,『개혁주의 구원론』김용중 역, 서울 : 부흥과개혁사, 2012)

말씀으로 인한 환란 때에는 무너져버리는 유사 은혜 체험입니다(마 13:20-21).[8]

> 내가 내 몸을 쳐 복종하게 함은 내가 남에게 전파한 후에 자기가 도리어 버림이 될까 두려워함이로라(고전 9:27).

이 말은 남은 전도하고 자신은 구원에서 탈락한다는 뜻이 아니라, 남에게는 복음을 가르치면서도 정작 자신은 은혜를 받지 못하는 경우[9]를 뜻하거나, 혹은 열심히 전도 사역을 하다가 영적 방종으로 사역에서 도중하차하게 됨을 뜻합니다.

오늘도 유명 전도자들이 스캔들로 인해 머리털 짧린 삼손처럼 무기력한 상태에 빠지고, 도중 하차하는 이들이 얼마나 많습니까?

마지막으로, 유보적 칭의론자들의 주장대로 구원받은 자가 구원에서 탈락할 수 있다면, 구원 상실을 막기 위한 그들의 대비책은 무엇인지 묻고 싶습니다. 그들은 자신들의 주장대로 구원에서 탈락될 위기에 처한 많은 한국 그리스도인들과는 다른 무슨 특단의 비책이라도 갖고 있는지도 알고 싶습니다.

혹시 그들 나름대로 설정한 구원의 컷트라인 같은 것이 있는지, 있다면 몇 점 정도인지 묻고 싶습니다. 예컨대 구원의 안정권에 들려면 선행은 얼마나 해야 하고, 헌금은 어느 정도 해야 하는지. 전도는 어느 정도 해야 하고, 성경 읽기와 기도는 하루에 몇 시간 정도 해야 하는지 말해 주었으면

---

8 돌밭에 뿌리웠다는 것은 말씀을 듣고 즉시 기쁨으로 받되 그 속에 뿌리가 없어 잠시 견디다가 말씀을 인하여 환난이나 핍박이 일어나는 때에는 곧 넘어지는 자요(마13:20-21).

9 Leslie F. Church, *Commentary on the whole Bibke by Matthew Henry(in one vol)*, (Grand Rapid, Michigan: Zondervan, 1961), p.1816.

합니다.

이 외에 또 다른 첨가 사항이 있는지, 아니면 교회사에서 이 사람 정도면 구원의 안정권이라고 할 만한 인물을 천거해 줄 수 있는지, 사랑의 사도인 앗시시의 성 프란시스(Saint Francis of Assisi, 1182-1226)라 할지, 문둥병자의 고름을 빨아 준 성 다미안(Damien, 1840-1889)이라 할지. 아니면 두 아들을 죽인 원수를 양자로 삼은 사랑의 원자탄 손양원 목사님이라 할지 말입니다.

그리고 자신들의 구원 상실을 막기 위해 실제로 현재 어느 정도 각고의 노력을 기울이고 있는지 구체적으로 말해 주었으면 합니다. 그들이 곧잘 들고 나오는 "성령을 쫓아 행한다"(갈 5:16)는 식의 막연한 답변 말고, 구체적으로 어떻게, 어느 정도 성화의 삶을 일구고 있는지 모두가 수긍할 수 있도록 말해 주었으면 합니다. 그리고 그러한 노력의 결과, 지금 어느 정도의 구원 확신이 있으며, 그러한 구원의 확신을 종말 때까지 유지해 나갈 수 있는지에 대해서도 피력해 주었으면 합니다.

제2장

중생, 아들 됨, 성령이 유보된 자들

　칭의가 현재적이냐 유보적이냐를 놓고 갑론을박하는 것이 소모적 논쟁으로 비쳐질지 모르나, 칭의의 시제(時制)에 의해 기독교의 중요 교리들이 결정된다는 점에서 이는 매우 중차대한 일입니다. 성경의 핵심 교리인 칭의가 현재적이면 칭의에 따르는 모든 약속과 특권도 현재적이 되며, 칭의가 유보적이면 모든 약속과 특권도 유보되기 때문입니다. 성경은 전반적으로 칭의의 즉각성과 현재성을 가르치지만, 유보적 칭의론자들은 이를 부정합니다.

　그들이 자신들의 유보적 칭의의 근거를 대기 위해 인용하는 구절 중 하나가 "그가 이같이 큰 사망에서 우리를 건지셨고 또 건지시리라 또한 이후에라도 건지시기를 그를 의지하여 바라노라"(고후 1:10) 같은 말씀입니다. 그들은 구원은 하나님의 예정과 주권에 의해 덩어리로 결정되는 소위, "클러스터"(cluster) 같은 것이 아니고 과거, 현재, 미래로 섹터(sector)화되어, 그때그때 제하기 나름으로 구원의 가능성이 확보되다가 종말에 비로소 최종 확정된다는 것입니다. 즉 과거의 구원이 현재적 구원을 담보해 주지 못하고, 현재의 구원이 미래의 구원을 담보해 주지 못한다는 것입니다.

그러나 이 구절의 의미는, 하나님의 구원이 유한한 시간 속에서 구현되기에 부득불 과거, 현재, 미래라는 시간 안에서 경륜된다는 뜻입니다. 유보적 칭의론자들의 주장대로, 과거와 현재는 구원을 받았지만 미래의 구원은 그때 가서 두고 볼 일이라는 막연한 희망을 피력한 것이 아닙니다. 과거에도 현재도 은혜로 구원하신 하나님이 미래에도 그럴 것이라는 은혜의 승리, 구원의 궁극성을 피력한 것입니다.

칼빈, 루터를 비롯해 모든 개혁자들은 일치되게 칭의의 즉각성을 주장했습니다. 칭의의 신학자 제임스 뷰캐넌(James Buchanan) 역시 즉각적인 보증에 기초하고 있는 칭의를 받은 자는 즉시적인 약속과 특권을 현재적으로 누리게 된다고 했습니다.

> 우리는 또한 그의 말씀의 즉각적인 보증에 기초해서 그리스도를 통한 하나님의 은혜의 무조건적 선물로서, 그리고 모든 신자들의 현재적인 특권으로서, 즉시 '믿음의 기쁨과 평강'을 소유하게 되는 칭의의 특권을 받게 된다.[1]

유보적 칭의론자들의 주장대로 정말 칭의가 종말까지 유보된다면, 칭의에 의존된 모든 언약과 특권들도 당연히 종말까지 유보됩니다. 그중 제일 먼저 '칭의'와 동시적이며 인과관계에 있는 '중생'(重生)이 유보됩니다.

> 그런즉 한 범죄로 많은 사람이 정죄에 이른 것같이 의의 한 행동으로 말미암아 많은 사람이 의롭다 하심을 받아 생명(중생)에 이르렀느니라 (롬 5:18).

---

[1] James Buchanan, 『칭의 교리의 진수』, p. 416.

이는 칭의와 중생은 불가분리이며, "의롭다" 하심을 받으면 "중생"하게 된다는 것을 말씀한 것입니다.

따라서 칭의가 유보되면 당연히 중생도 함께 유보되며, 중생으로부터 나오는 다양한 축복들도 유보됩니다. 예컨대 물이 포도주로 변하는(요 2:9) 것과 같은 즉각적인 새 사람으로의 변화 체험도(고후 5:17), 영광스러운 복음의 가치와(고후 4:6) 하나님 나라를 보는 축복도 유보됩니다(요 3:3). 이처럼 기독교 신앙의 핵심인 중생이 간과된 신앙은 엄밀한 의미에서 기독교 신앙이라 할 수 없습니다. 물론 유보적 칭의론자들에게도 중생의 교리가 있습니다만, 그들의 중생은 우리처럼 즉각적이거나 초자연적인 하나님의 역사가 아닌 일종의 성화, 곧 행동의 변화입니다. 그리고 그들에겐 이 행동의 변화가 칭의의 조건입니다.

또한 유보적 칭의는 "양자 됨"의 유보를 가져옵니다. 이는 칭의와 중생의 관계에서처럼 칭의와 양자도 연속선상에 있고[2](소요리문답 제36문), 양자 됨이 칭의에 의존돼 있기 때문입니다.

> 하나님은 세상 창조 전에 그리스도 안에서 우리를 택하시고 사랑해 주셔서, 하나님 앞에서 거룩하고 흠이 없는(칭의) 사람이 되게 하셨습니다. 하나님은 당신의 기뻐하시는 뜻을 따라 예수 그리스도를 통하여 우리를 하나님의 자녀로 삼으시기로(양자) 예정하셨습니다(엡 1:4-5).

---

2 칭의, 중생, 양자는 구원서정(order Salvation)의 순서일뿐, 사실은 모두 동시적으로 일어납니다.

이렇게 칭의의 유보로 양자됨이 유보되면, 종말의 칭의 판결 때까지 하나님과 그들은 창조주와 피조물의 관계로 머뭅니다. 그리고 부자관계로부터 말미암은 다양한 축복들, 예컨대 사랑과 돌봄(마 6:26), 징계(히 12:6), 기도 응답(마 7:11) 등 아들로서 갖는 모든 특권이 유보됩니다.

그리고 "양자 됨"이 "칭의"에 의존되어 있다는 말은, "양자 됨"이 "율법"과 연관돼 있다는 말입니다. 곧 율법의 정죄에서 벗어나게 하는 칭의를 입어 양자가 된다는 뜻입니다. "양자 됨"에 대한 대표적인 성경 구절이 "영접하는 자 곧 그 이름을 믿는 자들에게는 하나님의 자녀가 되는 권세를 주셨으니"(요 1:12)입니다. 여기서 "믿음"이 "양자 됨"의 조건으로 제시되었으며, 이 믿음은 칭의, 율법과의 상관관계 속에 놓여있습니다. 즉, "믿음"이 그를 의롭게 하므로, 그를 "율법에서 속량"시켜 "하나님 아들"이 되게 한다는 뜻입니다. 율법이라는 말이 직접 언급돼 있진 않지만, 믿음이라는 말 자체가 율법과의 상관성을 함의합니다.

> 너희가 다 믿음으로 말미암아 그리스도 예수 안에서 하나님의 아들이 되었으니(갈 3:26).

이 말씀 역시, 율법의 마침이신 그리스도(롬 10:4)를 믿으니 그리스도의 의(義)가 그에게 전가되므로, 그를 율법에서 해방시켜 하나님 아들이 되게 한다는 뜻입니다.

역추적하여 그리스도를 믿지 않으면 하나님의 아들이 못되는 이유 역시 동일합니다. 믿음을 통해 율법의 마침이신 그리스도로부터 하나님의 의(義)를 전가 받지 못하므로, 율법의 종이 되어 있기 때문입니다. "율법"과 "양자 됨"의 관계를 명료하게 표현한 구절이, "때가 차매 하나님이 그 아들을 보내사 여자에게서 나게 하시고 율법 아래 나게 하신 것은 율법 아래 있는 자들을 속량하시고 우리로 아들의 명분을 얻게 하심이라"(갈 4:4)입니다.

시내 산(율법)으로 상징된 종의 여자 하갈에게서 난 이스마엘과, 예루살렘(약속)으로 상징된 자유하는 여자 사라에게서 난 이삭을 비교한 성경 구절 역시 율법과 아들 됨의 관계를 잘 설명합니다(갈 4:22-26).[3] 자유하는 여자(약속)에게서 난 이삭은 믿음으로 율법에서 해방된 "아들"을 상징합니다. 이를 유보적 칭의론과 결부지어 생각한다면, 칭의가 유보됐다 함은 그에게서 아직 율법의 요구가 이뤄지지 않았다는 뜻입니다. 그 결과 그는 여전히 율법의 종이 돼 있어 아들이 못됐다는 뜻이기도 합니다.

그리고 율법의 종된 자는 당연히 하나님을 아버지라 부를 담력을 갖지 못합니다. 바리새인 서기관들이 그리스도가 하나님을 아버지라 부르는 것에 경악했던 이유도(요 5:18),[4] 로마 가톨릭교도들이 하나님 아버지 호칭보다는 성모 마리아 호칭을 더 친근해 하는 이유도 같은 이치입니다.

또한 오늘날 일부 기독교인들이 칭의의 확신 부재와 구원에서 탈락될 수 있다는 두려움으로 담대히 하나님을 아버지라 못 부르는 것도 같은 이치입니다.

성화에 따라 "칭의"도 가변적이 되고, 칭의의 가변성에 의해 "아들 됨"의 지위도 가변적이 된다는 유보적 칭의론자들의 주장[5] 역시 동의할 수 없습

---

[3] 기록된바 아브라함이 두 아들이 있으니 하나는 계집 종에게서, 하나는 자유하는 여자에게서 났다 하였으나 계집 종에게서는 육체를 따라 났고 자유하는 여자에게서는 약속으로 말미암았느니라 이것은 비유니 이 여자들은 두 언약이라 하나는 시내 산으로부터 종을 낳은 자니 곧 하가라 이 하가는 아라비아에 있는 시내 산으로 지금 있는 예루살렘과 같은 데니 저가 그 자녀들로 더불어 종노릇하고 오직 위에 있는 예루살렘은 자유자니 곧 우리 어머니라 (갈 4:22-26).

[4] 유대인들이 이를 인하여 더욱 예수를 죽이고자 하니 이는 안식일만 범할뿐 아니라 하나님을 자기의 친 아버지라 하여 자기를 하나님과 동등으로 삼으심이러라(요 5:18).

[5] 앞의 제5부 4장에서 김세윤 교수는 하나님에 대한 우리의 신실함의 정도에 따라 하나님도 우리에게 아버지 노릇을 해 줄 수도 있고 안해 줄 수도 있다고 말하므로 하나님의 아버지 됨도

니다. 이는 부자(父子)관계는 어떤 것에 의해 영향을 받거나 변동될 수 없기 때문입니다. 물론 파양(罷養)이나 호적 정리로 외형상 부자관계가 청산될 수 있을지 모르나, 핏줄로 맺어진 내적 관계는 무효화되지 않기 때문입니다. 한때, 그리스도의 피로 의롭다 함을 받아 하나님의 아들이었던 자가, 어느날 갑자기 자격 기준에 미달된다고 "칭의"와 "아들 됨"의 지위를 박탈당하는 것은 있을 수 없습니다.

이에 대한 적나라한 예가 탕자의 비유입니다(눅 15:11-32). 아버지의 집이 싫다고 자기 몫의 유산을 상속받아 나가버린 둘째 아들의 귀환을 학수고대하는 아버지의 모습에서, 그리고 유산을 다 탕진한 후 거지로 귀환한 아들을 버선 발로 뛰어나가 얼싸안는 아버지의 모습에서, 그리스도의 피로 의롭다 함을 받아 한 번 하나님의 아들 된 그리스도인은 어떤 경우에도 아들 됨의 지위를 박탈당하지 않는다는 것을 확증 받습니다.

하나님을 향해 '주여 주여' 하는 "종교인"은 버림당할 수 있지만(마 7:23)[6] 그리스도의 피로 거듭나 하나님을 아버지로 부르는 "아들"은, 혹 잘못해 하나님으로부터 죽도록 매를 맞을지언정(히 12:6)[7] 버림받지는 않습니다(사 49:15).[8]

그리고 칭의받아 하나님 아들의 지위를 얻은 사람은, 그 즉시 하나님이 그의 아버지가 되고 하나님을 아버지라 부를 특권을 갖습니다. 이 특권은 결코 뒤로 미뤄지거나 취소되지 않습니다. 성경은 믿는 자는 이미 "그리스

가변적이라고 했습니다.

[6] 그때에 내가 저희에게 밝히 말하되 내가 너희를 도무지 알지 못하니 불법을 행하는 자들아 내게서 떠나가라 하리라(마 7:23).

[7] 주께서 그 사랑하시는 자를 징계하시고 그의 받으시는 아들마다 채찍질하심이라 하였으니(히 12:6).

[8] 여인이 어찌 그 젖먹는 자식을 잊겠으며 자기 태에서 난 아들을 긍휼히 여기지 않겠느냐 그들은 혹시 잊을찌라도 나는 너를 잊지 아니할 것이라(사 49:15).

도 예수 안에서 하나님의 아들이 되었다"(갈 3:26)고 했고, 예수님이 제자들에게 기도를 가르치시면서, "하나님을 향해 지금 바로, 하늘에 계신 우리 아버지여"라고 부르라 했습니다(마 6:3).

마지막으로 칭의가 유보되면 성령의 내재도 유보된다는 점을 말하고자 합니다. 성경은 믿음으로 의롭다 함을 받은 자에게 성령을 약속하셨습니다.

> 이는 그리스도 예수 안에서 아브라함의 복이 이방인에게 미치게 하고 또 우리로 하여금 믿음으로 말미암아 성령의 약속을 받게 하려 함이라(갈 3:14).

성령은 거룩한 영이시기에 믿음으로 의롭다 함을 받은 자에게 즉시 내재하십니다. 거룩하게 하는 칭의는 성령이 내재하는 기반입니다.

성령을 "아들의 영"(갈 4:6)이라 한 것도, 성령이 율법에서 해방되어 하나님의 아들 된 자들 안에 내재하기 때문입니다. 이 점에서 성령의 내재는 "칭의"와 "양자 됨"의 2중 언약 속에 있습니다. 성령은 "칭의"로 거룩케 되고, 율법에서 해방 된 하나님의 "자녀들" 안에 내재하십니다. 따라서 율법 아래 있어 칭의가 유보된 자들에겐, 거룩한 "아들의 영" 성령의 내재가 유보됩니다. 성경이 율법의 행위를 의지하는 자들을 향해 성령을 받지 못한 자들이라 하고(갈 3:2)[9] 율법과 성령을 대척관계로 놓은 것은(갈 5:18),[10] 율법 아래 있는 자들에게는 "아들의 영" 성령이 내주할 수 없기 때문입니다.

그리고 믿음으로 의롭게 되어 하나님의 아들 된 자들은, 자신의 거듭난 영과 성령의 증거로 말미암아 자신이 하나님 자녀인 것을 알게 되고(롬

---

[9] 내가 너희에게 다만 이것을 알려 하노니 너희가 성령을 받은 것은 율법의 행위로냐 듣고 믿음으로냐(갈 3:2).

[10] 너희가 만일 성령의 인도하시는 바가 되면 율법 아래 있지 아니하리라(갈 5:18).

8:16), 그에게 부어진 양자의 영으로 더불어 하나님을 담대히 아바 아버지라 부릅니다.

> 너희가 아들인고로 하나님이 그 아들의 영을 우리 마음 가운데 보내사 아바 아버지라 부르게 하셨느니라(갈 4:6).

성령의 내재는 인간에게 있어 구원에 버금가는 지복(至福)입니다. 순서상 성령의 내재가 구원 다음에 위치하지만 그 무게는 동등합니다. 오직 구원받은 자에게만 성령이 내재하기 때문입니다. 따라서 구원받았다는 말과 성령이 내재한다는 말은 사실 같은 말입니다. 그리고 예수 그리스도의 이름이 성령의 내재를 뜻하는 "임마누엘"(마 1:23)이라는 사실에서, 성령이 내재하는 사람은 곧 예수 그리스도를 가진 자입니다.

견실한 복음주의자 토저(A. W. Tozer, 1897-1963)는 그의 저서, 『성령론』에서 칭의를 비롯해 기독교의 모든 핵심적 교리는 성령의 내재를 위한 기초에 불과하다고 말한 것은 조금도 지나치지 않습니다.

> 기독교의 본질은 하나님이 사람들 안에 거하시는 것이다... 기독교의 다른 모든 것들은 하나님이 우리 안에 거하시기 위한 예비 단계에 불과하다. 성육신, 속죄, 칭의, 중생, 이런 것들은 하나님이 구속받은 사람들 안으로 들어와 거하시기 위한 예비 단계이다. 범죄하여 하나님의 마음 밖으로 나갔던 인간이 구속을 통해 다시 하나님의 마음 안으로 들어오는 것이다. 죄 때문에 인간의 마음 밖으로 나가셨던 하나님께서 이제 다시 자신의 본래의 처소로 들어오셔서 원수들을 내쫓고 자신의 처소

를 다시 영광스럽게 만드시는 것이다.[11]

이런 점에서 유보적 칭의로 성령의 내재를 유보당한 사람들은 사실 그리스도인의 지복을 놓친 사람들입니다. 아니 정확하게 말하면, 유보적 칭의로 성령의 내재를 유보당한 사람은 그리스도인이 아닙니다. 그들이 성령을 들먹이며 때때로 성령의 신앙을 말하기도 하지만, 그들에게 있어 성령의 역할이란 기껏 착하게 살도록 율법적 행위를 부추기는 것입니다. 그들은 "성령을 좇아 행하라 그리하면 육체의 욕심을 이루지 아니하리라"(갈 5:16)는 엄청난 말씀을, 한낱 "착하게 살자"는 바른생활 지침으로 삼았습니다.

---

[11] Aiden Wilson Tozer, *How to be filled with the holy spirit*, 『이것이 성령님이다』, 이용복 역 (서울: 규장문화사, 2005), p. 49.

제3장

상급, 기도, 기쁨, 평안이 유보된 자들

완결된 칭의를 갖지 못해 율법의 요구 아래 있는 유보적 칭의론자들에게는 상급도 유보됩니다. 그들의 모든 선행은 칭의를 완성하기에도 부족해 잉여선(surplus goodness)이 없기 때문입니다. 그들이 상을 기대하는 것은 월급을 차압당한 신용불량자가 재산을 축적하려는 것과 같습니다. 셈이 정확하신 하나님은 그들을 향해 "호리라도 남김이 없이 다 갚기 전에는 결단코 거기서 나오지 못하리라"(마 5:26)고 하시며, 먼저 죄의 빚부터 갚으라고 호통치십니다.

성경의 또 한 비슷한 예가 온종일 농장에서 일하고 귀가한 후, 주인의 식사를 수종들면서도 사례(賞) 받지 못하는 어느 종(從)의 이야기입니다.

> 너희 중에 누게 밭을 갈거나 양을 치거나 하는 종이 있어 밭에서 돌아오면 저더러 곧 와 앉아서 먹으라 할 자가 있느냐 도리어 저더러 내 먹을 것을 예비하고 띠를 띠고 나의 먹고 마시는 동안에 수종들고 너는 그 후에 먹고 마시라 하지 않겠느냐 명한대로 하였다고 종에게 사례하겠느냐(눅 17:7-9).

이는 근본, 값없이 구원받은 성도가 은혜에 감읍하여 죽도록 충성하게 된다는 의미이지만, 불완전한 칭의에 머물러 있는 로마 가톨릭교도들(유보적 칭의론자들)이 끝없는 율법적 요구에 직면해 있음을 풍자하는듯 합니다. 그런데 가톨릭교도들에게서 이 끝없는 율법적 채무를 벗겨주고 상급까지 받을 수 있는 셈법을 만들어 준 이가 있는데, 그가 토마스 아퀴나스(Thomas Aquinas, 1224-1274)입니다. 곧 그리스도의 의와 인간의 공덕이 합하여(초자연주의와 일반 은혜가 손을 맞잡아) 칭의를 완성시킨다는 신인협력주의(synergism)입니다.

물론 드물기는 하지만 혹자는 탁월한 공덕으로 칭의는 물론 잉여의(剩餘義)까지 산출해 내기도 하지만, 혹자는 공덕이 변변찮아 겨우 커트라인만 넘기는 사람도 있습니다. 그런가 하면 어떤 이는 아예 공덕이 모자라 마리아나 성자들의 잉여의를 분여(distribution) 받거나 연옥의 담금질을 통해 칭의를 완성합니다. 인간의 공덕으로 칭의를 완성한다는 이들의 의인(義人) 개념은 당연히 우리의 의인 개념과 다릅니다.

그들에게 있어 성경의 욥, 다니엘 같은 의인들은 우리가 이해하듯이 성화를 크게 이룬 사람이 아니라, 고급진 칭의를 이룬 사람들입니다. 즉 자신들의 탁월한 공덕으로 극상품의 칭의를 이뤄 낸 사람들입니다. 그들에게는 칭의라고 다 같은 칭의가 아니고, 평범한 범인(凡人)의 칭의가 있고 고급진 의인의 칭의로 구별지어집니다. 그리스도를 위해 희생과 순교를 드린 소위 복자(the Blessed), 성인(Saint)들이 이룬 칭의는 고급진 칭의입니다.

이런 의인들에게는 잉여의(剩餘義)가 있어, 칭의에 이르지 못하는 이들에게 의를 분여해 줄 수 있습니다. 그러나 이런 토마스 아퀴나스(Thomas Aquinas, 1224- 1274)의 칭의교리는 - 초자연적인 은혜와 일반 은혜가 손잡은 신인협력설(synergism), 칭의의 차등과 천국과 연옥을 구분짓는 계급주의(Hierarchism) 는 - 성경에서 나지 아니한 요설(妖說)이기에 지지를 받을 수 없습니다.

반면에 이신칭의론자들은 그들의 선행이 아무리 대단해도, 예컨대 그리스도를 위해 순교를 하고 이웃을 위해 자기 목숨을 불사른다 해도, 그것들이 털끝만큼도 칭의에 소용되지 못한다고 믿습니다. 그들은 칭의는 오직 믿음에만 의존시키고, 선행은 성화 영역으로 돌립니다. 그들은 유보적 칭의론자들처럼 칭의와 성화를 섞어찌개로 만들지 않고 둘 사이의 경계를 뚜렷이 구분 짓습니다.

> 신자의 행위는 그것이 아무리 훌륭한 것이더라도 불완전할 수밖에 없기에 그것이 죄를 사하거나, 칭의를 얻는 공로가 될 수 없지만, 그 불완전한 행위는 주 예수 그리스도가 말씀하신 대로 나중에 하늘나라에서 상급을 받게 되는 근거가 된다. 심지어, 예수님의 이름으로 냉수 한 컵을 제공한 것조차도 영원한 상급을 받게 될 것이다… 행위는 믿음의 진실성을 입증하는 일에 있어서는 필요하지만, 하늘나라에 들어가는 일과는 별개의 일이다 …. 칭의 이후의 행위도 역시 인간의 행위이기 때문에 죄성을 벗어날 수 없는데, 그렇다면 상급을 받지 못하게 되는 것 아닌가라고 항의할 수도 있겠지만, 죄책이 온전히 제거되었다는 사실을 잊어서는 안 된다.[1]

이신칭의로 율법의 빚이 다 청산됐다고 믿는 이신칭의자들은, 그들이 행하는 모든 선행이 상급으로 돌아온다고 믿습니다. 그들은 이신칭의가 자신들의 소소한 작은 선행을 가치롭게 만들어 주었다고 믿으며, 그들에게 오는 선행의 기회를 흘려보내려고 하지 않습니다. 또한 그들은 선을 행하

---

[1] John MacArthur, 『솔라 피데』, pp. 124-125.

면서도 선을 선되게 하는 칭의에 더 주목하므로 교만에 빠지지 않습니다.

필립 얀시(Philip Yancey)가 이신칭의가 신자의 상급의 기초라고 말한 것은 같은 시사점을 담고 있습니다.

> 신자의 칭의가 단순한 죄 사함이나 죄에 합당한 형벌로부터의 사면을 의미할 뿐 아니라 의에 대한 상급인 내세의 영광을 얻게 되는 자격도 부여한다.[2]

이렇게 오직 믿음으로만 의롭다 함을 받는다고 믿는 이신칭의자들에게는 의에 있어 저급, 고급의 차등 없이 다 동일합니다. 이는 성경의 명백한 가르침이기도 합니다.

> 이제는 율법 외에 하나님의 한 의가 나타났으니 율법과 선지자들에게 증거를 받은 것이라 곧 예수 그리스도를 믿음으로 말미암아 모든 믿는 자에게 미치는 하나님의 의니 차별이 없느니라(롬 3:21-22).

믿음으로 의롭다 함을 받는 것은 곧, 은혜로 의롭다 함을 받은 것이기에 의(義)에 차등이 있을 수 없습니다.

> 그리스도 예수 안에 있는 구속으로 말미암아 하나님의 은혜로 값없이 의롭다 하심을 얻은 자 되었느니라(롬 3:24).

---

2 Philip Yancey, *What's So Amazing About Grace?*, 『놀라운 하나님의 은혜』, 윤종석 역 (서울: 한국기독학생회출판부, 2000), p. 42.

평생 율법의 흠이 없었던 바울 같은 율법주의자도, 광야에서 오직 기도에만 몰입하여 절제된 삶을 살았던 금욕주의자 세례 요한도, 또한 평생 악행만 하던 십자가의 강도도 모두 똑같이 예수 믿어 의롭다 함을 받았습니다.

그리고 칭의가 유보되면 기도 응답도 유보된다는 것을 말하고자 합니다. 성경은 기도 응답의 전제를 "칭의"와 "하나님 아들 됨"에 둡니다. 실제로 성경은 곳곳에서 의로운 자와 하나님의 자녀들의 기도를 들어 주신다고 약속합니다.

> 하나님이 죄인을 듣지 아니하시고(요 9:31).
> 주의 눈은 의인을 향하시고 그의 귀는 저의 간구에 기울이시되
> (벧전 3:12).
> 너희가 악한 자라도 좋은 것으로 자식에게 줄줄 알거든 하물며 하늘에 계신 너희 아버지께서 구하는 자에게 좋은 것으로 주시지 않겠느냐
> (마 7:11).

웨인 스피어(Wayne R. Spear)는 칭의의 원천인 그리스도의 구속이 하나님과의 막힌 담을 헐므로 우리에게 기도의 특권을 안겨주었다고 했습니다.

> 그리스도의 고난과 죽음에 의해 그는 죄의 장벽을 제거 하셨으며, 그리하여 그를 믿는 자들은 하나님과 화해하게 된다. 기도는 하나님과 구속 받은 자들 사이에 있는 새로운 관계의 특권들 중의 하나이다. 기도는 그리스도의 완전한 구속에 의존할 뿐 아니라 또한 그의 계속적인 제사

장 직임에 의존하고 있다.³

"칭의받는 자"와 "아들 됨"의 지위가 기도의 유효성을 담보합니다. 의롭다 함을 받아 율법의 종에서 해방된 아들 만이 기도할 자격과 기도 응답의 특권을 갖기 때문입니다(갈 4:5). 칼빈(John Calvin)이 기도를 말하면서 "이신칭의"와 "양자의 영"을 함께 묶은 것도 같은 맥락입니다.

> 기도 문제도 역시 이신득의 교리와 연결된다… 사람은 자기 스스로 자기의 구원을 얻을 방법이 전혀 없기 때문에 필연적으로 다른 어떤 방면에서 도움을 받지 않으면 안 된다. 그러나 지금은 그의 득의(得義)를 통해서 하나님이 자비로우시다는 것을 알았으므로 자기를 위하여 하나님 안에 예비되어 있는 줄로 확신하는 모든 축복을 기도로써 간구할 용기를 얻은 것이다. 이것이 바로 '양자의 영'이라는 말의 의미이다. 이 양자의 영은 우리 마음에 복음의 증거를 인치신 하나님께 우리의 소원을 아뢸 용기를 주고 하나님을 아바 아버지라 부를 수 있게 하는 것이다.⁴

따라서 칭의가 유보되면 기도의 응답도 당연히 유보됩니다. 물론 유보적 칭의론자들에게도 기도가 있기는 합니다. 그러나 그들의 기도 기능이란 기껏 계몽주의자들의 기도 개념인 암시와 자기 강화의 개념, 혹은 이슬람(Islam)의 "신의 뜻대로 되어지이다"는 숙명론적인 '수용'(受容) 개념만 있을 뿐, 응답을 구하는 적극적인 간구 개념은 없습니다.

또한 칭의가 유보되면 기쁨도 유보됩니다. 성도의 지고의 기쁨은 칭의

---

3 Wayne R. Spear, *Theology of Prayer : A Systematic Study of The Biblical Teaching on Prayer*, 『기도의 신학』. 오창윤 역 (서울: CLC, 1986), p. 72.
4 A. Dakin, *Calvinism*, 『칼빈주의』, 이병섭 역 (서울 : 대한기독교서회, 1956), pp. 107-108.

에서 나오기 때문입니다. 성경 중 기쁨의 최절정을 묘사한 구절을 들라하면 누구나 시편 126:1-3을 드는데, 이는 의롭다 함을 받은 자의 감격과 희열을 담고 있습니다.

> 여호와께서 시온의 포로를 돌리실 때에 우리가 꿈꾸는 것 같았도다 그 때에 우리 입에는 웃음이 가득하고 우리 혀에는 찬양이 찼었도다 열방 중에서 말하기를 여호와께서 저희를 위하여 대사를 행하셨다 하였도다 여호와께서 우리를 위하여 대사를 행하셨으니 우리는 기쁘도다 (시 126:1-3).

여기서 "시온의 포로를 돌리실 때"는, 칭의로 율법과 죄의 포로에서 놓여나는 것을 의미합니다. 이 칭의의 기쁨이 그들을 꿈꾸는 것같이 황홀하게 만들고, 입과 혀에 웃음과 찬양이 가득하게 합니다. 다윗과 이사야 역시 기쁨의 원천을 "의와 구원"이라고 노래합니다.

> 그러므로 너희가 기쁨으로 구원의 우물들에서 물을 길으리로다 (사 12:3).
> 내가 여호와로 인하여 크게 기뻐하며 내 영혼이 나의 하나님으로 인하여 즐거워하리니 이는 그가 구원의 옷으로 내게 입히시며 의의 겉옷으로 내게 더하심이…(사 61:10).

사도 베드로가 언급한 "말할 수 없는 영광스러운 즐거움"(벧전 1:8-9) 역시 구원으로부터 말미암습니다.

근엄하고 건조해 보이는 개혁주의 신학이 칭의를 기쁨의 원천으로 지목하며, 기쁨을 강조하고 있는 것 역시 주목할 만합니다. 다음의 인용 문서들은 개혁주의 신학을 교조적이고 웃음기 없는 냉랭한 신학이라고 매도해온 것이 잘못임을 말해줍니다.

웨스트민스터 소요리문답(The Westminster Shorter Catechism)은 "금생에서 의롭다 함을 받은 자들에게 속하는 유익"을 "성령 안에서 기뻐함"이라고 했고, 뷰캐넌 역시 믿음의 기쁨을 칭의가 주는 특권으로 설명합니다.

> 그리스도를 통한 하나님의 은혜의 무조건적 선물로서, 그리고 모든 신자들의 현재적인 특권으로서, 즉시 '믿음의 기쁨과 평강'을 소유하게 되는 칭의의 특권을 받게 된다.[5]

어거스틴의 스승 암브로스(Ambrose, 337-397)가 기쁨의 원천을 행위가 아닌, 칭의의 원천으로서의 그리스도의 구속에 두고 있음도 같은 맥락입니다.

> 나는 내가 의롭기 때문에 기뻐하는 것이 아니라 내가 구속되었기 때문에 기뻐할 것이다. 나는 죄가 없기 때문에 기뻐하는 것이 아니라 내 죄가 용서되었기 때문에 기뻐할 것이다. 나는 내가 쓸모 있기 때문에 혹은 어떤 사람이 내게 쓸모 있기 때문에 기뻐하는 것이 아니라, 그리스도께서 하나님께 대해 나의 변호자가 되시며, 그의 피가 나를 위하여 흘려졌기 때문에 기뻐할 것이다.[6]

---

5 James Buchanan, 『칭의 교리의 진수』, p. 416.

6 Ambrose, *De Iacob et vita beata, The Restored Relationship*, p. 99; Donald G. Bloesch, *Essentials of Evangelical Theology: God, Authority, and Salvation*, 『복음주의 신학의 정수』, 이형기 이수영 역 (서울 : 한국장로교출판사, 1993), p. 275에서 재인용.

반면에 칭의가 미완결의 상태로 유보돼, 자신이 칭의를 받을지에 대한 확신이 없는 유보적 칭의론자들이 구원의 기쁨을 만끽할 수 없음은 당연합니다. 물론 그들도 칭의를 말하지만, 그들이 받은 칭의는 그들의 실수로 언제든지 취소될 수 있는 임시 사면장(赦免狀)과 같고, 재범으로 바로 철창형에 처해지는 집행유예와 같습니다. 대법원의 무죄확정 판결을 받은 것과 같은 이신칭의론자들의 감격과 희열 같은 것은 그들에게는 언감생심입니다.

마지막으로 칭의가 유보되면 평안이 유보됨을 말하고자 합니다. 현대인들이 절체절명으로 구하는 것이 평안이 아닌가 합니다. 기독교인으로 자처하는 사람들까지도 평안을 주는 곳이라면 수도원, 절, 요가원 같은 곳도 마다하지 않고 찾아가서 관상, 참선, 마인드 콘트롤(Mind-Control) 같은 것을 하는 것을 보면 이를 더욱 실감합니다. 그리고 거기서 오는 일시적인 짝퉁 평안을 경험하고선 참 평안을 발견했다고 호들갑을 떨며, 혹자는 그것에 매료되어 교회를 떠나기도 합니다.

이는 교회를 다니기는 했어도, 하나님이 주시는 참된 평안을 경험하지 못한데서 오는 불행입니다. 성경이 말하는 평안은 사람의 마음에서 만들어지거나 별개의 독립품목처럼 어디서 획득할 수 있는 것이 아니고, 칭의로 말미암은 하나님과의 화목에서 오는 성령의 평안입니다. 평안 없음이 죄로 말미암은 하나님과의 불화 때문에 왔기에, 평안의 누림도 의롭다 함을 받아 하나님과 화목하는데서 옵니다.

예수님이 십자가 죽음으로 구속을 완수하시고 부활하여, 제자들에게 하신 첫 인사가 "평안하뇨"(마 28:9)였음은 구속을 입어 하나님과 화목해진 자에게 오는 첫 번째 은혜가 평안임을 시사합니다. 하나님과 화목하여 성령의 평안을 경험한 사람은 절대 거짓 평안에 미혹되지 않습니다.

> 그러므로 우리가 믿음으로 의롭다 하심을 얻었은즉 우리 주 예수 그리스도로 말미암아 하나님으로 더불어 화평을 누리자(롬 5:1).

칼빈(John Calvin)은 "믿음에 의한 칭의는 하나님과의 화목(평안)을 의미하며 이는 죄 사함으로 이루어진다"라고 했습니다. 박윤선 박사는 "성령 안에서 의와 평강과 희락"(롬 14:17)을 해석하면서, "'성령 안에서 의'란, 성령님의 구원 실시로 말미암아 오는 신앙으로 얻어지는 칭의(稱義) 및 성화(聖化)를 말하고, '평강과 희락'은 신자가 칭의된 결과로 누리는 것이다"라고 했습니다.

모톤(Timothy S. Morton)은 『구원은 죄 사함 이상이다』(*More Than Forgiven!*)에서 현재적 칭의로 얻는 성도의 평안에 대해 이렇게 기술합니다.

> 칭의를 받은 자, 즉 의롭게 된 자는 하나님과 화평을 누리게 된다. 죄인을 저주하던 율법은 예수 그리스도 안에서 만족을 얻었다. 그러므로 이제 율법을 만드신 하나님과 믿는 자 사이에는 어떠한 적대감도 존재하지 않는다. 예수 그리스도를 믿는 자는 하나님의 진노를 결코 받지 않는다는 사실에 안전하게 쉴 수 있다. 왜냐하면 하나님께서는 인간의 죄에 대한 자신의 진노를 예수 그리스도께 모두 쏟아 부으셨기 때문이다 (롬 5:1-10; 골 1:20; 살전 1:10; 5:9).[7]

이렇게 평안이 칭의에서 나온다고 볼 때, 칭의가 유보되어 하나님의 외면을 받은 자는 평안이 유보되고 두려움이 그를 지배할 뿐입니다. 그러나

---

[7] Timothy S. Morton, *More than forgiven! : a study of the eight major doctrines which define New Testament salvationMore Than Forgiven!*, 『구원은 죄 사함 이상이다』, 이우진 역 (서울: 진리의 성경, 2007), p. 24.

유보적 칭의론자들은 그들의 칭의 유보(reservation of justification)로 인한 두려움을 하나님 경외의 표지라고 그럴싸하게 포장합니다. 그들의 두려움은 사실 하나님의 사랑 안에서 온전히 이루지 못한, 심판을 초래하는 두려움일 뿐입니다.

> 사랑 안에 두려움이 없고 온전한 사랑이 두려움을 내어 쫓나니 두려움에는 형벌이 있음이라 두려워하는 자는 사랑 안에서 온전히 이루지 못하였느니라(요일 4:18).

성경이 말하는 거룩한 두려움은, 미래를 담보 받지 못한 구원의 불확실성에서 오는 두려움이 아닌, 의롭다 함을 받은 자로 하여금 방종하지 않게 하는 일종의 근신으로, 하나님의 사랑에 뿌리박고 있습니다.

> 하나님이 우리에게 주신 것은 두려워하는 마음이(the spirit of fear) 아니요 오직 능력과 사랑과 근신하는 마음(a sound mind)이니(딤후 1:7).

성경은 엄연히 '근신'과 '두려움'을 구분 짓습니다. 근신은 하나님으로부터 나오고 두려움은 마귀로부터 옵니다.

제4장

세월호와 유보적 칭의론

    나이를 먹어가고 목회의 연륜이 쌓여갈수록, 너 나를 불문하고 인간이 얼마나 유약하며 모순덩어리인가를 실감합니다. 그리고 이렇게 인간 실상을 알아갈수록 지난 날 믿음이 약한 교인들의 처지를 헤아리지 못하고 책망으로만 일관했던 것에 대해 사려 깊지 못했음을 인정합니다. 그들은 분명 중생의 체험도 있고 은혜에 보답하려는 결의도 있었지만 몸에 배인 구습, 심리적인 유약성, 좌절스러운 환경에 대한 미숙한 대처 등으로 넘어지고 좌절했던 경우들이 많았기 때문입니다.

    근래에 한국 교회에, 유보적 칭의론 같은 신율주의의 채찍으로 성도들을 닦달하는 사람들을 보면, 성도들을 막다른 골목으로 몰아넣는 것 같아 측은지심이 듭니다. 교회 안에는 선한 열매를 맺는 성숙한 성도들도 있지만, 고린도교회 교인들처럼 육에 속한 어린 성도들도 많습니다. 구원은 받았음에도 미성숙하여 하나님께 영광 돌리지도 못하고, 사람들에게 선한 영향력도 끼치지 못한 채 패배와 무력감에 젖어 삽니다.

    '주마가편'(走馬加鞭)이라는 사자성어처럼, 채찍은 잘 달리는 말에게 필요한 것이지, 무력감과 한계 상황에 처한 이들에게는 해당되지 않습니다.

이들에게 채찍을 가하면 아예 멈춰버리거나 날뛰게 할 뿐입니다. 예수님은 사람들을 가르치실 때 각 사람의 수준에 맞는 맞춤식 도제 교육을 하셨습니다. 스스로를 의롭다고 자처한 바리새인들에게는 "회칠한 무덤, 독사의 자식들아"라고 독설했지만, 율법의 정죄를 받아 죄의식으로 주눅 든 세리, 죄인, 창기들에게는 더 없이 관대했습니다. 이미 충분히 율법의 가책을 받은 그들에게는 더 이상 정죄할 필요가 없었기 때문입니다.

오늘 우리에게도 인간에 대한 폭넓은 이해가 요청됩니다. 분명히 믿음도 있고 구원의 확신도 있지만, 여러 유약함들로 인해 미중생자처럼 보이는 이들이 있습니다. 인격적 미성숙자, 심신미약자들이 그들입니다. 이들은 감정 제어가 잘 안 되고 의지가 박약하여 교회 안팎에서 돌발적이고 미성숙한 행동을 보이므로, 곧잘 가라지나 쭉정이로 치부 되곤 합니다.

반면에 도덕적이고 모범적이지만 거듭나지 못한 사람들도 있을 수 있습니다. 예수님 당시의 바리새인 서기관들이 그들입니다. 그들은 도덕적으로 너무도 완벽해서 훌륭한 랍비로 존중받았지만, 주님 보시기에는 천국입성에 2% 부족한 사람들이었습니다. 오늘도 교회 안의 모범적인 사람들 중에 그런 사람들이 있을 수 있습니다.

이처럼 사람은 드러나는 겉모습만으로는 판단될 수 없는 복잡한 존재임에도 불구하고, 사람들은 천편일률적인 잣대로 사람들을 규정하여 그 잣대에 따라 싸그리 '정죄'(定罪)해 버리거나 '의인'(義認)해 버립니다.

또한 교회의 문제들을 분석하고 해결책을 모색할 때도, 지나치게 단순논리로 접근하여 왜곡된 해법을 내어놓기가 일쑤입니다. 예컨대 기독교인들의 행함이 부족한 이유를 믿음을 강조한 이신칭의 설교자 탓으로 돌린다든지 하는 것입니다. 그리고 그 대안이랍시고 내어놓는 것이 "유보적 칭의론" 같은 신율주의(theonomy)입니다. 그러한 그들에게서 백면서생(白面書生)의 한계를 봅니다.

더구나 오늘 한국 사회는 '헬조선'(Hell朝鮮)이라는 유행어가 돌 정도로 높은 경쟁 지수, 취업난, 결혼난, 교통난 등으로 인한 스트레스 지수가 하늘을 찌릅니다. 이런 한국 사회에서 제정신으로 산다는 것이 도무지 불가능해 보일 정도입니다. 설사 거듭난 그리스도인이라도 예외가 아닌듯 싶습니다. 따라서 오늘날 정작 사람들에게 필요한 것은 신율주의의 채찍이 아니라, 하나님의 사랑과 복음적 위로입니다. 그리고 그들에게서 열매를 얻어 내기 위해 필요한 것 역시, 그들로 하여금 그리스도의 은혜를 깨우치도록 하는 것입니다.

> 이 복음이 이미 너희에게 이르매 너희가 듣고 참으로 하나님의 은혜를 깨달은 날부터 너희 중에서와 같이 또한 온 천하에서도 열매를 맺어 자라는도다(골 1:6).
> 그리스도의 사랑이 우리를 강권하시는도다… 저가 모든 사람을 대신하여 죽으심은 산 자들로 하여금 다시는 저희 자신을 위하여 살지 않고 오직 저희를 대신하여 죽었다가 다시 사신 자를 위하여 살게 하려 함이니라(고후 5:14-15).

그리고 김세윤 교수를 비롯해 유보적 칭의론자들이 왜 유독, 한국 기독교인들만을 타깃으로 삼아 비난을 퍼붓는지에 대해 의문을 제기합니다. 유보적 칭의론자들이 한국 교회에 본격적으로 이신칭의 논쟁을 일으킨 계기가 세월호 사건과, 사고를 수습하는 과정에서 불거진 문제들 때문이었습니다. 그들이 보기에는 세월호 사건의 중심에, 구원파를 비롯해 값싼(?) 이신칭의를 가르친 한국 교회의 설교자들이 있었습니다.

이런 진단의 배후에 혹, 한국 기독교인들에 대한 비하의식 같은 것이 작동한 것은 아닌가라는 추측이 듭니다. 한때 유행했던 "똥도 미제가 좋다"는 속담처럼, "국산 기독교는 열등하고 미제 기독교는 우등하다"는 영적 사대주의 같은 것 말입니다.

그러나 아담의 원죄를 받아 난 전적 부패한 죄인에게 한국인, 미국인이 어디 있겠습니까?

시민의식, 도덕성 같은 것이야 종교나 교육으로 얼마든지 배양할 수 있으며, 그런 학습으로 익혀진 매너는 신앙의 본질도 아닙니다. 누구든지 배부르고 등 따시면, 있는 자의 여유로움으로 고양된 시민의식을 보일 수 있습니다. 그러나 먹느냐 먹히느냐 하는 치열한 생존경쟁 속에서는 다 원초적 본성이 드러나기 마련이고, 자신의 아킬레스건이 공격당하면 숨겨진 맨얼굴이 나옵니다. 열악한 한국 기독교인들이 처한 상황을 무시한 채, 역사와 전통을 자랑하는 미국제 기독교의 잣대로 한국 기독교를 평가할 순 없습니다.

정말 꼭 한국인 미국인을 구분 지으며, 교양과 도덕의 잣대로만 한국 기독교인의 열성(劣性)을 꼬집고자 한다면 해 줄 말이 있습니다. "다양한 종교 가치관이 혼재돼 있고, 스트레스 지수가 세계 최고인 한국은, 기독교 국가인 미국처럼 아직 총으로 한자리에서 70여 명을 사살하는 그런 일은 없소이다"라고 말입니다.

그리고 최근 세월호를 위시해 한국 사회에 벌어지는 일련의 사건들에 접근하는 그들의 방식에 대해서도 지적하고자 합니다. 이미 언급했듯이, 유보적 칭의론자들은 세월호 사건을 전체 한국 교회의 수준 탓으로 돌리지만, 세월호 사건은 한국 교회만의 문제가 아닌 한국 사회의 총체적 문제의 표출이었습니다.[1] 한국의 세월호 사건은 경제적으로는 선진국 입성을

---

[1] 한국은 기독교 국가가 아니기에 한국 사회의 문제를 기독교의 책임으로 돌리는 것은 무리가 있습니다.

했지만 여전히 개발도상국의 티를 벗어나지 못한 전체 한국인의 의식과 맞물려 있습니다.

예컨대 선박운항을 감독하는 해양수산부의 무능과 부패,[2] 위기에 대처하는 정부의 위기관리시스템의 부재, 사회와 개인의 책임의식, 사건 당시의 특수한 사회심리학적인 요인 등 다양한 원인들로 이루어진 복합적 결과물이었습니다.

전문가들에 의하면 모든 사고는, 삼위일체의 복합적 요인들로 생겨나지 결코 한두 가지 원인만으로는 생기지 않는다고 합니다. 그래서 그들은 무슨 문제가 불거져 원인 규명과 해결책을 모색할 때는, 각계의 다양한 전문가들로 구성된 통합솔루션시스템(total solution system)을 가동합니다.

그런데 전문 식견을 가진 신학자들이 세월호 문제를 접근하면서, 유독 '기독교인의 칭의' 문제에만 결부시키는 것을 보면서 그들의 학자적 소양까지 의심하게 됩니다. 그들이 정말 전문 식견을 가진 신학자라면, 기독교인의 자성을 촉구하는 동시에 정부를 향해서도 당연히 책임 추궁을 했어야 합니다.

마지막으로 "이신칭의" 교리를, "값싼 구원" 운운하며 폄하하는 데 대해서도 일침을 가하고자 합니다. 개혁주의 교회가 이신칭의를 고수하고 유보적 칭의론 같은 신율주의를 거부하는 것은, "믿기만 하면 된다"는 손쉬운 구원 공식에 홀릭(holic)돼서도 아니고, 혹은 성도들의 비위를 맞추어 교회 부흥을 도모하기 위함도 아닙니다. 그것들이 "대속의 공로의 위대성"과 "인간의 전적 무능" 교리를 손상시키기 때문입니다.

"대속의 공로의 위대성"을 손상시킬 수 있다는 말은, 그리스도의 피와

---

[2] 최근 세월호 인양 작업과 함께 밝혀진 내용에 의하면, 불법적인 선박 개조로 인해 세월호는 더 이상 사람을 싣는 객선이 아닌 화물선이었으며, 사고는 예약된 것이나 마찬가지였습니다.

성령 위에 세워진 의신칭의에, 낡아지는 옷 같은 인간의 의(義)를 덧대므로 그렇게 된다는 말입니다. 그리고 "전적 무능" 교리를 손상시킬 수 있다는 말은, 부패한 인간의 행위로 하나님의 신적 의(義)에 도달하려고 하므로서 그렇게 된다는 말입니다.

그리고 여기에 하나 덧붙인다면, 500년 전 종교개혁자 루터가 이신칭의 교리를 주창하게 된 역사적인 경험이 우리에게 갖다 준 교훈 때문입니다. 곧 루터가 하나님의 심판에 대한 두려움과 의롭게 되려는 율법적 노력을 기울이다가 절망하여 거의 정신병적인 상태에 이른 후, 성 어거스틴(St Augstine) 수도원 종탑에서 그리스도의 대속의 복음(시 22편)을 깨달은, 소위 "탑 경험"(Tower Experience, *Tunnerlebnis*) 입니다. 이 루터의 경험은 단지 루터 개인의 경험으로 그치지 않고, 오늘도 거듭난 모든 그리스도인들 속에서 여전히 공유되며 이신칭의의 정당성을 변호합니다.

참고 문헌

Althaus, Paul. *Ethik Martin Luthers*.『말틴 루터의 윤리』. 이희숙 역. 서울: 컨콜디아사, 1989.

Althaus, Paul. *Theology of Martin Luther*.『루터의 신학』. 이형기 역. 서울: 크리스챤다이제스트, 1994.

Armstrong, John H. *Coming evangelical crisis*.『다가오는 복음주의의 위기』. 김기찬 역. 서울: 생명의 말씀사, 1998.

Bloesch, Donald G. *Essentials of Evangelical Theology : God, Authority, & Salvation*.『복음주의신학의 정수』. 이형기 이수영 역. 서울 : 한국장로교출판사, 1993.

Berkhof, Louis., Van Til, Cornelius. *Foundation of Christian Education*.『개혁주의 교육학』. 이경섭 역. 서울: CLC, 1994.

Bonar, Horatius. *God's way of peace*.『복음의 진수로 나아가라』. 이태복 역. 서울: 지평서원, 2002.

_____. *The Everlasting Righteousn or How shall man be just with God?*『내게는 영원한 의가 있다』. 송용자 역. 서울: 지평서원, 2003.

Buchanan, James. *The Doctrine of Justification*.『칭의 교리의 진수』. 신호섭 역. 서울: 지평서원, 2002, 2014.

Calvin, John. *Institutes III*.

Dakin, A. *Calvinism*.『칼빈주의』. 이병섭 역. 서울 : 대한기독교서회, 1956.

Dallimore, Arnold A. *George Whitefield*.『조지 휫필드』. 오현미 역. 서울: 두란노서원, 1991.

Demaray, Donald. *Listen to Luther*.『루터에게 듣는다』. 윤종석 역. 서울: 두란노, 1992.

Edwards, Jonathan. *Religious Affecitons*.『신앙감정론』. 정성욱 역. 서울: 부흥과개혁사, 2005.

Evan, Gillian R. 외 공저, *The History of Christian Theology*.『기독교의 역사』. 서영일 역. 서울: CLC, 1994.

Eveson, Philip H. *Justification by faith alone*.『칭의론 논쟁』. 신호섭 석기신 역. 서울: CLC, 2001.

Ferguson, Sinclair B. *Holy Spiit*.『성령』. 김재성 역. 서울: IVP, 1999.

Hoekema, Anthony A. *Saved by grace*.『개혁주의 구원론』. 김용중 역. 서울 : 부흥과개혁사, 2012.

Joel R. Beeke, 'The Basics of Salvation'(MP3 Series). Lecture Series of Monergism.

John Owen, *The Holy spirit his gift and power*.『개혁주의 성령론』. 이근수 역. 서울: 여수룬, 1993.

John Owen, *The Grace and duty of being spiritually Minded*.『영의 생각 육의 생각』. 김태곤 역. 서울: 생명의 말씀사, 2011.

Lane, Tony. *Christian Thought*.『기독교 사상사』. 김응국 역. 서울: 나침반사, 1987.

MacArthur, John. *Justification by faith alone*.『솔라 피데』. 조계광 역. 서울: 생명의말씀사, 2001.

McGrath, Alister. *Justification by faith: what it means for us today*.『알리스터 맥그래스의 이신칭의』. 김성웅 역. 서울 : 생명의말씀사, 2015.

Morris, Leon. *Atonement*.『속죄의 의미와 중요성』. 홍용표 역. 서울: 생명의 말씀사, 1990.

Morton, Timothy S. *More than forgiven!: a study of the eight major doctrines which define New Testament salvation More Than Forgiven!*『구원은 죄 사함 이상이다』. 이우진 역. 서울: 진리의 성경, 2007.

Murray, Andrew. *Full Blessing of Pentecost*.『오순절 성령충만』. 임석남 역. 서울: CLC, 1990.

Owen, John. *The Grace and duty of being spiritually Minded*.『영의 생각 육의 생각』. 김태곤 역. 서울: 생명의 말씀사, 2011.

_____. *The Holy Spirit His Gift and Power*.『개혁주의 성령론』. 이근수 역. 서울: 여수룬, 2000.

Pink, A. W. *Holy sprit*.『성령론』. 배정웅 역. 서울: 풍만, 1984.

Pink, A. W. *Justification by faith*.『이신칭의: 우리에게 거저 주신 하나님과 구주 예수 그리스도』. 임원주 역. 서울; 누가, 2013.

Schaeffer, Francis A.『기독교 영성관』. 박문재 역. 서울: 크리스챤 다이제스트, 2007.

Spear, Wayne R. *Theology of Prayer: A Systematic Study of The Biblical Teaching on Prayer*.『기도의 신학』. 오창윤 역. 서울: CLC, 1986.

Sproul, R.C. *Hunger for Significance*.『사람이 무엇이관대』. 이숙희 역. 서울: 죠이선교회 출판부, 1993.

_____. *The Prayer of the Lord*.『어떻게 기도할까?』. 이은이 역. 서울: 생명의말씀사, 2013.

Spurgeon, Charles H. *ALL OF GRACE*.『은혜의 모든것』. 보이스사 편집부 역. 서울:보이스사, 1979.

Spurgeon, Charles H. *Grace Abounding in a Believer's Life*.『믿는 자의 삶에 나타난 넘치는 은혜』. 랜스 C.우벨스 편저. 서울 : 예수전도단, 1997.

Tozer, Aiden Wilson. *How to be filled with the holy spirit*.『이것이 성령님이다』. 이용복 역. 서울: 규장문화사, 2005.

Vanhoozer, Kevin J. *This we believe*.『생명으로의 초대』. 김재덕 역. 서울: 좋은 씨앗, 2002.

Van Til, Cornelius. *PSYCHOLOGY OF RELIGION*.『종교심리학』. 위거찬 역. 서울; CLC, 1991.

Vincent, Thomas. *Shorter Catechism Explained from Scripture*.『성경소요리문답해설』. 홍병창 역. 서울: 여수룬, 1988.

Wallace, Ronald S. *Calvin, Geneva And The Reformation*.『칼빈의 사회 개혁 사상』. 박성민 역. 서울: CLC, 1995.

Wendel, Francois. *John Calvin*.『칼빈: 그의 신학사상의 근원과 발전』. 김재성 역. 고양: 크리스챤다이제스트, 1999.

Whitefield, George. *Sermons on Important Subject*,『복음잔치: 오라, 강청하시는 그리스도』. 휫필드설교시리즈3. 서문 강 역. 서울: 지평서원. 2004.

William C. Placher, *A HISTORY OF CHRISTIAN THEOLOGY*.『신학의 역사』. 이은선 이경섭 공역. 서울: CLC, 1996.

Yancey, Philip. *What's So Amazing About Grace?*『놀라운 하나님의 은혜』. 윤종석 역. 서울: 한국기독학생회출판부, 2000.

Church, Leslie F. *Commentary on the whole Bibke by Matthew Henry (in one vol)*. Grand Rapid: Michigan, Zondervan, 1961.

기독지혜사 편집부.『호크마주석』. 서울: 기독지혜사, 2013.
김세윤.『복음이란 무엇인가』. 서울: 두란노서원, 2003.
오덕교.『청교도 이야기』. 서울: 이레서원, 2001.
이병규.『성경 강해』. 서울: 염광출판사, 1987.

CLC 칭의론 시리즈

1 칭의론 논쟁
필립 입슨 지음 | 석기신 신호섭 옮김 | 신국판 | 304면

성경적 칭의 개념과 복음적 개신교와 로마 천주교 칭의 이해 차이, 그리고 톰 라이트의 칭의 이해를 분석한다.

2 하나님의 칭의론
앨리스터 맥그래스 지음 | 한성진 옮김 | 신국판 양장 | 591면

본서는 고대 근동의 칭의 개념의 어원적 배경에 대한 상세한 평가, 중세 시대 교리에 대한 철저한 조사 등이 포함되며, 중차대한 시기인 16세기 동안의 칭의 교리 발전에 관해 특별한 주의를 기울여 분석하고 있다.

3 구원의 두 기둥 칭의와 성화
이순홍 지음 | 신국판 | 238면

본서는 크리스천의 삶에 있어서 두 핵심 요소인 칭의와 성화의 뗄 수 없는 관계를 논할 뿐만 아니라, 구분되면서도 분리되지 않는 관계를 역사적 개혁주의 관점에서 성경적, 체계적으로 접근하고 있다.

④ 칭의가 은혜를 말하다
강철홍 지음 | 신국판 | 544면

종교개혁자인 루터와 칼빈의 신학을 추적하고, 미국 대부흥 운동의 거장들인 조나단 에드워드, 디모 데 드와이트와 한국 부흥 운동의 거장들인 길선주, 김익두, 이용도, 이성봉의 칭의론을 다루었다.

⑤ 현대 칭의론 논쟁
고경태 외 9명 공저 | 신국판 | 368면

성도의 칭의가 종말까지 유보되었다는 주장이 있지만, 이에 대하여 다양한 저자들이 학자적이고 목회적인 관점에서 고찰하고 비평한다.

⑥ 그리스도의 칭의론
K. 스코트 올리핀트 편집 | 조영천 옮김 | 신국판 | 376면

웨스트민스터신학교의 교수진들이 칭의 교리에 대하여 성경과 교회사와 변증학과 목회 현장의 관점에서 포괄적으로 연구하여, 독자들에게 이 주제에 대한 분명한 관점을 제시해 주고 있다.

이신칭의, 값싼 은혜가 아닙니다

Justification by faith, No cheap Grace

2018년 9월 15일 초판 발행

지은이 | 이경섭

편 집 | 정희연
디 자 인 | 신봉규, 서민정
펴 낸 곳 | 사)기독교문서선교회
등 록 | 제16-25호(1980. 1. 18)
주 소 | 서울시 서초구 방배로 68
전 화 | 02) 586-8761-3(본사) 031) 942-8761(영업부)
팩 스 | 02) 523-0131(본사) 031) 942-8763(영업부)
홈페이지 | www.clcbook.com
이 메 일 | clckor@gmail.com
온 라 인 | 기업은행 073-000308-04-020, 국민은행 043-01-0379-646
         예금주: 사)기독교문서선교회

ISBN 978-89-341-1850-3 (93230)

* 낙장·파본은 교환해 드립니다.

이 도서의 국립중앙도서관 출판시 도서목록(CIP)은 서지정보유통지원시스템 홈페이지(http://seoji.nl.go.kr)와 국가자료공동목록시스템(http://www.nl.go.kr/kolisnet)에서 이용하실 수 있습니다. (CIP제어번호: CIP2018023575)